INSPIRIEREN / PLANEN / ENTDECKEN / ERLEBEN

MALAYSIA
& SINGAPUR

MALAYSIA
& SINGAPUR

INHALT

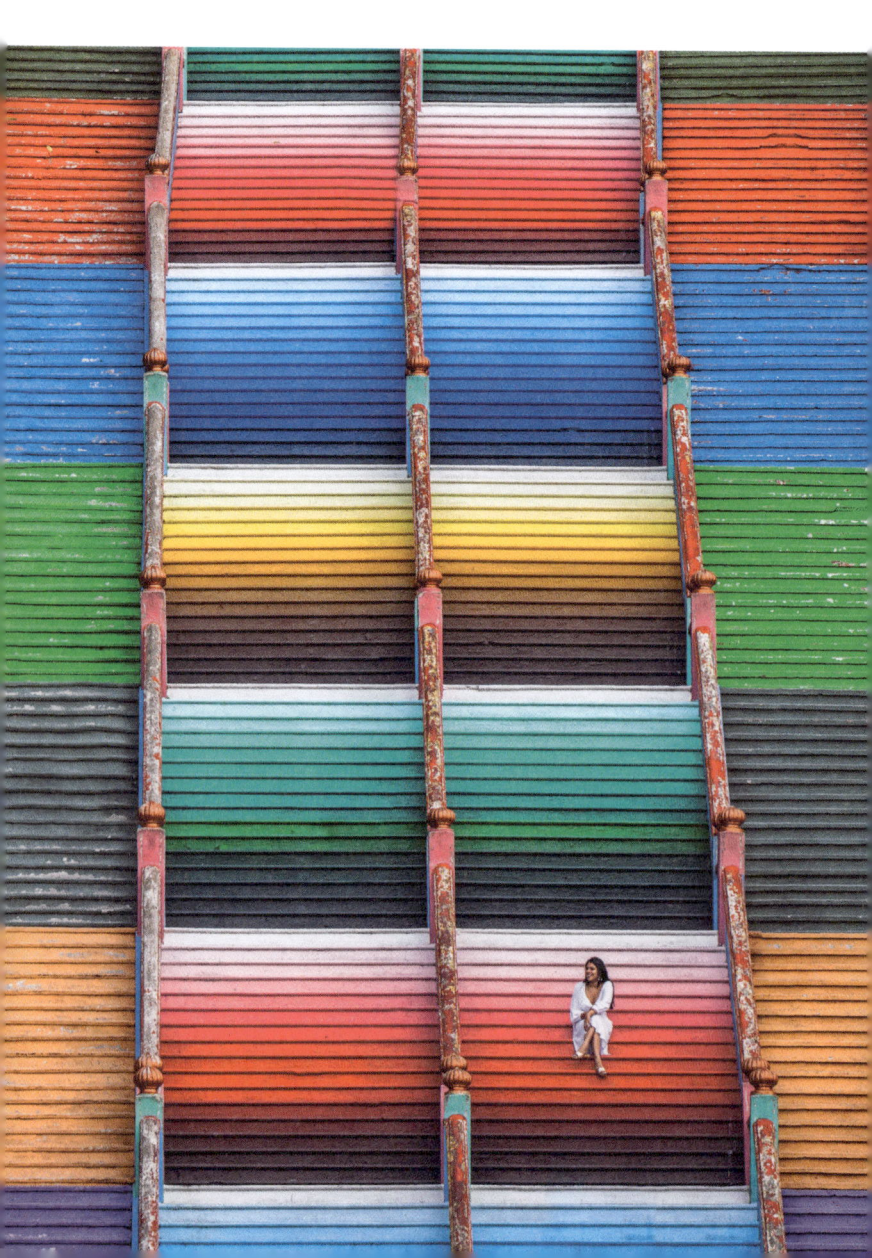

MALAYSIA & SINGAPUR ENTDECKEN 6

Willkommen in Malaysia & Singapur **8**

Liebenswertes Malaysia & Singapur **10**

Malaysia & Singapur auf der Karte **14**

Erkundungstouren **16**

Malaysias & Singapurs Themen **26**

Das Jahr in Malaysia **52**

Kurze Geschichte Malaysias **54**

Das Jahr in Singapur **212**

Kurze Geschichte Singapurs **214**

MALAYSIA ERLEBEN 44

Kuala Lumpur **58**

Nordwest-Halbinsel **84**

Südhalbinsel **116**

Ost- und Zentral-Halbinsel **134**

Sarawak **154**

Sabah **182**

SINGAPUR ERLEBEN 206

Colonial Core und Chinatown **218**

Little India und Orchard Road **246**

Abstecher **262**

REISE-INFOS 274

Malaysia

Reiseplanung **276**

In Malaysia unterwegs **278**

Praktische Hinweise **282**

Singapur

Reiseplanung **284**

In Singapur unterwegs **286**

Praktische Hinweise **290**

Register **292**

Sprachführer **299**

Danksagung, Bildnachweis und Impressum **302**

Links: *Die farbenfrohen Treppenstufen zu den Batu Caves* (siehe S. 94f)
Vorherige Doppelseite: *Nebelschwaden in den Cameron Highlands* (siehe S. 88f)
Umschlag: *Die Petronas Towers in Kuala Lumpur* (siehe S. 74)

MALAYSIA & SINGAPUR
ENTDECKEN

Malaysias friedliche Inselgewässer

Willkommen in Malaysia & Singapur **8**

Liebenswertes Malaysia & Singapur **10**

Malaysia & Singapur auf der Karte **14**

Erkundungstouren **16**

Malaysias & Singapurs Themen **26**

WILLKOMMEN IN MALAYSIA & SINGAPUR

Dichte, sattgrüne Regenwälder, paradiesische Traumstrände oder pulsierende Megametropolen – Malaysia und Singapur bieten eine sagenhafte kunterbunte Vielfalt! Was auch immer Ihre Traumreise in diesen aufregenden Teil der Erde beinhaltet, dieser Reiseführer ist Ihr perfekter Begleiter.

1 *Einheimische Tänzer im Sarawak Cultural Village*

2 *Mit dem Boot durch den Nationalpark Taman Negara*

3 *Lokale Küche im Newton Food Centre in Singapur*

4 *Singapurs Masjid Sultan mit goldener Kuppel*

Malaysia und Singapur sind zu etwa gleichen Teilen von der malaiischen, chinesischen, indischen und indigenen Geschichte beeinflusst – Multikulti pur! Hier sind Länderküchen, Religionen und Traditionen harmonisch miteinander verwoben, hier fügen sich ursprüngliche Natur und lebendiges Stadtleben nahtlos ineinander.

In den Megastädten Kuala Lumpur und Singapur finden Sie eine atemberaubende Mischung aus traditionellen Tempeln und ehrwürdigen Moscheen, aus grünen Parks und futuristischen Wolkenkratzern. Keine Frage, in dieser multiethnischen Landesregion voller farbenprächtiger Kontraste trifft das reiche kulturelle Erbe auf die glitzernde Moderne der Neuzeit.

Für Erholungsuchende bieten die Strände einen paradiesischen Rückzugsort, während Abenteurer die spektakuläre Natur aus felsigen Berglandschaften, beeindruckenden Kalksteinhöhlen und reißenden Flüssen inmitten dichter Regenwälder erkunden können. Und vielleicht entdecken Sie ja sogar Elefanten, Malaysia-Tiger oder Orang-Utans?

Bei so vielen Sehenswürdigkeiten kann man leicht den Überblick verlieren – wir haben die Region daher in leicht zu navigierende Kapitel unterteilt, mit detaillierten Reiserouten, verlässlichem Expertenwissen und umfassenden Karten, die Ihnen bei der Planung Ihrer individuellen Reise helfen. Genießen Sie diesen Reiseführer und genießen Sie Malaysia und Singapur.

LIEBENSWERTES MALAYSIA & SINGAPUR

Von antiken Tempeln über futuristische Städte bis zur verführerischen Streetfoodszene oder traumhafter Natur – Gründe, sich in Malaysia und Singapur zu verlieben, gibt es viele. Hier sind einige unserer Favoriten.

1 Lebendige Kunst

Ob Street-Art in George Town, die zeitgenössische Kunstszene Singapurs oder Malaysias traditioneller Batikwebstil – entdecken Sie Handwerk und Street-Art.

2 Lokal und sehr lecker

Singapurs legendäre Hawker-Zentren bieten authentisches Streetfood. Sie lieben die Vielfalt? Probieren Sie die malaysische Fusion-Küche!

3 Architektonische Highlights

Tempel, Moscheen, Kolonialvillen – schlendern Sie durch das historische Zentrum von Singapur oder besichtigen Sie die zahlreichen geschichtsträchtigen Paläste von Kuala Lumpur.

Ab in den Dschungel 4
Ob eine Wanderung durch den Dschungel von Borneo oder durch den Taman Negara *(siehe S. 138f)*, Malaysias Wälder versprechen ultimative Abenteuer.

Aufregende Taucherlebnisse 5
Unter der kristallklaren Meeresoberfläche erwartet Sie eine Welt voller kurioser Lebewesen – Pulau Sipadan *(siehe S. 190f)* gilt als einer der besten Tauchplätze der Welt.

Fantastische Rundumblicke 6
Es geht hoch hinaus – genießen Sie von den Petronas Towers *(siehe S. 74)* eine unschlagbare Aussicht oder einen Cocktail im Marina Bay Sands *(siehe S. 230)*.

Pulsierendes Nachtleben 7
Feiern bis in die frühen Morgenstunden – ob in Singapurs exklusiven Cocktailbars oder in der kunterbunten Kneipenszene von Penang.

Traumhafte Strände 8
Die Strände entlang der tropischen Küste und auf den zahllosen idyllischen Inseln sind paradiesisch *(siehe S. 28)* – ob zum Entspannen oder zum Feiern.

9 **Altehrwürdige Tempel**
Als imposante Zeugnisse der uralten Kultur gelten die heiligen Tempel, darunter die Batu Caves *(siehe S. 94f)* und der Buddha Tooth Relic Temple *(siehe S. 240)*.

10 Bergpanorama

Abenteuerlustige Wanderer können die sanften Pfade des Gunung Kinabalu *(siehe S. 186–189)* oder den herausfordernden Pinnacles Trail im Mulu National Park *(siehe S. 166f)* erklimmen.

11 Wunderbare Tierwelt

Orang-Utans *(siehe S. 201)*, bunte Nashornvögel *(siehe S. 170)* oder sogar ein Malaysia-Tiger *(siehe S. 36)* – eine einzigartige, jedoch bedrohte Tierwelt erwartet Sie.

12 Mischung der Kulturen

Das kulturelle Erbe durchdringt jeden Aspekt des Lebens, seien es indigene Traditionen, farbenfrohe Chinatowns und Little Indias oder pompös zelebrierte religiöse Feste.

MALAYSIA & SINGAPUR
AUF DER KARTE

Die benachbarten Länder Malaysia und Singapur liegen im äußersten Süden des südostasiatischen Festlands. Dieser Reiseführer unterteilt Malaysia und Singapur in sieben farblich gekennzeichnete Besichtigungsgebiete, wie auf der Karte dargestellt.

←

1 *Spaziergang durch die Botanischen Gärten*

2 *Das Marina Bay Sands*

3 *Hindu-Götter am Sri-Mariamman-Tempel*

4 *Eine Schüssel* laksa

In Malaysia und Singapur erwarten Sie sagenhafte Abenteuer – von kulturellen Streifzügen durch faszinierende Städte bis hin zu atemberaubenden Wanderungen durch wunderschöne Landschaften. Diese spektakulär schönen Reiserouten helfen Ihnen bei der Planung Ihrer individuellen Traumreise.

5 TAGE

in Singapur und auf der Südhalbinsel

Tag 1

Beginnen Sie das Abenteuer Singapur mit einem Kaya-Toast (Toast mit Kokos-Ei-Marmelade) und einem ersten Koffeinschub im Ah Seng Coffee (Hai Nam/7 Maxwell Rd) in Chinatown. Der Sri Mariamman Temple *(siehe S. 238)*, dessen Eingang von einem Turm mit hinduistischen Göttern bewacht wird, ist Ihr erstes Ziel. Fliehen Sie vor der Mittagshitze in das Asian Civilisations Museum *(siehe S. 229)*, das über 1600 Artefakte beherbergt. Zum Abendessen besuchen Sie das hervorragende Shoukouwa *(siehe S. 243)*.

Tag 2

Nutzen Sie die Morgenstunden für einen Spaziergang durch die Botanischen Gärten von Singapur *(siehe S. 264f)* und bestaunen Sie die faszinierende Pflanzenwelt. Zum Mittagessen genehmigen Sie sich im Newton Food Centre frische Chilikrabben – eine absolute Lieblingsempfehlung vieler Singapurer. Gesättigt können Sie anschließend in der Mall ION Orchard *(siehe S. 254)* bummeln gehen und am Abend das Lichterspektakel in den Gardens by the Bay *(siehe S. 222– 225)* genießen.

Tag 3

Machen Sie eine Bootsfahrt von Changi zur ruhigen Insel Pulau Ubin und entdecken Sie eine andere Seite Singapurs *(siehe S. 272f)*. Schlendern Sie über ländliche Wanderwege wie den Tree Trail, halten Sie nach Wildtieren Ausschau und beobachten Sie Bulbuls in den Chek Jawa Wetlands *(siehe S. 272)*. Schippern Sie zurück zum Festland und lassen Sie sich einen Cocktail im berühmten Marina Bay Sands *(siehe S. 230)* schmecken, dem besten Aussichtspunkt der Stadt.

Tag 4

Stehen Sie mit der Dämmerung auf und nehmen Sie den Bus über die malaysische Grenze in die hübsche Stadt Malakka *(siehe S. 120–125)*. Erfahren Sie im Baba-Nyonya Heritage Museum *(siehe S. 124f)* mehr über die ethnische Gruppe der Peranakan. Probieren Sie inmitten des Trubels auf dem Jonker Walk Night Market *(siehe S. 121)* selbst Nyonya-Küche – zum Beispiel die lokale Version von *laksa*, einer würzigen Curry-Nudelsuppe.

Tag 5

Unternehmen Sie eine idyllische Flusskreuzfahrt auf dem Sungai Melaka bis nach Little Amsterdam. Essen Sie in einem der Cafés am Flussufer zu Mittag und bestaunen Sie die rosafarbenen Gebäude des Dutch Square. Nehmen Sie am Abend ein Taxi zur Masjid Selat Melaka *(siehe S. 120)* und blicken Sie nach Westen, während die Sonne über Sumatra untergeht.

10 TAGE
in Malaysia und auf den Perhentian-Inseln

Tag 1
Beginnen Sie Ihren Tag in Kuala Lumpur mit einem atemberaubenden Blick über die Stadt von den Petronas Towers *(siehe S. 74f)*. Zum Mittagessen gönnen Sie sich auf dem belebten Chow Kit Market *(siehe S. 74)* köstliches Streetfood. Spazieren Sie danach durch die Perdana Botanical Gardens *(siehe S. 71)* und besuchen Sie das National Museum *(siehe S. 70)*. Lassen Sie den Tag im noblen Dewakan *(siehe S. 79)* ausklingen.

Tag 2
Für einen Einblick in die religiöse und spirituelle Kultur Malaysias besichtigen Sie das Islamic Arts Museum *(siehe S. 62f)* und die Nationalmoschee Masjid Negara *(siehe S. 71)*. Bewundern Sie auf Ihrem Weg nach Chinatown den Chan See Shu Yuen Temple *(siehe S. 68)*, bevor Sie auf dem Central Market *(siehe S. 67)* frische Dumplings probieren.

Tag 3
Fahren Sie nach Kuala Tembeling und dann per Boot nach Kuala Tahan, wo Sie Malaysias größten Nationalpark Taman Negara *(siehe S. 138f)* besuchen. Der Canopy Walkway bietet eine fantastische Aussicht über den Regenwald – vielleicht entdecken Sie ja sogar einen Nashornvogel? Bei einer geführten Nachtwanderung begegnen Ihnen Eulen und Loris, bevor Sie am Abend im Gästehaus Balai Serama einchecken *(S. 139)*.

Tag 4
Nach einer erholsamen Nacht wandern Sie auf dem Bukit Indah Trail über den Wipfeln. Nichts für Menschen mit Höhenangst, aber die Aussicht belohnt alle Mühen. Am Abend können Sie während der fünfstündigen Busfahrt in die nordöstliche Stadt Kuala Terengganu *(siehe S. 148)* Ihre Beine ausruhen.

Tag 5
Früh am Morgen geht es zum Strand von Kuala Terengganu – lassen Sie sich im Batu Buruk Food Court (902 Jalan Pantai Batu Buruk) fangfrische Meeresfrüchte schmecken. Erfahren Sie am Nachmittag mehr über die islamische und chinesische Ge-

1 *Die Moschee Masjid Negara in Kuala Lumpur*
2 *Bilderbuchstrand auf den Perhentian-Inseln*
3 *Die beliebte Nationalspeise nasi lemak*
4 *Über den Baumwipfeln im Nationalpark Teman Negara*
5 *Die Petronas Towers*

schichte im Terengganu State Museum, bevor Sie in Chinatown etwas trinken gehen.

Tag 6
Eine zweistündige Busfahrt entlang der Küste bringt Sie nach Kuala Besut, von wo aus es per Schnellboot zu den Perhentian-Inseln geht *(siehe S. 150f)*. Perhentian Kecil ist Ihre erste Station. An dem traumhaften Sandstrand von Pasir Panjang können Sie schnorcheln und in Ruhe faulenzen.

Tag 7
Heute geht es zur Insel Perhentian Besar. Fahren Sie von dort mit dem Boot zur Three Coves Bay im Norden, wo Sie mit etwas Glück Echte Karettschildkröten entdecken können. Gönnen Sie sich einen Snack im Coral View und wandern Sie am Nachmittag durch den üppigen Dschungel der Insel.

Tag 8
Nehmen Sie ein Boot zurück nach Kuala Besut, von wo aus es weiter nach Kota Bharu *(siehe S. 140–143)* geht. Hier können Sie herrlich durch das Kunsthandwerk der Stadt stöbern und hervorragend essen – das Pad Thai im PK Corner (2 Jalan Kebun Sultan) ist empfehlenswert! Mit dem Mietwagen fahren Sie ins nahe Tumpat *(siehe S. 152)*. Halten Sie Ausschau nach den außergewöhnlichen chinesisch-thailändischen Tempeln.

Tag 9
Ihre letzten Etappe führt Sie nach George Town *(siehe S. 108–115)*. Entdecken Sie das Erbe der multikulturellen Stadt im Pinang Perankan Mansion und lassen Sie den Tag in den stilvollen Bars, Restaurants und Galerien im historischen Chinahouse ausklingen.

Tag 10
Besichtigen Sie den beeindruckenden Kek Lok Si Temple, dessen siebenstöckige Pagode thailändische, burmesische und chinesische Architekturstile vereint. Probieren Sie anschließend noch einmal die lokalen Köstlichkeiten von George Town im Sri Weld Food Court (Lebuh Pantai, Penang).

10 TAGE
in Sarawak, Sabah und Brunei

Tag 1
Beginnen Sie Ihre Erkundungstour auf Borneo am besten mit einem Besuch des Borneo Cultures Museum *(siehe S. 161)* in Kuching, der Hauptstadt von Sarawak *(siehe S. 158–163)*. Erfahren Sie mehr über das Leben und die Geschichte der indigenen Dayak, bevor Sie zum Restaurant Lepau (99 Jalan Ban Hock) fahren, um leckere regionale Küche zu genießen.

Tag 2
Am nächsten Tag geht es per Bus ins Sarawak Cultural Village *(siehe S. 169)*. Besuchen Sie Straßenkonzerte oder Tanzaufführungen der Iban, Melanau und Bidayuh oder werden Sie selbst aktiv: Schon mal Blasrohrschießen ausprobiert oder Sago gebacken?

Tag 3
Stehen Sie früh auf und fahren Sie in das knapp eine Stunde entfernte Semenggoh Nature Reserve *(siehe S. 171)*, um Orang-Utans aus nächster Nähe zu beobachten. Das Artenschutzzentrum leistet wertvolle Aufklärungsarbeit rund um die bedrohten Geschöpfe – und kümmert sich rührend um die Tiere. Verpassen Sie nicht die Fütterungszeit um 9 und um 15 Uhr! Zurück in Kuching genießen Sie ein Abendessen im Hawker-Zentrum von Kampung Boyan.

Tag 4
Mit dem Flugzeug geht es nach Kota Kinabalu *(siehe S. 192)*, Hauptstadt von Sabah. Folgen Sie nach Ihrer Ankunft dem KK Heritage Walk und besichtigen Sie das North Borneo War Memorial, das Jesselton Hotel und andere architektonische Highlights der historischen Stadt. In den tollen Bars am Australian Place (Lorong Dewan) können Sie den Tag genussvoll ausklingen lassen.

Tag 5
Früh am Morgen fahren Sie per Bus zum Kinabalu National Park *(siehe S. 186–189)*, der außergewöhnlich artenreich ist. Begeben Sie sich auf die Suche nach der stark riechenden Rafflesia, der größten Blume der Welt, und besuchen Sie die heißen Quellen von Poring im Südosten des Parks. Nach einem entspannenden Bad begeben Sie sich in die

1 *Das Borneo Cultures Museum*
2 *Bruneis Nationalspeise ambuyat*
3 *Unterwegs auf dem Sungai Kinabatangan*
4 *Das Sarawak Cultural Village*
5 *Ein Bewohner des Sun Bear Conservation Centre*

hübsche Hafenstadt Sandakan, um hier in aller Ruhe die Nacht zu verbringen.

Tag 6
Der Tag wird tierisch: Besuchen Sie das Sepilok Orangutan Rehabilitation Centre *(siehe S. 201)*, das gerettete und aufgepäppelte Affen auf ein Leben in der Wildnis vorbereitet. Von hier aus geht es weiter zum Bornean Sun Bear Conservation Centre *(siehe S. 201)*, der Heimat des kleinsten Bären der Welt! Zurück in Sandakan gönnen Sie sich im Sim-Sim 88 (H88, Lorong H, Jalan Buli Sim Sim) fangfrische Meeresfrüchte.

Tag 7
Besteigen Sie ein Boot von Sandakan nach Pulau Libaran *(siehe S. 28)* und verbringen Sie den Tag mit Schnorcheln und Relaxen am Strand. Lassen Sie sich bei Sonnenuntergang zu nistenden Grünen Meeresschildkröten führen und beobachten Sie, wie die Jungtiere ins Meer entlassen werden – ein echtes Erlebnis! Lassen Sie den aufregenden Tag beim Glamping im Walai Penyu Conservation Park noch einmal Revue passieren.

Tag 8
Es geht zum Tungong Rainforest Eco Camp (www.tungoglakeecocamp.com) im Süden von Borneo. Unternehmen Sie eine Flusskreuzfahrt auf dem Sungai Kinabatangan und halten Sie Ausschau nach Zwergelefanten und Nasenaffen. Machen Sie im Anschluss bei einer geführten Wandertour durch die unberührte Natur mit und übernachten Sie in einem urigen Bungalow.

Tag 9
Als eines der kleinsten Länder der Welt sorgt Brunei *(siehe S. 178–181)* für einen besonderen Abschluss. Fliegen Sie nach Kota Kinabalu und dann weiter in die Hauptstadt Bandar Seri Begawan. Stärken Sie sich mit *ambuyat* (einer Suppe aus der Sagopalme), bevor Sie im Royal Regalia Museum *(siehe S. 180)* die Historie des Sultanats erkunden.

Tag 10
Runden Sie Ihre Reise in Kampong Ayer mit einer Bootstour zu den Mangroven ab, wo Sie Affen und Krokodile beobachten können, bevor Sie nach Kuching zurückfliegen.

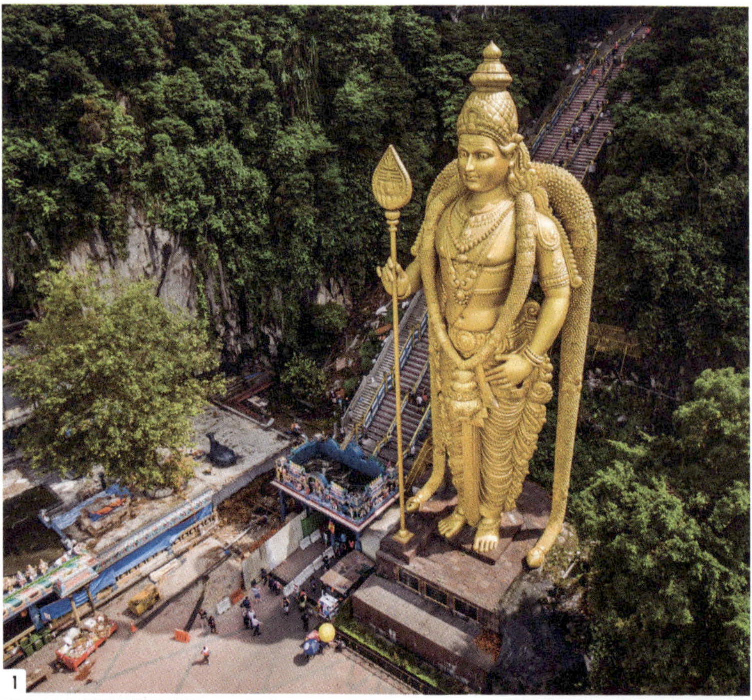

1

2

3

4

←

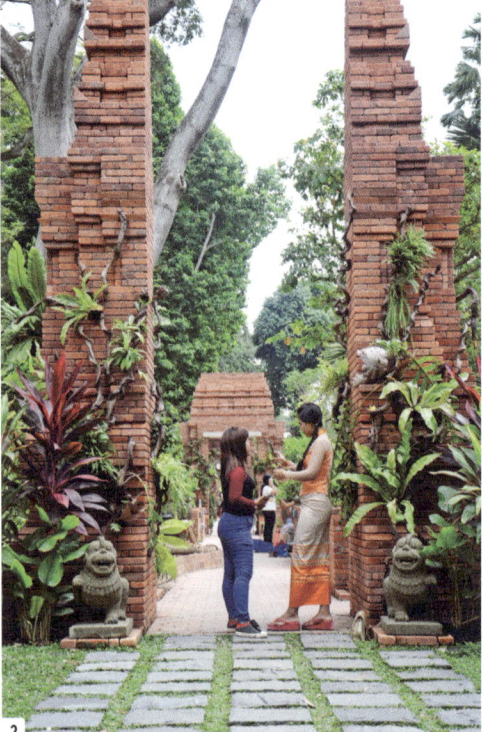

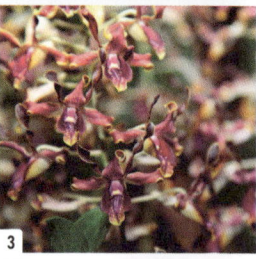

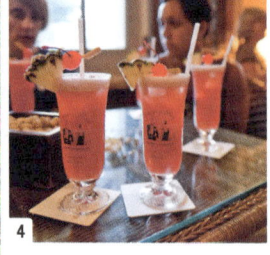

1 *Eingang der Batu Caves*

2 *Ruhige Wege im Fort Canning Park*

3 *Orchideen in den Botanischen Gärten von Singapur*

4 *Cocktails im Raffles Hotel*

2 WOCHEN
durch Malaysia und Singapur

Tag 1
Beginnen Sie Ihre Reise in Singapur, dem beeindruckenden Stadtstaat mit seinem modernen Stadtkern und dichtem Regenwald. Am Morgen unternehmen Sie einen Spaziergang durch die Botanischen Gärten *(siehe S. 264f)* – genießen Sie die klare Luft und bestaunen Sie die tropischen Pflanzen! Essen Sie auf dem Lau Pa Sat *(siehe S. 242)* zu Mittag und besichtigen Sie die vertikalen Gärten des Supertree Grove *(siehe S. 222–225)*. Lassen Sie den Tag in der Long Bar des Raffles Hotels *(siehe S. 233)* ausklingen.

Tag 2
Fortschritt auf der einen, Tradition auf der anderen Seite: Erfahren Sie im National Museum *(siehe S. 237)* mehr über die Geschichte des Stadtstaates und spazieren Sie dann durch den Fort Canning Park *(siehe S. 236f)* zur Battlebox. Der ehemalige Bunker ist heute ein Museum und informiert über die britische Kapitulation Singapurs gegenüber Japan im Jahr 1942. Besuchen Sie zum Sonnenuntergang die Rooftop-Bar des Marina Bay Sands – die Aussicht ist unschlagbar.

Tag 3
Heute fliegen Sie nach Kuala Lumpur, der Hauptstadt Malaysias. Wer gern shoppt, ist hier goldrichtig: Verbringen Sie den Tag damit, durch die eindrucksvollen Einkaufszentren des Golden Triangle *(siehe S. 78)* zu bummeln. Einkaufen macht hungrig? Auf dem lebhaften Jalan Alor Night Market *(siehe S. 74)* gibt's Delikatessen, Streetfood und die besten Wantan-Nudeln der Stadt.

Tag 4
Stehen Sie früh auf und fahren Sie mit dem Zug zu den Batu Caves *(siehe S. 94f)*, bevor der Besucheransturm losgeht. 272 regenbogenfarbene Stufen führen zu einem Höhlentempel, der von einer goldenen Statue von Murugan, dem Hindu-Kriegsgott, bewacht wird. Am Nachmittag genießen Sie von der Aussichtsplattform der Petronas Towers *(siehe S. 74)* eine atemberaubende Aussicht über die Stadt. Beenden Sie den Tag mit einem traditionellen Curry in Little India.

Tag 5
Lassen Sie heute die Hektik der Stadt hinter sich und fahren Sie mit dem Bus nach Norden in die Cameron Highlands *(siehe S. 88f)*. Der weite Blick über die sattgrünen Teefelder ist einmalig und wunderbar beruhigend. Wer gern zu Fuß unterwegs ist, macht einen Spaziergang zu den moosigen Wäldern, in denen die Bäume oft bis in den Tag hinein in dichten Nebel gehüllt sind. Nach einem langen Tag können Sie im luxuriösen Cameron Highlands Resort die Seele baumeln lassen *(siehe S. 89)*.

Tag 6
Die Cameron Highlands sind berühmt für den Teeanbau, also besuchen Sie die Plantage von BOH (Best of Highlands) Tea *(siehe S. 89)*. Erfahren Sie mehr über den faszinierenden Prozess von der Pflanze bis zum Tee und entspannen Sie dann bei einer frisch gebrühten Tasse und einem tollen Blick über die Hügel. Auch Erdbeeren gedeihen hier – besuchen Sie die örtliche Erdbeerfarm im Kea Garden *(siehe S. 89)*, bevor Sie den Tag im Hotel Revue passieren lassen.

Tag 7
Heute geht es nach George Town *(siehe S. 108–115)*, ein wirtschaftliches und kulturelles Zentrum, das seit 2007 zum UNESCO-Weltkulturerbe gehört. Wandern Sie durch die historische Altstadt des ehemaligen Freihafens und entdecken Sie bunte Street-Art, chinesische Pagoden, indische Tempel oder Häuser der Kolonialzeit. Das Kota Coffee & Dine (Fort Cornwallis, Jalan Tun Syed Sheh Barakbah) serviert Klassiker der Peranakan-Küche.

Tag 8
Besichtigen Sie Cheong Fatt Tze Mansion *(siehe S. 114f)*, das sich dem Erbe der wohlhabenden chinesischen Bevölkerung im George Town des 19. Jahrhunderts verschrieben hat. Fahren Sie dann mit der längsten Standseilbahn Asiens zum Penang Hill *(siehe S. 104)* und besuchen Sie das Regenwaldzentrum The Habitat. Stürzen Sie sich am Abend in das Nachtleben von George Town und verpassen Sie nicht den Red Garden Night Market (20 Lebuh Leith) – die *laksa* ist unschlagbar.

Tag 9
Nach einem kurzen Flug landen Sie im Inselparadies Pulau Langkawi *(siehe S. 90–93)*. Erreichen Sie den Gipfel des Gunung Machinchang mit der Langkawi-Seilbahn für eine spektakuläre Aussicht über die Insel und ihre Strände. Auch die Wasserfälle und Naturbecken der Seven Wells sind einen Besuch wert! Beenden Sie den Tag mit einem Meeresfrüchte-Barbecue im Makan Mana Ikan Bakar (Lot 2764, Pantai Cenang).

1 *Die üppigen Teefelder von BOH Tea*
2 *Spektakuläres Interieur der Cheong Fatt Tze Mansion*
3 *Bako National Park*
4 *Katzenstatue in Kuching*
5 *Seilbahn auf Pulau Langkawi*

Tag 10
Unternehmen Sie nach dem Frühstück eine Bootsfahrt zu den Mangrovenwäldern von Langkawi. Im Kilim Geoforest Park können Sie Ausschau nach Fledermäusen und Affen halten. Zurück auf der Hauptinsel nutzen Sie den Rest des Nachmittags zum Schnorcheln, Wasserskifahren oder Faulenzen am Strand. Verbringen Sie die Nacht im Pondok Keladi (Lot 1011, Kampung Padang Putih).

Tag 11
Früh am Morgen geht es zurück nach Penang und von hier direkt weiter nach Kuching *(siehe S. 158–163)* auf Borneo. Der Name der Stadt bedeutet übrigens Katze – Ihre erste Anlaufstelle ist daher das Katzenmuseum, das den Anspruch erhebt, das weltweit erste seiner Art zu sein. Probieren Sie am Abend die grandiose kantonesisch-bornesische Fusion-Küche im Kim Joo (Jalan Ewe Hai).

Tag 12
Auf Borneo finden Sie dichten Dschungel und zahlreiche Wildtiere – besonders schön ist es im Bako National Park *(siehe S. 164f)*, nur 45 Minuten von Kuching entfernt. Wandern Sie durch Sümpfe und unter dem Schutz der Bäume zum Tajor-Wasserfall und entdecken Sie Nasenaffen und Borneo-Bartschweine. An der nordöstlichen Küste des Parks erwartet Sie ein herrlicher Strandabschnitt. Im Park können Sie auch übernachten – im Hostel oder in der Lodge.

Tag 13
Von Kuching geht es per Flugzeug zum spektakulären Mulu National Park *(siehe S. 166f)* – von der zweitgrößten Höhle der Welt bis zu den Kalksteinfelsen erleben Sie hier das wilde Borneo. Erkunden Sie am Tag den Dschungel, bevor Sie im Mulu Marriott Resort (www.marriott.com) einchecken.

Tag 14
Fliegen Sie nach Kota Kinabalu *(siehe S. 192)* und erfahren Sie im Mari Mari Cultural Village *(siehe S. 197)* mehr über die Herstellung des traditionellen Reisweins. Lassen Sie Ihre Reise in den Bars der Stadt ausklingen.

Auf Borneos Flüssen
Eine Flusskreuzfahrt durch die Wildnis von Borneo ist schon ein echtes Abenteuer! Beobachten Sie vorbeiziehende Nashornvögel, entdecken Sie lustige Koboldmakis in den Baumwipfeln oder lauernde Krokodile am Ufer. Natürlich bieten auch Luxusschiffe eine Tour an, aber unternehmungslustige Abenteurer und unerschrockene Reisende sollten sich lieber von den lokalen Schnellbooten auf dem Rajang von einem Dorf zum nächsten fahren lassen – Schulter an Schulter mit Hühnern und Reissäcken.

Ein mächtiger Borneo-Elefant am Flussufer des Kinabatangan

ABENTEUER
IN MALAYSIA & SINGAPUR

Ob eine Wanderung durch dichten tropischen Dschungel oder eine Bootstour auf einem der ursprünglichen Flüsse Borneos, Malaysia ist ein wahres Paradies für Outdoor-Aktivitäten. Und auch Singapur, die wohl grünste Metropole der Welt, verspricht atemberaubende Erlebnisse inmitten zahlreicher Naturwunder.

Entdecken Sie Singapurs grüne Lungen
Wer an Singapur denkt, hat oft gigantische, glänzende Wolkenkratzer im Sinn – aber die Metropole trägt nicht umsonst den Spitznamen »Garden City«. Parks und Gärten wie das MacRitchie Reservoir laden zum Wandern und Erholen in der Stadt ein, auf dem Treetop Walk kann man auf einer Hängebrücke in Höhe der Baumkronen spazieren. Tierfreunde können im Thomson Nature Park (www.nparks.gov.sg) den beringten Languren in den Wipfeln zuschauen.

Wagen Sie auf den Treetop Walk im Central Catchment Nature Reserve

Hoch hinaus

Pfade, die an Wasserfällen und Regenwäldern vorbeiführen, sind in ganz Malaysia zu finden, aber wer sich etwas mehr anstrengt, wird reich belohnt: Wanderer, die den Gipfel des mächtigen Gunung Kinabalu *(siehe S. 188f)* erreichen, werden von einem der schönsten Sonnenaufgänge Asiens begrüßt.

→

Atemberaubender Ausblick beim Abstieg vom Gunung Kinabalu

Dschungelfieber pur

Schwankende Hängebrücken, herabstürzende Wasserfälle und seltene Wildtiere sind im dichten Dschungel Malaysias zu finden, wo es einige der ältesten Regenwaldgebiete der Welt gibt. Erhaschen Sie einen Blick auf Leoparden, Ochsen und Tapire im Nationalpark Taman Negara *(siehe S. 138f)*, entdecken Sie die faulig riechende Rafflesia im Royal Belum State Park oder wandern Sie durch die sattgrünen Cameron Highlands *(siehe S. 88f)*.

Pause mit Aussicht durch die Baumkronen im malaysischen Nationalpark Taman Negara

TOP 3 Malaysische Parks

Mulu, Sarawak
Wandern Sie auf dem Headhunters Trail oder entlang der Kalksteinfelsen *(siehe S. 166f)*.

Taman Negara, Malaiische Halbinsel
Ein Wanderparadies durch Regenwald und zum höchsten Gipfel der Malaiischen Halbinsel *(siehe S. 138f)*.

Bako, Sarawak
Das Gebiet mit Regenwald und Küstenbuschland ist der beste Ort zur Beobachtung der stark gefährdeten Nasenaffen *(siehe S. 164f)*.

↑ *Bizarre, über Jahrhunderte gewachsene Stalaktiten im Mulu National Park*

Faszinierendes Höhlensystem

Malaysia ist auch unter der Erde sehenswert! In riesigen Höhlen tropfen Stalaktiten von der Decke, und bizarre Kristallformationen schmücken die Wände. Entdecken Sie die schönen Formen in den Wind Caves *(siehe S. 171)* oder besuchen Sie die Deer Cave im Mulu National Park *(siehe S. 166f)*, die zugleich Heimat einer Fledermauskolonie ist.

Tropische Inseln und Traumstrände

Mit mehr als 900 Inseln warten Malaysia und Singapur mit einigen der spektakulärsten Strände der Welt auf. An manchen können Sie sich im Wassersport versuchen, wie im Windsurf- und Kitesurfzentrum von Cherating *(siehe S. 146f)*. Andere hingegen sind wunderbar ruhig und versprechen Inselfeeling abseits der Massen – besonders schön ist es an den ruhigen Stränden der Inselgruppe Pulau Susu *(siehe S. 151)* nordwestlich der Perhentian-Inseln. Schwimmen, Schnorcheln und Sonnenbaden vor traumhafter Kulisse. Herrlich!

→
Boote im warmen Licht der Abendsonne in den ruhigen Gewässern von Cherating

MALAYSIAS & SINGAPURS
INSELLEBEN

Sie sehnen sich nach feinen Traumstränden und dem ultimativen Inselparadies? Willkommen in Malaysia und Singapur! Entspannen Sie zum Rauschen der salzigen Wellen in einer Hängematte, kosten Sie frische Meeresfrüchte direkt am Strand oder tauchen Sie ein in die faszinierende Unterwasserwelt.

TOP 3 Malaysische Inselträume

Pulau Libaran
Helfen Sie beim Schutz der bedrohten Meeresschildkrötenarten, die hier an den Stränden nisten und geboren werden.

Pulau Sipadan
Beobachten Sie in einem der besten Tauchgebiete der Welt Hammerhaie, Papageifische, Schildkröten und Adlerrochen *(siehe S. 190f)*.

Pulau Tioman
Ob Strand, Dschungelwanderung oder Urlaub in einem Resort – hier ist für jeden etwas dabei *(siehe S. 126f)*.

Pause von der Großstadt

Selbst im hektischen Großstadtdschungel von Singapur sind Sie von der nächsten nahezu unberührten Insel oft nur eine kurze Bootsfahrt entfernt. Besuchen Sie auf Pulau Ubin *(siehe S. 272f)* zum Beispiel das letzte traditionelle Kampong-Dorf. Die Insel ist dank der Chek Jawa Wetlands auch ein Paradies für Eisvögel, Seehasen und andere Wildtiere. Die südliche Insel St. John's ist ähnlich idyllisch und lädt zum Schwimmen und Picknicken vor schönster Kulisse ein.

→
Spazieren Sie auf einem Steg durch die Chek Jawa Wetlands

Auf Wanderschaft

Keine Frage, an den sonnenverwöhnten Stränden lässt es sich wunderbar faulenzen. Wer aber gern wandern geht und die Natur am liebsten zu Fuß entdeckt, sollte sich in das Inselinnere aufmachen – der tropische Dschungel von Pulau Tioman *(siehe S. 126f)* ist von verschlungenen Pfaden durchzogen, die zum Asah-Wasserfall und einer grandiosen Aussicht führen. Wer dennoch einen Strand sucht: Die hügeligen Perhentian-Inseln *(siehe S. 150f)* bieten hübsche Spazierwege und traumhafte abgelegene Küstenabschnitte.

← *Wandern auf Pulau Tioman im Osten der Malaiischen Halbinsel*

Bedrohter Lebensraum

Die Ozeane um Malaysia und Singapur sind der natürliche Lebensraum für unzählige Tierarten wie Neonsternschnecken oder Blaue Marline. Obwohl Sie bei Schnorchel- oder Tauchausflügen noch immer viele Tiere entdecken können, so haben die jahrzehntelange Zerstörung der Meere, Überfischung und Wilderei längst ihre Spuren hinterlassen. Um die Natur und ihre Lebewesen zu schützen, hat die Stadt Semporna in Sabah bereits ein Programm zur Sensibilisierung für die Korallenbleiche und zum Riffschutz erarbeitet. Das Schnorcheln kann in Teilen des Riffs in Malaysia und Singapur daher nur eingeschränkt möglich sein.

↑ *Grüne Meeresschildkröte im Korallenriff vor Pulau Sipadan*

Magische Unterwasserwelt

Für Taucher und Schnorchler ist Malaysia dank des kristallklaren Wassers und der vielfältigen Tier- und Pflanzenwelt ein absolutes Traumziel. In Pulau Sipadan *(siehe S. 190f)* können Sie riesige Adlerrochen, lustige Clownfische und majestätische Grüne Meeresschildkröten über bunten Korallengärten beobachten. Auch in den Gewässern vor Pulau Tenggol *(siehe S. 147)* tummelt sich mit seltenen Walhaien und Büffelkopf-Papageifischen eine bunte Mischung kurioser Meereslebewesen.

Gemeinsam kochen lernen

Sie lieben die kulinarischen Köstlichkeiten Malaysias und Singapurs? Lernen Sie in einem Kochkurs landestypische Gerichte kennen. Besonders traditionell geht es bei Grandmothers' Recipes (www.grandmothersrecipes.com.sg) in Singapur zu. Oder schlendern Sie über einen Nassmarkt in Kuala Lumpur, bevor Sie mit LaZat (www.lazatcooking.com) ein *nasi lemak* zubereiten. Möchten Sie mehr über Gewürze erfahren? Folgen Sie Ihrer Nase zu Penangs Tropical Spice Garden (www.tropicalspicegarden.com).

→
Gemeinsamer Kochkurs im Tropical Spice Garden in Penang

MALAYSIA & SINGAPUR FÜR
FOODIES

Malaysia und Singapur laden zu einer kulinarischen Weltreise voller intensiver Aromen, edler Gewürze und köstlicher Spezialitäten ein. *Satay*-Spieße brutzeln am Rand der Straßen, der Duft herzhafter *laksa* weht durch die Gassen von Penang, und noble Sternerestaurants versprechen exquisite Gaumenfreuden.

Malaysias Streetfoodmärkte

Kuala Lumpur mag zwar Malaysias Hauptstadt sein, aber in George Town *(siehe S. 108–115)* finden Sie dafür das köstlichste Streetfood des Landes. Probieren Sie bei Ihrem Besuch unbedingt die würzig-scharfen Klassiker *laksa* und *nasi kandar*. Feinschmeckern sei außerdem der Jonker Street Night Market in der Stadt Malakka empfohlen *(siehe S. 120–125)*. Auf dem riesigen Markt kann man sich am Wochenende nach Herzenslust durch verschiedene lokale Gerichte schlemmen. Himmlisch!

Die kulinarische Auswahl am Gurney Drive in George Town ist riesig ↑

Die Küche Borneos

Während die Küche des Landes stark von der malaiischen, chinesischen und indischen Kultur beeinflusst ist, kocht man auf Borneo hauptsächlich traditionell. In den Städten Kuching und Kota Kinabalu finden Sie einige Restaurants, die sich ganz auf indigene Gerichte spezialisiert haben. Probieren Sie doch einmal *jaruk* (in Bambusrohren gekochtes Wildschwein) oder *hinava* (Flussfisch mit Chili und Limettensaft) und spülen Sie alles mit einem ordentlichen Schluck *tuak*, einem regionalen Reiswein, hinunter.

← Hinava *ist ein typisches traditionelles Gericht auf Borneo*

TOP 4 Streetfood in Singapur

Chilikrabben
In Schale gebratene, scharfe Krabben mit Chili, Ingwer und Tomatensauce.

Reishuhn Hainan
Singapurs Nationalgericht besteht aus pochiertem Wenchang-Huhn und wird zu Reis und Gurken gereicht.

Fischkopfcurry
Ein traditionelles Currygericht der Kerala-Küche.

Satay
Die verführerischen Fleischspieße werden mit einer sämigen Erdnusssauce serviert.

Malaysias Nationalgerichte

Ein Streifzug durch Malaysias traditionelle Gerichte sollte bei keinem Besuch fehlen. Klassiker sind *nasi lemak (unten)*, der duftende Kokosnussreis mit Hühnchen und würzigem Sambal, sowie *satay*, *curry mee* (Nudeln in Currysuppe) und Tontopfreis mit Huhn und chinesischer Wurst. Viel Freude beim Probieren!

Klassisches Singapurer Hühnchen mit Reis im Maxwell Food Centre ↑

Hier speisen die Einheimischen

In den überdachten Hawker-Zentren wird seit Generationen traditionelles Streetfood gekocht. Es ist eng, laut und voll – aber die Gerichte der unterschiedlichen Länderküchen dafür unglaublich lecker. Trotz echter Sternequalität ist das Essen hier günstiger und um einiges authentischer – zögern Sie deshalb nicht, gleich mehreren Hallen einen Besuch abzustatten. Das Amoy Street Food Centre (7 Maxwell Road) und das Maxwell Food Centre (1 Kadayanallur Street) zählen zu den besten.

Morbide Trophäen

Vor der Ankunft britischer Kolonisatoren waren Kopfjäger auf Borneo weitverbreitet. Verfeindete Stämme enthaupteten ihre Rivalen und behielten die Köpfe nicht selten als morbide Kriegstrophäen. Als besonders eifrige Jäger galt bis Mitte des 19. Jahrhunderts die Gruppe der Iban. Dennoch trieben auch später immer mal wieder Kopfjäger ihr gruseliges Unwesen, zum Beispiel während der japanischen Besatzung im Zweiten Weltkrieg und dann erneut in den 1960er Jahren während des Indonesien-Kriegs.

MALAYSIAS INDIGENE KULTUR

Die vielen indigenen und ethnischen Gruppen sind das kulturelle Erbe Malaysias. Lernen Sie die authentische Vielfalt dieses faszinierenden Landes hautnah kennen, indem Sie die Nacht in einem einfachen Langhaus verbringen, zu traditioneller Musik tanzen oder außergewöhnliche Museen besuchen.

Kulturelles Erbe zum Anfassen

Die zahlreichen wunderbaren Museen bieten einen vielseitigen Einblick in uralte Geschichte(n) und indigene Kulturen. Im National Museum *(siehe S. 70)* in Kuala Lumpur können sich Besucher über die 13 ethnischen Gruppen der Orang Asli auf der Malaiischen Halbinsel informieren. Das Sabah Museum *(siehe S. 192)* zeigt Rekonstruktionen von Stammeshäusern, während das Mari Mari Cultural Village *(siehe S. 197)* Kunsthandwerk der Murut ausstellt.

→

Beeindruckende Wandgemälde am Eingang des National Museum in Kuala Lumpur

Leben im Langhaus

In den traditionellen Langhäusern, Zentren vieler indigener Gemeinschaften, leben oft gleich mehrere Familien zusammen. Die Völker der Kadazan und der Rungus aus der Region Sabah sind berühmt für ihre herzliche Gastfreundschaft und heißen Besucher in ihren Häusern gern willkommen. Wer einen Abend voller traditioneller Gesänge und uriger Tänze selbst erleben möchte – ein Besuch in einem traditionellen Langhaus kann über eine private Tour organisiert werden.

← *Ein traditionelles Langhaus und Mitglieder des Volkes der Rungus*

> **Expertentipp**
> **Erntefest in Sarawak**
>
> Besuchen Sie Sarawak am 1. Juni zum alljährlichen Erntefest Gawai Dayak, das mit viel Musik und traditionellen Tänzen gefeiert wird.

Musikalische Rundreise

Nirgends zeigt sich die erstaunliche Vielfalt der indigenen Kultur Malaysias dynamischer und lebendiger als in der landestypischen Musikszene. Im Sarawak Cultural Village *(siehe S. 169)* auf Borneo können Besucher der einheimischen Band Tuku' Kame' lauschen, die mit traditionellen Instrumenten die Naturgeräusche des Regenwalds auf die Bühne bringt. Und wer dem urtümlichen Volk der Kadazan in der Region Sabah bei ihrem eindrucksvollen Sumazau-Volkstanz zusehen möchte, sollte am besten zum Pesta Kaamatan, Sabahs Erntefest im Mai, anreisen.

↑ *Ein Musiker mit traditioneller Flöte im Sarawak Cultural Village*

Feiern in Malaysia
Malaysias lebhafte indigene Feste sollten Sie sich nicht entgehen lassen! In Sarawak feiert das Festival Gawai Dayak die Reisernte im Juni mit farbenfrohen Straßenumzügen, im April stürzen sich die Melanauer Fischer von Seilschaukeln ins Wasser, um den Beginn der Angelsaison zu feiern. In Sabah zeigen Bajau-Reiter derweil ihre bunte Pracht in einer Parade auf dem Markt von Tamu Besar *(siehe S. 196)*.

→

Traditionelle Gewänder bei einer Gawai-Dayak-Veranstaltung in Sarawak

MALAYSIAS & SINGAPURS LEBHAFTE FESTIVALS

In Malaysia und Singapur wird nicht nur von Herzen gern gefeiert, sondern auch oft! In Anlehnung an das lebhafte indigene, malaiische, indische und chinesische Kulturerbe stehen das ganze Jahr über viele Events und Festivals an – und auch Besucher sind eingeladen, an den Feierlichkeiten teilzunehmen.

Bühne frei für die Kultur
Nicht alle Festivals in Malaysia und Singapur drehen sich um religiöse Traditionen. Auch das George Town Literary Festival im November oder das Singapore International Festival of Arts (www.sifa.sg) im Mai ziehen jedes Jahr Tausende kulturaffiner Besucher an. Das Kuala Lumpur International Arts Festival (www.diversecity.my) begeistert den ganzen September hindurch mit Straßenkünstlern und Kunstveranstaltungen.

←

Eine Podiumsdiskussion während des George Town Literary Festival

Mondneujahr und Drachenbootfest

Während der Feierlichkeiten zum Mondneujahr (Jan/Feb), dem offiziellen Jahreswechsel der Chinesen, verwandeln sich die Straßen in den Chinatowns von Kuala Lumpur *(siehe S. 68f)* und Singapur *(siehe S. 239–241)* in zinnoberrote Spektakel der tanzenden Drachen und wummernden Trommelbeats. Eines der schönsten Neujahrsfeste findet allerdings auf Penang statt, wenn die ganze Insel (aber vor allem der Kek Lok Si Temple, *siehe S. 103*) vom warmen Licht der Laternen erleuchtet wird und die Einheimischen bis spät in die Nacht feiern. Auch das Drachenbootfest ist ein Ereignis, das traditionell mit *zongzi* (gefüllte Klebreispäckchen) und Realgar-Wein gefeiert wird.

← *Auch in Sibu, Sarawak, wird das Mondneujahr farbenfroh begrüßt*

Indische Kultfeste

Die reiche Kultur der Inder ist berühmt für ihre fröhlichen Feste, und das gilt auch für die in Malaysia und Singapur lebende indische Bevölkerung. Das mehrtägige Lichterfest Deepavali *(siehe S. 52)* in Singapurs Little India oder das Navratri-Fest in Kuala Lumpur und George Town bringen jedes Jahr einen kunterbunten Karneval in die Straßen der Städte.

Thaipusam-Fest

Das Festival ehrt den hinduistischen Kriegsgott Murugan und wird am Jahresanfang (Jan/Feb) gefeiert. Besonders spektakulär geht es in Kuala Lumpurs Batu Caves *(siehe S. 94f)* zu, wenn die vielen Gläubigen die steilen Stufen zum Tempel erklimmen, manche davon mit von Speeren durchbohrten Wangen, Bauch oder Rücken.

↑ *Hell erleuchtete Straßen zum Karneval in Singapurs Little India*

Dugongs

Der bis zu drei Meter lange und 400 Kilogramm schwere Dugong ist ein Cousin der Seekuh – die Meeressäuger sind zudem eng mit Elefanten verwandt. Der Legende nach sollen Seefahrer die Tiere mit Sirenen oder Meerjungfrauen verwechselt haben, daher der Name ihrer biologischen Ordnung – *Sirenia*. Der Dugong ist eine leichte Beute für Fischer, weshalb die Art als vom Aussterben bedroht gilt. Weniger als 100 Exemplare leben noch in Malaysias Seegraswiesen.

Hilfe für bedrohte Arten

Die vielfältigen Naturlandschaften in Malaysia und Singapur sind Lebensraum für eine Vielzahl von Tieren, aber Wilderei und Rodung haben in den letzten Jahrzehnten leider zu einem starken Rückgang vieler Arten geführt. Vom Sumatra-Nashorn und dem Malaysia-Tiger, dem Wahrzeichen des Landes, existieren heute nur noch wenige Exemplare in freier Wildbahn. Helfen Sie beim Schutz dieser Tiere und besuchen Sie ethisch vertretbare Reservate wie Taman Negara *(siehe S. 138f)* oder Royal Belum. Auch Elefanten sind gefährdet; vermeiden Sie deshalb Shows und unterstützen Sie Elefantenschutzgebiete *(siehe S. 151)*.

→

Ein Malaysia-Tiger in einem der ältesten Regenwälder der Welt

MALAYSIAS & SINGAPURS
WILDE TIERWELT

Üppige Küstenebenen und einige der ältesten Regenwälder der Welt schaffen natürliche Lebensräume für unzählige endemische Wildtierarten. Entdecken und achten Sie die hiesige Flora und Fauna und helfen Sie dabei, die faszinierende Natur durch einen nachhaltigen Tourismus zu bewahren und zu schützen.

Blick nach oben

In Malaysia und Singapur leben einige der farbenfrohsten und seltensten Vögel der Welt – vergessen Sie also Ihr Fernglas nicht! Vielleicht entdecken Sie ja so den seltenen Bergpfauenfasan in den Cameron Highlands *(siehe S. 88f)*, die Blaue Pfeifdrossel an den stolzen Hängen des Gunung Kinabalu *(siehe S. 188f)* oder Loris und Tukane im riesigen Jurong Bird Park *(siehe S. 269)*.

←

Riesentukane im Jurong Bird Park, Asiens größtem Vogelpark

Die Affen sind los

Wer Tiere mag, wird eine Begegnung mit Orang-Utans lieben! Besuchen Sie das renommierte Sepilok Orangutan Rehabilitation Centre *(siehe S. 201)* zur morgendlichen Fütterungszeit, wenn die Primaten für ihre tägliche Portion Obst aus dem Dschungel auftauchen. Auch der Mandai Singapore Zoo *(siehe S. 268)* hat sich dem Schutz und Erhalt der Menschenaffen verschrieben.

→

Ein Orang-Utan hängt mit seinem Nachwuchs entspannt am Baum

Die fabelhafte Welt der Insekten

Nicht nur die ganz großen, sondern auch die ganz kleinen Tiere sind absolut bestaunenswert. Wunderschöne Libellen schwirren zwischen den Pflanzen der Dragonfly & Kingfisher Lakes in den Gardens by the Bay *(siehe S. 222 – 225)* in Singapur umher, während bunte Schmetterlinge und leuchtende Glühwürmchen Farbe in Penangs Entopia *(siehe S. 107)* bringen.

←

Eine leuchtend rote Libelle in den Gardens by the Bay

Urbane Straßenkunst und Outdoor-Galerien

2012 schuf der litauische Künstler ZACH (Ernest Zacharevic) sechs Wandbilder für das George Town Festival. Seine Kunst gefiel – und ließ Malaysias gesamte Straßenkunstszene aufblühen. Die berühmteste Kunstsammlung mit Zacharevics ikonischen Charakteren *Boy on a Bike* und *Little Children on a Bicycle* sind in George Town zu besichtigen. Doch auch Malakka ist eine Stadt der künstlerischen Vielfalt. Bei einer Bootsfahrt auf dem Sungai Melaka können Sie einige der kreativen Wandmalereien entdecken.

→

Entdecken Sie während einer Flussfahrt die hübschen Wandmalereien von Malakka

MALAYSIAS & SINGAPURS
KREATIVE SZENE

In Singapur und Malaysia treffen die unterschiedlichsten Kulturen und Traditionen aufeinander – kein Wunder, dass die künstlerische Kreativität hier keine Grenzen kennt! Von Malkursen über das Weben von Batikstoffen, von kleiner Straßenkunst bis hin zu gigantischen Skulpturen – die kreative Szene brodelt.

Handgemacht

Sie werden gern selbst kreativ? Entwerfen Sie eine hübsche Mala-Kette aus Gebetsperlen bei Wabi Sabi and Me (www.wabisabiandme.com) in Singapur, greifen Sie zu Pinsel und Leinwand im Artsy Sip (www.artsysip.wordpress.com) in George Town oder versuchen Sie sich im Töpfern bei Clay (www.clayexpression.com) in Kuala Lumpur. Im Kulturzentrum Art & Bonding (www.artandbonding.com) werden dort auch Kurse in Kalligrafie angeboten.

←

Malkurs im Artsy Sip, einem beliebten Kreativzentrum in George Town

> **TOP 3** Workshops und Kurse
>
> **Maison 21G, Singapur**
> Wie das duftet! Mischen Sie Ihr eigenes Parfüm (www.maison21g.com).
>
> **The Plant Story, Singapur**
> Grüne Workshops rund um Pflanzen, Garten und Natur (www.theplantstory.com).
>
> **The Art E Space, George Town**
> Verschiedene Kunstworkshops für alle Altersgruppen (3C-1-2 Jalan Seri Tg Pinang).

Singapurs Kunst im öffentlichen Raum

Weltbekannte Kunstwerke sind überall in der Stadt zu finden. Entlang des Bayside Art Trails (www.visitsingapore.com) entdecken Sie zum Beispiel Roy Lichtensteins Pop-Art-Skulptur *Six Brushstrokes* und Lin Emerys *Deva*. Die nostalgische *First Generation* von Chong Fah Cheong (1 Fullerton Square) bringt Ihnen auch die fantastische lokale Kunstszene näher.

→

Chong Fah Cheongs Skulptur First Generation *zeigt in den Fluss springende Kinder*

Im Farbrausch

Kunstvoll gemusterte Batikstoffe sind eine der begehrtesten und bewundertsten Volkskunstformen Malaysias, wobei Batikkleidung oft den eher formellen Anlässen vorbehalten ist. Workshops bei Jadi Batek (www.jadibatek.com) in Kuala Lumpur lehren Teilnehmern, wie man außergewöhnliche Designs mit Wachs und Farbe kreiert.

→

Färben mit Batikfarben während eines Workshops in Kuala Lumpur

Magische Märkte

Wuselige Straßenmärkte sind ein fester Bestandteil der südostasiatischen Kultur – in Malaysia finden Sie einige der interessantesten. Ein guter Ausgangspunkt ist die Jalan Petaling *(siehe S. 69)* in Kuala Lumpur. Die lebhafte Straße in Chinatown ist vollgestopft mit wackligen Ständen, die haufenweise gefälschte Designerwaren feilbieten. Etwas weniger touristisch geht es auf dem Sonntagsmarkt in der Jalan Gaya in Kota Kinabalu *(siehe S. 192)* zu. Auf einem der größten Flohmärkte Malaysias können Sie nach Herzenslust nach Schmuck stöbern, frisches Obst probieren und die Atmosphäre genießen.

Die vielen kleinen Läden und Stände in der Jalan Petaling in Kuala Lumpur

SHOPPING
IN MALAYSIA & SINGAPUR

Nach verführerischen Streetfoodmärkten und paradiesischen Stränden gilt das Einkaufen als eine der beliebtesten Freizeitbeschäftigungen – kein Wunder, haben Malaysia und Singapur zwischen Mega-Mall und Straßenbasar doch für jeden Geschmack und Geldbeutel etwas zu bieten.

Glitzernde Shoppingwelten

Sowohl in Singapur als auch in Malaysia finden Sie jede Menge moderner Einkaufszentren. Ein Ausflug zu einer dieser gigantischen Malls kann einen ganzen Tag füllen, denn bei den unzähligen Designergeschäften und Restaurants verliert man leicht den Überblick. Wenn Sie gern shoppen, besuchen Sie Singapurs futuristische ION Orchard *(siehe S. 254)* und Kuala Lumpurs Suria KLCC *(siehe S. 76)* am Fuß der Petronas Towers.

Kuala Lumpurs Suria KLCC wird am Abend hübsch beleuchtet

Handwerk, Kunst und Antikes

Die indigenen Völker Malaysias sind seit Jahrhunderten für ihr wunderschönes Kunsthandwerk bekannt. Besuchen Sie einen regionalen Markt in Sarawak, um eine Auswahl an lokalen Handarbeiten zu durchstöbern, darunter geschnitzte Holzschilder und aus Baumrinde gehauene Laternen. In der Hauptstadt Kuching werden auch Tierschnitzereien, geflochtene Körbe und Blasrohre aus Borneo angeboten. Beachten Sie aber, dass Produkte aus Nashornvogel-Elfenbein – außer echte Antiquitäten – illegal sind!

← Traditionelles Kunsthandwerk der Kadazan auf Borneo

> **Expertentipp**
> **Kein Handeln**
>
> Um einen Preis zu handeln, ist in Malaysia nicht üblich. Die Preise sind oft neben den Artikeln angegeben – halten Sie sich an diese und fragen Sie, wenn möglich, nicht nach einem Rabatt.

Schöne Stoffe

Zu den Lieblingsmotiven der Malaysier zählen farbenfrohe Blumen und Pflanzen – der bunte Stil ist landesweit auf den Märkten zu finden. Zu den traditionellsten und beliebtesten Stoffen gehören das mit Wachs und Farbstoff hergestellte Batik und *songket*, eine Art Brokat, bei dem Gold- und Silberfäden von Hand durch Seide oder Baumwolle gewebt werden.

↑ *Batikstoffe gehören zu Malaysias berühmtesten Textilien*

TOP 3 Rooftop-Pools

Marina Bay Sands, Singapur
Infinitypool auf dem Dach des berühmten Hotels *(siehe S. 230)*.

Somerset Ampang KL, Kuala Lumpur
Genießen Sie den herrlichen Blick auf die Petronas Towers (somersetampang.com-kualalumpur.com).

The Prestige, George Town
Freie Sicht über die Straßen von Malakka (www.theprestige.my).

MALAYSIA & SINGAPUR ZUR ENTSPANNUNG

Nach einem ereignisreichen Tag steht Ihnen der Sinn nach etwas Ruhe und Entspannung? In den luxuriösen Spas mit Infinitypools, den Meditations-Retreats oder in Tai-Chi-Kursen finden Sie jede Menge Zeit zum Relaxen inmitten der einzigartigen Natur.

Den Morgen begrüßen

Wer den Tag gern mit etwas Bewegung beginnt, kann sich am frühen Morgen in einem der vielen idyllischen Parks einer Gruppe Einheimischer jeden Alters anschließen, die Tai Chi praktizieren. Die chinesische Kampfkunst soll gegen Gelenk- oder Muskelschmerzen und sogar bei Schlaflosigkeit helfen. Besonders schön ist es in Kuala Lumpurs friedlichen Perdana Botanical Gardens *(siehe S. 71)* oder in den Botanischen Gärten von Singapur *(siehe S. 264f)*.

←

Eine Gruppe praktiziert Tai Chi in den Singapore Botanic Gardens

Für inneren Frieden

Sie möchten dem städtischen Trubel für ein paar Tage entfliehen und neue Energie tanken? Verbringen Sie Zeit in einem Meditations-Retreat und finden Sie im Kechara Forest Retreat (www.kechara forestretreat.com) an der frischen Luft etwas Ruhe vom Alltagsstress. Eine mehrtägige Auszeit im Regenwald ist nichts für Sie? Dann besuchen Sie doch das Kuala Lumpur Meditation Centre (www.kualalumpurmedita tion.org) für einen kurzen Crashkurs in Entspannung mitten in der City.

Ruhe finden im buddhistischen Meditationszentrum Kechara Forest Retreat

Entspannung auf höchstem Niveau

Singapur ist eine der entspanntesten Metropolen der Welt – kein Wunder, dass es hier auch eine Vielzahl hervorragender Luxus-Spas gibt. Besuchen Sie das stilvolle Yunomori Onsen & Spa (www.yunomorionsen.com/singapore) oder das legendäre Mandarin Oriental (www.mandarin oriental.com) für eine Extraportion Entspannung.

Eine luxuriöse Wellnessoase mitten in Singapur: das elegante Spa des Mandarin Oriental

Einmal durchkneten, bitte!

Malaysia mag nicht ganz so berühmt für seine Massagen sein wie Thailand oder Bali, aber das kann sich ja noch ändern. Probieren Sie Urutan aus, eine wohltuende Spa-Behandlung aus uralten Heilmethoden, die schon von den Ureinwohnern Borneos praktiziert wurde. In verschiedenen Resorts auf Pulau Langkawi *(siehe S. 90 – 93)* werden Sie in Batik gehüllt und mit ätherischen Ölen massiert.

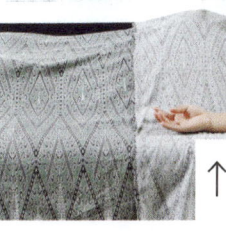

Eine entspannende Urutan-Massage auf Pulau Langkawi

MALAYSIA
ERLEBEN

Der Tempel Kek Lok Si in George Town

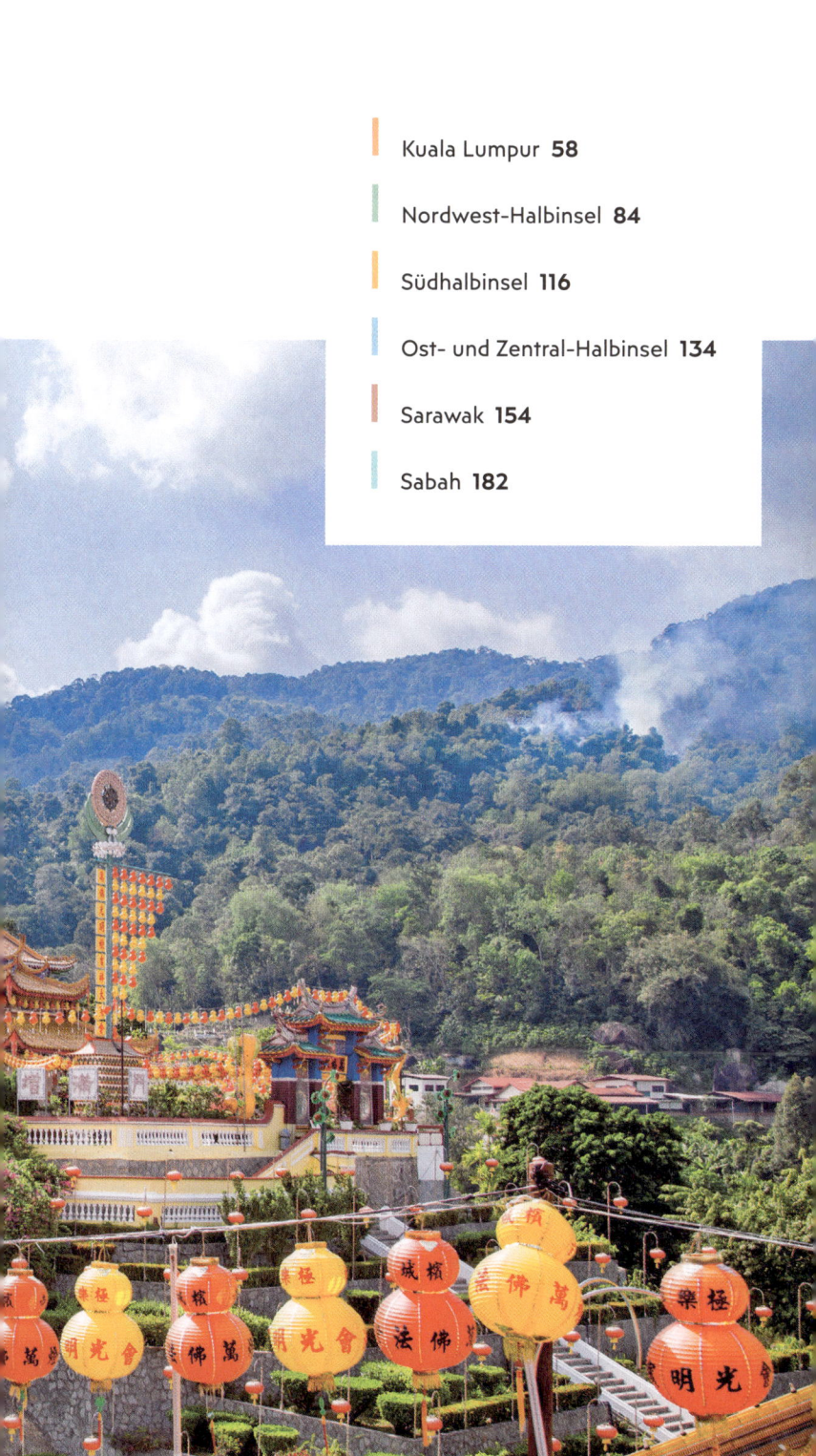

- Kuala Lumpur **58**
- Nordwest-Halbinsel **84**
- Südhalbinsel **116**
- Ost- und Zentral-Halbinsel **134**
- Sarawak **154**
- Sabah **182**

MALAYSIA
AUF DER KARTE

Dieser Reiseführer unterteilt Malaysia in sechs farblich gekennzeichnete Regionen, wie auf der Karte unten dargestellt. Auf den folgenden Seiten erfahren Sie mehr über jeden Bereich.

KAMBODSCHA

Prachuap Khiri Khan

Phnom Penh

VIETNAM

Ho Chi Minh City

Phan Thiet

Can Tho

Surat Thani

Golf von Thailand

Nakhon Si Thammarat

THAILAND

Hat Yai

Kota Bharu

George Town

Kuala Terengganu

Ipoh

Ost- und Zentral-Halbinsel
Seiten 134–153

Nordwest-Halbinsel
Seiten 84–115

Kuantan

Kuala Lumpur
Seiten 58–83

Seremban

Mersing

Südhalbinsel
Seiten 116–133

Dumai

Singapur
Seiten 206–273

Pekanbaru

INDONESIEN

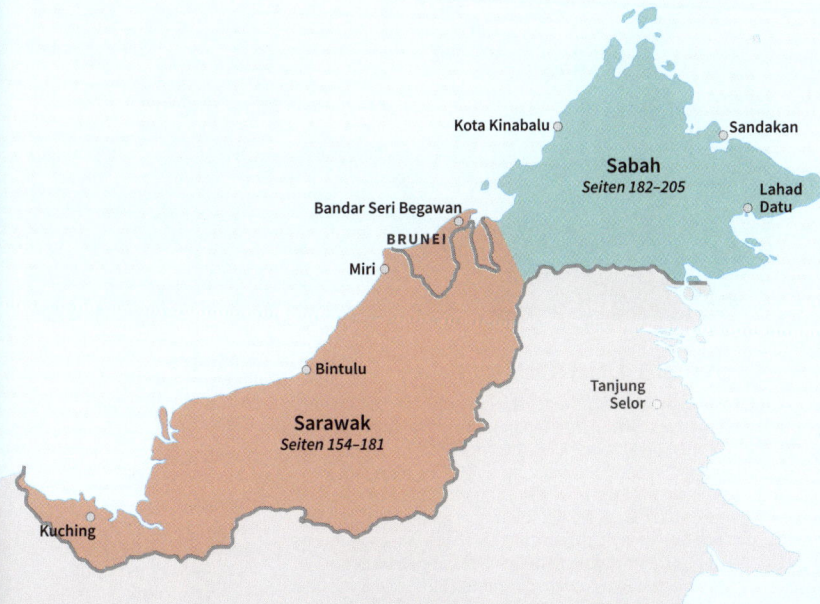

DIE REGIONEN MALAYSIAS

Sattgrüne Regenwälder und bildschöne Strände, trubelige Städte und indigene Dörfer: Malaysia hat viele Facetten. Das Land besteht geografisch aus zwei Regionen, der Malaiischen Halbinsel mit der Hauptstadt Kuala Lumpur und Borneo, einer grünen Insel mit Traumstränden und einer artenreichen Tierwelt, die durch das Südchinesische Meer geteilt werden.

Kuala Lumpur

Seiten 58 – 83

In Malaysias Hauptstadt vermischen sich Tradition und Moderne. Ehrwürdige Tempel, altmodische Antiquitätenhändler und wacklige Streetfoodstände säumen die engen Gassen von Chinatown und Little India, am geschichtsträchtigen Merdeka Square reihen sich prächtige Gebäude aus der Kolonialzeit aneinander, und nördlich des alten Stadtzentrums ragen die Petronas Towers in den Himmel über dem Geschäftsviertel. Dazu die faszinierenden Museen, die bunten Straßenmärkte oder das quirlige Viertel Golden Triangle – die unglaubliche Vielfalt Kuala Lumpurs hat es in sich!

Entdecken
Stadtleben, leckeres Streetfood und moderne Architektur

Sehenswert
Islamic Arts Museum

Genießen
Entspannen Sie auf den Grünflächen des größten Parks der Stadt, den Perdana Botanical Gardens

Nordwest-Halbinsel

Seiten 84–115

Mit ihren nebelverhangenen Hochlandwäldern, aufregenden Städten und idyllischen Inseln mangelt es der abwechslungsreichen nordwestlichen Halbinsel nicht an Abenteuermöglichkeiten. Hier finden Sie Penangs beliebte Hauptstadt George Town voller gehobener Restaurants, kreativer Straßenkunst und einem pulsierenden Nachtleben. Besuchen Sie die beeindruckenden Teeplantagen der Cameron Highlands und genießen Sie das unglaubliche Bergpanorama oder relaxen Sie an den von Palmen gesäumten Stränden auf Pulau Langkawi.

Entdecken
Outdoor-Abenteuer und luxuriöse Strandresorts

Sehenswert
Cameron Highlands, George Town, Pulau Langkawi

Genießen
Pulau Langkawi und der Archipel mit 99 Inseln

Südhalbinsel

Seiten 116–133

Von geschichtsträchtigen Städten bis hin zu vorgelagerten Inseln bietet die südliche Halbinsel einige der faszinierendsten Highlights des Landes. In der westlichen Stadt Malakka ist das holländische, portugiesische und britische Erbe der Kolonialzeit noch heute spürbar. Im Osten finden Sie mit Pulau Tioman eine der schönsten Inseln Malaysias – unberührte Strände, farbenfrohe Korallenriffe und ursprünglicher Dschungel im Landesinneren. Vor den Inseln des Seribuat-Archipels entdecken Sie mit etwas Glück seltene Meeresbewohner.

Entdecken
Abwechslungsreiche Architektur und Inseln mit tropischem Regenwald

Sehenswert
Malakka, Pulau Tioman

Genießen
Wandern Sie durch den Dschungel von Pulau Tioman, um am Fuß des Asah-Wasserfalls ein erfrischendes Bad zu nehmen

→

Ost- und Zentral-Halbinsel

Seiten 134–153

Die östlichen und zentralen Regionen versprechen aufregende Abenteuer im Herzen der Malaiischen Halbinsel. In dem riesigen Nationalpark Taman Negara streifen Tiger und Nebelparder durch dichte Regenwälder. In Kota Bharu verlassen Sie die Touristenpfade und tauchen ein in die malaiische Kultur, besuchen Museen und Paläste oder bummeln über geschäftige Märkte. Auf den Perhentian-Inseln erwarten Sie himmlisch weiße Sandstrände und hervorragende Tauch- und Schnorchelspots.

Entdecken
Wanderungen durch den Regenwald, traditionelle malaiische Kultur

Sehenswert
Taman Negara, Kota Bharu

Genießen
Entdecken Sie Malaysias einheimische Tierwelt im Nationalpark Taman Negara

Sarawak

Seiten 154–181

Malaysias größter Bundesstaat liegt im nordwestlichen Teil von Borneo und beherbergt in dem geschützten Mulu National Park einige der größten Naturwunder des Landes – beeindruckende Gipfel, von Fledermäusen bevölkerte Höhlen, Wasserfälle und die gezackte Kalksteinformation Pinnacles. Auch die Tierwelt will entdeckt werden, von Nasenaffen bis hin zu Krokodilen sind unzählige Arten in Sarawak zu Hause. Planen Sie einen Aufenthalt in einem traditionellen Langhaus ein, um Einheimische kennenzulernen und *tuak* (Reiswein) zu probieren.

Entdecken
Tierbeobachtungen und indigene Kultur

Sehenswert
Kuching, Bako National Park, Mulu National Park

Genießen
Übernachtung in einem traditionellen Iban-Langhaus in einem abgelegenen Dorf in Sarawak

Sabah

In Malaysias zweitgrößtem Bundesstaat an der Nordostspitze von Borneo finden Sie steile Berge, üppige Täler und zahlreiche Wildtiere. Kein Wunder, dass Sabah ein echtes Top-Ziel für Outdoor-Aktivitäten ist: Tauchen Sie zu den Korallengärten von Pulau Sipadan, wandern Sie auf die beiden höchsten Gipfel Malaysias oder stürzen Sie beim Wildwasser-Rafting den Sungai Padas hinab. In der Küstenhauptstadt Kota Kinabalu können Sie nach all der Aufregung an der frischen Luft wunderbar entspannen – probieren Sie sich durch die indigene Küche oder ziehen Sie bis in die Nacht durch die angesagten Bars.

Entdecken
Outdoor-Aktivitäten und Tierbeobachtungen

Sehenswert
Kinabalu National Park, Pulau Sipadan

Genießen
Besuchen Sie gerettete und verwaiste Orang-Utans im Sepilok Orangutan Rehabilitation Centre

DAS JAHR IN MALAYSIA

Januar

Pongal *(Mitte Jan)*. Bei diesem landesweit gefeierten hinduistischen Erntefest malen die Einheimischen Muster in Reismehl *(kolam)* auf den Boden vor ihren Häusern.

△ **Mondneujahr** *(Ende Jan/Anfang Feb)*. Feuerwerk, rote Papierlaternen und bunte Drachen prägen das spektakuläre Megaevent, das im ganzen Land stattfindet.

Februar

Federal Territory Day *(1. Feb)*. Die drei Territorien Malaysias – Kuala Lumpur, Labuan und Putrajaya – veranstalten bunte Paraden.

△ **Thaipusam** *(Jan/Feb)*. Die Einheimischen gedenken Murugans, indem sie ein rituelles *kavadi* (»Bürde« auf Tamil) tragen.

Mai

△ **Vesak-Tag** *(Mai/Juni)*. Geburt, Tod und Erleuchtung des Buddha werden landesweit mit wohltätigen Spenden und aufwendigen Prozessionen bei Kerzenlicht gefeiert.

Gawai Dayak *(31. Mai–1. Juni)*. Das Erntedankfest von Sarawak wird mit Kuchen und jeder Menge *tuak* (Reiswein) gefeiert.

Juni

△ **Dragon Boat Festival** *(1. Juni)*. Zuschauer prosten mit Realgar-Wein den geschnitzten Drachenbooten auf dem Sungai Melaka zu.

Fiesta San Pedro *(Juni)*. In ganz Malakka schmückt die portugiesische Gemeinde Malaysias ihre Boote, um St. Peter zu huldigen.

September

△ **Mooncake Festival** *(Mitte Sep – Ende Okt)*. Die chinesische Gemeinde feiert die Herbsternte mit der süßen Gebäckspezialität Mondkuchen.

Malaysia Day *(16. Sep)*. Das Land feiert den Beitritt Sarawaks und Sabahs zum Bundesstaat im Jahr 1963.

Oktober

Mount Kinabalu Climbathon *(Mitte Okt)*. Die erfahrenen Kletterer bei diesem Bergrennen – dem härtesten der Welt – brauchen weniger als drei Stunden für den mühseligen Auf- und Abstieg zum und vom Gipfel.

△ **Deepavali** *(Okt/Nov)*. Das landesweit gefeierte Lichterfest begrüßt die Göttin des Wohlstands, indem Häuser und Tempel mit Öllampen festlich geschmückt werden.

März

△ **Borneo Ultra-Trail Marathon** *(Mitte März)*. Läufer, ob junge Familien oder Profis, ziehen durch den wilden Dschungel von Sabah.
Le Tour de Langkawi *(Feb/März)*. Radfahrer aus der ganzen Welt messen sich auf achttägigen Etappen auf Strecken im ganzen Land.

April

△ **Songkran** *(Mitte Apr)*. Das thailändische Neujahr wird auf der nördlichen Halbinsel mit einer riesigen Wasserschlacht gefeiert.
Pesta Kaul *(Mitte Apr)*. Das Fest der Melanauer Fischergemeinden markiert den Auftakt der jährlichen Fischereisaison in Mukah.

Juli

△ **George Town Festival** *(Mitte/Ende Juli)*. In Penang finden lokale und internationale Kunstausstellungen sowie Konzerte statt.

August

△ **Hungry Ghost Festival** *(Ende Aug – Anfang Sep)*. Sänger, Tänzer und Puppenspieler ehren die Geister der Verstorbenen.
Hari Merdeka *(31. Aug)*. Malaysias Nationalfeiertag wird im ganzen Land mit Paraden, Konzerten und Straßenfesten gefeiert.

November

Thimithi *(Mitte Okt – Mitte Nov)*. Malaysias hinduistische Gemeinschaft feiert Geschichten aus dem *Mahabharata*.
△ **George Town Literary Festival** *(25. Nov)*. Auch internationale Autoren besuchen Malaysias wichtigstes Literaturfestival in George Town.
Tamu Besar *(Okt/Nov)*. Handwerkskunst und kulturelle Darbietungen auf einem der größten Märkte von Sabah.

Dezember

△ **LAMPU** *(31. Dez)*. Putrajaya beendet das Kalenderjahr mit der spektakulären Lichtershow Light and Motion.
Penang Chingay *(Mitte Dez)*. Über eine Woche lang treten talentierte Straßenkünstler aus aller Welt – Musiker, Tänzer, Comedians, Jongleure und Akrobaten – in ganz Penang in spektakulären Shows auf.

KURZE GESCHICHTE

Wegen der fruchtbaren Landschaft und der strategischen Position wurde Malaysia im Lauf der Jahrhunderte von zahlreichen ausländischen Siedlern belagert. Seit der Unabhängigkeit im Jahr 1957 hat sich Malaysia jedoch zu einem fortschrittlichen Musterbeispiel moderner Wirtschaft entwickelt.

Früheste Entdeckungen

Die Geschichte Malaysias galt lange als unerforscht – doch der Fund einiger archäologischer Stätten aus der Altsteinzeit im Lenggong Valley lässt erste zivile Anzeichen mittlerweile auf zwei Millionen Jahre zurückverfolgen. Steinobjekte auf der Halbinsel und auf Borneo, datiert zwischen 2800 und 500 v. Chr., zeugen von der Existenz einer neolithischen Kultur. Um diese Zeit begannen austronesische Völker – die Proto-Malays – sich auf der Malaiischen Halbinsel niederzulassen. Die Nachkommen dieser Menschen, die Orang Asli, stellen noch heute die älteste indigene Volksgruppe auf der Halbinsel.

1 *Karte von Sumatra und Borneo (1870er Jahre)*

2 *Im Niah Caves National Park wurde ein Schädel von 40 000 v. Chr. entdeckt*

3 *Kupferstich von Bürgern aus Borneo und Java*

4 *Tempel des Reichs Srivijaya*

Chronik

40 000 v. Chr.
Zivilisationen auf Borneo und auf der Malaiischen Halbinsel

9000 v. Chr.
Das Skelett des »Perak Man« aus dem Neolithikum ist das kompletteste Südostasiens

2500 v. Chr.
Austronesische Seefahrer landen auf der Malaiischen Halbinsel an

2. Jh.
Hinduistisch-buddhistisches Königreich im Bujang-Tal

Handel mit Indien und China

Internationale Handelsnetzwerke florierten um 500 v. Chr., als ausländische Waren gegen die reichen Schätze Zinn, Gold und Gewürze eingetauscht wurden. Der Ausbau der Handelsbeziehungen mit Indien brachte die Küstenvölker an der Straße von Malakka in Kontakt mit Buddhismus und Hinduismus. Auch der chinesische Handel über das kambodschanische Königreich Funan spielte eine wichtige Rolle, denn der Warentransport über das Meer von Westasien nach China gab der Entstehung von Hafenkönigreichen weiteren Auftrieb.

Das hinduistisch-buddhistische Srivijaya, das im 7. Jahrhundert in Sumatra entstand, entwickelte sich zum mächtigsten Königreich, das die Straße von Malakka, die Sundastraße und die Überlandrouten über die Halbinsel beherrschte. Aufgrund seiner strategischen Position zog Srivijaya den Überseehandel zwischen Indien und China an und monopolisierte ihn, wodurch es als Umschlagplatz fungierte. Srivijaya blühte bis zum 11. Jahrhundert, als es durch Kriege und den Einfluss des Islam, der im 15. Jahrhundert zur Staatsreligion des Sultanats von Melaka wurde, an Macht verlor.

Die Verbreitung des Islam

Der Islam wurde um das 11. Jahrhundert von arabischen Kaufleuten und Missionaren auf der Malaiischen Halbinsel eingeführt und verbreitete sich über indisch-muslimische Händler schnell bis in die letzte Ecke des Gebiets. Ab dem 15. Jahrhundert bekannte sich bereits die malaiische Mehrheit zum islamischen Glauben.

671
Der chinesische Wandermönch Yijing macht die ersten bekannten Aufzeichnungen über Srivijaya

1025
Die südindische Chola-Dynastie erobert Kedah von Srivijaya – der Untergang des Königreichs

1303
Der Inschriftenstein von Terengganu deklariert die Zugehörigkeit zum Islam

15. Jahrhundert
Der Islam wird unter Parameswara zur Staatsreligion von Malakka

Kolonialisierung

Im 15. Jahrhundert wollten die Portugiesen Venedigs Spitzenposition als europäischer Gewürzlieferant sowie das Monopol der arabischen und indischen muslimischen Händler über den Handel mit Gewürzen brechen. 1511 eroberten sie Malakka, das daraufhin mehr als ein Jahrhundert lang eine portugiesische Kolonie wurde. 1640 griffen die Holländer mit dem Sultan von Johor die Stadt an. Nach einer einjährigen Belagerung konnten sie die Portugiesen vertreiben. Während ihrer Herrschaft bauten die Holländer die Stadt wieder auf – viele der von ihnen geschaffenen Bauwerke sind bis heute erhalten.

Der Aufstieg der Briten

Im 18. Jahrhundert änderten sich die Dinge dramatisch: Die Britische Ostindien-Kompanie brauchte für ihren Seehandel mit Indien und China einen Stützpunkt auf halber Strecke. Francis Light erwarb deshalb 1786 im Namen der Gesellschaft die Stadt Penang und erklärte sie zum freien Handelshafen. Penang blühte bald, und dank James Brooke, der erste der »Weißen Rajahs«, erweiterten die Briten ihren Einfluss auf Bor-

↑ *Die Festung A Famosa wurde 1511 in Malakka erbaut und von den Holländern restauriert*

Chronik

1511
Portugal erobert Malakka und bricht die Handelsdominanz Indiens und des Nahen Ostens

1641
Beginn der 150-jährigen Herrschaft der Holländer über Malakka

1786
Der britische Entdecker Francis Light gründet auf der Insel Penang die erste britische Kolonie in Südostasien

1838
James Brooke erweitert sein Machtmonopol um Borneo

neo. Großbritannien wurde zur führenden Macht in Asien und übernahm im Ersten Weltkrieg die Kontrolle über die Halbinsel. Obwohl Großbritannien in Malaysia eine starke Wirtschaft aufgebaut hatte, stießen die Versuche, die Macht nach dem Zweiten Weltkrieg wiederherzustellen, auf Widerstand. Malaysia wurde 1957 unabhängig und schloss zunächst Singapur als einen der 14 Staaten ein.

Und heute? Malaysias doppelte Gegenwart

Die Anfangsjahre des neuen Staats waren von Problemen geprägt – die anhaltende Verarmung der Bevölkerung sowie eine Krise mit Indonesien, das gegen die Gründung Malaysias war. In den 1980er und 1990er Jahren kam es jedoch zu einem wirtschaftlichen und sozialen Aufschwung unter Premierminister Mahathir Mohamad. Trotz des Fortschritts gibt es immer wieder Berichte über eine intolerante Menschenrechtslage in Malaysia. Das neue Jahrzehnt hat politische Krisen mit sich gebracht, einschließlich eines raschen Wechsels der Premierminister. Dennoch geht es mit der Wirtschaft bergauf, ebenso wie mit dem Lebensstandard und der Hochschulbildung.

1 *Haus von Francis Light*
2 *Die Niederländische Ostindien-Kompanie*
3 *Indonesischer Gefangener 1965*
4 *Ismail Sabri Yaakob, 9. Premierminister, 2022*

Schon gewusst?

2018 wurde Mahathir Mohamad mit 93 Jahren ältester Regierungschef der Welt.

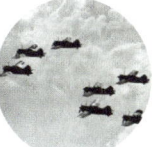

1941
Die Japaner fallen in Malaysia ein und besetzen es bis zum Ende des Zweiten Weltkriegs

1946
Britische Pläne, nach dem Zweiten Weltkrieg ihre Macht im Land wieder zu festigen, scheitern

1957
Malaysia wird unabhängig: Zur Föderation gehört anfangs auch Singapur

2018
Mahathir Mohamads zweite Amtszeit als Premierminister bis 2020

2020–2022
Die anhaltende politische Krise in Malaysia erschüttert das Parlament

Chinatown (siehe S. 68f) ist zum Chinesischen Neujahr festlich geschmückt

Kuala Lumpur

Als relativ junge Stadt hat sich Malaysias Hauptstadt von einer bescheidenen Ansiedlung in den 1850er Jahren zum wichtigsten Tor des Landes entwickelt. Kuala Lumpur liegt im Klang-Tal, und sein Name, der auf Malaiisch »schlammiger Zusammenfluss« bedeutet, leitet sich von seiner Lage an der Stelle ab, wo die Flüsse Klang und Gombak zusammenfließen. Die 1857 gegründete Stadt begann als baufälliger Handelsposten für die aufblühende Zinnindustrie und wurde ständig von Überschwemmungen, Bränden und Bürgerkriegen heimgesucht. Chinesische Bergleute und Händler bildeten einen großen Teil der frühen Bevölkerung, die von einem Kapitan China regiert wurde. Der berühmteste war Yap Ah Loy, der für das frühe Wachstum Kuala Lumpurs verantwortlich war. Als die Briten in den 1880er Jahren die Kontrolle über die Stadt übernahmen, setzte ein Bauboom ein, und 1896 wurde Kuala Lumpur zur Hauptstadt der neu gegründeten Föderierten Malaiischen Staaten. Die Bevölkerung wuchs, und die Stadt wurde von der indigenen malaiischen, chinesischen und indischen Kultur beeinflusst. Im Jahr 1999 wurde Putrajaya zur Verwaltungshauptstadt, aber Kuala Lumpur bleibt das Finanz- und Handelszentrum des Landes.

Kuala Lumpur

Highlight
1. Islamic Arts Museum

Sehenswürdigkeiten
2. Sultan Abdul Samad Building
3. Royal Selangor Club
4. National Textiles Museum
5. Masjid Jamek
6. Sze Ya Temple
7. Kuala Lumpur City Gallery
8. Kuala Lumpur Railway Station
9. Central Market
10. Chan See Shu Yuen Temple
11. Sri Maha Mariamman Temple
12. Chinatown
13. Jalan Petaling Market
14. National Museum
15. Carcosa Seri Negara
16. Masjid Negara
17. Perdana Botanical Gardens
18. Masjid India
19. Little India
20. Jalan Tuanku Abdul Rahman
21. Thean Hou Temple
22. Jalan Alor
23. Chow Kit Market
24. Petronas Towers
25. Titiwangsa Lake Gardens
26. National Visual Arts Gallery
27. Suria KLCC und KLCC Park
28. Aquaria KLCC
29. Kampung Baru und Pasar Minggu
30. Malaysian Tourism Information Complex
31. Golden Triangle
32. Badan Warisan
33. Bukit Nanas Forest Reserve
34. Menara KL
35. Kompleks Budaya Kraf
36. Shah Alam
37. Klang
38. FRIM
39. Pulau Ketam
40. Putrajaya

Restaurants und Cafés
1. Old China Cafe
2. Betel Leaf
3. Kim Lian Kee
4. Sin Kiew Yee Shin Kee
5. Mosaic
6. Dewakan
7. Nobu

Bars
8. PS150
9. Pisco Bar
10. Marini's on 57
11. JungleBird

Hotels
12. AnCasa Hotel
13. Tian Jing Hotel
14. Big M Hotel
15. Pacific Express Hotel Chinatown
16. Rainforest
17. Traders

Islamic Arts Museum

📍 C4 🏠 Jalan Lembah Perdana 🕙 tägl. 9:30–18 🌐 iamm.org.my

Das Islamic Arts Museum am östlichen Rand der Perdana Botanical Gardens *(siehe S. 71)* zeigt Exponate aus der gesamten islamischen Welt. Das 1988 eröffnete Museum besitzt mit über 7000 Artefakten die größte Sammlung ihrer Art in Südostasien.

Das von klaren Linien und traditionellen islamischen architektonischen Verzierungen geprägte Museumsgebäude ist eine eigene Ausstellung wert: Der beeindruckende moderne Bau wird von türkisfarbenen Kuppeln gekrönt, während die Säulen am Eingang mit iranischen Fliesen verziert sind. Das Innere ist ebenso spektakulär: Fünf elegante, von usbekischen Handwerkern geschaffene Kuppeln schmücken die Decken.

Kurzführer

Der Schwerpunkt liegt auf asiatischer, persischer sowie Kunst aus dem Nahen Osten. Die Dauerausstellung beginnt auf Ebene 1 mit der Architekturgalerie, in der Modelle von Moscheen zu sehen sind. Auf der gleichen Etage befinden sich die Manuskriptgalerie, ein rekonstruierter osmanischer Saal und Galerien zu China, Indien und Malaysia. Auf Ebene 2 sind die Galerien für Schmuck, Waffen und Rüstungen, Münzen und Siegel, Metallarbeiten, Holzarbeiten, Keramik und Textilien. Im Erd- und im Untergeschoss finden Wechselausstellungen statt. Außerdem gibt es Forschungs- und Bildungsangebote.

Schon gewusst?

Die islamische Kunst verwendet florale, kalligrafische und geometrische Muster.

↑ Eine Besucherin bewundert die islamische Kalligrafie im Museum

TOP 5 Museums-Highlights

Inverted Dome Pavilion
Ausstellungshalle mit einer einzigartigen Kuppel in Weiß und Gold, die Auszüge aus dem Koran zeigt.

Architecture Gallery
Hier sind maßstabsgetreue Modelle von Moscheen zu sehen, darunter der Felsendom, der Taj Mahal und die Al-Haram-Moschee.

Osmanischer Raum
Ein spektakulär dekorierter Raum mit bemalter Holzvertäfelung.

Coin and Seals Gallery
Die Ausstellung zeigt islamische Münzen und Siegel, die für ihre Kalligrafie bekannt sind.

Qur'an & Manuscript Gallery
Der Ausstellungsbereich enthält handgeschriebene Korane, Sultansdekrete, Miniaturmalereien und wissenschaftliche Werke über Botanik und Astronomie.

↑ Die majestätische Kuppel über der Koran- und Manuskriptgalerie und die verzierte Fassade des Museums (Detail)

SEHENSWÜRDIGKEITEN

❷
Sultan Abdul Samad Building

📍 D4 🏠 Jalan Raja Ⓜ Masjid Jamek 🚌 B101, B109

Das prächtige, maurisch inspirierte Gebäude an der Ostseite des Merdeka Square wurde 1897 als Hauptquartier der Kolonialverwaltung errichtet und nach dem damaligen Herrscher von Selangor benannt. Es stammt vom britischen Architekten A. C. Norman. Der Bau aus rotem Backstein und weißem Stein ist vom Mogul-Stil beeinflusst und zeigt ägyptische und islamische Züge. Er besitzt elegante Bogenfenster, Kuppeln, ein imposantes Portal und einen Uhrenturm, der von zwei kleineren Türmen mit Kupferkuppeln flankiert wird. Heute birgt das Gebäude die Wirtschaftsabteilung des Gerichtshofs. Obwohl es nicht öffentlich zugänglich ist (bis auf ein kleines Museum), zählt es zu den meistfotografierten Attraktionen der Stadt.

❸
Royal Selangor Club

📍 D4 🏠 Merdeka Square 📞 +60 3 2692-7166 Ⓜ Masjid Jamek 🚌 B101, B109 🌐 rsc.org.my

Der im Jahr 1884 gegründete Royal Selangor Club war das Zentrum der kolonialen Gesellschaft in Kuala Lumpur. Ausländer und Beamte trafen sich hier, um zu entspannen, Billard zu spielen und Kricketspiele auf dem Padang anzusehen. Hier traten auch Theaterensembles und Musicalgruppen auf. Der Club ist heute Teil des Merdeka Square *(siehe S. 82f)*. 1970 brannte er völlig aus. Das heutige schwarz-weiße Gebäude ist ein originalgetreuer Nachbau von 1980.

Bis heute ist der »Spotted Dog« (gepunkteter Hund) genannte Club Treffpunkt der oberen Zehntausend der Stadt und nur für Mitglieder zugänglich. Um den Spitznamen des Clubs ranken sich diverse kuriose Geschichten.

Schon gewusst?

1938 wurde im Royal Selangor Club der Laufclub Hash House Harriers gegründet.

❹
National Textiles Museum

📍 D4 🏠 26 Jalan Sultan Hishamuddin 📞 +60 3 2694-3457 Ⓜ Masjid Jamek 🕐 tägl. 9–18 🌐 jmm.gov.my/en/museum/national-textile-museum

Das Museum liegt südöstlich des Merdeka Square und erzählt die Geschichte der malaysischen Textilien – vielleicht das markanteste und berühmteste der traditionellen Handwerke des Landes. Das Museum ist in vier Bereiche un-

→ *Sultan Abdul Samad Building mit Türmen, die von Kupferkuppeln gekrönt werden*

↑ *Ausstellung in Kuala Lumpurs faszinierendem National Textiles Museum*

terteilt, die sich jeweils auf eine Epoche oder ein Genre malaysischer Textilien konzentrieren. Pohon Budi (Ursprung des Lebens) veranschaulicht, wie Textilien zu einem so wichtigen Teil der Kultur wurden, wobei der Schwerpunkt auf Künsten wie Linangkit (Stickerei auf den Röcken der Lotud) und Pua Kumbu (zeremonieller Stoff der Iban) liegt. Die Ausstellung Pelangi (Regenbogen) befasst sich mit *kain pelangi*, einem mehrfarbigen Garn, und zeigt einige farbenfrohe Exponate, während die Teluk Berantai Gallery die Goldfaden-Stickerei *songket* vorstellt. Die Ratna Sari Gallery zeigt Metallarbeiten und Goldschmuck.

❺
Masjid Jamek
📍 D4 🏛 nahe Jalan Tun Perak Ⓛ Masjid Jamek 🚌 B111 🕐 Sa – Do 8:30 – 12:20, 14:30 – 16:30

Dort, wo die Flüsse Klang und Gombak zusammenfließen und Kuala Lumpur gegründet wurde, steht die älteste Moschee der Stadt. Die wunderschöne Masjid Jamek, die Freitagsmoschee, wurde 1909 von A. B. Hubbock gebaut, der mit seinen Entwürfen viele Kolonialstädte im Land nachhaltig prägte. Das Backstein-Marmor-Gebäude mit den drei Zwiebelkuppeln, zwei Minaretten und Säulengängen ist von der Mogul-Architektur inspiriert. Es steht in einem Palmenhain und bietet eine einmalige Aussicht auf den Fluss – eine Insel der Ruhe inmitten der hektischen Stadt.

Die Hauptgebetshalle dürfen nur Muslime betreten. Besucher müssen sich dezent kleiden, d. h. Arme und Beine bedecken, Frauen müssen ihr Haar unter einem Tuch verbergen. Umhänge bekommt man notfalls am Eingang, wo man auch seine Schuhe stehen lässt.

Hotels

AnCasa Hotel
Modernes Hotel mit Plüschbetten und lilafarbener Beleuchtung, das für einen stilvollen Aufenthalt sorgt. Im Zwischengeschoss befindet sich die schicke Bar Casa RnB.

📍 D4 🏛 Jalan Tun Tan Cheng Lock 🌐 ancasa hotels.com.my

Tian Jing Hotel
Das schöne Hotel wirkt wie ein traditionelles Haus. Die Zimmer sind geschmackvoll und minimalistisch eingerichtet.

📍 D4 🏛 66–68 Jalan Sultan 🌐 tianjing hotel.com

Big M Hotel
Das Hotel in der Nähe des Merdeka Square bietet einfache, moderne Zimmer.

📍 D4 🏛 38 Jalan Tun Perak 🌐 bigmhotel.com.my

Pacific Express Hotel Chinatown
Das Hotel im Herzen von Kuala Lumpur mit Blick auf Chinatown verfügt über geräumige, komfortable Gästezimmer. Das hoteleigene Arch Cafe serviert feine malaysische Küche.

📍 D4 🏛 32 Jalan Tun Tan Cheng Lock 🌐 pacific regencygroup.com

↑ *Einheimische bereiten sich im Sze Ya Temple auf die Feier des Mondneujahrs vor*

❻
Sze Ya Temple
📍 D4 🏠 Lebuh Pudu
📞 +60 3 2078-9052
Ⓛ Pasar Seni 🚌 B110, B111 🕐 tägl. 7–17

Mitten in einer Gasse nahe Lebuh Pudu steht der kleine Tempel in einem ungewöhnlichen Winkel zur Straße. Angeblich ist die merkwürdige Anordnung den Prinzipien des Feng Shui geschuldet. Der älteste taoistische Tempel der Stadt wurde 1864 von Yap Ah Loy, dem dritten Kapitan China, gegründet, der den Bau auch finanzierte. Der Tempeleingang wird von Löwenstatuen bewacht, die in chinesischen und taoistischen Tempeln üblich sind, sowie von Storchstatuen. Innen steht links vom Hauptaltar eine Statue von Loy, hinter dem Altar sind Bilder der Schutzgötter Si Sze Ya und Sin Sze Ya. Im Innenraum fallen das aufwendige Schnitzwerk und der Geruch von Räucherwerk auf. Gegen Bezahlung kann man sich die Zukunft voraussagen lassen.

❼
Kuala Lumpur City Gallery
📍 D4 🏠 27 Jalan Raja
Ⓛ Masjid Jamek 🚌 B101, B109 🕐 tägl. 9–18:30
🌐 klcitygallery.com.my

In dem schönen alten Gebäude war früher die Regierungsdruckerei und später die Nationalbibliothek untergebracht, heute wird eine Ausstellung über die Geschichte von Kuala Lumpur gezeigt. Highlight ist ein riesiges Modell der Stadt. Außerdem können Besucher in Workshops ihre eigene Miniaturversion eines Kunstwerks oder malaysischer Wahrzeichen herstellen. Auch Kunstkurse können hier belegt werden, die besonders für Kinder geeignet sind. Hier gibt es auch eine Touristeninformation und ein Galerie-Café, in dem die Besucher malaysische Köstlichkeiten probieren können. Vor dem Gebäude hält eine Touristen-Tram, die Sie zu den örtlichen Sehenswürdigkeiten

---

Kapitan China

Das Amt des Kapitan China, des Oberhaupts der chinesischen Gemeinschaft in Kuala Lumpur, wurde 1858 von Rajah Abdullah, dem Herrscher von Selangor, eingeführt, um die chinesischen Einwanderer in die Schranken zu weisen. 1869 wurde Yap Ah Loy, ein ehrgeiziger Einwanderer aus Südchina, zum dritten Kapitan China ernannt. Er geriet in den Mittelpunkt eines Bürgerkriegs zwischen chinesischen Gruppen und einheimischen Malaien. Ein glorreicher Sieg der Chinesen unter Yap Ah Loy 1873 in Kuala Lumpur und die Ankunft des ersten British Resident 1874 beendeten den Krieg. Yap Ah Loy gilt als Gründervater des modernen Kuala Lumpur und blieb bis zu seinem Tod 1885 Oberhaupt der Stadt, die er zu einem wirtschaftlichen Zentrum machte.

> **Schon gewusst?**
> In Kuala Lumpur steht der zweithöchste Turm der Welt, Merdeka 118 (679 m).

bringt, und es werden auch Pferdekutschenfahrten angeboten.

8
Kuala Lumpur Railway Station
📍 D5 📌 Jalan Sultan Hishamuddin 🚌 B109

Eines der schönsten Beispiele der kolonialen Architektur in Malaysia ist die prächtige Kuala Lumpur Railway Station. Der majestätische Bahnhof hat maurische Bogen, Balustraden, Minarette und Kuppeln. 1917 wurde er vom britischen Architekten A. B. Hubbock gebaut, der auch die Masjid Jamek *(siehe S. 65)* errichtete. Das Gebäude erfüllte alle damals in England üblichen Anforderungen an Bahnhöfe. So besitzt es ein Eisendach, das eine ein Meter dicke Schneeschicht tragen könnte. Der Bau ersetzte ein *attap*, eine strohgedeckte Hütte, die bei der Inbetriebnahme der ersten Bahnlinie 1886 als Bahnhof diente.

90 Jahre lang war dies der Hauptbahnhof der Stadt. 2001 wurde er von der südlich gelegenen KL Sentral Station abgelöst.

Gegenüber dem Bahnhof liegt das Hotel Majestic. In den 1930er Jahren erbaut, entwickelte es sich rasch zur glamourösesten Unterkunft der Stadt. Später verwahrloste das Gebäude, bis es 2012 wiedereröffnet wurde. Im prächtigen Orchid Room kann man nachmittags Tee trinken oder am Abend im Club Smoke House einen Cocktail genießen.

9
Central Market
📍 D4 📌 Jalan Hang Kasturi 🚇 Pasar Seni 🚌 B101, B110, B112 🕐 tägl. 10–22 🌐 centralmarket.com.my

Der Central Market in einem puderblauen Art-déco-Gebäude aus den 1930er Jahren war früher der wichtigste Frischwarenmarkt der Stadt. Er wurde vor dem Verfall gerettet und in den 1980er Jahren als moderner Einkaufskomplex wiedereröffnet. In den 1990er Jahren wurde er zum wichtigsten Treffpunkt der Stadt für lokale Künstler und Underground-Musiker.

Das Gebäude, das auch als Kulturbasar bekannt ist, konzentriert sich heute hauptsächlich auf Kunsthandwerk und beherbergt Kunsthandwerksläden, die Produkte wie Töpferwaren, Holzschnitzereien, Batikdruck und traditionelle Drachen anbieten. Es gibt noch eine Reihe anderer Läden, die ein eklektisches Warensortiment von Gitarren bis hin zu Perücken führen.

Auf dem Markt finden auch zahlreiche Aktivitäten statt: So können Besucher an einem täglichen Batik-Workshop teilnehmen, sich von einem Künstler mit Hennafarbe bemalen, sich massieren oder sich von einem Handleser die Zukunft vorhersagen lassen.

Im Obergeschoss des Central Market befindet sich ein guter Food Court mit separaten Theken, an denen Gerichte aus verschiedenen malaysischen Bundesstaaten angeboten werden; eine gute Gelegenheit, einige der beliebten Hühnerreisgerichte zu probieren. Auf beiden Etagen gibt es einige Restaurants. In dem Gebäude finden auch viele kostenlose kulturelle Veranstaltungen statt.

→ *Einkaufsbummel unter dem markanten Dach des Central Market*

⑩
Chan See Shu Yuen Temple
📍 D5 🏠 172 Jalan Petaling
📞 +60 3 2078-1461 🚇 Pasar Seni 🚋 Maharajalela
🚌 B110 🕐 tägl. 8–17

Der zwischen 1897 und 1906 erbaute Chan See Shu Yuen Temple ist eines der schönsten Beispiele südchinesischer Architektur in Malaysia. Er besitzt ein verziertes Keramikziegeldach, wellenförmige Giebel sowie herrlich gestaltete, grün-blau glasierte Keramikfriese an der Fassade. Sie zeigen mythologische Szenen. Die Ecken des Tempels zieren filigrane blaue Tonvasen. Seitlich des Haupteingangs gibt es jeweils einen Schrein für die weiblichen und männlichen Wächter des Tors. Dort brennen ihnen zu Ehren Räucherstäbchen.

Der Tempel ist eine Art Clan-Vereinigung, die Familien mit dem Namen Chan repräsentiert. Er ist deren Ahnen gewidmet. Am Hauptaltar befinden sich Bilder der Clan-Gründer. Oberhalb des Altars hängen links und rechts zahlreiche Schwarz-Weiß-Fotografien von verstorbenen Clan-Mitgliedern.

⑪
Sri Maha Mariamman Temple
📍 D4 🏠 163 Jalan Tun HS Lee 📞 +60 3 2078-3467
🚇 Pasar Seni 🚌 B110
🕐 tägl. 6–21 🎉 Thaipusam (Jan/Feb)

Der 1873 als Privatschrein einer Tamilenfamilie aus Südindien gebaute Sri Maha Mariamman Temple wurde an dieser Stelle 1885 wiederaufgebaut. Heute ist er Kuala Lumpurs wichtigster Hindu-Tempel. Angeblich ähnelt der Bau einer liegenden Figur, deren Kopf gen Westen gerichtet ist, während die Füße nach Osten zeigen. Die »Füße« bestehen aus einem fünfstöckigen *gopuram* (Torturm), der mit Statuen von Hindu-Göttern verziert ist.

← *Ein vergoldeter Schrein im Chan See Shu Yuen Temple*

Der Tempel besitzt mehrere Altäre, auf denen ebenfalls Hindu-Götter dargestellt sind. Auch steht hier die Silberkutsche, die alljährlich bei einer Prozession während des Thaipusam-Fests *(siehe S. 35)* zum Einsatz kommt. Während der Feierlichkeiten wird die Kutsche aus dem Kellergewölbe geholt. Bis zu einer Million Gläubige kommen dann hier zusammen, um sich zum Hindu-Schrein bei den Batu Caves *(siehe S. 94f)* zu begeben. Man darf den Tempel nicht mit Schuhen betreten.

⑫
Chinatown
📍 D4 🚇 Pasar Seni 🚋 Maharajalela 🚌 B102, B110
🎉 Chinesisches Neujahr (Jan/Feb)

Kuala Lumpurs relativ kleine, aber quirlige Chinatown grenzt im Westen an die Jalan Hang Kasturi und im Osten an die Jalan Sultan. Die Masjid Jamek und der Chan See Shu Yuen Temple markieren seine nördliche und südliche Grenze. Das Viertel besteht aus einem Labyrinth enger Straßen und Gassen,

Prachtvolles Innere und Fassade des Sri Maha Mariamman Temple (Detail)

an denen kleine chinesische Tempel, alte Shophouses, Medizinläden und traditionelle *kedai kopi* (Kaffeehäuser) liegen.

13
Jalan Petaling Market
📍 D4 🏠 Jalan Petaling
Ⓛ Pasar Seni 🚌 B110
🕐 tägl. 10–23

Im Herzen von Chinatown liegt die Jalan Petaling mit überdachtem Markt und belebten Cafés. Sie ist Schauplatz des berühmtesten und lebhaftesten Straßenmarkts der Hauptstadt mit überdachten Ständen, die auf gefälschte Designerwaren spezialisiert sind. Uhren, Kleidung, Geldbörsen, Handtaschen und eine Fülle von CD- und DVD-Raubkopien werden hier offen verkauft. Zwischen den Ständen gibt es einige Läden, die Waren wie Trockenfleisch und traditionelle Medizin anbieten, am nördlichen Ende liegt ein beliebter Nassmarkt.

Täglich gegen 17 Uhr wird die Jalan Petaling für den Verkehr gesperrt und verwandelt sich in einen Pasar Malam (Nachtmarkt). Viele der Stände, die tagsüber aufgebaut sind, werden durch Lebensmittelhändler ersetzt, die eine verlockende Auswahl an indischen, malaiischen und chinesischen Köstlichkeiten anbieten. Auch lokale Souvenirs sind erhältlich. Beide Märkte ziehen viele Menschen an.

> **Entdeckertipp**
> **Kunstzentrum**
>
> Drei Kilometer südlich von Chinatown befindet sich im Zhongshan Building (www.thezhongshanbuilding.com) ein Künstlerkollektiv. Hier gibt es auch Buchhändler, Schneider und einen Vinyl-Laden.

Restaurants

Old China Cafe
Unter surrenden Deckenventilatoren mit alten Fotos und antiken Uhren an den Wänden serviert das stimmungsvolle Café hervorragende chinesische und Baba-Nyonya-Küche.

📍 D5 🏠 11 Jalan Balai Polis 🌐 oldchina.com.my

Betel Leaf
Beliebtes Lokal, das feurige Chettinad-Currys und gegrilltes Fleisch sowie eine Auswahl an vegetarischen Gerichten serviert.

📍 D4 🏠 77A Lebuh Ampang 🌐 betel-leaf.com

Kim Lian Kee
Das Lokal, eine Institution in Chinatown, war das erste in der Stadt, die *Hokkien mee* servierte – chinesische gebratene Nudeln.

📍 D4 🏠 56 Jalan Petaling
📞 +60 3 2032-4984

Sin Kiew Yee Shin Kee
Das bodenständige Restaurant ist berühmt für seine Rindfleischnudeln, die an Gemeinschaftstischen gegessen werden.

📍 D4 🏠 7A Jalan Tun Tan Cheng Lock
📞 +60 12 673-7318
🍴 Mi

⑭ National Museum

📍 C5 🏛 Jalan Damansara 🚌 🚉 KL Sentral Ⓜ Muzium Negara 🚌 B109 🕐 tägl. 9–18 🌐 muziumnegara.gov.my

Das National Museum ist einem traditionellen malaiischen Palast nachempfunden. Seine Fassade zieren Wandgemälde mit Szenen aus der Landesgeschichte.

Das Nationalmuseum (Muzium Negara) steht an der Stelle des im Zweiten Weltkrieg durch Bomben zerstörten Selangor Museum. Es ist einem traditionellen malaiischen Palast nachempfunden. Seine Fassade zieren Wandgemälde mit Szenen aus der Landesgeschichte. Vier thematisch gegliederte Räume bieten eine Einführung in die Ethnografie und die Naturkunde Malaysias. Galerie A im ersten Stock behandelt die Frühgeschichte, Galerie B die malaiischen Königreiche und die Handelsrouten. Galerie C beleuchtet die Kolonialzeit und zeigt einige faszinierende Fotografien und Dioramen. In der Galerie D erhält man Einblick in den Kampf des Landes um Unabhängigkeit und in die jüngere Geschichte. Eines der Highlights hier ist der Stift, mit dem die Unabhängigkeitsvereinbarung unterzeichnet wurde.

Im Außenbereich findet man eine Sammlung historischer Fahrzeuge, darunter Rikschas, Autos und Dampflokomotiven.

⑮ Carcosa Seri Negara

📍 C4 🏛 Lake Gardens 🚉 KL Railway Station, dann Taxi 🚉 KL Sentral, dann Taxi 🌐 carcosa.com.my

Die beiden faszinierenden Kolonialvillen liegen am Rand der Perdana Botanical Gardens in eigenen Parks. Sie wurden zwischen 1896 und 1904 erbaut. Die ältere, Carcosa, hieß früher »The House on the Hill« (»Das Haus auf dem Hügel«). Es wurde für Sir Frank Swettenham, den ersten Resident-General der Föderierten Malaiischen Staaten, gebaut und diente auch den nachfolgenden Gouverneuren als Wohnsitz. Der andere Bau, Seri Negara, hieß früher King's House und war der Wohnsitz des Gouverneurs der Straits Settlements. Nach der Unabhängigkeit Malaysias war Carcosa bis 1987 die Residenz des britischen Hochkommissars. Seri Negara wurde zum Gästehaus für Staatsgäste. Nachdem beide Gebäude über ein Jahrhundert lang als Schauplatz für wichtige Staatsbesuche gedient hatten, wurden sie in eines der besten Boutique-Hotels Kuala Lumpurs umgewandelt.

Im Jahr 2018 diente Carcosa Seri Negara als Kulisse für den Kinohit *Crazy Rich Asians*, anschließend wurde der Hotelbetrieb eingestellt. Es gibt nun Pläne, das Ensemble unter Denkmalschutz zu stellen.

Das Innere der Masjid Negara mit wunderschönen blauen Buntglasfenstern

16
Masjid Negara

📍 D4 🏠 Jalan Perdana
📞 +60 3 2693-7784 🚆 Ⓜ KL Railway Station Ⓜ Pasar Seni 🚌 B109 🕒 tägl. 9–12, 15–16, 17:30–18:30 (Fr nur nachmittags)

Die 1965 erbaute Masjid Negara ist Malaysias nationale Moschee. Sie steht in weitläufigen Grünanlagen mit Becken und Springbrunnen. Das riesige moderne Gebäude fasst etwa 15 000 Gläubige. Zur Hauptgebetshalle haben nur Muslime Zutritt.

Die Halle liegt unter einer charakteristischen Kuppel in Form eines 18-zackigen Sterns. Er symbolisiert die 13 Bundesstaaten Malaysias und die fünf Säulen des Islam. Die Moschee wird von einem schmalen, 73 Meter hohen Minarett überragt. Besucher sind in dem Komplex willkommen, müssen aber die Kleiderordnung einhalten und ihre Schuhe ausziehen. Frauen müssen ihr Haar bedecken, Kopftücher können vor Ort ausgeliehen werden.

↑ Ein Skateboarder in den Perdana Botanical Gardens, dem ersten großen Freizeitpark in Kuala Lumpur

17
Perdana Botanical Gardens

📍 C4 🏠 Jalan Perdana
🚆 Ⓜ KL Railway Station Ⓜ KL Sentral 🚌 B115
🕒 tägl. 7–20 🌐 klbotanicalgarden.gov.my

Am Westrand des Zentrums liegen die Perdana Botanical Gardens (Taman Tasik Perdana). Diese herrliche Grünanlage wurde im 19. Jahrhundert als Wohngebiet für die herrschende britische Elite konzipiert. Heute sind die Perdana Botanical Gardens der größte und beliebteste Park der Stadt. In der Mitte liegt ein See mit Bootsverleih. Unzählige Fußwege durchziehen das Gelände.

Highlight des Parks ist der **KL Bird Park** (Vogelpark). Er gilt als größtes Freifluggehege der Welt und beherbergt etwa 3000 Tropenvögel wie Flamingos, Hornvögel und Papageien. Außerdem gibt es einen **Butterfly Park** mit mehr als 6000 Schmetterlingen 120 unterschiedlicher Arten. Am Südende steht das **National Planetarium**, das Vorführungen und Ausstellungen zeigt. Das 15 Meter hohe National Monument aus Bronze dominiert das Nordende. Es erinnert an die Niederschlagung der kommunistischen Aufstände und wurde 1966 von Felix de Weldon geschaffen, der auch für das Iwo-Jima-Denkmal in Washington, DC verantwortlich zeichnete. In der Nähe befindet sich der ASEAN Sculpture Garden mit preisgekrönten Skulpturen von Künstlern aus Südostasien. Das Carcosa Seri Negara überragt die westliche Grenze der Gärten, und es gibt auch kleinere Museen rund um den Park und einen beliebten Food Court auf der Jalan Cenderasari.

KL Bird Park
💬 🕒 tägl. 9–18; Vogelfütterung und Shows: siehe Website 🌐 klbirdpark.com

Butterfly Park
💬 🕒 tägl. 9–18
🌐 klbutterflypark.com

National Planetarium
💬 🕒 Di–So 9–18 🌐 planetariumnegara.gov.my

> **Expertentipp**
> **Tai Chi**
>
> Besuchen Sie die Perdana Botanical Gardens gegen 7 Uhr, um mit Einheimischen Tai Chi zu üben. Die chinesische Kampfsportart ist in Malaysia weitverbreitet.

⓲ Masjid India

📍 D3 🕌 Jalan Masjid India
🚇 Masjid Jamek 🚌 B109

Die 1863 als einfache Holzkonstruktion errichtete Masjid India wurde mehrmals umgebaut und erweitert. Der heutige Bau stammt von 1966 und ist im südindischen Stil gehalten. Er trägt zwiebelförmige Kuppeln und hat Bogenfenster. Die dreigeschossige Moschee ist das wichtigste Gebetshaus der indischen Muslime von Kuala Lumpur. Sie besitzt getrennte Bereiche für Männer und Frauen und fasst bis zu 3500 Gläubige.

⓳ Little India

📍 C5 🚇 Masjid Jamek, Bandaraya 🚌 B101 bis Jalan Tuanku Abdul Rahman
🎉 Deepavali (Okt)

Obwohl es im Vergleich zu den indischen Enklaven in Singapur oder George Town in Penang winzig ist, ist Little India in Kuala Lumpur ebenso lebendig und farbenfroh. Little India befand sich entlang der Jalan Tuanku Abdul Rahman, bis es 2009 in den zentralen Bereich von Brickfields in der Nähe des Verkehrsknotenpunkts KL Sentral umzog; heute verläuft das Viertel ungefähr von der Jalan Travers bis zur Jalan Tun Sambathan. Letztere ist die Hauptstraße von Little India, die von Reihen von Läden und Ständen mit indischen Waren wie Saris, Seiden- und anderen Stoffen, Schmuck, Blumen und Gewürzen gesäumt ist. Außerdem gibt es etliche Stände, die köstliche indische Snacks wie *pakoras* und *samosas* anbieten. Ein großer Springbrunnen ist ein zentraler Punkt, und der nahe indische Basar ist ein hervorragender Ort, um ein Schnäppchen zu machen.

⓴ Jalan Tuanku Abdul Rahman

📍 D3 🚇 Bandaraya
🚌 B101, B109

Die kurz Jalan TAR genannte Jalan Tuanku Abdul Rahman wurde nach dem ersten König des unabhängigen Malaysia benannt. Sie ist eine der verkehrsreichsten Straßen Kuala Lumpurs. Sie verläuft nördlich des Merdeka Square und ist eine der beliebtesten Einkaufsstraßen. Bekannt sind vor allem ihre Seidenläden wie der Globe Silk Store sowie die kleinen Teppichläden, die am südlichen Ende dicht an dicht liegen. Auch das japanische Kaufhaus Sogo befindet sich hier.

Trotz vieler moderner Bauprojekte ist die historische Bausubstanz der Jalan TAR weitgehend erhalten. Oberhalb der grellen Ladenschilder kann man noch schöne alte Fassaden aus dem 19. und frühen 20. Jahrhundert erkennen.

Bars

PS150
Die stylishe Bar in Chinatown ist mit chinesischen Laternen beleuchtet und bietet eine kreative Cocktailkarte.

📍 D5 🏠 150 Jalan Petaling 🌐 ps150.my

Pisco Bar
Wie der Name schon sagt, dominiert hier der südamerikanische Schnaps Pisco.

📍 E4 🏠 29 Jalan Mesui 🕒 Mo 🌐 piscobarkl.com

Marini's on 57
Eine der kultigsten Bars der Stadt. Machen Sie sich chic und bereiten Sie sich auf eine tolle Aussicht und hervorragende Cocktails vor.

📍 F3 🏠 57 Petronas Tower 3
🌐 marinis57.com

JungleBird
Hier werden über 100 Sorten Rum angeboten.

📍 B5 🏠 15 Plaza Damansara 🌐 junglebirdkl.com

↑ Belebte Straße im Viertel Little India in Kuala Lumpur

Am interessantesten und bedeutendsten ist das **Coliseum Cinema**. Abgesehen von einer kurzen Unterbrechung während des Zweiten Weltkriegs, ist das Kino seit 1921 in Betrieb und damit Kuala Lumpurs ältestes Lichtspielhaus. Heute laufen hier vorwiegend Hindi- und tamilische Filme. Das Gebäude steht zur Besichtigung offen. Neben dem Kino befindet sich das Coliseum Cafe, einst ein beliebter Treffpunkt kolonialer Plantagen- und Minenbesitzer. Auch der englische Schriftsteller William Somerset Maugham war hier Stammgast.

Das Coliseum Cafe ist nach wie vor ein beliebtes Restaurant, das westliche Gerichte, darunter das berühmte brutzelnde Steak, und eine Atmosphäre aus dem frühen 20. Jahrhundert bietet, die sich im Lauf der Jahre kaum verändert hat.

Coliseum Cinema
96 Jalan Tuanku Abdul Rahman
+60 3 2692-5995

Der Thean Hou Temple und einer seiner Schreine (Detail)

㉑

Thean Hou Temple
B5 62 Persiaran Indah, nahe Jalan Syed Putra
+60 3 2274-7088 tägl. 8 – 22; 6 – 24 während des chinesischen Neujahrsfests (Jan/Feb)

Südwestlich des Zentrums thront auf einem Hügel der dreistöckige Thean Hou Temple. Er stammt aus den 1980er Jahren und ist einer der größten chinesischen Tempel in Malaysia. Gewidmet ist er Thean Hou oder Ma Zu, der himmlischen Mutter, Schutzgöttin der Seeleute und Fischer. Ein Bild der Göttin befindet sich in der Haupthalle. Statuen der Küstengöttin Sui Wei und der Gnadengöttin Kuan Yin flankieren es.

Kleine traditionelle chinesische Dächer mit goldenen Drachen, einem Phönix und roten Papierlaternen schmücken den Tempel. Im Erdgeschoss sind Imbissstände und Läden untergebracht, der Hauptschrein liegt im dritten Stock. Die Halle im ersten Stock dient für Hochzeiten und Veranstaltungen. Draußen stehen zwölf Statuen in Form der zwölf chinesischen Tierkreiszeichen.

> Vor dem Thean Hou Temple stehen zwölf Statuen in Form der zwölf chinesischen Tierkreiszeichen.

↑ *Besucher genießen das Essen auf dem Nachtmarkt in der Jalan Alor*

㉒ ♿
Jalan Alor
📍 F4 🏠 Jalan Alor
Ⓜ Bukit Bintang

Der Nachtmarkt an der Jalan Alor in der Nähe des neonblinkenden Nachtlebens von Bukit Bintang ist sehr beliebt bei Feinschmeckern. An Ständen werden Köstlichkeiten wie *char siew* (gegrilltes Schweinefleisch) und Teller mit in Chiliöl frittiertem Tintenfisch serviert. Besuchen Sie unbedingt die Stände Jalan Alor Nasi Lemak, an der Kreuzung mit der Changkat Bukit Bintang mit der Spezialität *beef rendang*, und Wong ah Wah Chicken am Ende der Straße.

㉓
Chow Kit Market
📍 D2 🏠 Jalan Haji Hussein
🚋 Chow Kit 🚌 B111
🕐 tägl. 10–2

In den Gassen und Straßen östlich der Jalan Tuanku Abdul Rahman liegt der Chow Kit Market, einer der größten und beliebtesten Straßenmärkte. Er besteht aus mehreren Bereichen und ist vor allem für seine frischen Produkte bekannt. Hier findet man alles, von exotischen Früchten und Gemüse bis hin zu lebenden Meeresfrüchten, getrockneten Sardellen und Fleisch. Die Standbetreiber preisen ihre Waren lautstark an, während Träger emsig mit Körben und Karren voller Waren zwischen den Ständen manövrieren. Die Gerüche sind zuweilen buchstäblich atemberaubend, auch die schmalen Holzstege sind nicht jedermanns Sache. Gleichwohl bietet der Markt faszinierende Einblicke in das Alltagsleben von Kuala Lumpur, das man sonst so nicht zu sehen bekommt. Es gibt zahlreiche Stände mit Schuhen, Uhren und allerlei Gebrauchsgegenständen.

Der größte Teil des Chow Kit Market, insbesondere der Frischmarkt, schließt vor 18 Uhr. Zeitgleich übernimmt der Nachtmarkt mit Imbissständen, die diverse malaiische Snacks, aber auch billige gehaltvolle Mahlzeiten anbieten. Zudem gibt es hier authentisch zubereitetes indisches und chinesisches Essen. Einige der Stände sind auch tagsüber geöffnet. Es herrscht immer Hochbetrieb, oft bis in die Morgenstunden. Vorsicht vor Taschendieben!

㉔ 🛍️ ♿
Petronas Towers
📍 F3 🏠 Jalan Ampang
Ⓛ KLCC 🚌 B103, B109
🌐 petronastwintowers.com.my

Die 88-stöckigen Petronas Towers mit einer Höhe von 452 Metern sind ein Symbol für das moderne Malaysia und repräsentieren die Vision der Entwicklung Malaysias, die vom ehemaligen Premierminister Mahathir Mohamad gefördert wurde. Die Petronas Towers wurden von dem berühmten argentinischen Architekten Cesar Pelli entworfen, der auch für den Entwurf des Canary Wharf Tower in London verantwortlich war, und 1998 fertiggestellt. Die Türme aus wärmereflektierendem Edelstahl und Verbundglas sind von Stahlspitzen gekrönt und ähneln einem Minarettpaar. Der achtseitige Grundriss und die Architektur spiegeln die islamischen Prinzipien der Einheit wider. Einer der Türme beherbergt die nationale Öl- und Petroleumgesellschaft, Petronas.

㉕ 🍴 💼 ♿
Titiwangsa Lake Gardens
📍 E1 🏠 Jalan Temerloh
Ⓜ Hospital Kuala Lumpur
🚋 Titiwangsa 🚌 B120

Die gepflegten Gärten am Nordrand der Stadt sind ein perfekter Rückzugsort vom

> 🏔 Schöne Aussicht
> **Von oben**
>
> Die Skybridge (geöffnet Di – So) verbindet die Petronas Towers im 41. Stock und bietet einen Blick auf die Stadt aus der Vogelperspektive. Tickets können im Voraus online gekauft werden.

↑ *Die Petronas Towers dominieren die Skyline der Stadt*

↑ *Radfahrer erkunden die üppige Umgebung der Titiwangsa Lake Gardens*

städtischen Treiben und bei Einheimischen und Touristen gleichermaßen beliebt. Sie sind um einen riesigen See herum angelegt, der ursprünglich durch den Zinnabbau entstanden ist, und bieten einen spektakulären Blick auf die Petronas Towers, die sich über ihnen erheben.

26 National Visual Arts Gallery

📍 E1 🏠 Jalan Temerloh
Ⓛ Titiwangsa oder KLCC, dann Taxi 🚌 B104 🕐 tägl. 10–18 🌐 artgallery.gov.my

Die schlanke blaue Pyramide aus Schiefer und getöntem Glas, in der die National Visual Arts Gallery untergebracht ist, ist ein auffälliger Anblick. Neben der größten Sammlung zeitgenössischer malaysischer Kunst zeigt sie die Wechselausstellungen asiatischer und internationaler Kunst. Seit ihrer Gründung 1958 wurden mehr als 4300 Arbeiten erworben.

Die Dauerausstellung im ersten Stock zeigt Werke verschiedener Genres und Perioden. Zu den Highlights gehören Tan Wei Khengs *Penan Hunter* (2008), Fadilah Karims *Beautiful Tangle* (2013), Shia Yih Yiings *Homage Couture* (2013) sowie Haslin Ismails *Book Land* (2013), eine Installation, die die Kraft der Vorstellung, die sich aus dem Lesen ergibt, darstellt. In der zeitgenössischen Abteilung ist moderne asiatische Kunst, auch Fotos, Skulpturen und Installationen, zu sehen.

Daneben zeigt das in Form eines malaiischen Drachen *(wau bulan)* gebaute **Istana Budaya** Kulturveranstaltungen, nationale und internationale Theateraufführungen und eine Ausstellung mit Theaterkostümen.

Istana Budaya
🕐 Ticketschalter: Mo–Fr 10–18 🌐 istanabudaya.gov.my/en

170 m

hoch ist die Skybridge der Petronas Towers – die höchste zweistöckige Brücke der Welt.

↑ Von der Decke des Einkaufszentrums Suria KLCC hängen Laternen

Schon gewusst?

Im Suria KLCC steht eine 21 Meter hohe Pagodennachbildung, die höchste in Malaysia.

Galeri Petronas
🏛️ ⓘ ⓒ Di – So Ⓦ galeri petronas.com.my

Petrosains
🏛️ ⓒ Di – Fr 9:30 – 17:30, Sa, So 9:30 – 18:30
Ⓦ petrosains.com.my

㉗ 🍴 🥤 🛍️ ♿
Suria KLCC und KLCC Park
📍 F3 🏠 Jalan Ampang
Ⓛ KLCC 🚌 B103, B105
ⓒ Suria KLCC: tägl. 10 – 22;
KLCC Park: tägl. 7 – 22
Ⓦ suriaklcc.com.my

Suria KLCC, eine der meistfrequentierten Shoppingmalls der Stadt, nimmt sechs Etagen am Fuß der Petronas Towers *(siehe S. 74)* ein. Hier gibt es eine Reihe internationaler Kaufhäuser, darunter Isetan und Parkson, sowie Fachgeschäfte und Fast-Food-Läden.

Im Erdgeschoss befindet sich die Dewan Filharmonik Petronas (Petronas Philharmonic Hall), ein neoislamischer Saal, in dem das malaysische Philharmonieorchester zu Hause ist. Im dritten Stock liegt die **Galeri Petronas** mit traditioneller und zeitgenössischer Kunst aus Asien und dem Rest der Welt.

Petrosains im vierten Stock ist ein Wissenschaftszentrum. Hier können Besucher anhand einer künstlichen Bohrinsel etwas über Erdölgewinnung lernen oder den Hubschrauber-Flugsimulator ausprobieren. Zu den Highlights gehören ein Nachbau des Mars-Rovers und ein singender Dinosaurier.

Der KLCC Park vor dem Komplex bietet Erholung vom Stadtverkehr. Man findet dort Bänke und Rastplätze, ein Planschbecken und einen Spielplatz. Mehr als 1900 Bäume stehen um einen See mit Wasserspielen.

㉘ 🥤 🛍️ ♿
Aquaria KLCC
📍 F3 🏠 Jalan Pinang
Ⓛ KLCC 🚌 B105, B106
ⓒ tägl. 10:30 – 20
Ⓦ aquariaklcc.com

Das Aquaria KLCC okkupiert zwei Etagen im Kuala Lumpur Convention Centre. Das hochmoderne Aquarium beherbergt über 5000 Lebewesen, darunter etwa 150 verschiedene Fischarten aus aller Welt.

Das Konzept zeichnet den natürlichen Weg des Wassers vom Land ins Meer nach. Mehrere Ökosysteme sind im Aquarium nachgebaut. Die Reise beginnt im Hochland, gefolgt von einem überfluteten Wald mit Riesenwelsen zwischen den Wurzeln. Zudem gibt es Mangroven, Korallenriffe und den Ozean. Ein Highlight ist der 90 Meter lange gläserne Unterwassertunnel mit Laufband, von dem aus man die Habitate, ein Schiffswrack, Stachelrochen, Aale und seltene Sandtigerhaie betrachten kann.

Seit 2007 hat Aquaria KLCC eine Reihe von Kampagnen zum Schutz von Schildkröten initiiert, vor allem durch die Möglichkeit für die Öffentlichkeit, geschlüpfte Schildkröten zu adoptieren und dann freizulassen.

Die Fütterungszeiten im Aquarium sind über den ganzen Tag verteilt. Besucher, die einen Tauchschein haben, können mit den Haien im Aquarium tauchen.

Kampung Baru und Pasar Minggu

E2 Jalan Raja Muda Musa Kampung Baru B102 und B103 bis Jalan Raja Muda Abdul Aziz

Das 1899 gegründete Dorf Kampung Baru ist das älteste malaiische Wohngebiet in Kuala Lumpur. Die kleine Siedlung liegt nördlich des Sungai Klang, etwa zwischen Jalan Raja Muda Musa und Jalan Raja Muda Abdul Aziz. Hier findet man noch traditionelle, zum Teil auf Stelzen gebaute Holzhäuser. Die Jalan Raja Abdullah und die verkehrsreiche Gegend um Chow Kit stellen die westliche Grenze dar. Die altmodischen Häuser im Kampung-Stil und die aus den 1920er Jahren stammende Masjid Jamek in der Jalan Raja Abdullah sind einen Besuch wert. Das Highlight von Kampung Baru ist jedoch der gemächliche Lebensstil, der in Kuala Lumpur selbst allmählich verschwindet.

Samstagabends findet der Pasar Minggu (Sonntagsmarkt) statt. Entlang der Jalan Raja Muda Musa und der Jalan Raja Alang werden samstags ab 18 Uhr Stände aufgebaut, die bis 1 Uhr morgens und länger geöffnet bleiben. Es gibt ein reichhaltiges Angebot an Lebensmitteln und frischen Produkten sowie zahlreiche Verkaufsstände, die köstliches, traditionelles malaiisches Streetfood anbieten.

Malaysian Tourism Information Complex

E3 109 Jalan Ampang KLCC Bukit Nanas B106 tägl. 8–22 matic.gov.my

Das größte Informationszentrum von Malaysia Tourism in Kuala Lumpur residiert in einer beeindruckenden Kolonialvilla. Sie wurde 1935 auf dem Gelände eines alten Obstgartens gebaut und war der Wohnsitz von Eu Tong Seng, einem wohlhabenden chinesischen Zinn- und Gummihändler. Kurz nach dem Bau brach der Zweite Weltkrieg aus. Das britische Militär richtete in dem Gebäude eine Kommandozentrale ein. Danach besetzten es die Japaner. Nach der Unabhängigkeit zogen mehrere Regierungsbehörden ein, außerdem fanden dort die Krönungszeremonien von vier malaysischen Königen statt.

Heute ist im Hauptgebäude das Fremdenverkehrsamt Malaysias untergebracht, in den Nebengebäuden sind eine Polizeistation, ein Restaurant und ein Saal mit kulturellen Aufführungen. An Wochenenden werden hier traditionelle Spiele wie Kreiseldrehen vorgeführt, täglich um 15 Uhr findet eine Tanzvorführung statt.

 Gerichte im Pasar Minggu

Roti canai
Frisch gebackenes Fladenbrot, serviert mit einer Auswahl an *dal* oder Fleischcurrys.

Satay
Gegrillte Fleischspieße mit einer leckeren Erdnusssauce.

Nasi lemak
Duftender Kokosnussreis, serviert mit Ei, Erdnüssen und feurigem Sambal.

↓ *Der Malaysian Tourism Information Complex*

↑ *Golden Triangle ist das wichtigste Einkaufs- und Ausgehviertel Kuala Lumpurs*

③① Golden Triangle
📍 F4 🚇 Bukit Bintang, Imbi
🚌 B107, B108

Das Areal des Golden Triangle hat in etwa die Form eines Dreiecks. Seine Spitze wird durch die Jalan Ampang im Norden, seine Basis durch die Jalan Imbi im Süden definiert. In diesem Dreieck konzentrieren sich Wirtschafts- und Nachtleben sowie Shopping-Meilen. Inmitten schillernder Hochhäuser findet man die bekanntesten Shoppingmalls Kuala Lumpurs, Bars, Restaurants, Cafés und Spitzenhotels wie Mandarin Oriental, Grand Hyatt und Shangri-La Traders. Im Herzen des Golden Triangle liegt die Jalan Bukit Bintang mit trendigen Bars, Restaurants und Einkaufszentren, darunter das Lot 10 und der Pavilion KL. Lokalkolorit steuern Reflexzonenmasseure und arabische Cafés bei, in denen Einheimische Wasserpfeife rauchen. In der Changkat Bukit Bintang liegen schicke Bars und Restaurants. Eine von Malaysias größten Shoppingmalls, Berjaya Times Square, dominiert die Jalan Imbi, Top-Hotels säumen die Jalan Sultan Ismail.

③② Badan Warisan
📍 F4 🏠 2 Jalan Stonor
🚇 Conlay 🚌 Raja Chulan
🚌 B108 🕐 Mo – Sa 10 –17:30
🌐 badanwarisan.org.my

Badan Warisan wurde 1983 zur Erhaltung von Malaysias architektonischem Erbe gegründet, ist aber keine Regierungsorganisation. Sie veranstaltet oft Kampagnen zur Rettung historischer Gebäude. 1995 renovierte die Initiative einen Kolonialbungalow in der Jalan Stonor und machte daraus ein Heritage Centre mit Ausstellungsflächen und einem Informationsraum mit Büchern, Zeichnungen, Dias und Fotos für alle, die mehr über die Arbeit der Organisation erfahren möchten. Highlight der Ausstellung ist Rumah Penghulu Abu Seman, ein traditionelles malaiisches Holzhaus aus den 1920er Jahren. Es wurde aus einem Dorf in Kedah hergebracht, restauriert und als Vorzeigestück moderner Konservierung ausgestellt.

③③ Bukit Nanas Forest Reserve
📍 E3 🏠 2 Jalan Punchak, nahe Jalan P. Ramlee
🚇 Bukit Nanas 🕐 tägl. 7 –18

Zu Füßen des Menara-KL-Turms liegt eines der ältesten Naturreservate Malaysias. Das Bukit Nanas Forest Reserve wurde 1906 gegründet, und sein Status bewahrte es vor der Zerstörung durch den Bau des Turms. Wegen eines 100-jährigen Jelutong-Baums musste dessen Bauplan sogar modifiziert werden. Der Park, der einen elf Hektar großen Streifen Regenwald beschützt, ist zwar nicht groß und schon etwas heruntergekommen, umfasst jedoch eine erstaunlich bunte Artenvielfalt, darunter Affen und Eichhörnchen sowie zahlreiche Tropenbäume und viele

Blick auf die Stadt von der Spitze des hoch aufragenden Menara KL (Detail) ↓

Der als Funk- und Fernsehturm zwischen 1991 und 1996 erbaute Menara KL oder KL Tower gehört zu den fünf höchsten Fernsehtürmen der Welt.

seltene Kräuter. Denken Sie bei einem Besuch unbedingt an Mückenspray!

34
Menara KL
📍 E3 🏠 2 Jalan Punchak, nahe Jalan P. Ramlee
🚌 Bukit Nanas 🕐 tägl. 9–22
🌐 menarakl.com.my

Der als Funk- und Fernsehturm zwischen 1991 und 1996 erbaute Menara KL oder KL Tower gehört mit 421 Meter Höhe zu den fünf höchsten Fernsehtürmen der Welt. In der Lobby befinden sich mehrere Läden. Mit dem Aufzug gelangt man zur Aussichtsebene mit Stadtpanorama. In einer schwindelerregenden Höhe von 276 Metern ist sie ganze 100 Meter höher als die Skybridge der Petronas Towers *(siehe S. 74)*. Neben einem eindrucksvollen Drehrestaurant gibt es auch ein Aquarium und ein ganzes Stockwerk voller Spielautomaten. Jedes Jahr findet hier ein offizielles Base-Jump-Event statt, das bis zu 100 waghalsige Teilnehmer anzieht.

35
Kompleks Budaya Kraf
📍 F4 🏠 63 Jalan Conlay
Ⓜ Conlay 🚌 Raja Chulan
🚌 B108 🕐 tägl.
🌐 kraftangan.gov.my

Am östlichen Rand des Golden Triangle bietet der Kompleks Budaya Kraf eine breite Palette traditioneller Kunsthandwerksgegenstände aus den verschiedenen Bundesstaaten West- und Ostmalaysias. In vier Gebäuden sind Läden und Verkaufsstände, ein Museum, Ausstellungsflächen und mehrere Werkstätten untergebracht. Das Museum zeichnet die Geschichte und Entwicklung von alten Handwerkskünsten u. a. mit Dioramen nach. Darauf sind Handwerker zu sehen, die auf traditionelle Weise ihre Waren herstellen.

In den Ausstellungsräumen und Werkstätten führen Handwerker ihre Künste vor. Man kann ihnen beim Weben, Batiken oder Schmieden zusehen. Besucher können selbst Hand anlegen und sich in einigen Handwerkskünsten unterrichten lassen. Zugleich kann man hier das Kunsthandwerk auch erwerben. Neben Zinnarbeiten, Silberwaren, Keramik, Batikstoffen und Perlenstickerei gibt es auch Vogelkäfige und Blasrohre.

Restaurants

Mosaic
Das von Peranakan inspirierte Büfettrestaurant bietet Live-Kochstationen.

📍 F3 🏠 Mandarin Oriental 🌐 mandarinoriental.com

Dewakan
Dewakan bedeutet »göttliches Essen«, und die Speisekarte hier ist sicherlich himmlisch. Mit exquisit präsentierten malaiischen Gerichten gehört das Restaurant zu einem der besten in Asien.

📍 F3 🏠 Skyview Naza Tower 🌐 dewakan.my

Nobu
Japanische Küche wird in der eleganten Umgebung des Petronas Tower 3 serviert. Sushi und Sashimi sind unschlagbar.

📍 F3 🏠 Petronas Tower 3 🌐 noburestaurants.com

36 Shah Alam

📍 B5 👥 319 600 🚗 18 km westl. von Kuala Lumpur
🚌 🚇 🚆 ℹ️ Jalan Indah 14
🌐 selangor.travel

Das 1978 als Hauptstadt des Bundesstaats Selangor konzipierte Shah Alam ist eine moderne Stadt. Sie ist hauptsächlich ein Industrie- und Verwaltungszentrum, hat aber auch einige Sehenswürdigkeiten zu bieten. Hauptattraktion ist die Masjid Sultan Salahuddin Abdul Aziz Shah – wegen ihrer blausilbernen Kuppel auch als Blaue Moschee bekannt –, die bis zu 24 000 Gläubigen Platz bietet. Ihre vier 142 Meter hohen Minarette gelten als die höchsten der Welt.

In der Nähe zeigt das **Museum Sultan Azlan Shah** Ausstellungen über die Geschichte und die Tiere Selangors. Westlich des Museums liegen die Lake Gardens mit der **Galeri Shah Alam**, einer modernen Kunstgalerie in einem traditionellen malaiischen Holzgebäude. Noch weiter westlich befindet sich i-City, ein Themenpark und Einkaufszentrum.

Museum Sultan Azlan Shah
📍 Persian Bandaraya
📞 +60 3 5519-0050
🕐 Di – So 9:30 – 17:30
🕐 Fr 12 – 14:45

Galeri Shah Alam
📍 Persiaran Tasik 🕐 tägl. 8:30 – 17:30 🕐 Fr 12 – 14:45
🌐 galerishahalam.com

37 Klang

📍 A5 🚗 30 km südwestl. von Kuala Lumpur 🚌 🚇 🚆
🌐 mpklang.gov.my

Die ehemalige königliche Hauptstadt von Selangor blühte dank der Zinnindustrie auf. Der Aufschwung wurde jäh unterbrochen, als 1867 die Rivalität der beiden Stammesführer Rajah Mahadi und Rajah Abdullah einen Bürgerkrieg auslöste. Die Kämpfe endeten erst 1874, als die britischen Behörden einschritten und einen Statthalter einsetzten. Heute ist die Stadt ein Wirtschaftszentrum. Ihre Sehenswürdigkeiten beschränken sich auf die südlich des Sungai Klang gelegene Altstadt.

Das 1857 gebaute Gedung Raja Abdullah war die Residenz des Rajahs Abdullah. Heute birgt es das Zinnmuseum, das die Geschichte der Bergbauindustrie nachzeichnet. Ebenfalls in der Altstadt steht die Masjid Di Raja Sultan Suleiman, dahinter liegt der Istana Alam Shah, der Palast des Sultans von Selangor. Er ist zwar nicht zugänglich, doch die Fassade mit ihrem Mix aus islamischer und moderner Architektur ist sehenswert.

Entfliehen Sie dem Trubel auf Pulau Carey, 35 Kilometer südlich von Klang, und erhalten Sie einen Einblick in das Leben und die Traditionen des indigenen Volks der Mah Meri.

↑ *Baumwipfelpfad durch die Parklandschaft von FRIM*

38 FRIM

📍 B4 🚗 Kepong, 16 km nordwestl. von Kuala Lumpur 🚌 🚇 bis Kepong, dann Taxi 🕐 Park: tägl. 5 – 19:30; Canopy Walk: Di – Do, Sa, So 9:30 – 14:30; Museum: tägl. 8 – 16:30 🌐 frim.gov.my

Das Forest Research Institute Malaysia (FRIM) wurde 1929 als Forschungs- und Entwicklungszentrum für Tropenwälder gegründet. Es umfasst eine Fläche von fünf Quadratkilometern im Bukit Lagong Forest Reserve. Sein Schwerpunkt ist die nachhaltige Forstwirtschaft. Das Museum erläutert die Arbeit des Zentrums.

Es gibt mehrere Baumschulen mit einheimischen Bäumen und der weltweit umfassendsten Sammlung

→

Das kunstvoll verzierte Innere der Masjid Putra in Putrajaya

Hotels

Rainforest

Das freundliche B & B hat holzgetäfelte Zimmer und begrünte Gemeinschaftsräume.

📍 E4 🏠 27 Jalan Mesui
📞 +60 3 8873-3704

Traders

Das Hotel bietet erschwinglicheren Luxus als einige der teuersten Hotels im Golden Triangle mit einer Lage am Park und einer eleganten SkyBar.

📍 F3 🏠 Persiaran KLCC
🌐 shangri-la.com

Expertentipp
Vögel gucken

FRIM ist einer der besten Orte zur Vogelbeobachtung nahe Kuala Lumpur. Machen Sie sich morgens auf den Weg zum Teichgebiet und halten Sie Ausschau nach Schopfhabichten, Wallace-Falken und Spechtarten.

von Harthölzern. Auf dem Gelände befindet sich ein traditionelles malaiisches Haus aus Terengganu. Highlight im FRIM ist der »Canopy Walk«, eine 200 Meter lange Konstruktion aus Hängebrücken und Plattformen in 30 Meter Höhe. Zudem gibt es Wanderwege, einen Mountainbike-Pfad, Campingplätze sowie Plätze zur Vogelbeobachtung.

Pulau Ketam
📍 A5 👥 800 📏 55 km südwestl. von Kuala Lumpur 🚢 von Port Klang 🌐 pulauketam.com

Auf der in den 1870er Jahren von Fischern aus der chinesischen Provinz Hainan besiedelten Insel leben bis heute vorwiegend Chinesen. Noch immer betreibt die Mehrheit der Insulaner Fischfang. Das Dorf Pulau Ketam ist eine einfache Siedlung aus ins Wasser gebauten Stelzenhütten, die mit Stegen verbunden sind. Berühmt sind die Fischrestaurants. Sie sind auf Krebse spezialisiert und bei den Städtern am Wochenende sehr beliebt. In den chinesischen Tempeln wie dem Nang Thiam Keng Temple feiern Einheimische ihre Hochzeiten. Die sehenswerten schwimmenden Fischfarmen sind per Boot von der Insel aus erreichbar.

Putrajaya
📍 B5 👥 45 000 📏 25 km südwestl. von Kuala Lumpur 🚆 🚌 KLIA Transit von KL Sentral ℹ️ Precinct 1 🌐 ppj.gov.my

Putrajaya wurde 1995 gegründet und bald darauf föderale Verwaltungshauptstadt von Malaysia. Regierungsabteilungen und Ministerien zogen 1999 von Kuala Lumpur hierher um. Dazu gehören das Büro des Premierministers, bekannt als Perdana Putra, im malaiisch-palladianischen Stil und der Justizpalast mit einer gigantischen Kuppel.

Putrajaya liegt im Herzen des Multimedia Super Corridor (MSC), eines Gebiets, das für Unternehmen der Informationstechnologie bestimmt ist, und verfügt über riesige Grünflächen. Die Stadt wurde auf gerodetem Waldland errichtet und liegt um einen großen See herum, sodass viele Brücken über das Wasser gebaut wurden. Dazu gehören die Putra Bridge, die von der Khaju Bridge im Iran inspiriert wurde, und die 240 Meter lange Seri Gemilang Bridge.

Die Masjid Putra mit ihrem 116 Meter hohen Minarett erhebt sich an einem Ende des Sees und ist eines der beeindruckendsten Gebäude der Stadt, das Stile aus dem Irak, dem Iran und Marokko miteinander verbindet. Zu den weiteren Sehenswürdigkeiten gehören der Botanische Garten und der **Putrajaya Wetland Park**, der zur Reinigung des Flusswassers angelegt wurde. Auf dem See und in den Feuchtgebieten können Paddelboote gemietet werden.

Putrajaya Wetland Park
🎫 Precinct 13 📞 +60 3 8887-7774 🕐 Di–Fr 10–18, Sa, So 7–19

Spaziergang um den Merdeka Square

Länge 1,5 km **Dauer** 20 Minuten **LRT** Masjid Jamek

Der Dataran Merdeka oder Unabhängigkeitsplatz liegt im Herzen des Kolonialviertels von Kuala Lumpur und ist ein riesiges rechteckiges Feld, auf dem früher Kricketspiele und Paraden stattfanden. Er ist umgeben vom Royal Selangor Club im Tudorstil, dem National Music Museum, der St. Mary's Cathedral und dem Sultan Abdul Samad Building. Hier fanden viele nationale Veranstaltungen statt, und hier wurde am 31. August 1957 die Unionsflagge gehisst, als das unabhängige Malaysia geboren wurde. Dieser kurze Spaziergang zeigt eine Reihe von Malaysias vielfältigen historischen Einflüssen.

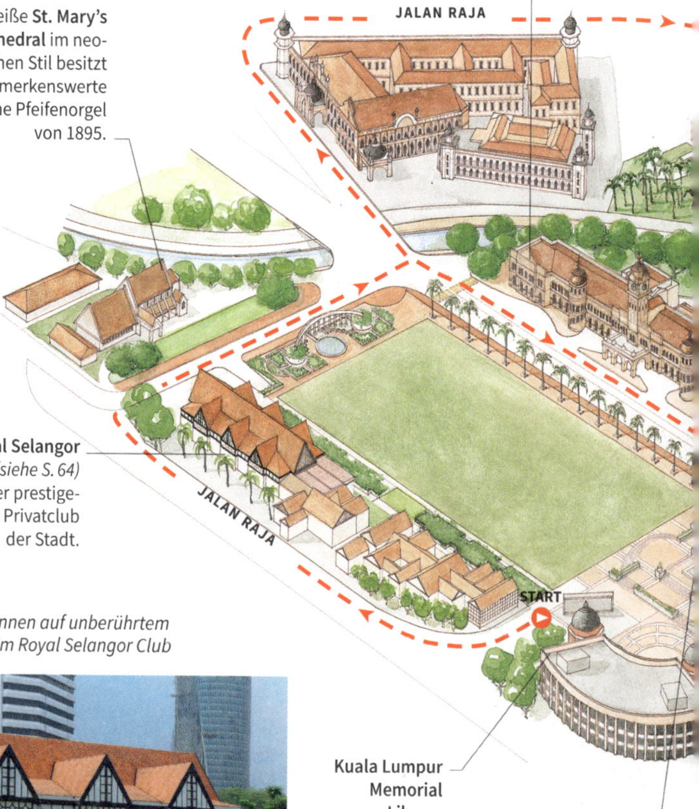

Das **Sultan Abdul Samad Building** *(siehe S. 64)* im maurischen Stil stammt von 1897. Es beherbergt eine Abteilung des Malaysischen Gerichtshofs.

Die weiße **St. Mary's Cathedral** im neogotischen Stil besitzt eine bemerkenswerte englische Pfeifenorgel von 1895.

Der **Royal Selangor Club** *(siehe S. 64)* ist der prestigeträchtigste Privatclub der Stadt.

Entspannen auf unberührtem Rasen im Royal Selangor Club

Kuala Lumpur Memorial Library

Der **Flaggenmast** ist ein hoher, freistehender Mast, an dem die malaysische Flagge weht.

Kuala
Lumpur

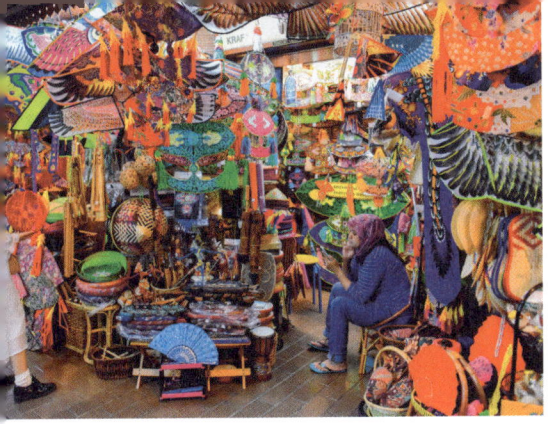

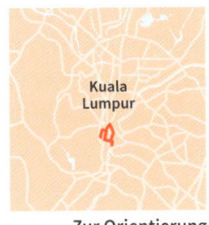

Zur Orientierung
Siehe Karte S. 60f

↑ *Eine eklektische Mischung von Produkten auf dem Central Market*

Die **Masjid Jamek** *(siehe S. 65)*, auch Freitagsmoschee genannt, wurde 1909 erbaut und ist die älteste erhaltene Moschee der Hauptstadt.

Der **Central Market** *(siehe S. 67)* mit indischen, südchinesischen und malaiischen Kunsthandwerksläden, ist in einem Art-déco-Gebäude aus den 1930er Jahren untergebracht.

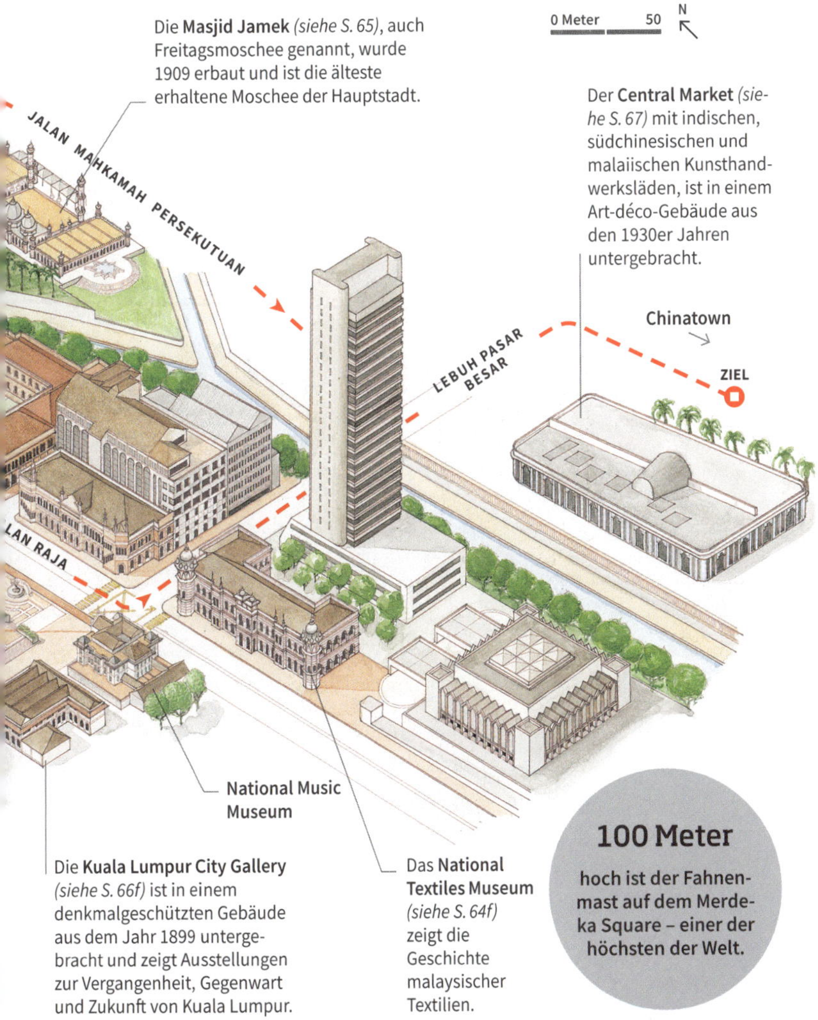
0 Meter 50
N
JALAN MAHKAMAH PERSEKUTUAN
LEBUH PASAR BESAR
Chinatown
ZIEL
LAN RAJA

National Music Museum

Die **Kuala Lumpur City Gallery** *(siehe S. 66f)* ist in einem denkmalgeschützten Gebäude aus dem Jahr 1899 untergebracht und zeigt Ausstellungen zur Vergangenheit, Gegenwart und Zukunft von Kuala Lumpur.

Das **National Textiles Museum** *(siehe S. 64f)* zeigt die Geschichte malaysischer Textilien.

100 Meter

hoch ist der Fahnenmast auf dem Merdeka Square – einer der höchsten der Welt.

Die leuchtend grüne BOH Tea Plantation in den Cameron Highlands (siehe S. 89)

Nordwest-Halbinsel

Die nordwestlichen Bundesstaaten Malaysias gehören zu den bevölkerungsreichsten, geografisch vielfältigsten und historisch bedeutendsten Regionen des Landes. Die Überreste von Handbeilen, die im Lenggong Valley in Perak gefunden wurden, deuten darauf hin, dass hier bereits vor 1,83 Millionen Jahren Hominiden lebten. Archäologische Überreste, die in Lembah Bujang gefunden wurden, zeugen von einem hinduistisch-buddhistischen Königreich aus dem 4. Jahrhundert. Im 7. und 8. Jahrhundert wurde die Region vom Srivijaya-Reich und später von Siam (dem heutigen Thailand) beherrscht, während im 15. Jahrhundert das Sultanat von Malakka entstand.

Zu Beginn des 17. Jahrhunderts kam es zu einer Auseinandersetzung zwischen den europäischen Mächten in der Region, bis die Briten die Kontrolle erlangten und 1786 auf der Insel Penang ihre erste südostasiatische Kolonie gründeten. Die Einrichtung von Plantagen und die wachsende Bedeutung des Zinnbergbaus in den Bundesstaaten Perak und Selangor zogen einen großen Zustrom indischer und chinesischer Einwanderer nach sich. Infolge dieser vielfältigen Einflüsse und wirtschaftlichen Entwicklungen ist die nordwestliche Halbinsel kosmopolitischer als andere Teile Malaysias.

Nordwest-Halbinsel

Straße von Malakka

Penang

Cameron Highlands

🅐 B2 🏔 12 000 🚗 90 km östl. von Ipoh 🚌 ab Penang und Kuala Lumpur 🌐 pahangtourism.org.my

Die Cameron Highlands, eine Region mit moosbedeckten prähistorischen Wäldern und sanften Hügeln mit grünen Teefeldern und Erdbeerfarmen, bieten einen idyllischen Rückzugsort auf dem malaysischen Festland.

In den Cameron Highlands in der nordwestlichen Ecke von Pahang liegen die größten und beliebtesten Hill Stations Malaysias. Die Region ist nach dem britischen Landvermesser William Cameron benannt, der das Gebiet 1885 kartografierte. Erst in den 1920er Jahren wurde das Potenzial des Gebiets für den Anbau von Tee und Obst von der Kolonialverwaltung erforscht. Die Region mit ihren üppigen Teeplantagen sowie Bienen-, Schmetterlings- und Erdbeerfarmen ist bekannt für ihre Blumen und frischen Produkte.

Die Temperatur übersteigt hier selten 22 °C und wird von Nebel und leichten Regenfällen begleitet, was die Region zu einer idealen Abwechslung zu den heißen Ebenen, den Städten im

> Schöne Aussicht
> **Altes Moos**
> Besuchen Sie den Aussichtsturm am Gunung Brinchang und genießen Sie einen hervorragenden Blick auf diesen seltenen, mit Moos bewachsenen prähistorischen Wald.

Die grünen Hügel des Hochlands und ein Schmetterling in einem Plantagengarten (Detail)

Highlight

Hotels

Cameron Highlands Resort
Die große und luxuriöse Kolonialvilla bietet prächtige Zimmer mit Himmelbetten, Teakholzböden und Balkonen.

🏠 Jalan Besar
🌐 cameron highlandsresort.com

Copthorne Hotel
Preisgünstiges Hotel mit schick gestalteten Zimmern, chinesischem Restaurant und Cricket-Lounge.

🏠 Brinchang, Pahang
🌐 millenniumhotels.com

Kea Garden
Die rustikalen, komfortablen Zimmer sind um ein Gewächshaus mit Blumenbeeten angeordnet.

🏠 Brinchang, Pahang
🌐 keagarden.com

(RM)(RM)(RM)

Tiefland und den tropischen Inseln macht. Sie ist auch ein beliebtes Ziel für Wanderer. In den Wäldern sind die knorrigen Äste mit dichtem Moos bedeckt. Die Cameron Highlands haben sich auch ein Kolonialambiente bewahrt, vor allem in den malerischen, im Tudorstil erbauten Hotels, die in den Hügeln verstreut sind, weniger jedoch in der Hauptsiedlung der Highlands, der Backpacker-Basis Tanah Rata.

Die Teeplantage von **BOH (Best of Highlands) Tea** hat zwei Standorte – die ursprüngliche Fabrik aus den 1930ern in Habu bei Ringlet und den schönen Sungei Palas Tea Garden bei Brinchang. BOH bietet täglich kostenlose Führungen durch die Fabrik an, bei denen Besucher mehr über die Teeherstellung erfahren. Natürlich muss man auch das Endergebnis probieren, das Terrassencafé in Sungei Palas mit Blick über die umliegenden Hügel ist genau der richtige Ort dafür.

BOH Tea
🏠 Boh Road, Habu, 39200 Ringlet, Pahang
🌐 bohtea.com

↑ *Sungei Palas Tea Garden mit Blick auf die Cameron Highlands*

Pulau Langkawi

A1 30 km westl. von Kuala Perlis ✈ 🚌
🌐 naturallylangkawi.my

Pulau Langkawi bietet herrliche Entspannung und wildes Abenteuer gleichermaßen und vereint das Beste der tropischen Inseln Malaysias. Egal, ob Ihre Vorstellung vom Paradies eine rasante Wasserski-Fahrt oder das Faulenzen in einer Hängematte mit den Füßen im Sand beinhaltet, das »Juwel von Kedah« erfüllt sie.

Pulau Langkawi liegt inmitten eines Archipels von 99 Inseln und Inselchen in der Andamanensee und ist eines der beliebtesten Reiseziele in Malaysia. Die Insel ist bergig, von Palmen gesäumt und mit Reisfeldern und Sandbuchten gespickt. In den 1980er Jahren wurde Pulau Langkawi von einem abgelegenen, überwiegend malaiischen Landstrich in eine zollfreie Zone umgewandelt, mit dem erfolgreichen Versuch, die Insel zu einem Urlaubsziel zu machen, das Rucksacktouristen und gehobene Besucher gleichermaßen anlockt. Kuah, die kleine, aber geschäftige Hauptstadt, ist ein fantastischer Ausgangspunkt für die anderen Sehenswürdigkeiten von Langkawi.

Schon gewusst?

Pulau Langkawi heißt übersetzt »Insel des starken Adlers« – daher die Adlerstatue in Kuahs Dataran Lang.

Hotels

Ocean Residence
Das Resort ist sowohl gemütlich als auch luxuriös. Es gibt komfortable Zimmer in einem Langhaus am Pool sowie exklusive strohgedeckte Villen.
🏠 1 Ocean Front Estate 🌐 theocean residence.com
(RM)(RM)(RM)

Datai Langkawi
Wenn Sie Langkawi von seiner luxuriösesten Seite erleben möchten, wählen Sie das Datai. Das im dichten Dschungel gelegene Resort bietet ein Spa, einen 18-Loch-Golfplatz und Villen mit Teakholz.
🏠 Jalan Teluk Datai 🌐 thedatai.com
(RM)(RM)(RM)

Spaziergang auf der Fußgängerbrücke Langkawi SkyBridge auf dem Gipfel des Mount Machinchang

Highlight

1 In Langkawis Hauptstadt Kuah steht die ikonische Adlerstatue.

2 Pantai Cenang ist der beliebteste Strand der Insel.

3 Strandbars sind in Pantai Cenang allgegenwärtig – ideal für einen Sundowner.

PULAU LANGKAWI

Pulau Langkawi ist die größte der 99 Inseln des Langkawi-Archipels. Da die Touristenzahlen gestiegen sind, ist der Zugang zum Archipel mit dem Flugzeug oder der Fähre einfacher geworden, und das Straßennetz von Langkawi macht die Erkundung der Insel bequem. Das einst verschlafene Kuah, die Hauptstadt von Langkawi, beherbergt heute eine Reihe von Einkaufszentren, Ferienanlagen und Luxushotels, die den steigenden Ansprüchen der Touristen gerecht werden. Idyllische Resorts und Spas bieten wohltuende Rückzugsmöglichkeiten, sportliche Aktivitäten wie Wasserski, Tauchen und Trekking locken abenteuerlustigere Besucher an.

①Kuah
 südöstl. von Pulau Langkawi 94 000
Jalan Persiaran Putra; +60 4 966-7789

Kuah, Langkawis Hauptort, liegt in einer großen Bucht an der Südostspitze der Insel. Das schönste Gebäude ist die Friday Congregational Mosque, die Masjid al-Hana, aus dem Jahr 1959 mit usbekischen, maurischen und traditionell malaiischen Elementen. Der **Taman Legenda** ist ein Themenpark am Meer mit Skulpturen und Exponaten zur Geschichte des Archipels. Der Garten bietet eine gute Aussicht auf Dataran Lang, einen schönen Platz mit der ikonischen Adlerstatue.

Taman Legenda
 Jalan Persiaran Putra, nahe Kuah Jetty +60 4 966-4223 tägl. 8–23

②Teluk Datai
 35 km nordwestl. von Kuah

Teluk Datai an der Nordküste von Pulau Langkawi bietet die schönsten Aussichten der Insel. Es gibt mehrere wunderbare Strände. In der Bucht befinden sich exklusive Ferienanlagen sowie der Golfplatz Els Club. Ein Stück weiter die Küste entlang erstreckt sich die Anlage des **Kompleks Kraf Langkawi**, in der malaiisches Kunsthandwerk wie Batik, Töpferkunst, Malerei und Schnitzerei vorgestellt wird.

Kompleks Kraf Langkawi
 Telek Yu +60 4 959-1917 tägl.

③Pantai Cenang
 16 km westl. von Kuah

Pantai Cenang ist der beliebteste Strand der Insel. An seinem südlichen Ende befindet sich die riesige **Underwater World**, ein Aquarium mit über 5000 Meeresarten.

Ein Besuch des Nachtmarkts lohnt sich, denn die Straßen werden durch Straßenhändler und Souvenirläden zum Leben erweckt. Der nahe gelegene Strand Pantai Tengah bietet Hotels, einen Hafen und Bars.

Underwater World
 +60 4 966-4223 tägl. 8–23 underwaterworldlangkawi.com

④Langkawi SkyCab
 27 km westl. von Kuah tägl. 10–19

Diese Seilbahn schwebt über uralte Regenwälder zum Gipfel des Gunung Machinchang auf 706 Meter Höhe. Hier bietet die 125 Meter lange Sky-Bridge – eine der längsten freitragenden gebogenen Brücken der Welt – einen Blick bis nach Thailand.

⑤Telaga Tujuh Falls
 22 km westl. von Kuah

An der Westküste liegt Telaga Tujuh – ideal zum Baden und für Picknicks. Es ist ein 30-minütiger Spaziergang vom Eingang der Langkawi SkyBridge zu den sieben Wasserfällen, die durch Schwellen verbunden sind, die Badende hinunterrutschen können.

↑ *Eine Ausstellung von* wau bulan, *traditionellen Drachen, die in Teluk Datai hergestellt werden*

⑥ Mahsuris Grab
🏠 12 km westl. von Kuah
🕐 tägl. 7:30 –18

Das Grab der Malaienprinzessin Mahsuri besteht aus weißem Marmor. Der Überlieferung nach hatte man Mahsuri zu Unrecht des Ehebruchs bezichtigt und zum Tod verurteilt. Ihr Blut war wie zum Zeichen ihrer Unschuld weiß. Mit ihrem letzten Atemzug verfluchte die Prinzessin die Insel zu sieben Generationen Unglück. Ihr Grab wurde dort errichtet, wo sie umgebracht wurde. Heute wird es von den Insulanern als Schrein verehrt.

⑦ Pulau Payar Marine Park
🏠 34 km südl. von Langkawi
🚢 beaufsichtigt von Jabatan Laut (Marine Department)
🕐 Di, Mi; März – Mai

Eine Bootsstunde von Kuah entfernt liegt die bei Tauchern und Schnorchlern beliebte Tropeninsel Pulau Payar. In den Korallenriffen vor Payar und den kleineren Inseln Lembu, Segantang und Kaca wimmelt es von Meeresbewohnern wie Moränen, großen Barschen und Schwarzflossen-Riffhaien.

Besonders beliebt ist der Coral Garden im geschützten, klaren Wasser vor Pulau Payar. Er soll die größte Anzahl von Korallenarten in Malaysia besitzen. Um die Artenvielfalt des Parks zu erhalten, dürfen nur 100 Touristen pro Woche den Park besuchen. Buchen Sie im Voraus mit einer Reisegruppe.

⑧ Pulau Dayang Bunting
🏠 5 km südl. von Kuah 🚢

Dayang Bunting liegt auf der anderen Seite der Kuah Straits und ist die zweitgrößte Insel des Archipels. Auf der mit Regenwald und Mangroven bewachsenen Insel leben über 90 Vogelarten, darunter Nashornvögel, Eisvögel und Spechte. Highlight ist der See Tasik Dayang Bunting. Der Legende nach soll das Wasser des Sees Fruchtbarkeit schenken. Besucher können im See schwimmen oder ihn mit dem Kajak oder einem Wasserscooter erkunden.

Die Legende von Prinzessin Mahsuri

Tasik Dayang Bunting – See der schwangeren Jungfrau – liegt inmitten der Kalksteinfelsen und Wälder der Insel Pulau Dayang Bunting. Der Legende nach behauptete die Prinzessin Mahsuri, sie sei schwanger geworden, weil sie aus dem See getrunken hatte; sie wurde fälschlicherweise des Ehebruchs beschuldigt und hingerichtet. Ein Krokodil, das den See bewohnen soll, wird für Mahsuris Kind gehalten. Die Legende hat sich bei den Einheimischen, die sich ein Kind wünschen, bis heute gehalten.

300
Liter Farbe wurden für die Statue in den Batu Caves verwendet.

SEHENSWÜRDIGKEITEN

❸
Fraser's Hill

B3 🏠 100 km nördl. Kuala Lumpur ℹ Tourism Malaysia Pahang; +60 9 517-7111 W fraserhill.info

Die Hill Station erstreckt sich über sieben waldige Hügel und war erholsamer Rückzugsort für britische Auswanderer. Die Fahrt dorthin ist malerisch. Sie führt durch riesige Bambus- und Baumfarnhaine und steil hinauf durch den Gap, einen Bergpass zwischen Kuala Kubu Bharu und Raub. Der Verkehr wird aufgrund des heftigen Winds auf der Straße stark überwacht. Gehen Sie also davon aus, dass Ihre Fahrt länger dauert als erwartet.

Im Stadtzentrum gibt es einen Marktplatz. In der Nähe liegt der kleine See Allan's Water, an dem man Boote ausleihen kann. Der kleine Ort ist von dichten Wäldern umgeben, durch die mehrere Naturwanderwege führen.

Eine der Hauptattraktionen ist die üppige Flora und Fauna. In der Gegend soll es mehr als 265 Vogelarten geben. Jeden Juni findet in Fraser's Hill das International Bird Race statt. Ornithologen-Teams versuchen dann, innerhalb von 24 Stunden die meisten Vögel zu sichten.

Ein Silberohr-Sonnenvogel in Fraser's Hill

❹
Batu Caves

B3 🏠 13 km nördl. von Kuala Lumpur ☎ +60 3 6189-6284 🚉 Batu Caves 🕐 tägl. 7–18 🎉 Thaipusam (Jan/Feb)

Das riesige Höhlensystem hoch oben in zerklüfteten Kalksteinfelsen ist eine der beliebtesten Attraktionen nahe der Hauptstadt. Die indigenen Orang Asli kannten die Höhlen schon lange, bevor der Naturforscher William Hornaday sie 1878 entdeckte. In den 1890er Jahren richtete man einen Schrein zu Ehren der Hindu-Gottheit Murugan ein. Schon bald wurden die Höhlen zur wichtigsten Pilgerstätte von Malaysias Hindus, vor allem während des alljährlichen Thaipusam-Fests.

Die Temple Cave oder Cathedral Cave ist teilweise

← Riesige Statue der Hindu-Gottheit Murugan am Eingang zu den Batu Caves

rem Gouverneursgeneral **Fort Atlingsburg** nannten. Heute stehen hier nur noch Mauerreste und die Kanonen.

Direkt unterhalb des Forts beginnt der Mangrovenwald **Kuala Selangor Nature Park**. Er beherbergt mehr als 150 Vogelarten und viele Tiere, die in Feuchtgebieten leben. Auch verschiedene Fisch- und Krebsarten sowie Schmetterlinge leben hier. Am Ufer des Sungai Selangor in Kampung Kuantan kann man *kelip kelip* (Glühwürmchen) sehen.

An der nahe gelegenen Küste befindet sich der **Kuala Selangor Sky Mirror**, eine Sandfläche, die nur bei Ebbe aus dem Meer auftaucht.

Fort Altingsburg
🏠 Bukit Melawati 🕒 tägl.

Kuala Selangor Nature Park
🏠 Jalan Klinik 🕒 tägl. 9–18
🌐 mdks.gov.my

Kuala Selangor Sky Mirror
🏠 Jalan Sultan Mahmud
🕒 tägl. 6–22 🌐 skymirrortour.com

❻
Museum JAKOA
🅰 B3 🏠 Jalan Pahang, Gombak 🚌 🕒 Sa–Do 9–17
🌐 jakoa.gov.my

Das nur wenig besuchte Museum JAKOA (auch Orang Asli Museum) bietet eine hervorragende Einführung in die Traditionen, Bräuche und die Kultur der heute knapp 100 000 Angehörigen der Indigenen Malaysias. Das vom Orang Asli Affairs Department betriebene Museum präsentiert die Geschichte der 18 verschiedenen Untergruppen der Orang Asli, aber auch deren geografische Verteilung, ihre Musikinstrumente, Ornamente, Heilkunst, Modelle ihrer Behausungen und eine Sammlung traditioneller Jagdwaffen wie Blasrohre und Giftlöffel. Besonders eindrucksvoll ist die Darstellung ihrer traditionellen Handwerkskunst. Außerdem werden Hochzeitsrituale und religiöse Riten der Indigenen erklärt.

❼
Genting Highlands
🅰 B3 🏠 50 km nordöstl. von Kuala Lumpur 🚌 von Kuala Lumpur, dann Seilbahn 🌐 rwgenting.com

Der Unterhaltungs- und Glücksspielkomplex in der Titiwangsa Mountain Range ist bekannt für seine weitläufige Anlage mit Hotels, Themenparks, Restaurants, Einkaufsmöglichkeiten und einem 24-Stunden-Casino.

Wer die weite grüne Landschaft des Hochlands bewundern möchte, kann von einer Seilbahn aus einen Panoramablick genießen. Am besten erkundigen Sie sich vor Ihrer Reise online. Genting Malaysia hat auch Themenparks und eine Reihe von Attraktionen an anderen Orten, zum Beispiel in Langkawi.

> ## Hotel
>
> **Swiss Garden**
> Das moderne Vier-Sterne-Hotel verfügt über eine Terrasse mit Pool und Blick auf die nebelverhangenen Berge.
>
> 🅰 B3 🏠 Jalan Permai, Genting Highlands
> 🌐 swissgarden.com/residences-genting
>
> (RM)(RM)(RM)

mittels Lichtschächten an der Decke erleuchtet. An den Höhlenwänden stehen zahlreiche Götterstatuen, und die Kuppel der Höhle ist mit Szenen aus den heiligen Büchern der Hindus ausgemalt. 2018 wurden die 272 Stufen, die zu den Höhlen führen, in einer schillernden Farbenpracht bemalt.

Die Höhle ist teils sehr überlaufen, kommen Sie deshalb am Morgen. Und füttern Sie auf keinen Fall die Affen am Eingang.

❺
Kuala Selangor
🅰 B3 🗺 39 200 📍 67 km nordwestl. von Kuala Lumpur am Hwy 4 und 5 🚌
🌐 kuala-selangor.com

Die kleine Provinzhauptstadt von Selangor war einst die königliche Hauptstadt des Sultanats Selangor. 1784 wurde sie von den Holländern erobert, die die Sultansfestung zerstörten und eine neue bauten, die sie nach ih-

Kellie's Castle

B2 30 km südl. von Ipoh +60 5 255-2772
67 von Gopeng Station
tägl. 8:30–19

Der unvollendete Kolonialbau Kellie's Castle glänzt mit einer Mischung aus schottischem Schloss und maurischer Architektur. Auftraggeber war der durch die Gummi-Industrie im 19. Jahrhundert zu Reichtum gekommene Schotte William Kellie-Smith. Er plante ein Herrenhaus mit Aufzug. Die Bauarbeiten begannen 1915, doch 1926 starb Smith an einer Lungenentzündung. Sein »Schloss« blieb unvollendet. Im Zweiten Weltkrieg diente das Gelände den Japanern als Exekutionsplatz.

Heute ist das Anwesen mit Park ein beliebtes Ausflugsziel. Es umfasst auch einen Hindu-Tempel, den Smith für seine tamilischen Arbeiter bauen ließ. Der Tempel entstand, nachdem eine Grippe-Epidemie viele Tamilen dahingerafft hatte. Zum Dank stellten die Arbeiter eine kleine Statue von Smith zwischen den Hindu-Göttern auf dem Tempeldach auf.

Geister in Kellie's Castle

Das unvollendete Kellie's Castle gilt als einer der Orte in Malaysia, an denen es am meisten spukt. So sollen die Geister des Schotten William Kellie-Smith und seiner Familie in den Gängen auf und ab gehen. Auch die Geister tamilischer Arbeiter, die beim Bau des Schlosses ums Leben kamen, und die Geister von Kriegsgefangenen, die während des Zweiten Weltkriegs starben, sollen auf dem Anwesen umherstreifen.

Kinta Valley National Geopark

B2 15 km nördl. von Ipoh, nahe North–South Hwy ab Ipoh tourismperakmalaysia.com

↑ *Die prächtigen Mauern von Kellie's Castle, das nie fertiggestellt wurde*

In den einst zinnreichen, von Dschungelvegetation bewachsenen Kalksteinfelsen des Kinta Valley liegen einige Höhlen, in denen im Lauf der Jahre buddhistische Tempel eingerichtet wurden. Heute sind sie Pilgerstätten.

Der älteste und größte Höhlentempel ist Sam Poh Tong. Er wurde Ende des 19. Jahrhunderts von einem buddhistischen Mönch gegründet. Zu sehen sind dort chinesische Mahayana-Bilder. Noch eindrucksvoller ist der 1926 gegründete Perak Tong, einer der größten chinesischen Tempel in Malaysia. Innen zieren die Wände Götterbildnisse. In der Hauptkammer stehen über 40 Buddha-Statuen und eine wahrscheinlich über 100 Jahre alte Glocke. Rund 400 Stufen führen zu einem »Balkon« mit fantastischer Aussicht auf das Tal. Der Tempel dient auch als chinesisches Kunstzentrum. Ein weiterer großer Tempel, Kek Lok Tong, befindet sich in einer zweistufigen Höhle und birgt einen großen Lachenden Buddha aus Bronze.

❿ Ipoh

🅐 B2 🅜 625 000 🅟 205 km nördl. von Kuala Lumpur am North–South Hwy 🚆 🚌
🕘 🚌 ℹ 7–9 Jalan Medan Istana 3; +60 5 255-2772
🎭 Int. Orchideen-Festival (Juni/Aug) 🌐 ipoh-city.com

Das sich an die Kalksteinfelsen des Kinta Valley schmiegende Ipoh ist Hauptstadt des Bundesstaats Perak und Malaysias drittgrößte Stadt. Ipoh wuchs mit den Profiten, die die chinesischen Einwanderer Ende des 19. Jahrhunderts aus den reichen Zinnminen des Tals erwirtschafteten. Der chinesische Zustrom bescherte der Stadt die schönste Peranakan-Architektur im ganzen Land.

Der Fluss Kinta teilt Ipoh in zwei Hälften. Am linken Ufer liegt die Altstadt, der stimmungsvollste Teil von Ipoh. Hier stehen elegante chinesische Villen und Shophouses sowie Kolonialgebäude. Der Bahnhof (1917) ist eine Mischung aus spätviktorianischem und maurisch-islamischem Stil. Gegenüber erhebt sich der weiße neoklassizistische Bau des Dewan Bandaran, des Rathauses. In der Nähe findet man zudem den Royal Ipoh Club mit Fachwerkfassade sowie den zum Gedenken an den ersten britischen Statthalter in Perak errichteten Birch Memorial Clock Tower. Nicht weit entfernt liegt das **Darul Ridzuan Museum** in einer Villa aus den 1920er Jahren. Es illustriert die Geschichte von Ipoh und den Aufstieg der Zinnindustrie in Perak.

TOP 3 Gerichte in Ipoh

Tauge ayam
Ipohs Markenzeichen ist gedünstetes Hühnchen, das mit den berühmten lokalen Bohnensprossen und Shahe-Fen-Reisnudeln mit einem Schuss Sojasauce serviert wird.

Chee cheong fun
In Ipoh beliebtes Frühstücksgericht aus Reisnudelrollen, die mit einer Mischung aus Schweinefleisch und entweder Pilzsauce oder einem dicken Curry serviert werden.

Tempoyak
Sind Sie mutig genug, die Stinkfrucht Durian zu probieren? Diese fermentierte Version wird oft zusammen mit einer Beilage aus Wels serviert.

In der Neustadt finden Sie Straßenkunst, einige prächtige chinesische Shophouses und die meisten Unterkünfte. Das nahe gelegene Zinnbergbaumuseum Han Chin Pet Soo bietet eine Führung durch das Clubhaus der Hakka-Zinnbergleute (1929).

Darul Ridzuan Museum
🅐 Jalan Panglima 📞 +60 5 241-0048 🕘 tägl. 9–17

⓫ Pulau Pangkor

🅐 A2 🅜 25 000 🅟 83 km südwestl. von Ipoh 🚆 🚌 ab Kuala Lumpur 🚢 ab Lumut
ℹ Jalan Titi Panjang, Lumut
🌐 pangkorislandtourism.com

Wunderbare Strände machen die Insel zu einem beliebten Urlaubsziel. Die Bewohner leben von Fischfang und -verarbeitung. Die meisten Dörfer, darunter Pangkor Town, die Hauptsiedlung, liegen an der Ostseite, während die Ferienanlagen und Strände im Westen um Teluk Nipah zu finden sind. Zu den Hauptstränden zählen Pasir Bogak, Coral Bay und Pantai Puteri Dewi, der – da Privatbesitz – Eintritt kostet. Die Turtle Bay von Teluk Ketapang am Nordende der Insel trägt ihren Namen wegen der seltenen Meeresschildkröten, die hier im Sommer ihre Eier ablegen.

Abwechslung bietet Kota Belanda. Das niederländische Fort aus dem 17. Jahrhundert liegt drei Kilometer südlich von Pangkor Town. Es wurde zum Schutz des niederländischen Zinnhandels vor malaiischen Piraten errichtet. Pangkor ist aufgrund seiner geringen Größe ideal zu Fuß und per Fahrrad zu erkunden. Der dichte Wald ist weitgehend unzugänglich.

Die Emerald Bay von Pangkor Laut ist einer der schönsten Strände Malaysias, Zugang haben nur Bewohner des exklusiven Resorts.

↑ *Spaziergang durch die engen Gassen der Altstadt von Ipoh*

⓬ Kuala Kangsar

🅐 B2 🏙 40 000 🚗 50 km nordwestl. von Ipoh, nahe North – South Hwy 🚌 🚆 ab Kuala Lumpur und Butterworth 🚌 ab Ipoh und Taiping 🌐 kualakangsar.gov.my

Kuala Kangsar ist eine alte Königsstadt des Sultanats Perak. In den 1870er Jahren wurde die Stadt zum ersten Stützpunkt der Briten in Malaysia und zur Wiege der Kautschukindustrie im Land. In den 1890ern wurde das Prestige von den Zinnhandelsstädten Ipoh und Taiping in den Schatten gestellt.

Heute ist Kuala Kangsar eine beschauliche Stadt mit malaiischer Tradition und einem attraktiven königlichen Bezirk. Alle wichtigen Sehenswürdigkeiten sind gut zu Fuß zu erreichen.

Das kleine Zentrum teilt sich in einen alten und einen neuen Teil. Im älteren kann man gut traditionelles malaiisches Kunsthandwerk kaufen, etwa gewebte *Mengkuang*-Tücher. In der Neustadt dominieren Shophouses und moderne Gebäude, darunter viele Restaurants.

Nördlich des Zentrums befindet sich eines der beeindruckendsten Gebäude, das Malay College. Es wurde 1905 eröffnet und war die erste malaiische Schule, die der lokalen Elite eine englische Ausbildung ermöglichte.

Östlich von Kuala Kangsar führt ein ornamentales Tor zur Masjid Ubudiah, der königlichen Moschee von Perak und einem der schönsten Beispiele islamischer Architektur in Malaysia. Der Bau begann während der Herrschaft von Sultan Idris, wurde aber erst 1917 abgeschlossen. Das Innere der Moschee ist für Nicht-Muslime nicht zugänglich, sie können aber das Gelände frei erkunden.

Der Istana Iskandariah auf dem Gipfel des Bukit Chandan wurde 1933 erbaut und ist die offizielle Residenz der königlichen Familie. Der weiße Marmorpalast spiegelt eine Verschmelzung von maurischem und Art-déco-Stil wider. Der Palast kann nicht besichtigt werden, aber ein Spaziergang entlang seiner Grenzen bietet schöne Ausblicke.

Südwestlich steht der bezaubernde Istana Kenangan, der Palast der Erinnerungen. Er wurde 1931 für Sultan Iskandar Shah als vorübergehende Residenz erbaut, während der Istana Iskandariah errichtet wurde. Er ist ein hervorragendes Beispiel für die traditionelle malaiische Architektur und wurde ganz aus Holz gebaut. Der ehemalige Palast beherbergt heute das Perak Royal Museum, das die Geschichte von Perak und der Königsfamilie nachzeichnet.

Der Istana Hulu im viktorianischen Stil ist ein weiterer ehemaliger Palast, der 1903 für Sultan Idris gebaut wurde. Er wurde in die stattliche Galeri Sultan Azlan Shah umgewandelt. Hier können

TOP 3 Kunst in Kuala Kangsar

Tekat emas
Feine Kunstform, bei der farbige Stoffe mit dünnen Goldfäden bestickt werden.

Labu sayong
Handgefertigte Tontöpfe in Form von Kürbissen mit floralen Verzierungen.

Keris
Zierdolche mit gebogenen Griffen und mythischen Symbolen auf den Klingen.

Sie Kunsthandwerk sowie königliche Geschenke bewundern.

↑ *Entspannen auf einer Bank in Taipings schönen öffentlichen Lake Gardens*

⓭ Taiping

B2 220 000 70 km nordwestl. von Ipoh ab Ipoh und Butterworth ab Ipoh, Kuala Kangsar und Butterworth 355 Jalan Kota; +60 5 806-9487 Taiping Festival (Sep)

Die alte Landeshauptstadt von Perak hat eine turbulente Vergangenheit, die von Fehden zwischen chinesischen Geheimbünden geprägt ist. Mitte des 19. Jahrhunderts war Taiping das erste Zinnbergbauzentrum des Landes und die wichtigste Stadt in Perak. Heute ist Taiping vor allem für seine weitläufigen Lake Gardens (Taman Tasik Taiping) und das **Perak Museum**, das älteste Museum des Landes, bekannt. Es präsentiert in einem prächtigen Gebäude (1883) *keris*, traditionelle malaiische Dolche. Nebenan stehen der Ling Nam Temple, der älteste chinesische Tempel in Perak, und die All Saints' Church, die älteste Kirche Malaysias. Ein historischer Wanderweg führt die Besucher zu den historischen Sehenswürdigkeiten der alten Hauptstadt.

Für Wanderfreunde bietet Bukit Larut (Maxwell Hill) – Malaysias zweite Bergstation (19. Jh.) – zahlreiche Routen für jedes Niveau.

Perak Museum
Jalan Taming Sari, 34000 Taiping +60 5 242-6906
tägl. 9–18
Fr 12:15–14:45

←
Masjid Ubudiah und Halle (Detail), Kuala Kangsar

⓮ Lenggong Valley

B2 100 km nördl. von Ipoh am North–South Hwy lenggonggeopark.com.my

Das 2012 zum UNESCO-Weltkulturerbe und 2021 zum Geopark ernannte Tal birgt vier archäologische Stätten, darunter Höhlen, die fast zwei Millionen Jahre alt sind. Lenggong ist die älteste bekannte Stätte menschlicher Aktivitäten außerhalb Afrikas. Es gibt sowohl Freiluft- als auch Höhlenfundstellen mit paläolithischen Werkzeugwerkstätten sowie Beweise für frühe technologische und kulturelle Überreste aus dem Paläolithikum, Neolithikum und der Metallzeit. Der berühmteste Fund war das 10 000 Jahre alte Skelett des Perak-Menschen, die ältesten und vollständigsten menschlichen Überreste der Region. Sie sind im Lenggong Archaeological Museum ausgestellt.

Am besten organisieren Sie Ihren eigenen Transport, da es keine öffentlichen Busse zu den archäologischen Sehenswürdigkeiten gibt. Besuche müssen im Voraus organisiert werden.

Für Feinschmecker lohnt sich ein Besuch des Wochenendmarkts in Lenggong.

⓯ Lembah Bujang

🅰 A1 🏠 26 km nordwestl. von Sungai Petani
🌐 jmm.gov.my

Eine von Westmalaysias wichtigsten archäologischen Stätten umfasst die Überreste eines hindu-buddhistischen Reichs, einer präislamischen Kultur, im Lembah Bujang. Die von dem Archäologen H. G. Quaritch Wales 1936 entdeckte Stätte erstreckt sich über ein riesiges Areal von 225 Quadratkilometern von Gunung Jerai bis Kuala Muda.

Mehr als 50 Stätten wurden im Tal ausgegraben. Zu den imposantesten Funden zählen zwei Grabtempel *(candi)*, die man abtrug und im **Lembah Bujang Archaeological Museum** im nahe gelegenen Merbok wieder aufbaute. Der Candi Bukit Batu Pahat aus dem 7. Jahrhundert besitzt ein *vimana*, eine Art Allerheiligstes mit Bildern von Hindu-Gottheiten, und eine *mandapa*, eine offene Halle mit einem auf Säulen ruhenden Steindach. Der *candi* erfüllte für Hinduisten oder Buddhisten die Funktion eines Tempels und ehrte die verstorbenen Herrscher und Mitglieder der Königsfamilie.

Das Museum archiviert und erläutert die einzelnen Funde und präsentiert Artefakte, die bei den Ausgrabungen gefunden wurden. Im Rahmen von Führungen des Museums kann man auch die Stätten besichtigen. 2013 gab es einen landesweiten Aufruhr, als ein Bauunternehmer einige der *candi* der Stätte zerstörte. Es gibt Pläne, die beschädigten Ruinen wiederherzustellen.

Lembah Bujang Archaeological Museum
🏠 Jalan Tanjung Dawai, Merbok 🕐 tägl. 9–17
🕐 Fr 12–14:45
🌐 jmm.gov.my

⓰ Gunung Jerai

🅰 A1 🏠 30 km nördl. von Sungai Petani 📞 +60 4 730-1957 🕐 tägl.

Auf der Ebene von Kedah erhebt sich steil der imposante Gunung Jerai. Er gehört zur Titiwangsa-Bergkette und ist vom Meer aus gut sichtbar. Mitten in der Ebene verleiht er der einförmigen Landschaft etwas Abwechslung. Früher diente er als Navigationspunkt für Seefahrer. Im Hindu-Königreich Bujang galt er als heiliger Berg. Heute besteigt man ihn wegen der herrlichen Aussicht auf die Wälder. Auf dem Gipfel stehen ein verfallener Hindu-Schrein (6. Jh.) und ein Bad, Candi Telaga Sembilan, das 1884 entdeckt wurde.

Eine weitere Attraktion auf dem Berg ist das Muzium Perhutanan, das **Forestry Museum**, das vom Duft der Koniferen und Eichen erfüllt ist. Das von der Malaysian Forestry Commission betriebene Museum zeigt eine Ausstellung zu den Bäumen des **Sungai Teroi Forest Recreation Park**, in dem auch äußerst seltene Orchideen und Tiere zu finden sind.

← Antike Statue – einer der archäologischen Funde in Lembah Bujang

Orang Syam

Malaysier thailändischer Herkunft, Orang Syam, leben seit Jahrhunderten in Nordmalaysia. Sie sind als *bumiputras* oder indigene Malaysier anerkannt und haben die gleichen Rechte und den gleichen Status wie muslimische Malaien. Sie ließen sich hauptsächlich in wohlhabenden *kampung syams* oder siamesischen Dörfern nieder und lebten harmonisch mit ihren Nachbarn zusammen. Ein *kampung syam* erkennt man an den buddhistischen Tempeln.

Forestry Museum
🏠 Gunung Jerai
📞 +60 4 731-2322

Sungai Teroi Forest Recreation Park
🏠 Gunung Jerai
📞 +60 4 421-2835

⓱ Kuala Kedah

🅰 A1 👥 220 000 🏠 12 km westl. von Alor Setar

Der Kleinstadt Kuala Kedah liegt am Nordufer des gleichnamigen Flusses und diente als südlicher Fährhafen für Reisende nach Pulau Langkawi. Glanzstück des Orts ist die Festung Kota Kuala Kedah (18. Jh.) am rechten Ufer des Sungai Kedah. Ursprünglich sollte sie das Königreich vor Angriffen aus Thailand schützen. Doch die Thailänder überrannten die Festung und besetzten die Region Anfang des 19. Jahrhunderts. Die Stadt wird von dicken Mauern und einem Wassergraben bewacht, in dem sechs britische Kanonen auf die Flussmündung gerichtet sind. Heute ist Kuala Kedah berühmt für die *laksa*, die in den Lokalen serviert werden.

⑱ Alor Setar

🅐 A1 205 000   95 km nördl. von George Town
🛈 179B Kompleks Alor Setar, Lebuhraya Darul Aman; +60 4 730-1322

Die Hauptstadt des Bundesstaats Kedah ist in erster Linie eine Durchgangsstation auf dem Weg nach Thailand, zur Straße nach Kuala Kedah und der Fähre nach Pulau Langkawi. Gleichwohl besitzt Alor Setar einige Attraktionen. Eine davon ist der Padang, ein hübscher Kolonialplatz, den königliche und religiöse Gebäude säumen, etwa das Balai Besar, die königliche Audienzhalle, das auf mit viktorianischen Eisenverzierungen geschmückten Säulen steht. Das einzigartige Balai Nobat (Trommelhalle) ist ein achtseitiger Turm mit Zwiebelkuppel – Sitz des Kedah Royal Orchestra. Die **Masjid Zahir** besitzt fünf elegante, maurisch verzierte Kuppeln und schlanke Minarette. Sie wurde 1912 erbaut und ist eine der ältesten Moscheen in Malaysia. Hier sind auch nichtmuslimische Besucher willkommen.

Interessant ist auch das Muzium Negeri, das **State Museum**. Seine Exponate stammen aus dem 19. Jahrhundert, als Kedah noch ein tributpflichtiger Staat des benachbarten Siam (Thailand) war. Ein weiterer Hinweis auf die alte Verbindung ist der Wat Syam Nikrodharam, ein Theravada-buddhistischer Tempel im thailändischen Stil an der Kampung Telok Sena.

Etwa acht Kilometer außerhalb der Stadt liegt Gunung Keriang. Dieser elefantenförmige, 250 Millionen Jahre alte Kalksteinfelsen wird von Einheimischen als heilig angesehen. Es ist nur ein kurzer Aufstieg bis zum Gipfel, von dem aus man eine herrliche Aussicht hat.

Masjid Zahir
🏠 Jalan Sultan Muhamad Jiwa ⏰ tägl. 5 – 22
🚫 Fr 12 – 14:45

State Museum
🏠 Lebuhraya Darul Aman
📞 +60 4 733-1162
📅 Sa – Fr 🚫 Fr 12 – 14:45

Restaurants

Restoran RT
Probieren Sie in diesem Lokal klassische malaysische chinesische Gerichte wie das würzige *asam laksa* (eine würzige Reisnudelsuppe auf Fischbasis).

🅐 A1 🏠 Jalan Tunku Abdul Halim, Alor Setar
📞 +60 16 418-8575
🚫 Fr
(RM)(RM)(RM)

Terrace Forty Eight
Das beliebte Lokal mit Bar bietet eine Vielfalt an panasiatischen und westlichen Gerichten. Es gibt regelmäßig Livemusik und eine Auswahl an Cocktails.

🅐 A1 🏠 48 Jalan Penjara, Alor Setar
📞 +60 4 731-2527
(RM)(RM)(RM)

Balai Besar, die hübsche königliche Audienzhalle in Alor Setar ↑

PENANG

19

Wat Chayamangkalaram

A1 Burma Lane, Pulau Tikus, 3 km nordwestl. von George Town tägl. 6–17:30 Songkran (Apr)

Der als Tempel des Ruhenden Buddha bekannte Bau ist die größte buddhistische Anlage in Penang. Der Name bedeutet so viel wie Tempel des verheißungsvollen Sieges. Das Hauptgebäude stammt von 1845. Damals bat die thailändische Gemeinde die Regierung um die Genehmigung, ein Kloster errichten zu dürfen. W. L. Butterworth, der Gouverneur von Penang, sprach ihr ein Stück Land zu. Der Tempel beherbergt eine Figur des Liegenden Buddha, die 1958 zum 2500. Geburtstag von Gautama Buddha geschaffen wurde. Die Phra Chaiya Mongkol genannte Statue ist 33 Meter lang und gilt als drittlängster Liegender Buddha der Welt. Neben der Haupthalle besitzt der Tempel einen vergoldeten Stupa (*chedi*) und grimmige Tempelwächter, die *yaksas*. Der Komplex ist typisch thailändisch angelegt, bis hin zu den goldenen Pagoden.

Er wird von Thai-Mönchen betrieben und dient der Thai-Gemeinde sowie den Theravada- und Mahayana-Buddhisten der ganzen Insel.

Der Überlieferung nach liebte der erste Abt des Tempels *laksa*, die hiesige scharfe Nudelsuppe. Deswegen bringen Gläubige bis heute Schalen mit *laksa* zum Schrein. Der Eintritt zum Tempel ist frei, Spenden sind jedoch immer willkommen.

> ### Liegende Buddhas
>
> Wat Chayamangkalaram beherbergt eine der größten Liegender-Buddha-Statuen der Welt. Diese Form ist sehr beliebt und stellt den Buddha dar, der während seiner letzten Krankheit ruht. Der buddhistische Glaube besagt, dass der Buddha zu Lebzeiten das Nirwana erlangte und nach seinem Tod dem Kreislauf von Leben, Tod und Wiedergeburt entkam und ins Parinirvana eintrat. Diese Statuen sind daher von großer Bedeutung, da sie den Buddha kurz vor diesem Moment darstellen.
>
>

Kek Lok Si Temple mit der spektakulären Pagode von König Rama VI.

darunter ist auch der Sacred Turtle Pond. Über allem ragt die massive Bronzestatue von Kuan Yin, der Göttin der Gnade, auf.

㉑ Dhammikarama Temple

🅰 A1 🏠 Burma Lane, nahe Jalan Burma, Pulau Tikus, 3 km nordwestl. von George Town 🚌 🕐 tägl. 🎉 Burmesisches Neujahr (Apr)

Die 200 Jahre alte birmesische Enklave in Pulau Tikus beherbergt ein 1803 gegründetes Kloster der Theravada-Buddhisten. Ursprünglich war es als Nandy Molah Burmese Temple bekannt, wird aber heute nach den *dhamma*, den Lehren Buddhas, Dhammikarama-Tempel genannt. Es ist Penangs ältester buddhistischer Tempel.

Das von zwei Elefanten bewachte Tor führt in einen Innenhof, in dem ein Banyan-Baum und mythologische Statuen stehen, darunter unzählige Buddha-Figuren, fliegende Wesen und Chimären. Das birmesisch inspirierte rote Ziegeldach mit glänzenden Goldverzierungen ist schon von Weitem sichtbar. Der Komplex besteht aus Mönchsquartieren, einem »Wunschbecken«, in das Gäste Münzen werfen, die der Instandhaltung des Tempels dienen, sowie einer Gebetshalle mit einem großen Buddha-Bildnis. In der Halle stehen fein gearbeitete *arhat*, buddhistische Heilige, die das Nirwana erreicht haben. Der Tempel besitzt auch einen Schrein des Arahant Upagutta, eines in Birma wegen seiner Kräfte hochverehrten *arhat*, und einen goldenen Pagoden-Glockenturm.

⑳ Kek Lok Si Temple

🅰 A2 🏠 Air Itam, 8 km westl. von George Town 🚌 🕐 tägl. 8:30 –17:30 🎉 Loy Krathong (Nov) 🌐 keklokitemple.com

Der größte und wichtigste buddhistische Tempel Malaysias ist der Tempel der Höchsten Glückseligkeit. Er liegt auf einem Hügel mit Blick auf den Bezirk Air Itam. Die für die chinesischen Inselbewohner lange als heilig geltenden Hügel sollen geomantisch günstig liegen und der geeignete Rückzugsort für Taoisten sein, die nach Unsterblichkeit streben.

Schon gewusst?

Zum Neujahrsfest ist Kek Lok Si mit Tausenden Laternen und LED-Lichtern geschmückt.

Der schöne Tempel war die Vision des Abts des Kuan-Yin-Tempels *(siehe S. 112)* in der Jalan Masjid Kapitan Keling. Unterstützung fand er beim chinesischen Konsul in Penang. Später befürwortete auch Kaiser Guangxu den Bau. Er schenkte zur Gründung eine Inschrift und 70 000 Bände mit buddhistischen Sutras. Der Bau begann 1893. Birmesische, chinesische und thailändische Kunsthandwerker arbeiteten zwei Jahrzehnte daran.

Berühmtester Teil ist die siebenstöckige, 1930 vollendete Pagode König Ramas VI. Sie wurde nach dem Thai-Monarchen benannt, der den Grundstein gelegt hatte. Die Pagode der Zehntausend Buddhas, wie sie auch heißt, ist 30 Meter hoch. Sie vereint drei Stilrichtungen: ein achteckiges Fundament im chinesischen Stil, thailändische Mittelgeschosse und eine birmesische Krone, Symbol der Einheit des Mahayana- und Theravada-Buddhismus. Das Areal besitzt wunderbare Gärten und heilige Teiche,

㉒ Penang Hill

🅰 A2 🚌 Air Itam
🚋 bis Penang Hill Railway
🌐 penanghill.gov.my

Von Penang Hill (auch Bukit Bendera oder Flagstaff Hill), Malaysias ältester Hill Station (1897), blickt man über die Straße von Malakka auf die Penang Bridge, das Festland und Butterworth.

Der 830 Meter hohe Hügel bietet auch heute noch Erholung von der tropischen Hitze in George Town. Sir Francis Light, Gründer von Penang, soll 1788 den Bau einer Pferdebahn auf die Spitze des Hügels angeordnet haben. Heute können Besucher mit der Standseilbahn **Penang Hill Railway**, die 1923 gebaut wurde und noch immer in Betrieb ist, auf den Berg fahren. Für Wanderer gibt es etliche Routen, die zum Gipfel führen.

Der Berg wurde 2021 zum UNESCO-Biosphärenreservat erklärt. Er birgt eine Reihe seltener endemischer Arten, darunter Malaien-Gleitflieger und etwa 144 Orchideenarten. Dipterocarpus und Nadelbäume sowie Baumfarne sind weitverbreitet. Auf dem Gipfel befinden sich ein Hindu-Tempel und eine Moschee. Auf dem Hügel selbst gibt es nur ein Hotel.

The Habitat ist ein Naturpark, der aus einem ehemaligen britischen Aquädukt entstanden ist. Er überblickt ein Stück des ursprünglichsten 130 Millionen Jahre alten Regenwalds von Penang Hill. Zu den Attraktionen gehören Wanderungen, Curtis Crest (Penangs höchster Aussichtspunkt), Seilrutschen und ein ruhiges Waldbad.

Penang Hill Railway
⏰ Mo – Fr 6:30 – 22, Sa, So 6:30 – 23

The Habitat
⏰ tägl. 9 – 19
🌐 thehabitat.my

㉓ Penang Botanic Gardens

🅰 A1 🚌 8 km nordwestl. von George Town
⏰ tägl. 7 – 19 🌸 Flora Festival (Juni) 🌐 botanicalgardens.penang.gov.my

Der von der Kolonialverwaltung 1884 auf einem ehemaligen Granitsteinbruch angelegte Botanische Garten ist der schönste Westmalaysia. Mit seinen 29 Hektar Land, einem Wasserfall, Regenwaldhügeln und einem Fluss bietet er eine geschützte Umgebung für seltene Pflanzen und ist gleichzeitig die grüne Lunge George Towns.

Die Schönheit der Anlage ist der Arbeit von Charles Curtis zu verdanken. Er verwandelte den Steinbruch in einen üppigen Tropengarten mit Baumschule. Nach dem Ende des Zweiten Weltkriegs wurden die Penang Botanic Gardens von ihrem Stammhaus in Singapur getrennt und eigenständig.

Neben seiner pädagogischen und konservatorischen Bedeutung ist der Garten bei den Einheimischen für Spaziergänge an der frischen Luft beliebt. Er besitzt zwei geteerte Wege, den kürzeren Lower Circle und den längeren Upper Circle, die von dichtem Wald umgeben sind. Zu den botanischen Attraktionen zählen der Aroid Walkway mit Vertretern der Philodendron-Familie, das Zierpflanzenhaus, das Farnhaus, das Kakteenhaus und der Seerosenteich. Unter den hier vertretenen seltenen Baumarten findet man den Kanonenkugelbaum, den Kerzenstrauch, den Affenbrotbaum, einige Ebenholzgewächse und den Dracontomelon dao. Außerdem werden hier Gewürzpflanzen wie Pfeffer, Nelken und Muskatnuss kultiviert.

㉔ Batu Maung

🅰 A2 🚌 15 km südl. von George Town

Das chinesische Fischerdorf Batu Maung südöstlich von Pulau Penang ist für seine Fischrestaurants und ein kleines Aquarium berühmt, aber auch für den Sam Poh Footprint Temple. Sein Name verweist auf eine Einkerbung im Felsen, die einem Fußabdruck ähnelt. Der Abdruck stammt angeblich vom chinesischen Admiral Zheng He (15. Jh.), der Pulau Penang während seiner Expeditionen

↑ *Eine Standseilbahn fährt auf von Bäumen gesäumten Gleise den Penang Hill hinauf*

↑ *Der Eingang zum Snake Temple, der von lebenden Vipern bewohnt wird*

durch Südostasien, den Indischen Ozean und das Rote Meer besuchte. Der Abdruck soll den Ort markieren, an dem Zheng He an Land ging. Der Fels wird heute in einem Schrein bewahrt. Seit 2014 verbindet eine zweite Brücke Penang mit dem Festland.

㉕ Snake Temple

🅐 A2 📍 Bayan Lepas, 12 km südl. von George Town
🚌 101 ab Komtar
🕒 tägl. 7–19

Ban Kah Lan – im Hokkien-Dialekt »Tempel der azurblauen Wolken« – ist ein ungewöhnlicher Tempel. Chinesische Einwanderer bauten ihn 1850. Er gedenkt des chinesischen Buddhistenmönchs Chor Soo Kong, dem Heilkräfte zugeschrieben werden.

Der Überlieferung nach wurde die Statue von Chor Soo Kong 1850 von einem Mönch aus China nach Penang gebracht, wo man ihr in einem Tempel in Bayan Lepas einen Schrein widmete. Nach Fertigstellung des Tempels gewährte der Mönch den Schlangen aus dem umgebenden Dschungel dort Unterschlupf. Es handelte sich dabei um die giftigen Tempelottern, auf Malaiisch *ular kapak tokong*. Bis heute bewohnen diese Schlangen den Tempel. Die Einheimischen behaupten, dass viele Schlangen entgiftet wurden – und noch nie jemand gebissen wurde –, aber man sollte darauf achten, wo man hintritt, und keine Kleinkinder hierherbringen.

㉖ Balik Pulau

🅐 A2 📍 20 km südwestl. von George Town
🚌 ab George Town

Balik Pulau, die grüne südwestliche Hälfte Penangs, bedeutet auf Malaiisch »Rückseite der Insel«. Hier gibt es Durianplantagen und Obstgärten und die beste *laksa* (scharfe Nudelsuppe) von Penang.

An der südwestlichen Ecke der Insel liegt die Fischerbucht Pulau Betong, wo sich mit Pantai Pasir Panjang einer der besten Strände der Insel befindet. Weiter nördlich liegt das chinesische Dorf Pantai Acheh, wo man zu einem Tempel auf einem Hügel wandern kann.

Hotels

Hickory on Penang Hill

Das Hickory ist in einer Kolonialvilla aus dem 20. Jahrhundert untergebracht.

🅐 A1 📍 Jalan Bukit Bendera
📞 +60 12 206-6422

Bellevue The Penang Hill Hotel

Genießen Sie von hier den Blick über George Town und das Meer.

🅐 A1 📍 Jalan Bukit Bendera, Jalan Stesen
📞 +60 4 829-9500

Malihom Private Estate

Das Resort verfügt über zehn Holzhäuser aus Nordthailand.

🅐 A2 📍 Kiri NT 168, Jalan Bukit Penara, Balik Pulau
📞 +60 4 261-0190

Restaurants

Frandy Beach Bar
Probieren Sie köstliches *laksa*, während Sie abends einen Sundowner und Livemusik genießen.

🅰 A1 📍 363 Gerai Kilat, Batu Ferringhi
📞 +60 16 498-7885

Boatman
Wie der Name schon sagt, ist das Restaurant auf Meeresfrüchte spezialisiert, darunter Platten mit saftigen Garnelen.

🅰 A1 📍 46 Jalan Batu Ferringhi 📞 +60 112 483-3157 🚫 Mo

Feringgi Grill
Das stilvolle Restaurant, das zum Rasa Sayang Resort gehört, serviert köstliche Gourmet-Rippchen, Steaks und mehr. Umfangreiche Weinkarte.

🅰 A1 📍 Shangri-La Rasa Sayang Resort
🌐 shangri-la.com/penang/rasasayang resort

Long Beach
Unprätentiöse Straßengerichte sind in diesem Food Court am Strand an der Tagesordnung, darunter *mee goreng* (gebratenen Nudeln), Tintenfisch und *satay*.

🅰 A1 📍 Batu Ferringhi Beach
📞 +60 16 422-2113

↑ *Boote wetteifern um Platz zwischen den Felsen, die die Küste von Batu Ferringhi säumen*

㉗
Batu Ferringhi

🅰 A1 📍 14 km nordwestl. von George Town 🚌 101, 102 ab George Town

Das auch als Foreigners Rock bekannte Batu Ferringhi ist die bekannteste Strandregion Penangs und eines der bestausgebauten Urlaubsgebiete. Der Küstenstreifen liegt im Nordwesten Penangs zur Straße von Malakka hin.

In den vergangenen Jahrzehnten hat sich das Areal zu einem überlaufenen Küstenstreifen mit Hotelburgen und vielen Lokalen und Shops gewandelt. Der Strand ist sauber, das Wasser ist allerdings ein wenig trüb und voller Quallen. Zum Surfen sind die Wellen nicht groß genug, doch der Ort eignet sich zum Sonnenbaden.

2004 war der Strand vom Tsunami betroffen, er wurde inzwischen aber vollständig instand gesetzt. Heutzutage erreicht man Batu Ferringhi problemlos von George Town aus, weshalb vor allem am Wochenende viele Tagesbesucher herkommen. Wochentags und in der Nebensaison (März – Okt) sind die Preise besonders niedrig.

Zwei Kilometer westlich von Batu Ferringhi liegt der **Tropical Spice Garden** mit mehr als 500 Pflanzen aus Malaysia, Thailand und Indonesien. Drei Wege führen durch elf separate Gärten mit speziellen Pflanzensammlungen und Beschriftungen sowie Hinweisen zur Verwendung der Gewächse.

Tropical Spice Garden
  🕘 tägl. 9 –18
🌐 tropicalspicegarden.com

㉘
Teluk Bahang

🅰 A1 📍 19 km nordwestl. von George Town 🚌 101, 102 ab George Town

Am westlichen Ende von Penangs Nordküste liegt das Fischerdorf Teluk Bahang. Abfälle der Fischerindustrie verunreinigen den Sand, die Bucht ist zum Schwimmen ungeeignet, aber im Ort kann man wunderbaren Fisch essen.

Mehrere Wege führen vom Dorf westwärts zur Felsnase

→

Brücke, die zum Tiefenlandwald im Penang National Park führt

Muka Head, vorbei an den malerischen Buchten Ailing und Duyong, dann südwestlich in das Pantai Aceh Forest Reserve und weiter bis Kerachut Beach.

Südlich der Bushaltestelle liegt die Kunstwerkstatt Craft Batik mit Verkaufsraum. Hier kann man zusehen, wie Batiken entstehen, und Sarongs und Batikbilder kaufen. In der Nähe liegt **Entopia** mit über 100 Schmetterlingsarten, Spinnen und anderen Insekten in einer schönen Parkanlage.

ESCAPE Penang ganz in der Nähe ist ein Themenpark mit Seilgärten, Schaukeln und der angeblich längsten Röhrenwasserrutsche der Welt. Südlich von Teluk Bahang liegt der Forest Recreation Park (Taman Rimba Teluk Bahang), der Trekking und Camping im üppigen Dschungel bietet.

Entopia
 🄰 Jalan Teluk Bahang, Teluk Bahang, 11050 Tanjung Bungah Mo–Fr 9–17, Sa, So 9–17:30
 entopia.com

ESCAPE Penang
 🄰 828 Jalan Teluk Bahang Di–So 10–18
 escape.my/pg

Penangs Flora und Fauna

Penangs tropische Flora und Fauna – am besten zu beobachten im Penang National Park – umfasst einige der schönsten Kreaturen Malaysias. Fleischfressende Kannenpflanzen ernähren sich von Insekten, Krokodile lauern in den trüben Mangroven, und Südliche Brillenlanguren sowie Javaneraffen schwingen sich durch die Bäume. An den Stränden nisten Echte Karettschildkröten und Grüne Meeresschildkröten. Die Vogelwelt Penangs umfasst auch ungewöhnliche Tiere wie den Storchschnabelliest, Feenvögel und den Karmesinnektarvogel.

29
Penang National Park
🄰 A1 🄰 Jalan Hassan Abbas, Teluk Bahang, 19 km nordwestl. von George Town +60 4 881-3530
 101 oder 93 ab George Town tägl. 7–17

Der Penang National Park an der nordwestlichen Spitze der Insel, dessen Haupteingang in der Nähe von Teluk Bahang liegt, wurde 2003 gegründet. Obwohl er relativ klein und bei Weitem nicht so bekannt wie der Taman Negara National Park *(siehe S. 138f)* ist, bietet er doch einen interessanten Kontrast zu den historischen städtischen Sehenswürdigkeiten. Hier kann man im Dschungel wandern und neben Eichhörnchen, Seeottern, Affen und über 150 Vogelarten Meeresschildkröten beobachten. Außerdem gibt es dort mehr als 1000 Pflanzenarten, darunter wilde Orchideen und fleischfressende Trompetenpflanzen.

Der Park ist etwa 25 Quadratkilometer groß und bietet ein Urwaldabenteuer. Einfache Wege führen durch dipterocarpe Wälder und Mangroven zu Sandstränden. Ein Baumwipfelpfad verbindet zwei Wege. Außergewöhnlich ist ein meromiktischer See mit Oberflächenwasser, das sich nicht mit dem Wasser darunter mischt.

Die Strände im Nationalpark sind unberührt. Besucher können mit einem Boot von Teluk Bahang zum Monkey Beach fahren. Er ist einer der schönsten Strände und benannt nach den Makaken. Es gibt im Park keine Verkaufsstände, nehmen Sie deshalb genügend zu essen und zu trinken mit.

George Town

A2 160 000 Pulau Penang bis Butterworth, dann Fähre CAT-Bus ab Komtar bis George Town
10 The Whiteaways Arcade, Beach St Penang International Dragon Boat Festival (Juni), Pesta Pulau Penang (Nov–Dez), Chingay (Dez) penang.gov.my

Die an der Nordostküste von Penang gelegene Stadt wurde 1786 als Freihafen für die British East India Company gegründet und zur Basis für die koloniale Expansion Großbritanniens auf der Malaiischen Halbinsel. Heute ist George Town ein wirtschaftliches und kulturelles Zentrum und eine der meistbesuchten Städte Malaysias. Die Stadt, die seit 2007 zum UNESCO-Weltkulturerbe gehört, hat sich die Kultur der Straits Settlements mit ihren traditionellen sinoportugiesischen Geschäftshäusern, ihrer farbenfrohen Architektur und ihrer ausgezeichneten Küche bewahrt.

Hotel

Macalister Terraces
Hinter der stattlichen Fassade verbergen sich schicke Innenräume mit Werken lokaler Künstler und komfortable Zimmer.

71 Lorong Macalister macalisterterraces.com
RM RM RM

① Fort Cornwallis
Lebuh Light +60 4 261-0262 ab Komtar mit CAT-Bus tägl. 9–19

Fort Cornwallis ist die Stelle, an der Sir Francis Light *(siehe S. 113)* 1786 an Land ging. Von dort aus kann man die Stadt wunderbar erkunden. Ursprünglich bestand das Fort aus einem einfachen Bambusbau. Er wurde 1805 durch einen sternförmigen Ziegelbau mit Graben und Zinnen ersetzt, die die Kanonen zur Verteidigung des Hafens schützten. Fort Cornwallis diente als erstes Hauptquartier der British East India Company in Penang. Es verfügte über Kasernen, Verwaltungsbüros und eine Kapelle. Heute steht außer den äußeren Schutzmauern kaum noch etwas.

Südlich des Forts steht der Victoria Memorial Clock Tower, ein eleganter Kolonialbau mit maurischer Kuppel. Der Turm wurde zu Ehren des diamantenen Thronjubiläums von Königin Victoria errichtet.

Westlich erstrecken sich die Parkanlagen des Padang Kota Lama. Im Süden und Norden stehen Kolonialhäuser wie der Supreme Court (Gericht), das Dewan Undangan Negeri (Legislative) und der Dewan Bandaran (Rathaus). Gen Norden verläuft die Esplanade (Jalan Tun Syed Sheh Barakbah).

② Weld Quay Clan Jetties
Jalan Pengkalan Weld ab Komtar

Am Weld Quay liegen lange Reihen von Stegen, die in

Motorräder fahren an den Läden in der Jalan Kek Chuan vorbei

③ Khoo Kongsi Temple

Medan Cannon · ab Komtar · tägl. 9–17
khookongsi.com.my

Penangs wichtigste historische Attraktion ist der prächtige Khoo Kongsi Temple. Er wurde 1835 von wohlhabenden Hokkien-Kaufleuten des einflussreichen Khoo-Clans gegründet. Der volle Name des Tempels lautet zu Ehren des südchinesischen Heimatdorfs des Clans Leong San Tong Khoo Kongsi (»Drachenberg-Tempel«).

Kongsis dienen als Orte des Gebets und als Zentrum für die Mitglieder des Clans, der sie erbaute. Dieser *kongsi* wurde jedoch nicht nur ein Zentrum der Khoos, sondern auch der vier mächtigen Hokkien-sprachigen Familien Cheah, Lim, Tan und Yeoh. Sie führten einen wichtigen Geheimbund.

Der ursprüngliche Tempel wurde 1894 abgerissen, weil er dem erfolgreichen Khoo-

---

> **Fotomotiv**
> **Street-Art in George Town**
>
> Seit 2012 schmücken Wandgemälde die Straßen von George Town. Machen Sie ein Foto von den berühmten *Little Children on a Bicycle* (Lebuh Armenian) von Ernest Zacharevic.

---

den südlichen Kanal der Straße von Malakka ragen. Die Stege säumen flache Häuser, Schreine und Läden. Diese Clan-Quays stammen vom Ende des 19. Jahrhunderts. Mit Ausnahme von einem gehören die sieben Quays verschiedenen chinesischen Clans.

Der älteste und größte ist der Chew-Pier (1870er Jahre), gefolgt von den Piers Lee, Tan, Yeoh und Koay. Neuer sind Mixed Clan und Peng Aun aus den 1960er Jahren. Sechs der Piers bewohnen chinesisch-malaysische Clans (Buddhisten), der siebte, Koay Jetty, ist muslimisch und beherbergt huimuslimische Familien. Am Ende aller Piers außer Koay stehen kleine Tempel. Der wichtigste davon ist dem Jadekaiser geweiht und steht auf dem Chew-Pier.

Clan zu bescheiden war. Acht Jahre lang baute man an einem neuen Tempel, der aber nur einen Monat nach seiner Fertigstellung niederbrannte. Der Clan fasste dies als Zeichen göttlichen Zorns über den zu protzig geratenen Bau auf und errichtete daraufhin ein etwas bescheideneres Gebäude.

Der im Qing-Stil wiederaufgebaute Tempel mit kunstvollen Wandschnitzereien, detaillierten Fresken und feinen Dachdekorationen ist mit gemalten Drachen und anderen glücksverheißenden Figuren geschmückt.

④
Masjid Melayu
🏠 Lebuh Acheh
🚉 ab Lebuh Chulia

Die Masjid Melayu, eines der ältesten Gebäude der Stadt, wurde 1808 von einem Händler aus Sumatra gegründet. Ursprünglich wurde sie für die wachsende muslimische Gemeinde von Lebuh Acheh, Penangs erstem verstädtertem Malaiendorf, gebaut und war im 19. Jahrhundert das Zentrum der Pilgerfahrt Haddsch nach Mekka. Das Gotteshaus besitzt ein ägyptisches Minarett und ein Dach im Acheh-Stil. Das Loch im Minarett stammt von einem Kanonenbeschuss.

⑤
Masjid Kapitan Keling
🏠 Jalan Masjid Kapitan Keling ☎ +60 4 261-6663
🕐 Fr 15–17, Sa–Do 13–17
🕌 Gebetszeiten

Die Masjid Kapitan Keling ist die älteste und bekannteste Moschee in Penang. Sie wurde im Jahr 1801 von indisch-muslimischen Migranten gegründet.

Die Moschee wurde mehrmals renoviert und umgebaut. Im Jahr 1910 erhielt sie ihr heutiges Aussehen mit den indischen Kupferkuppeln, den Türmchen und dem Minarett. Eine *madrassa* (islamische Schule) kam 1916 hinzu. 1935 wurde die Höhe der zentralen Gebetshalle annähernd verdoppelt, wodurch mehr Tageslicht und Luft in den Raum gelangte. Zuletzt wurde die Moschee 2003 renoviert, dabei wurden auch arabische Kalligrafien an der Kuppel und an den Wänden hinzugefügt. Frauen, die die Moschee besuchen wollen, müssen ihre Haare mit einem Kopftuch bedecken.

Restaurants

Kapitan
Besonders beliebt ist das Restaurant wegen *nasi kandar* – Reis mit viel Fleisch und Curry.
🏠 93 Lebuh Chulia
☎ +60 4 264-1191
(RM)(RM)(RM)

Laksalicious
Einer der besten Orte, um Penangs typisches Gericht zu probieren. Hier gibt es eine *Laksa*-Variante, bei der die Nudeln in einer Fischsuppe serviert werden.
🏠 117A Jalan Hutton
☎ +60 4 229-9178
🕐 Mi
(RM)(RM)(RM)

Kebaya
Das Kebaya in einer Peranakan-Villa serviert hervorragende Baba-Nyonya-Küche. Probieren Sie das Betelblatt mit Lachsrogen oder Schweinefleisch *man tou*.
🏠 Lorong Stewart
🌐 kebaya.com.my
(RM)(RM)(RM)

Peranakan-Kultur in Penang
Die Peranakan, auch bekannt als Baba-Nyonya oder Straits-Chinesen, sind eine Gemeinschaft, die aus Ehen zwischen Chinesen und Malaien ab dem 16. Jahrhundert entstand. Ihre üppigen Hochzeitszeremonien dauern bekanntlich 14 Tage und gehören zu den beliebtesten Festen des Landes. Die Peranakan-Küche, darunter *asam laksa* (scharfe Nudelsuppe), ist besonders köstlich.

⑥
Pinang Peranakan Mansion
🏠 29 Lebuh Gereja 🕐 tägl. 9:30–17 🌐 pinangperanakanmansion.com.my

Das Privatmuseum, eine Neugestaltung einer Peranakan-Villa aus dem 19. Jahrhundert, gewährt einen faszinierenden Blick in vergangene Zeiten. Das Haus ist mit antiken Möbeln eingerichtet, und man sollte eine Tour buchen, um alle Stücke zu verstehen – von der schönen Nyonya-Kleidung bis zu den wunderbaren Möbelstücken, die jeden Raum zieren.

↑ Ornamentiertes Mobiliar im Inneren der Pinang Peranakan Mansion

Eine von Läden und Restaurants gesäumte Straße in Little India

⑦ Little India
🏠 Lebuh Pasar
🌐 tourismpenang.gov.my

Penangs quirliges indisches Viertel entstand im 19. Jahrhundert, als indische Einwanderer sich an der damals noch Kadai Teru (Ladenstraße) genannten Lebuh Pasar ansiedelten. Da die meisten von ihnen Tamilen waren, hieß die Gegend Little Madras (heute Chennai). Mit der Zeit kamen auch andere Minderheiten. Bald erhielt die Enklave ihr charakteristisches südindisches Flair, dem sie ihren jetzigen Namen verdankt.

Mit Attraktionen wie Moscheen, Hindu-Tempeln und chinesischen Clan-Enklaven sowie einer Vielzahl von Restaurants ist Little India heute ein großer Anziehungspunkt für Feinschmecker, Liebhaber des kulturellen Erbes und Besucher, die einfach nur die Atmosphäre genießen wollen.

⑧ Sri Mariamman Temple
🏠 Jalan Masjid Kapitan Keling 🕐 tägl. 6–21
🎉 Thaipusam (Jan/Feb), Navaratri (Okt/Nov)

Gegenüber der Masjid Kapitan Keling steht der Sri Mariamman Temple, ein typischer südindischer Tempel mit einem aufwendig verzierten und bemalten *gopuram*, dem mehrstöckigen Eingangstor hinduistischer Tempel. Penangs ältester Hindu-Tempel ist der Gottheit Mariamman, der »großen mächtigen Mutter«, gewidmet.

Der als einfacher Schrein errichtete Bau wurde 1883 zu einem Tempel umgestaltet. Kunsthandwerker schufen Bilder der Göttin in all ihren Facetten. Ein sieben Meter hoher *gopuram* mit den Statuen von 38 Hindu-Göttern wurde hinzugefügt. Auch eine mit Gold und Diamanten versehene Statue des Gottes Murugan wurde aufgestellt.

Mehrmals im Jahr wird Sri Mariamman während einer Prozession in einer Sänfte durch die Straßen von Little India getragen.

Das mit Gottheiten geschmückte Tor des Sri Mariamman Temple

⑨
Kuan Yin Temple
🏠 Jalan Masjid Kapitan Keling 🕒 tägl. 9–18

Der Kuan Yin, der Göttin der Gnade, gewidmete Tempel war ursprünglich gemeinsamer Tempel der Hokkien und Kantonesen. Der Grundstein wurde 1800 gelegt – was den Bau zu einem der ältesten chinesischen Tempel in Penang macht.

Kuan Yin ist wahrscheinlich die meistverehrte chinesische Göttin, dies gilt auch für Buddhisten und Taoisten. Sie steht für Frieden, Glück und Fruchtbarkeit und wird mit 18 Armen dargestellt. Zu Ehren von Kuan Yins Geburtstag, Initiation und Eintritt ins Nirwana werden Feste gefeiert. Im Tempel herrscht immer Hochbetrieb: Gläubige bringen Opfergaben, insbesondere an »Tempeltagen«. Diese sind immer am ersten und 15. Tag jeden Mondmonats sowie am 19. Tag des zweiten, sechsten und neunten Mondmonats. An diesen Tagen werden Puppenspiele und chinesische Opern zu Ehren der Göttin aufgeführt.

⑩
Hainan Temple
🏠 Lebuh Muntri 📞 +60 4 262-0202

Der gemeinhin als Hainan Temple bekannte Thean Ho Keong (Tempel der Himmlischen Königin) ist Mar Chor, der Schutzheiligen der Seeleute, geweiht. Die in China Matsu und in Vietnam Thien Hau genannte Göttin wird in Südostasien überall dort sehr verehrt, wo sich Chinesen niederließen.

Der Tempel wurde im Jahr 1866 zunächst als Clanhaus der Chinesen aus Hainan erbaut. Das jetzige Gebäude stammt von 1895. Einwanderer, die die lange Reise überlebt hatten, kamen in den Tempel, um Matsu dafür zu danken, dass sie sie beschützt hatte. Anlässlich der Einhundertjahrfeier 1995 wurde der Tempel sorgfältig restauriert und mit einer neuen Front voller Verzierungen und charakteristisch gedrehter Drachensäulen versehen.

> **Schon gewusst?**
> Beamte werden dazu angehalten, jeden Donnerstag bunte Batikkleidung zu tragen.

⑪
Batik Painting Museum
🏠 19 Lebuh Armenian 🕒 tägl. 10–18 🌐 batikpg.com

Die traditionelle Kunst des Batikens – Muster, die mithilfe von Wachs zum Färben von Stoffen hergestellt werden – wird in der Regel für Kleidung verwendet, aber in den 1950ern entstand eine Schule von Malern, die diese Technik in ihren Werken einsetzten. Dieses Museum ist angeblich das einzige auf der Welt, das sich mit Batikmalerei beschäftigt. Es zeigt auch Werke des Gründers dieser Technik, Chuah Thean Teng.

Laternen über dem Ehrfurcht gebietenden Altar des Kuan Yin Temple ↑

⑫
Cathedral of the Assumption
🏠 Lebuh Farquhar

Das wichtigste katholische Gotteshaus der Stadt, die Cathedral of the Assumption, wurde für die eurasischen Katholiken gebaut, die nach Gründung der Kolonie Penang durch Sir Francis Light hierherkamen. Die ursprünglich aus Phuket stammenden Eurasier waren 1781 mit Bischof Garnault vor religiöser Verfolgung aus Siam nach Kuala Kedah geflohen. Dort taten sich die portugiesischstämmigen Katholiken mit ihnen zusammen. Am Abend vor Mariä Himmelfahrt 1786 traf die Gruppe mit ihrem Anführer Garnault in George Town ein. Später wurde dessen Mission nach Penang verlegt. Das imposante Gebäude wurde zwar erst 1857 in der Lebuh Farquhar errichtet, ist aber dennoch nach dem Tag der Ankunft der ersten Gemeindemitglieder benannt. Die Kathedrale besitzt Penangs einzige Pfeifenorgel.

↑ *St. George's Church mit dorischen Säulen und achteckigem Kirchturm*

⑬
St. George's Church
🏠 Lebuh Farquhar
📞 +60 4 261-2739
🕐 Di – Sa 8:30 – 12:30, 13:30 – 16:30, So 8:30 – 16:30

Die St. George's Church ist die älteste anglikanische Kirche in Südostasien. Sie wurde 1818 für die wachsende christliche Gemeinde in Penang erbaut.

Der Entwurf für das Gotteshaus stammt von Militäringenieur und Maler Robert Smith, die British East India Company ließ es von Zwangsarbeitern errichten. Im Jahr 1886 wurde zum 100-jährigen Gründungsjubiläum von Penang und zu Ehren von Sir Francis Light ein kleiner Kuppelpavillon im griechischen Stil auf dem Kirchengelände errichtet.

Die hohe, achteckige Spitze der klassizistischen Kirche dominierte einst die Stadt. Heute steht sie im Schatten moderner Hochhäuser.

Neben der Kirche befindet sich das faszinierende Penang Diocesan Museum, das die Geschichte der römisch-katholischen Kirche in Penang nachzeichnet.

⑭
Penang Museum und Art Gallery
🏠 Lebuh Farquhar
🕐 tägl. 9 – 17
🌐 penangmuseum.gov.my

Das kleine Museum ist in der ehemaligen Penang Free School neben der St. George's Church untergebracht. Seine exzellente Sammlung von Karten, Dokumenten und Darstellungen präsentiert die Geschichte Penangs seit der Ankunft von Sir Francis Light.

Der erste Stock ist den verschiedenen Ethnien Penangs gewidmet und zeigt Kleidung, Fotos, Gebrauchsgegenstände und Artefakte der Peranakan sowie der malaiischen, chinesischen und indischen Gemeinden.

Der zweite Stock illustriert Penangs Geschichte: Kolonialzeit, japanische Besatzung, chinesische und indische Einwanderungswellen sowie Unabhängigkeit.

Die Kunstgalerie zeigt Gemälde von Penang aus dem 19. Jahrhundert von Robert Smith, dem Architekten der St. George's Church.

> ### Sir Francis Light
> Francis Light wurde 1740 im englischen Suffolk geboren. 1765 kam er zur British East India Company, die ihn mit der Suche nach einem geeigneten Inselstützpunkt für ihre Handelsaktivitäten in Südostasien beauftragte. Light wählte Penang aus, das er 1786 dem Sultan von Kedah abkaufte. Er richtete auf Penang eine Kolonie ein und fungierte bis zu seinem Tod 1794 als deren Superintendent. Er wurde auf dem Protestant Cemetery an der Lebuh Farquhar beigesetzt. Lights Bedeutung für Penangs Gedeihen wird der von Sir Stamford Raffles für Singapur gleichgestellt. Seine Statue steht im Fort Cornwallis, George Town.

Bars

Chinahouse
Das lange chinesische Geschäftshaus beherbergt eine Bar, eine Kunstgalerie, ein Restaurant und ein Musiklokal.
🏠 153 Lebuh Pantai
🌐 chinahouse.com.my

Backdoor Bodega
In der stilvollen Bar werden etliche Cocktail-Spezialitäten serviert.
🏠 37 Jalan Gurudwara
🕒 Di, Mi
🌐 backdoorbodega.com

Manchu
Die erste chinesische Opernbar ist einem alten mandschurischen Palast nachempfunden und bietet klassische Livemusik.
🏠 38 und 40 Jalan Pintal Tali

ThreeSixty Skybar
Die drehbare Bar auf dem Dach des Bayview Hotels kombiniert hervorragende Cocktails mit einem unvergleichlichen Blick über George Town.
🏠 25A Lebuh Farquhar 🌐 360rooftop.com.my

↑ *Der Swimmingpool des E & O Hotels mit Blick auf die Straße von Malakka*

(15)

E & O Hotel
🏠 10 Lebuh Farquhar
🌐 eohotels.com

Das Eastern & Oriental gilt als Grande Dame unter Penangs Hotels. Es ist nicht nur eines der luxuriösesten, sondern auch eines der großartigsten historischen Hotels in Südostasien. Das gemeinhin E & O genannte Haus wurde 1884 von den armenischen Sarkies-Brüdern eröffnet. Sie gründeten auch das Raffles Hotel in Singapur *(siehe S. 233)* und Ranguns berühmtes Strand. Das koloniale Wahrzeichen besitzt eine 253 Meter breite Rasenfläche am Meer – die breiteste der Welt. Von den Suiten blickt man auf gepflegte Rasen und üppige Gärten sowie auf die Straße von Malakka. Der 2013 eröffnete Victory Annexe passt gut zu seiner Umgebung.

Das Hotel galt lange als Zentrum des Gesellschaftslebens. Es beherbergte namhafte Gäste wie Noël Coward, Rudyard Kipling, Hermann Hesse und Douglas Fairbanks. Somerset Maugham, der ebenfalls hier nächtigte, erwähnte das E & O in mehreren seiner Werke. Heute kann man hier wunderbar zu Mittag speisen, den Nachmittagstee einnehmen oder bei Sonnenuntergang auf der privaten Hotelveranda einen Drink genießen.

(16)

Cheong Fatt Tze Mansion
🏠 14 Lebuh Leith 🕒 nur Führungen: tägl. 11, 13:30, 15 🌐 cheongfatttzemansion.com

Die beeindruckende Villa wurde von Cheong Fatt Tze gebaut, einem jungen Hakka-Chinesen, der zu einem der reichsten Geschäftsmänner Südostasiens aufstieg.

Cheong Fatt Tze ließ mehrere große Häuser bauen, diese im Jahr 1904 errichtete Villa gilt jedoch als die prächtigste. Fatt Tze lebte hier mit seinen drei Lieblingsfrauen und acht Söhnen. Nach seinem Tod 1916 verfiel das Haus, inzwischen wurde es aber instand gesetzt.

2000 wurde der Villa der UNESCO Asia Pacific Heritage

> **Five Foot Ways**
>
> Die ursprünglich von Bauherren aus dem chinesischen Guangdong errichteten Shophouses (Ladenhäuser) sind ein Symbol für die historischen Straits Settlements Singapur, Penang und Malakka. Die große Verbreitung von sogenannten Five Foot Ways in Singapur und den Städten Malaysias wird als Verdienst von Sir Stamford Raffles angesehen. Er war es, der verfügte, dass alle Shophouses mit durchgehenden Veranden verbunden sein sollten. Quermauern und massive Dachbalken tragen die oberen Stockwerke. Auf der Straßenebene der Shophouses entsteht so ein »bedeckter« Gehweg, der wie ein Arkadengang Schutz vor Sonne und Monsunregen bietet.

Award für authentische Restaurierung zugesprochen. Cheong Fatt Tze Mansion gilt als das größte traditionelle Haus mit Innenhof in der Region und ist nach den Prinzipien der Geomantie angelegt. In ihm verbinden sich chinesische und westliche Architekturkonzepte. Das dunkelblau bemalte Haus weist Gitterwerk der Qing-Dynastie auf sowie filigrane Ornamentierungen mit Lamellen- und Buntglasfenstern, gusseiserne Balustraden und Fliesenböden. Heute ist die Villa ein Hotel der Luxusklasse.

100 Cintra Street
🏠 100 Cintra St ☎ +60 4 261-3321 🕐 Di – So 11 –18

Die Villa im Herzen von Chinatown wurde 1897 von einer aus Thailand stammenden Frau gebaut. Nach der teilweisen Zerstörung durch einen Brand 1984 wurde sie renoviert, wobei viel der originalen Bausubstanz bewahrt wurde. 1999 eröffnete dort ein auf Antiquitäten und Kunsthandwerk spezialisiertes Einkaufszentrum mit kleinem Teeladen.

Inzwischen wurde die Villa mehrmals umgebaut. Der erste Stock des dreigeschossigen Gebäudes dient heute als Antiquitätenzentrum mit Stücken aus dem 19. Jahrhundert, darunter Möbel, Gemälde, Messingwaren, Kalligrafien und Teppiche.

Im zweiten Stock befindet sich ein preiswertes Gästehaus, der dritte Stock beherbergt ein Volkskundemuseum mit Schwerpunkt auf der Geschichte und Kultur Penangs, insbesondere der Kultur der Peranakan (Straits-Chinesen). Auch indische und malaiische Objekte sind zu sehen.

Die unverwechselbare blaue Fassade der Cheong Fatt Tze Mansion ↓

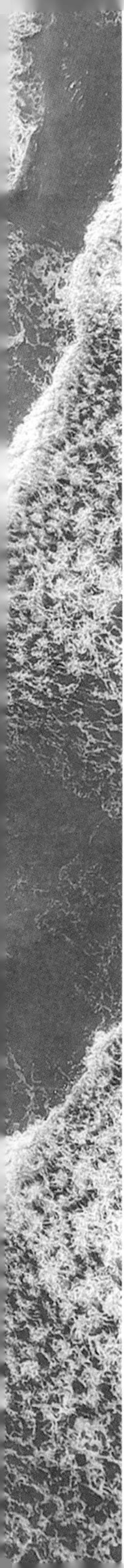

Der idyllische Desaru Beach in Johor (siehe S. 128)

Südhalbinsel

Da nur die schmale Straße von Malakka diese Seite Malaysias von Sumatra in Indonesien trennt, gab es schon immer enge Beziehungen zwischen den beiden Regionen. Das Gebiet von Negeri Sembilan wurde im 15. Jahrhundert von den Minangkabau aus Sumatra besiedelt, die ihren einzigartigen Baustil mit den nach oben gebogenen Dächern, die Büffelhörnern nachempfunden sind, einbrachten. Auch Malakka wurde von einem exilierten Prinzen aus Sumatra gegründet, der im 15. Jahrhundert den Islam auf der Halbinsel einführte. Die strategisch günstige Lage der Stadt an den viel befahrenen Handelsrouten zwischen China und Indien verhalf ihr zu ungeheurem Reichtum: Tee, Seide, Gewürze, Gold und Opium wurden hier ge- und verkauft. Auch die Versklavung von Menschen war zu dieser Zeit eine wichtige Quelle für Arbeitskräfte, und der Handel mit ihnen war bis zum Beginn der britischen Herrschaft allgegenwärtig. Die Reichtümer der Stadt zogen die Aufmerksamkeit der Portugiesen auf sich, die Malakka 1511 eroberten. Ihnen folgten niederländische und dann britische Kolonisten sowie chinesische und indische Gruppen.

Nachdem Malakka 1511 an die Portugiesen gefallen war, wurde Johor zum mächtigsten Staat auf der Halbinsel. Die prekäre politische Lage und das zunehmende britische Interesse zwangen den Sultan von Johor jedoch 1819, Singapur an den britischen Staatsmann Sir Stamford Raffles abzutreten. Heute ist die Hauptstadt des Bundesstaats, Johor Bahru, die zweitgrößte Stadt Malaysias.

Südhalbinsel

Highlights
1. Malakka (Melaka)
2. Pulau Tioman

Sehenswürdigkeiten
3. Muar
4. Desaru Beach
5. Seribuat-Archipel
6. Seremban
7. Sri Menanti
8. Kuala Pilah
9. Kukup
10. Mersing
11. Johor Bahru

↑ Die leuchtend rote Fassade der Christ Church aus dem 18. Jahrhundert am Town Square

Malakka

C4 · 720 000 · Tampin, 38 km nördl. von Malakka · ab Dumai, Sumatra · Jalan Kota · Drachenbootfest (Juli) · tourismmelaka.com

Mit ihrem kosmopolitischen Erbe und ihren multikulturellen Einflüssen ist Malakka (Melaka) eines der beliebtesten Reiseziele in Malaysia. Der Legende nach wurde die Stadt 1400 vom Prinzen Parameswara aus Sumatra gegründet und von ihm nach dem örtlichen Malakka-Baum benannt. Seit 2008 gehört Malakka zusammen mit George Town zum UNESCO-Weltkulturerbe und ist für seine historischen Gebäude, Antiquitätengeschäfte und den berühmten Nachtmarkt bekannt.

① Stadthuys

Town Square · +60 6 284-1934 · tägl. 9–17:30

Das herrliche Gebäude am Marktplatz bauten die Niederländer in den 1650er Jahren als Sitz der Kolonialverwaltung. Heute beherbergt es das Museum of History and Ethnography, das über die wechselvolle Geschichte der Stadt aufklärt. Die Sammlung des Museums umfasst holländische Möbel, Pistolen und Schwerter, Ming-Vasen, Nyonya-Geschirr sowie Dioramen mit Hochzeitszeremonien der einheimischen Ethnien und die Replik eines traditionellen malaiischen Holzhauses.

Mit derselben Eintrittskarte kann man mehrere kleine Museen hinter dem Stadthuys besuchen, etwa das malaysischen Autoren und Manuskripten gewidmete Museum of Literature und das Democratic Government Museum mit einer Ausstellung zur politischen Geschichte des unabhängigen Malaysia. Ebenfalls im Preis inbegriffen ist der Besuch der Seri Melaka, einer Kolonialvilla, die als Residenz der Kolonialgouverneure diente.

② Christ Church

Town Square · +60 6 284-8804 · 17 · tägl.

Die beeindruckende rote Kirche ist eines der Wahrzeichen von Malakka. Die Niederländer bauten sie 1753 zur Feier ihrer 100-jährigen Herrschaft. 1838 wurde sie zur Anglikanerkirche. Der Bau aus Laterit ist ähnlich wie das Stadthuys und der Clock Tower rot. Die riesigen Deckenbalken wurden je aus einem ganzen Baumstamm gehauen. Sehenswert sind auch die handgeschnitzten Kirchenbänke und der Fries mit dem Letzten Abendmahl über dem Altar.

> **Schöne Aussicht**
> **Masjid Selat Melaka**
>
> Die Moschee liegt auf einer künstlichen Insel und ist einer der besten Orte zur Beobachtung des Sonnenuntergangs. Sie steht auf einer Promenade und scheint bei Flut zu schwimmen. Das Bauwerk ist nachts schön beleuchtet.

③
St. Paul's Hill

Auf dem St. Paul's Hill mit Blick aufs Meer lag die portugiesische Festung A Famosa. Auf dem Gipfel thront die St. Paul's Church. Sie wurde 1521 als Nossa Senhora da Annunciada errichtet und später in St. Paul's umbenannt. Nach dem Bau der Christ Church wurde sie aufgegeben. In der Ruine sind noch reich verzierte niederländische Grabsteine aus dem 17. Jahrhundert sowie das leere Grab des hl. Francis Xavier zu sehen.

④
Porta de Santiago
🏠 Jalan Kota

Eines der vier Haupttore der portugiesischen Festung A Famosa, die Porta de Santiago, ist alles, was von der Verteidigungsanlage noch steht. Sie wurde 1512 von Afonso de Albuquerque gebaut. Im 17. Jahrhundert wurde sie von den Holländern instand gesetzt und ausgebaut. Der inzwischen frei stehende Steinbogen am Fuß von St. Paul's Hill trägt daher auf beiden Seiten das Wappen der Vereenigde Oostindische Compagnie. Davor stehen mehrere holländische Kanonen.

Die Briten zerstörten die Festung mit ihren drei Meter dicken Mauern 1807 für den Fall, dass sie in die Hände der Franzosen geraten sollte. Nur dank der Intervention von Sir Stamford Raffles *(siehe S. 215)* wurde dieser Teil für die Nachwelt erhalten.

⑤
Istana Kesultanan Melaka
🏠 Jalan Kota ⏰ tägl. 9–17:30 🌐 perzim.gov.my

Istana Kesultanan Melaka am Fuß von St. Paul's Hill ist die Nachbildung eines traditionellen Malaienpalasts. Man baute ihn nach Beschreibungen des originalen Sultanspalasts, der im 15. Jahrhundert in dieser Gegend stand. Das dort ansässige Muzium Di Melaka zeigt lebensgroße Dioramen von Versammlungen des Sultanshofs und vom *nobat*, dem königlichen Orchester. Außerdem gibt es Modelle anderer Paläste in ganz Malaysia zu sehen sowie Trachten und Waffen, darunter auch die gefürchteten *Tombak*-Speere.

Im Obergeschoss befindet sich das Schlafgemach des Sultans. Eine weitere Treppe führt in einen kleinen Raum mit *keris*, traditionellen malaiischen Krummdolchen.

Vor dem Palast liegt der sogenannte Verbotene Garten, ein reizender stiller Park mit Springbrunnen und Wasserbecken, Bambus, Palmen und Magnolien. Der Eintritt zu diesem Garten ist kostenlos.

Highlight

Restaurants

Jonker Walk Night Market

Genießen Sie hier die Baba-Nyonya-Küche, etwa *bak chang* (ein um Reis, Fleisch und Gemüse gewickeltes Bambusblatt) und *babi assam* (Schweinefleisch in Tamarindensaft).

🏠 Jalan Hang Jebat ⏰ Mo–Do

Wild Coriander

Das Restaurant in einem traditionellen chinesischen Haus bietet Nyonya-Gerichte an. Probieren Sie *rendang* (Fleischeintopf) mit gelbem, blauem und weißem Kokosnussreis.

🏠 40 Jalan Kampung Pantai ⏰ Mo–Mi
📞 +60 12 380-7211

⑥ Masjid Kampung Kling

🏠 Jalan Tukang Emas
☎ +60 6 283-7416

Die 1748 gegründete Moschee ist eine der ältesten im Land. Allerdings stammt der jetzige Bau großteils von 1872. Damals wurde der alte Holz- durch einen Ziegelbau im gleichen Stil ersetzt.

Wie Malakka selbst ist die Moschee von diversen Kulturen beeinflusst. Ihre einzigartigen architektonischen Elemente sind den Bauweisen Sumatras, Chinas, Malaysias und Europas entlehnt. Das eigentümliche Pyramidendach mit den grünen Ziegeln ist hinduistisch, während das Pagoden-ähnliche Minarett erkennbar chinesische und maurische Züge trägt. Die Gebetshalle ist Muslimen vorbehalten. Sie besitzt ionische Säulen, Eisengitter und englische Keramikfliesen.

Cafés und Bars

Geographér Café
Das traditionsreiche Café serviert Cocktails und bietet montags Live-Jazz.

🏠 83 Jalan Hang Jebat
🌐 geographer.com.my

BUDI Melaka
Das Café Sin See Tai verwandelt sich abends in eine elegante Bar. Im Voraus buchen.

🏠 16 Kampung Jawa
☎ +60 17 718-8269
🚫 Di

Sin Hiap Hin
Genießen Sie in der Vintage-Bar eine Vielzahl von Spirituosen.

🏠 5 Kampung Jawa

---

⑦ Jalan Tun Tan Cheng Lock

Die Jalan Tun Tan Cheng Lock, früher Heeren Street, hat viel von ihrem ursprünglichen Charakter bewahrt. Die Straße ist von Läden, Lokalen, Hotels und Galerien gesäumt. Die Häuser stammen aus dem 18. Jahrhundert, etwa das Baba-Nyonya Heritage Museum *(siehe S. 124f)*. Obwohl viele Gebäude verfallen sind, wurde die **8 Heeren Street** als Kulturerbezentrum restauriert. Einen Besuch wert ist die **Tham Siew Inn Artist Gallery** mit Werken von Tham Siew Inn sowie das **Malaqa House**, ein großes Baba-Nyonya-Haus.

8 Heeren Street
🏠 8 Jalan Tun Tan Cheng Lock 🕐 Di – Sa 11–16
🌐 badanwarisanmalaysia.org

Tham Siew Inn Artist Gallery
🏠 49 Jalan Tun Tan Cheng Lock 🕐 Di – So 10–17
🌐 thamsiewinn.com

Malaqa House
🏠 70 Jalan Tun Tan Cheng Lock ☎ +60 6 281-2112 🕐 tägl.

⑧ Maritime Museum

🏠 Jalan Quayside ☎ +60 6 283-0926 🕐 tägl. 9–17:30

Das Maritime Museum befindet sich an Bord einer originalgetreuen Nachbildung der portugiesischen Galeone *Flora de la Mar* (16. Jh.), die mit Schätzen beladen in der Straße von Malakka sank. Die Ausstellungen erzählen von der Seefahrervergangenheit der Stadt, von der Zeit des Malakka-Sultanats im 15. bis zum 19. Jahrhundert.

In der Nähe bietet **Melaka River Cruise** Flussfahrten an, bei denen man historische Kampung-Gebäude, schöne Gärten am Flussufer und das Riesenrad Eye on Malaysia sehen kann.

Melaka River Cruise
🏠 Quayside Heritage
🕐 tägl. 9–23:30
🌐 melakarivercruise.my

⑨ ♿
Cheng Hoon Teng Temple
🏠 Jalan Tokong 25
🕐 tägl. 7–19
🌐 chenghoonteng.org.my

Der auch als Kuan Yin Teng (Tempel der grünen Wolken) bekannte Bau ist einer der ältesten chinesischen Tempel in Malaysia. Er wurde Mitte des 17. Jahrhunderts gegründet und ist Kuan Yin, der Göttin der Gnade, gewidmet. Der Bau ist ein herausragendes Beispiel südchinesischer Architektur und dient als Treffpunkt der chinesischen Gemeinde. Taoismus, Konfuzianismus und chinesischer Buddhismus sind gleichberechtigt vertreten.

Für Restaurierungsarbeiten erhielt der Tempel eine Auszeichnung der UNESCO. In der Haupthalle sind Szenen aus der chinesischen Mythologie und Literatur zu sehen, darunter Darstellungen von Szenen aus dem Leben Buddhas und ein Aquarell von Laotse, dem Gründer des Taoismus.

Highlight

↑ *Bummel über den Jonker Walk Night Market mit seinen zahlreichen Imbissständen*

⑩ 🍴 🛍
Jalan Hang Jebat

Die Jalan Hang Jebat, besser bekannt als Jonker Street, ist die Hauptstraße von Malakkas Chinatown. Sie ist berühmt für ihre Antiquitäten- und Kuriositätenläden, Bars und Restaurants, obwohl die Preise hier tendenziell höher sind als anderswo. Die Straße erwacht am Wochenende abends zum Leben, wenn der Jonker Walk Night Market stattfindet und die Straße für den Verkehr gesperrt wird. Der Markt findet von Freitag bis Sonntagabend statt, und an den Ständen werden chinesische und malaysische Lebensmittel, Kleidung und Souvenirs verkauft. Auf den Bühnen finden auch Unterhaltungsprogramme statt.

Leider hat die touristische Entwicklung rund um die Jalan Hang Jebat viele traditionelle Läden verdrängt, und die historischen Gebäude wurden vernachlässigt oder abgerissen. Es gibt noch einige Sehenswürdigkeiten, darunter das Mausoleum von Hang Kasturi, der im 15. Jahrhundert dem Sultan von Malakka diente, und die tamilische Methodistenkirche, in der sonntags um 9:30 Uhr ein englischer Gottesdienst stattfindet.

←

Das beeindruckende Innere des Cheng Hoon Teng Temple und der mit Laternen geschmückte Eingang (Detail)

Baba-Nyonya Heritage Museum

🏠 50 Jalan Tun Tan Cheng Lock ⏰ nur Führungen: tägl. 10–13 (letzte Führung 11:45), 14–17 (letzte Führung 16) 🌐 babanyonyamuseum.com

Das beeindruckende Museum erzählt von einem wichtigen Kapitel in der Geschichte des interkulturellen Erbes Malaysias: dem der Baba-Nyonya. Das Haus, das einst einem wohlhabenden Kautschukplantagenbesitzer gehörte, ist mit seinen kunstvollen Holzarbeiten und geschmackvollen Möbeln typisch für die Ästhetik dieser chinesisch-malaiischen Kultur.

Das fesselnde Museum widmet sich der einzigartigen Kultur der Baba-Nyonya, der Nachfahren chinesischer Händler und einheimischer malaiischer Frauen. Sie sind auch als Straits-Chinesen oder Peranakan bekannt. Das Haus wurde im Jahr 1896 aus drei älteren Häusern zum großzügigen Heim einer wohlhabenden Baba-Nyonya-Familie ausgebaut. Opulentes Dekor mit Blattgold, feinen Perlmuttarbeiten und exotischen Hölzern charakterisiert den Bau. Hier verbinden sich traditionelle chinesische Wandbehänge und Schnitzereien mit englischen Fliesen, schweren niederländischen Möbeln, italienischem Marmor und farbenfrohem Baba-Nyonya-Porzellan zu einem eklektischen Stil.

↑ Die drei älteren Häuser, die das Baba-Nyonya Heritage Museum bilden

TOP 6 Museums-Highlights

Fensterläden
Die Lamellenfensterläden aus sich überlappenden Holzlatten sind ein typisches Merkmal der Baba-Nyonya-Architektur.

Ahnenaltar
Familienaltäre mit Schnitzereien findet man in chinesischen Häusern.

Glastrennwand
Unverheiratete Frauen versteckten sich dahinter und können durch das Milchglas trotzdem sehen, was davor passiert.

Schlafzimmer
Das Himmelbett im Hauptschlafzimmer ist mit vergoldeten Schnitzereien verziert.

Küche
Die Küche ist perfekt erhalten und mit traditionellen Gegenständen bestückt.

Treppe
Diese kunstvolle Holztreppe ist mit vergoldeten Schnitzereien verziert und die einzige ihrer Art in Malakka.

Malakkas Millionärsstraße

Die Straße, in der das Baba-Nyonya Heritage Museum steht, Jalan Tun Tan Cheng Lock, ist als Malakkas Millionärsstraße bekannt, da sich hier eine Reihe stattlicher Häuser befinden, von denen viele wohlhabenden Baba-Nyonya-Familien gehörten. Früher wurden die Gebäude nach ihrer Breite besteuert, sodass viele dieser Häuser zwar schmal sind, aber weit von der Straße zurückragen. Heute sind in mehreren dieser prächtigen Peranakan-Villen Boutique-Hotels und Restaurants untergebracht.

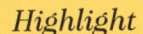 *Highlight*

Schon gewusst?

Baba-Nyonya kombiniert zwei Ehrentitel: *Baba* wird für Männer und *Nyonya* für Frauen verwendet.

↑ *Extravagante Holzpaneele schmücken den Eingang des Baba-Nyonya Heritage Museum*

Der geschwungene Salang Beach an der Nordküste von Tioman ↑

❷
Pulau Tioman

🅐 D3 🏠 30 km nordöstl. von Mersing 🚤 ab Mersing oder Tanjung Gemok ℹ️ Mersing Tourist Information Centre, Jalan Abu Bakar; +60 7 799-5212 🌐 tioman.org

Die Insel Pulau Tioman, die vom warmen Wasser des Südchinesischen Meers umspült wird, ist eines der Juwele in der Krone Malaysias. Sie ist keine einsame Insel – das Geheimnis von Tioman ist längst gelüftet –, aber mit ihren Dschungelwanderungen, Wasserfällen und der reichen Tierwelt hat sie ihre Popularität verdient.

Tioman ist die größte Insel vor Malaysias Ostküste und für seine feinen Sandstrände, das klare Wasser und die Korallenriffe bekannt. Diverse Mythen ranken sich um die Insel: Eine Drachenprinzessin soll sich bei einer Rast so in den Ort verliebt haben, dass sie blieb. Ihr Körper verwandelte sich in Pulau Tioman.

Die meisten Resorts befinden sich in abgelegenen Buchten an der Westküste. Die Tauch- und Schnorchelmöglichkeiten im geschützten Marine Park sind ideal. Auch Dschungelwanderungen und Sonnenbaden sind beliebt. Die Insel ist eine Arche Noah: Über 140 Vogelarten leben hier. Im Dschungel gibt es Echsen, Schlangen, Affen und Stachelschweine, während zahllose tropische Fischarten das Meer bevölkern.

> 💬 Expertentipp
> **Wandern im Dschungel**
>
> Zahlreiche Wege führen in den Dschungel – von Spaziergängen bis hin zu Trekkingtouren. Die Wanderung zum Asah-Wasserfall und die zum Juara Beach sind die reizvollsten.

Highlight

Hotels

Japamala
Das Resort ist der Inbegriff von tropischem Luxus und bietet Holzbungalows im Dschungel mit Blick aufs Meer. In Mandi-Mandi können Sie auf einem Steg Drinks zu sich nehmen.
🏠 Kampung Lanting
🌐 japamalaresorts.com
(RM)(RM)(RM)

Beach Shack Chalet
Die Bungalows sind bei Strandfans sehr beliebt. Hübsche Holzchalets säumen den Strand, jedes in einem Pastellfarbton gestrichen.
🏠 Mersing
📞 +60 11 1612-3986
(RM)(RM)(RM)

1 *Die Korallenriffe rund um die Insel ziehen viele Taucher an.*
2 *Der Hauptort von Pulau Tioman, Kampung Tekek, liegt inmitten grüner Berge.*
3 *In den Wäldern von Pulau Tioman sieht man Winkelkopfagamen.*

SEHENSWÜRDIGKEITEN

③
Muar
 C4 329 000 45 km südöstl. von Malakka ab Malakka und Kuala Lumpur ab Dumai, Sumatra Wassersportfest (Sep)

Die Hafenstadt Muar, auch Bandar Maharani (Empress Town) genannt, ist mit ihrer facettenreichen Geschichte und eleganten Kolonialarchitektur faszinierend und ein interessantes Reiseziel.

Den früheren Status der Stadt als wichtigen Handelshafen kann man an den beeindruckenden Kolonialbauten in der Jalan Maharani am Meer ablesen. Darunter ist das großartige Royal Customs and Excise Building von 1909. Sehenswert sind auch die Shophouses aus dem frühen 20. Jahrhundert und die nahe gelegene pastellblaue Masjid Sultan Ibrahim mit ihrem vierstöckigen Minarett von 1930.

Muar ist ein Zentrum der malaiischen Kultur, Musik und Kunst. Die Stadt ist zudem berühmt für ihr Essen, vor allem für das beliebte *mee bandung Muar*, eine Speise aus Nudeln, Eiern, Garnelen und Chili in Rinderbrühe, sowie *ikan asam pedas*, ein sauer-scharfes Fischgericht.

> Der Badeort Desaru Beach verfügt über 25 Kilometer feinen, weißen Sandstrand, der von hübschen Kasuarinenbäumen gesäumt ist.

④
Desaru Beach
 D4 88 km östl. von Johor Bahru ab Johor Bahru bis Kota Tinggi, dann Taxi ab Singapur bis Tanjung Belungkor, dann Bus desarucoast.com

Der Badeort Desaru Beach verfügt über 25 Kilometer feinen, weißen Sandstrand, der von hübschen Kasuarinenbäumen gesäumt ist. Er zieht jedes Jahr mehr als eine Million Besucher an und ist auch bei Wochenendausflüglern aus dem nahe gelegenen Singapur beliebt. Die Regierung hat Geld in die Entwicklung von Desaru zu einem beliebten Touristenziel investiert, und die kleinen Hotels und ruhigen Strände wurden durch Luxusresorts, Golfplätze und Themenparks ersetzt.

↑ *Azurblaues Wasser mit Sandstrand auf Pulau Aur im Seribuat-Archipel*

⑤
Seribuat-Archipel
 D3 95 km südl. von Kuantan ab Mersing; jedes Resort hat einen eigenen Fährenservice für Gäste

Vor der Küste von Johor liegt der Seribuat-Archipel. Er besteht aus 64 Vulkaninseln, die zu den schönsten des Landes zählen, deren größte Pulau Tioman *(siehe S. 126f)*

← *Der Uhrenturm von Muar gehört zum kolonialen Erbe der Stadt*

64
Inseln bilden zusammen den Seribuat-Archipel.

ist. Die meisten Eilande des Archipels sind winzig und unbewohnt. Sie können nur per Charterboot bei einem Tagesausflug erreicht werden.

Ein paar Inseln sind groß genug, um winzige Dörfer und einige abgeschiedene Strandresorts zu tragen. Sie reichen von einfachen Strandhütten bis zu schicken Hotels mit Restaurants und Swimmingpools. Zu den größeren, besser ausgebauten Inseln gehören Pulau Besar, Sibu und Tinggi, die für ihre Sandstrände und exzellenten Tauch- und Schnorchelbedingungen in den Korallenriffen bekannt sind. Ruhiger geht es auf kleineren Inseln wie Pulau Rawa zu, das nur zwei Ferienanlagen besitzt. Abgelegenere Eilande wie Pulau Pemanggil, Dayang und Aur sind sehr einfach ausgestattet, bieten aber ein reiches Meeresleben und furchtlosen Tauchern viele Abenteuer.

Tourveranstalter in Mersing *(siehe S. 132)* organisieren Inselhopping-Fahrten mit Halt auf einigen Inseln (für weitere Informationen wenden Sie sich bitte an das Fremdenverkehrsbüro). Sonst ist der Zugang nur Gästen der Ferienanlagen gestattet. Fähren nach Pulau Sibu legen in Tanjung Leman, 60 Kilometer südlich von Mersing, ab. Die Fahrt zur Insel dauert ungefähr eine Stunde. Während der Monsunzeit (Nov – Feb) kann der Fährbetrieb regelmäßig unterbrochen werden, daher sollten Sie vorausschauend planen.

Meeresleben im Seribuat-Archipel

Der Seribuat-Archipel ist einer der besten Tauchplätze Malaysias. Unter den Wellen ist eine erstaunliche Vielfalt an Meereslebewesen zu finden, darunter Meeresschildkröten, regenbogenfarbene Nacktschnecken und Clownfische. Pulau Tioman beherbergt eine Reihe berühmter Tauchplätze, darunter das *KM-Sipadan*-Wrack und die Korallen des Seafan Canyon. Es ist sehr leicht, Stunden im Wasser zu verbringen und die Naturwunder unter der Oberfläche zu erkunden.

⑥ Seremban

🅐 B3 🅜 700 000 🏠 67 km südl. von Kuala Lumpur 🚆 🅠 KTM Seremban 🚌 ab Kuala Lumpur und Malakka 🎭 Negeri Sembilan Cultural Carnival (Juni)

Seremban, die Hauptstadt des Bundesstaats Negeri Sembilan, ist ein moderner Ort und Zentrum der Minangkabau-Kultur, was vor allem an der Bauweise der Häuser erkennbar ist. Typisch ist etwa das State Secretariat Building mit zugespitztem Dach. Einige original erhaltene Gebäude der Minangkabau wurden ins **State Museum** verbracht, darunter der Istana Ampang Tinggi, der in den 1860er Jahren für eine Sultanstochter erbaut wurde, und das Rumah Negeri Sembilan. Das State Museum zeigt auch Trachten, Instrumente und Waffen.

Östlich des Zentrums befinden sich die Lake Gardens und die runde Staatsmoschee. Im Norden steht der faszinierende Then Sze Koon Temple (19. Jh.).

↑ *Angeln in den schönen Lake Gardens von Seremban an einem sonnigen Tag*

Umgebung: 32 Kilometer südwestlich von Seremban liegt die kleine Hafenstadt Port Dickson. Hier gibt es ein Waldreservat, das sich zur Vogelbeobachtung eignet. Man kann auch zum Leuchtturm von Cape Rachado (für Besucher nicht zugänglich) spazieren. Da Cape Rachado der nächstgelegene Badeort zu Kuala Lumpur ist, ist er an Wochenenden bei Einheimischen sehr beliebt, sodass er überfüllt sein kann.

State Museum
☺☺ 🏠 Cultural Handicrafts Complex, Jalan Sungei Ujong 📞 +60 6 763-1149
🕙 tägl. 10–18
🕙 Fr 12–14:45

⑦ Sri Menanti

🅐 C3 🅜 6000 🏠 30 km östl. von Seremban 🚌 ab Seremban

Sri Menanti war einst die königliche Hauptstadt von Negeri Sembilan, heute ist es wenig mehr als ein Bauerndorf. Der **Istana Lama**, der Alte Palast, diente bis 1931 als Residenz. Er ist ein schönes Beispiel der Minangkabau-Architektur. Das heute als Museum genutzte Holzgebäude wurde 1908 ohne einen einzigen Nagel errichtet. Der Palast steht auf 99 Säulen, die königliche Krieger darstellen. Die Fassade ist mit Blätterwerk und Figuren verziert. Die königlichen Schlafgemächer und der Bankettsaal sind für Besucher geöffnet, es gibt eine kleine Ausstellung von Trachten und Fotos. Die Balkone in den oberen Etagen bieten eine herrliche Aussicht auf die Palastgärten.

Istana Lama
📞 +60 6 497-9653
🕙 Sa–Do 9–17, Fr 9–12:15, 14:45–17

⑧ Kuala Pilah

🅐 C3 🅜 154 000 🏠 40 km östl. von Seremban 🚌

Mitten im Minangkabau-Gebiet liegt die Provinzstadt Kuala Pilah. Sie hat wenig Sehenswertes zu bieten, ausgenommen die schönen Shophouses und ein paar kleinere Attraktionen, etwa den Martin Lister Memorial Arch. Der klassische Bogen mit chinesischem Dach von 1897 erinnert an Martin Lister, den ersten British Resident. In der Nähe steht die katholische Schindeldachkirche St. Joseph's. Im Zentrum gibt es einige Tempel, darunter den bunten **Sri Kanthaswamy Hindu Temple** mit verzierten Götterstatuen.

Sri Kanthaswamy Hindu Temple
☺ 🏠 Jalan Melang
🕙 tägl. 6–19

> 💬 **Expertentipp**
> **Then Sze Koon Temple**
>
> Einer Legende nach verheißt es Glück, wenn man im Then Sze Koon Temple (Tausendfüßler-Tempel) in Seremban einen lebenden Tausendfüßler sieht. Der Tempel bietet einen tollen Blick über die Stadt.

Minangkabau-Architektur

Negeri Sembilan ist eine Hochburg des Minangkabau-Volks, das sich hier ab dem 15. Jahrhundert angesiedelt hat. Der Name leitet sich von *minang* und *kerbau* ab, was so viel wie »siegreicher Büffel« bedeutet, und geht der Legende nach auf einen Krieg mit den Javanern zurück, der durch einen Kampf zwischen zwei Wasserbüffeln entschieden wurde. Die Minangkabau gewannen und übernahmen die Büffelhörner als ihr Nationalsymbol. Es ist auch für ihren architektonischen Stil von zentraler Bedeutung: Die Dächer der Häuser sind mit nach oben gebogenen Giebeln versehen, die an Büffelhörner erinnern. Da die Minangkabau matrilinear sind, gehören diese *rumah gadang* (große Häuser) den Frauen und werden in der weiblichen Linie weitergegeben. Es gibt zahlreiche beeindruckende Beispiele der Minangkabau-Architektur zu sehen.

State Museum in Seremban
Die aufgebogenen Giebel des 1984 erbauten State Museum in Seremban sind typisch für die Minangkabau-Architektur.

Istana Ampang Tinggi
Die Residenz mit Strohdach wurde für eine Prinzessin erbaut. Sie stand zunächst in Sri Menanti und wurde in Serembans State Museum wiederaufgebaut.

Tor in Sri Menanti
Das prächtige Tor mit hornförmigen Säulen überspannt die Hauptstraße in Sri Menanti.

Istana Lama, Sri Menanti
Der Alte Palast ist das beeindruckendste Beispiel der Minangkabau-Architektur in Malaysia. Er wurde zwischen 1902 und 1908 erbaut.

1 *State Museum in Seremban*
2 *Der schöne Palast Ampang Tinggi*
3 *Schönes Tor in Sri Menanti*

Die **Dachschindeln** sind aus seltenem und inzwischen teurem Eisenholz aus Sarawak.

Der **zentrale Turm** diente als Aussichtsturm.

Der Palast ruht auf **99 Säulen**, jede aus einem *Cengal*-Baumstamm gehauen.

↑ *Der große vierstöckige Palast Istana Lama in Sri Menanti*

❾ Kukup

🅰 D4 👥 3000 🚗 40 km südwestl. von Johor Bahru 🚌 ab Johor Bahru bis Pontian Kecil, dann Taxi ℹ +60 7 223-4935

Das traditionelle Fischerdorf Kukup liegt an der Südspitze Johors, fast am südlichsten Punkt des asiatischen Kontinents. Es besteht aus altertümlichen, im Kampung-Stil aus Holz errichteten Stelzenhäusern, die sich am Wasser aneinanderreihen.

Kukup ist für seine Meeresfrüchte berühmt, Chilikrabben sind die Spezialität. Die zahlreichen Restaurants an der Küste profitieren vor allem von den Wochenendbesuchern, die großteils aus Singapur kommen.

Vor der Küste liegt **Pulau Kukup**, eine der größten unbewohnten Mangroveninseln der Welt und die einzige Insel in den Gewässern von Johor. 1997 wurde sie zum Nationalpark erklärt. Eine regelmäßige Fährverbindung zur Insel ermöglicht Besuchern einen Einblick in dieses faszinierende geschützte Ökosystem.

> Kukup ist für seine Meeresfrüchte berühmt, Chilikrabben sind die Spezialität. Die zahlreichen Restaurants an der Küste profitieren vor allem von den Wochenendbesuchern.

Pulau Kukup
🚢 ab Anleger Kukup
ℹ Pulau Kukup Johor National Park, 1319 Mukim Air Masin 🌐 johornationalparks.gov.my

❿ Mersing

🅰 D4 👥 68 000 🚗 200 km nördl. von Johor Bahru 🚌 ab Kuala Lumpur und Singapur 🚢 ab Pulau Tioman ℹ Jalan Abu Bakar; +60 7 799-5212

Von dem Fischerort gelangt man auf Pulau Tioman *(siehe S. 126f)* sowie auf die Inseln des Seribuat-Archipels *(siehe S. 128f)*. Viele verbringen hier eine Nacht, man kann nicht allzu viel unternehmen, außer die unberührte Natur zu genießen und zuzusehen, wie Boote ihre Segel setzen.

⓫ Johor Bahru

🅰 D4 👥 1 065 000 🚗 3 km nördl. von Singapur; 200 km südöstl. von Malakka
✈ Senai 🚉 🚌 🚗 🛥 🚆
ℹ 2 Jalan Air Molek
🎭 Johor Cultural Festival (Juli) 🌐 tourismjohor.my

Die Hauptstadt des Bundesstaats Johor wird meist nur »JB« genannt. Sie erstreckt sich über die ganze Südspitze der Halbinsel und ist von Singapur durch eine schmale Meerespassage getrennt. Die meisten Besucher verlassen die verkehrsreiche Grenzstadt sofort nach der Einreise, dabei gibt es hier einiges zu sehen. Das **Royal Sultan Abu Bakar Museum** ist im viktorianischen Istana Besar (Großer Palast) westlich des Zentrums untergebracht. Es

↑ Das im LEGOLAND® Malaysia in Johor Bahru in Miniaturformat nachgebaute Sultan Abdul Samad Building

wurde 1866 gebaut, ist eines der ältesten Gebäude in Johor Bahru und steht in einer Parklandschaft mit Blick auf die Straße von Singapur. Das Museum widmet sich der Königsfamilie und wird gelegentlich für offizielle Zeremonien genutzt. Fotos, Gewänder, Waffen und andere königliche Objekte sind in den prachtvoll möblierten Räumen zu sehen.

LEGOLAND® Malaysia bietet mehr als 40 Fahrgeschäfte, Shows und Attraktionen und ist sehr beliebt. Herzstück ist Miniland, wo mit LEGO-Steinen bekannte asiatische Wahrzeichen nachgebaut wurden.

Interessant ist auch die Masjid Sultan Abu Bakar von 1893, die bis zu 2000 Gläubige aufnehmen kann. Das Sultan Ibrahim Building mit dem 64 Meter hohen Turm dominiert die Stadtkulisse. Der im Zweiten Weltkrieg von den Japanern besetzte Bau beherbergt heute Regierungsbüros.

Royal Sultan Abu Bakar Museum
 🏠 Jalan Ibrahim
📞 +60 7 223-0555
🕐 Sa – Do 8 –17

LEGOLAND® Malaysia
 🏠 7 Jalan Legoland, Iskandar Malaysia 🚌 ab Johor Bahru, Singapur
🕐 tägl. 10 – 20
🌐 legoland.com.my

←
Eine Holzbrücke führt auf Pulau Kukup zum dichten Mangrovenwald

Hotels

Capri by Fraser
Das Hotel in einem eleganten Hochhaus verfügt über stilvolle Zimmer.
🅰 D4 🏠 Jalan Tengku Azizah, Johor Bahru
🌐 johorbahru.capri byfraser.com
(RM)(RM)(RM)

Tune Danga Bay
Gutes Preis-Leistungs-Verhältnis und in der Nähe des LEGOLAND®.
🅰 D4 🏠 Mukim Bandar Lot PTB 22819, Johor Bahru
🌐 tunehotels.com
(RM)(RM)(RM)

Fraser Place Puteri Harbour
Apartmenthotel am Wasser mit herrlichem Blick über Singapur.
🅰 D4 🏠 Puteri Harbour
🌐 frasershospitality.com/en/malaysia
(RM)(RM)(RM)

Restaurants

Kam Long Curry Fish Head
Spezialität hier ist Fischkopfcurry.
🅰 D4 🏠 74 Jalan Wong Ah Fook, Johor Bahru
📞 +60 16 752-8382
(RM)(RM)(RM)

W.W. Laksa House
Berühmt für die leckere *curry mee* (würzige Nudelsuppe).
🅰 D4 🏠 36A Jalan Kolam Ayer, Johor Bahru
📞 +60 12 727-3755
(RM)(RM)(RM)

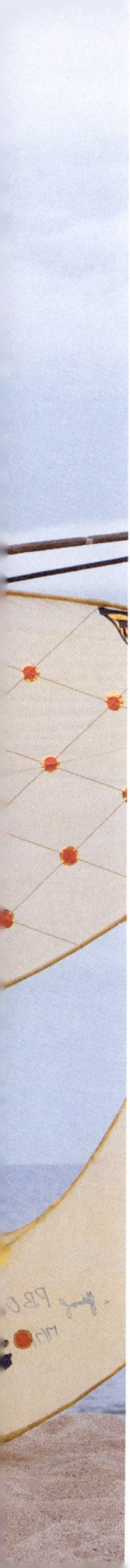

Ein traditioneller handgefertigter Drache

Ost- und Zentral-Halbinsel

Die drei Bundesstaaten Pahang, Terengganu und Kelantan, aus denen diese wunderschöne Region besteht, haben eine ähnliche Vorgeschichte: Sie waren Vasallen von Siam (Thailand) und standen im 14. und 15. Jahrhundert unter der Herrschaft des Sultanats von Malakka. Danach wurde Pahang von den Sultanen von Johor regiert, bis die Briten die Kontrolle übernahmen und es zu einem der malaiischen Bundesstaaten machten. Terengganu und Kelantan standen bis 1909 unter siamesischer Herrschaft und wurden dann Teil der Unföderierten Malaiischen Staaten. Im Jahr 1963 wurden alle drei Staaten in die Föderation von Malaysia aufgenommen.

Die östlichen und zentralen Staaten, die durch Dschungel im Landesinneren von der Westküste abgeschnitten und bis zum 19. Jahrhundert frei von britischer Kontrolle waren, entwickelten sich in einem anderen Tempo als andere Regionen – sowohl wirtschaftlich als auch kulturell. Ohne Zinnvorkommen lockten sie im 19. Jahrhundert auch keine asiatischen Einwanderer an und behielten deshalb ihren überwiegend malaiischen Charakter. Die drei Staaten gelten immer noch als das konservative malaiisch-muslimische Kernland Malaysias.

Ost- und Zentral-Halbinsel

Highlights
1. Taman Negara
2. Kota Bharu

Sehenswürdigkeiten
3. Kuantan
4. Gua Charas
5. Sungai Lembing
6. Tasik Chini
7. Endau-Rompin National Park
8. Pekan
9. Cherating
10. Pulau Tenggol
11. Pulau Kapas
12. Masjid Tengku Tengah Zaharah
13. Kuala Terengganu
14. Pulau Redang
15. Perhentian-Inseln
16. Tasik Kenyir
17. Tumpat
18. Wat Phothivihan
19. Pantai Dasar Sabak
20. Wat Machimmaram

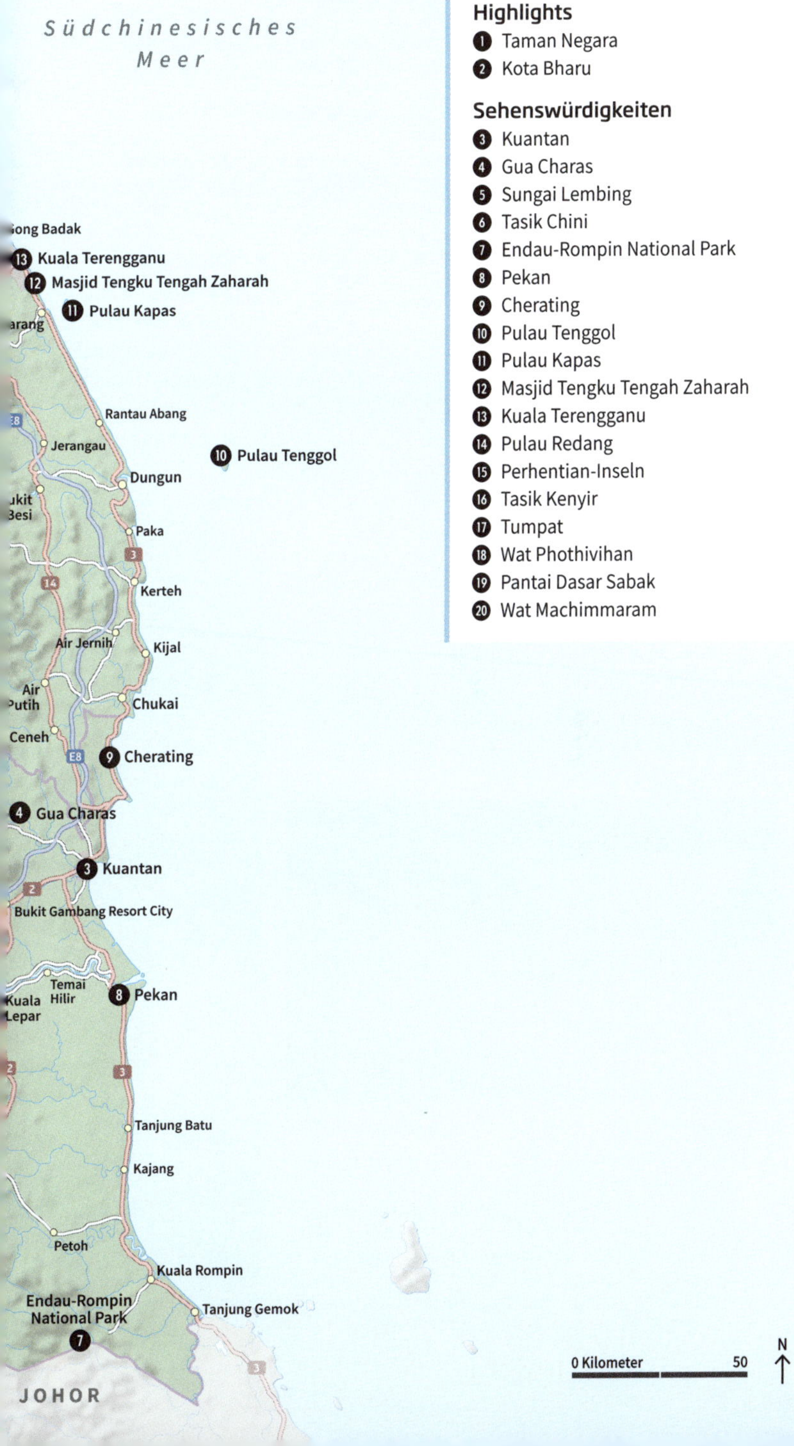

Taman Negara

C2 170 km westl. von Kuantan bis Kuala Tembeling, dann mit dem Boot nach Kuala Tahan Kuala Tahan; +60 9 266-1122 taman-negara.com

Die 130 Millionen Jahre alten Regenwälder des Taman Negara National Park gehören zu den ältesten der Welt und haben schon alles erlebt: Tauwetter in der Eiszeit, das Aussterben der Dinosaurier, den Aufstieg und Fall großer Reiche. Er ist nach wie vor einer der besten Orte in Malaysia, um durch den Dschungel zu wandern und seltene und ungewöhnliche Tiere zu beobachten.

Malaysias ältester und größter Nationalpark erstreckt sich über 4300 Quadratkilometer primären Regenwald. Taman Negara (»Nationalpark«) wurde 1938 gegründet und umfasst Teile von Pahang, Kelantan und Terengganu. Neben unzähligen Vögeln kann man hier äußerst seltene Tiere beobachten, etwa den Indochinesischen Tiger, den malaysischen Gaur und den Indischen Elefanten. Die Anreise beinhaltet eine 60 Kilometer lange Bootsfahrt auf dem Sungai Tembeling, vorbei an Dörfern der Orang Asli. Beachten Sie, dass der Park während der Regenzeit geschlossen sein kann.

> Neben unzähligen Vögeln kann man hier äußerst seltene Tiere beobachten, etwa den Indochinesischen Tiger und Indische Elefanten.

Im Nationalpark unterwegs

Alle Wanderwege beginnen am oder in der Nähe des Hauptquartiers und sind markiert oder ausgeschildert. Viele wandern auf dem viertägigen Rundweg Rentis Tenor (35 km) oder auf der zwei Kilometer langen Route nach Bukit Teresek, die auch nach Bukit Indah führt. Die landschaftlich schönste – und anstrengendste – Wanderung führt von Kuala Tahan nach Merapoh. Wenn man den Gipfel erreicht und nach Kuala Tahan zurückkehrt, dauert die Tour neun Tage. An der Route liegen einfache Zeltplätze ohne Toiletten und nur begrenzte Wasserquellen. Für die längeren Touren ist ein Führer erforderlich.

Batek

Die Batek gehören zu den letzten überlebenden indigenen Jägern und Sammlern in Malaysia. Früher waren sie weiter verbreitet, aber aufgrund der Zerstörung eines Großteils ihrer Heimat leben sie heute hauptsächlich im Taman Negara National Park. Sie haben ein kollektives soziales Ethos; einen Gefallen abzulehnen, wird als Unglück bringend angesehen, und alle Nahrungsmittel werden gleichmäßig geteilt, da sie als Eigentum des Waldes gelten.

Bootstour auf dem Sungai Tembeling ↑

← Ein Makake klettert auf eine Palme im Nationalpark

 Highlight

Hotels

Mutiara Taman Negara

Ein Aufenthalt im Regenwald muss nicht zwangsläufig einen Kompromiss in Sachen Luxus bedeuten. Dieses Resort bietet schöne Chalets und Bungalows sowie hervorragendes malaysisches Essen.

🏠 Kuala Tahan
🌐 mutiarataman negara.com
(RM)(RM)(RM)

Balai Serama

Das angenehme Gästehaus liegt in einem gepflegten Garten und verfügt über Zimmer mit eigenem Bad. Alle Aktivitäten im Nationalpark können von hier aus organisiert werden.

🏠 Kuala Tahan
🌐 seramaholiday.com
(RM)(RM)(RM)

↑ Boote auf dem von dichtem Dschungel gesäumten Sungai Tembeling im Nationalpark

Die Masjid Muhammadi mit ihren goldenen Kuppeln und Minaretten

Kota Bharu

C1 · 1 310 000 · nordöstl. von Kelantan · Jalan Sultan Ibrahim; +60 9 748-5534 · Drachenfest (Mai/Juni), Trommelfest (Juli)

> **Schon gewusst?**
> *Kota* wird mit »Stadt« oder »Festung« übersetzt; *bharu* bedeutet »neu«.

Kota Bharu liegt in der nordöstlichen Ecke der Halbinsel, nahe der Mündung des Sungai Kelantan, und ist die Hauptstadt des Bundesstaats Kelantan. Sie ist vielleicht die traditionellste malaiische und überwiegend muslimische Stadt des Landes. Kota Bharu wartet mit Museen, Palästen und Moscheen sowie alten Handwerkskünsten auf. In den Restaurants und auf den Märkten wird eine Vielzahl von kulinarischen Köstlichkeiten angeboten. Die Gebetszeiten werden strikt eingehalten, dann kommen alle Aktivitäten zum Stillstand, vor allem an Freitagen.

① Istana Balai Besar
Jalan Tengku Seri Akar · für Besucher

Mitten in der Stadt steht in einer Holzfestung der Istana Balai Besar, ein Kelantan-Palast, den Sultan Mohammed II. 1844 bauen ließ. Er diente als offizielle Residenz der Königsfamilie. Der malaiische Palast weist Thai-Einflüsse wie rote Dachziegel auf. Thronzimmer und Audienzsaal werden bei offiziellen Staatsempfängen genutzt. Der Palast ist nicht öffentlich zugänglich, aber von außen sehenswert.

Gelanggang Seni
Jalan Mahmood · +60 9 744-3124 · tel. erfragen; Shows: März – Okt: Mo, Mi, Fr mittags bis abends (außer während Ramadan)

Das Kulturzentrum Gelanggang Seni organisiert viele Kulturveranstaltungen und Ausstellungen zu zahlreichen traditionellen Kelantan-Künsten und Sportarten, von denen viele zu verschwinden drohen.

So gibt es zum Beispiel kostenlose Vorführungen von *silat*, einer malaiischen Kampfkunst, sowie von *mak yong* und *manohra*, traditionellen Tanztheaterformen, die von *Gamelan*-Musik begleitet werden. Trommler spielen auf riesigen *Rebana*-Trommeln und auf *kertok*, kleineren Kokosnusstrommeln.

Das Zentrum zeigt auch *gasing*, das traditionelle Holzkreiselspiel, und lässt riesige Monddrachen namens *wau bulan* steigen. Außerdem gibt es Vorstellungen des Schattenpuppentheaters *wayang kulit* mit Geschichten und Charakteren aus den faszinierenden Hindu-Nationalepen *Ramayana* und *Mahabharata*.

③
Masjid Muhammadi
🏠 Jalan Sultanah Zainab

In der Nähe der Paläste, die sich um den Padang Merdeka drängen, wurde 1926 während der Herrschaft von Sultan Ismail IV. die imposante Staatsmoschee errichtet.

Das von den Einheimischen auch Ziegelmoschee genannte Gotteshaus ist das Zentrum der muslimischen *dawah*, der missionierenden Tätigkeit in Kelantan. Besucher sollten darauf achten, Arme und Beine zu bedecken. Während Gebetszeiten haben Nicht-Muslime keinen Zutritt.

④
Istana Batu
🏠 Jalan Istana 📞 +60 9 748-2266 🕐 Sa – Do 8:30 –16:45

Der himmelblaue Istana Batu oder Steinpalast wurde im Jahr 1939 fertiggestellt und war ein Hochzeitsgeschenk von Sultan Ismail an seinen Neffen Sultan Yahya. Früher diente er als Gästehaus für königlichen Besuch und als Hochzeitspalast der königlichen Familie. Heute ist hier das Royal Museum untergebracht. In den original erhaltenen Zimmern sind royale Artefakte zu sehen, etwa Familienbilder und Glaswaren.

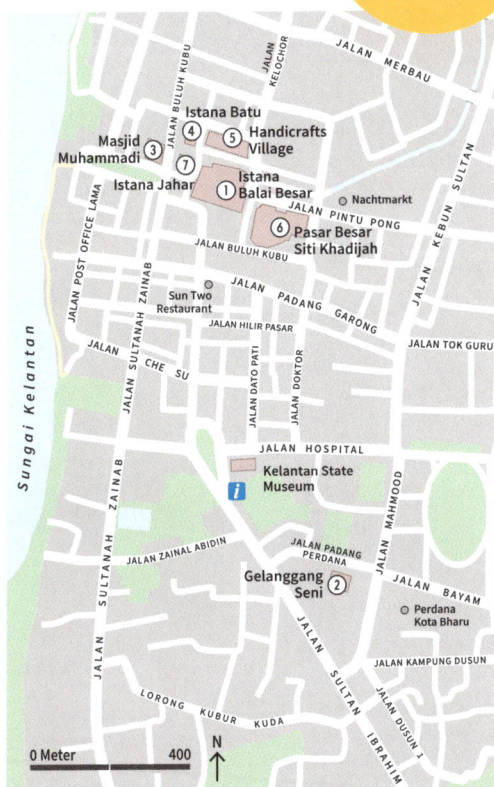

Das luxuriöse königliche Schlafzimmer im Istana Batu mit vielen originalen Möbeln ↓

Restaurants

Sun Two Restaurant
Das kelantanische und chinesische Restaurant serviert deftige Gerichte.
🏠 782A Jalan Temenggong
📞 +60 9 746-2225
🕒 Mi

Nachtmarkt
Nachts erwacht die Stadt zum Leben, wenn Händler Köstlichkeiten wie *ayam percik* (gewürztes Huhn) verkaufen.
🏠 Jalan Pintu Pong

Hotel

Perdana Kota Bharu
Das Hotel bietet elegante Zimmer. Es hat zwei Restaurants und einen Außenpool.
🏠 Jalan Mahmood, Bandar Kota Bharu
🌐 perdana.attana hotels.com

Handicrafts Village
🏠 Jalan Merbau 📞 +60 9 747-7554 🕒 Sa – Do 9 –17

Wer sich für traditionelle malaiische Kunstformen interessiert, sollte das Handicrafts Village (Kampung Kraftangan), besuchen. In einem der traditionellen Holzgebäude ist ein Kunsthandwerksmuseum untergebracht, in dem viel Kunsthandwerk hergestellt wird. Am besten vertreten sind Batik-Textilmalerei und *Songket*-Weberei, mit Gold- und Silberfäden durchwirkter Brokat. Auch kunstvolle Silberwaren und Holzschnitzereien gehören zu den hier hergestellten Kunsthandwerken. Zu den beliebten Ausstellungsstücken gehören eine lebensgroße Zuckerrohrsaftmaschine und eine handgefertigte Kokosnusswasser-Extraktionsmaschine. Sie können die Handwerkskunst nicht nur bewundern, sondern auch als Geschenk oder Souvenir mit nach Hause nehmen. Die Besucher müssen ihre Schuhe ausziehen, bevor sie das Museum betreten, und das Fotografieren ist verboten.

Das Kunsthandwerkerdorf bietet darüber hinaus Kunst- und Handwerkskurse an und veranstaltet in seinem Innenhof verschiedene kulturelle Events und traditionelle Aufführungen. Direkt vor dem Museum befindet sich ein wunderbares Restaurant, das ein kelantanisches Büfett mit einer Vielzahl von köstlichen Meeresfrüchtegerichten, Desserts und Getränken anbietet.

Pasar Besar Siti Khadijah
🏠 Jalan Buluh Kubu
📞 +60 17 914-6218
🕒 tägl. 7:30 –17:30

Der geschäftige Markt, der sich über vier Etagen eines achteckigen Gebäudes im Stadtzentrum erstreckt, macht seinem Namen alle Ehre – Pasar Besar bedeutet »Großer Markt«. »Khadijah« stammt von Khadija bint Khuwaylid, dem Namen der ersten Frau des Propheten Muhammad, die eine Geschäftsfrau war. Heute sind die vielen Verkäufer überwiegend weiblich.

Wenn Sie unter den Eingangsbogen hindurchgehen, finden Sie den riesigen Nassmarkt, der den größten Teil der ersten Etage einnimmt

→

Flaggen vor der Veranda am Eingang des Istana Jahar

← Traditionelle Verkaufsstände mit frischen Produkten im Pasar Besar Siti Khadijah

> **Entdeckertipp**
> **Min Fireflies Garden**
>
> Das Gästehaus Min House Camp (www.minhousecamp.com) am Ufer des Sungai Peng Datu hat einen Glühwürmchengarten. Beobachten Sie nach Sonnenuntergang die Glühwürmchen.

⑦
Istana Jahar
🏠 Jalan Sultan 📞 +60 9 744-4666 🕐 Sa – Do 8:30 –17:15

und auf dem frische Produkte wie Fleisch, Fisch und Gemüse verkauft werden. Im ersten Stock befindet sich der Gold-Souk mit kunstvollen kelantanischen Metallarbeiten und Schmuck.

Oben ist jede Seite des Baus in einem anderen Pastellton gestrichen. In den oberen Stockwerken befinden sich die Food Courts, in denen man die Köstlichkeiten Kelantans probieren kann, etwa *keropok lakor* – Fischwürste – und *nasi kerabu*, Reis, der mit Schmetterlingserbsenblüten leuchtend blau gefärbt ist und oft mit Fischcrackern und Hühnchen serviert wird.

Nach dem Essen finden Sie auf der zweiten Etage eine vielfältige Auswahl an Kunsthandwerk und Souvenirs, von wunderschön bemalten Batikstoffen und *Songket*-Stickereien bis hin zu biologischen Toilettenartikeln und Kräutermedizin. Mit einigen Verkäufern können Sie handeln.

Der 1887 von Sultan Ahmad für seinen Sohn Long Kundur erbaute Istana Jahar ist ein herausragendes Beispiel für die traditionelle Holzarchitektur Kelantans mit kunstvoll geschnitzten Balken, Tafeln und Eisengittern. Heute ist hier das Museum of Royal Traditions and Custom untergebracht. Zur Sammlung gehören Textilien, Messing- und Silberwaren sowie Artefakte im Zusammenhang mit verschiedenen königlichen Ritualen und Zeremonien, wie Hochzeiten und Geburten. In der Waffengalerie sind Speere, alte *keris* und andere Waffen ausgestellt. Das vielleicht beeindruckendste Exponat ist der *singakerti*, eine königliche Kutsche, die die Form eines mythischen Tiers hat.

SEHENSWÜRDIGKEITEN

③
Kuantan
C3 · 315 000 · 259 km östl. von Kuala Lumpur · Jalan Makhota · pahangtourism.com.my

Pahangs Hauptstadt Kuantan ist ein wichtiger Verkehrsknotenpunkt an der Mündung des Sungai Kuantan. Sie wird vor allem von Reisenden besucht, die auf dem Weg zu den Stränden und Dörfern der Umgebung sind.

Am Hauptplatz steht die beeindruckende Masjid Negeri (Staatsmoschee). Gegenüber ist die Jalan Taman, die 2021 in Lorong Seni oder Art Street umbenannt wurde und mehr als 30 Wandmalereien und zahlreiche Bars beherbergt. Am Flussufer gibt es Läden, die lokales Kunsthandwerk verkaufen. Vom Bootssteg starten Rundfahrten zum Fischerdorf Tanjung Lumpur und zu einem Mangrovenwaldreservat.

In Kuantan steht auch der zweithöchste Turm des Landes – der 188 Meter hohe **Kuantan 188**. Die Aussichtsplattform mit 360-Grad-Blick auf die Stadt verfügt über ein Restaurant und ist Ausgangspunkt für einen Hochseilgarten.

Umgebung: Fünf Kilometer östlich liegt Teluk Chempedak, auch Jackfruit Bay genannt – bekannt für feinen Sand und eine schöne Brandung.

Südöstlich liegt **Bukit Gambang Resort City**. Das Resort wartet mit vielen Attraktionen auf, darunter ein riesiger Wasserpark.

Kuantan 188
Jalan Besar · tägl. 10–22 · kuantan188.com.my

Bukit Gambang Resort City
Jalan Bukit Gambang Utama · bgrc.com.my

④
Gua Charas
C3 · 25 km nordwestl. von Kuantan · ab Kuantan

Das Höhlensystem erstreckt sich in einer riesigen Kalksteinfelsnase. 1954 erteilte der Sultan von Pahang einem Thai-Mönch die Erlaubnis, die Haupthöhle als buddhistischen Schrein zu nutzen. 200 Stufen führen in die gigantische Höhle, in der religiöse Darstellungen in den Stein gehauen wurden. Dominierendes Element ist der Liegende Buddha. Die Schreine daneben sind Kuan Yin, der chinesischen Göttin der Gnade, und mehreren Bodhisattvas geweiht.

⑤
Sungai Lembing
C3 · 42 km nordwestl. von Kuantan

Das ehemalige Bergbauzentrum ist nicht mehr als ein paar Reihen von Shophouses am Ufer des Sundai Kenau, bietet aber eine abwechslungsreiche Umgebung. Der Bukit Panorama ist ein beliebter Wanderpunkt, um den Sonnenaufgang über einem großen Wolkenteppich zu erleben. Die andere Attraktion ist der Rainbow Waterfall: Er liegt im Dschungel,

Innenraum der Masjid Negeri in Kuantan (Detail)

etwa eine Stunde mit dem Geländewagen von der Stadt entfernt, und hat seinen Namen von dem Regenbogen, der sich zwischen 9 und 10 Uhr morgens auf der unteren Stufe spiegelt.

❻ Tasik Chini

 138 km südwestl. von Kuantan am Federal Hwy 82 🚍 bis Felda Chini, dann Taxi; bis Maran, dann Taxi nach Kampung Belimbing, dann Boot

Tief im dicht bewaldeten Landesinneren und versteckt zwischen Hügeln liegt Tasik Chini, eine Reihe wunderbarer Seen, die durch Flüsse verbunden und von riesigen Bäumen umstanden sind. Am schönsten ist es hier zwischen Juni und September, wenn weiße und rote Lotosblumen auf dem Wasser erblühen. Um die Seen siedeln die Jakun, Angehörige der Orang Asli. Leider müssen diese Menschen um die Wahrung ihres Lebensstils gegen die Verschmutzung durch Minen- und Holzunternehmen kämpfen.

Kampung Gumum ist eine kleine Orang-Asli-Siedlung nördlich der Seen. Ihre Bewohner führen Besucher gern durch die Häuser und zeigen ihr Handwerk. Die Fahrt zu den Seen ist mit öffentlichen Verkehrsmitteln etwas umständlich, doch ist man erst einmal dort, befahren Boote der Ferienanlage und des Dorfs die Seen. Mehrere Wanderwege schlängeln sich durch das Gebiet. Tagestouren nach Tasik Chini werden von Kuantan und Cherating aus angeboten.

❼   Endau-Rompin National Park

 57 km südl. von Kuantan 🚍 bis Kahang, dann 4WD nach Peta oder bis Bekok, dann 4WD nach Selai 📞 +60 7 223-7471

Der nach den zwei Flüssen, die ihn begrenzen, benannte Nationalpark Endau-Rompin ist 870 Quadratkilometer groß und umfasst einen der letzten Streifen Tiefland-Regenwalds in Malaysia. Er bietet Lebensraum für eine artenreiche Flora und Fauna. Die landschaftliche Vielfalt ermöglicht sportliche Aktivitäten wie Rafting und Klettern. Eingänge sind in Peta nahe Mersing und in Selai.

An der Stelle, wo Sungai Endau und Sungai Jasir zusammenfließen, liegt das Basislager Kuala Jasin, 15 Kilometer vom Hauptquartier des Parks entfernt. Von hier führt ein Wanderweg zum vier Stunden entfernten Janing Barat Plateau. Zwei weitere Routen schlängeln sich am Sungai Jasin entlang zum Wasserfall Buaya Sangkut. In den Orang-Asli-Dörfern der Gegend sind Besucher jederzeit willkommen.

Besucher brauchen eine Genehmigung, die man kostenlos in Kuala Rompin, im Park-Hauptquartier oder gegen Gebühr in Johor Bahru erhält. Eine organisierte Tour ist die beste Möglichkeit, den Park zu erkunden. Man bucht sie entweder bei der Johor Parks Corporation oder einer Agentur. Man braucht drei Tage, um die gesamte Fläche zu erkunden. Es gibt nur wenige Unterkünfte.

Hotels

Hyatt Regency Kuantan
Luxuriöses Resort mit modernen Suiten.
C3 🏨 Teluk Chempedak 🌐 hyatt.com
RM RM RM

Swiss Garden Beach Resort Kuantan
Top-Spot für Windsurfer mit Zimmern mit Blick auf den Balok Beach.
C3 🏨 Mukim, Balok Beach 🌐 swissgarden.com
RM RM RM

Sumatra-Nashorn

Sumatra-Nashörner sind scheue Tiere mit rostroten Haaren, die sich von Baumstämmen und Zweigen ernähren. Früher streiften sie frei durch Südostasien. Als Iman, ein 25-jähriges Weibchen aus Borneo, im Jahr 2019 an Krebs starb, wurde die Art in Malaysia offiziell als ausgestorben erklärt. In Indonesien gibt es nur noch etwa 30 Exemplare in freier Wildbahn.

8 Pekan

D3 · 30 000 · 44 km südl. von Kuantan
ab Kuantan

Am Südufer des Sungai Pahang liegt Pekan, die ehemalige königliche Hauptstadt von Pahang. An der Uferpromenade stehen Shophouses und das Sultan Abu Bakar Museum. Das Museum in einem viktorianischen Palast, einst eine Residenz der königlichen Familie, zeigt Waffen und Porzellan. In der Nähe stehen zwei Marmormoscheen, die Masjid Sultan Abdullah mit blauer Kuppel und die neuere Masjid Abu Bakar. Weiter entfernt vom Fluss liegt das königliche Viertel mit dem Istana Abu Bakar, dem Königspalast.

Lebenszyklus der Grünen Meeresschildkröte

Der Lebenszyklus dieser Tiere, die heute durch den Klimawandel, den illegalen Handel und die Erschließung der Küsten bedroht sind, ist einer der bemerkenswertesten im Tierreich. Nachdem sie ihr Leben damit verbracht haben, Tausende von Kilometern durch den Ozean zu schwimmen, kehren die Weibchen an den Strand zurück, an dem sie geboren wurden, um ihre Eier abzulegen, wobei sie die magnetischen Signaturen der Erde als Karte nutzen. Jedes Weibchen legt zwischen April und September zwischen 50 und 200 Eier ab, vergräbt das Nest im Sand und kehrt ins Meer zurück. Sie spielen eine wichtige Rolle bei der Erhaltung des marinen Ökosystems.

9 Cherating

D2 · 2000 · 47 km nördl. von Kuantan am Hwy 3
ab Kuantan, Kota Bharu, Kuala Terengganu

Das palmengesäumte Fischerdorf Cherating in einer Bucht am Südchinesischen Meer hat einen der schönsten Strände an Malaysias wunderbarer Ostküste. Das Wasser ist ideal zum Surfen, vor allem im November und Dezember. Cherating ist auch ein wichtiger Nistplatz für die bedrohte Grüne Meeresschildkröte.

Interessant ist auch Cendor Beach, sechs Kilometer von Cherating entfernt. Hier kommen Grüne Meeresschildkröten und gelegentlich auch riesige Lederschildkröten an Land, um ihre Eier abzulegen. Darüber hinaus gibt es einige abgelegene Badestellen. Das Chendor Turtle Sanctuary ist einen Besuch wert, vor allem während der Brutzeit.

❿ Pulau Tenggol
🅐 D2 📍 13 km östl. von Kuala Dungun 🚤 ab Kuala Dungun 🌐 pulautenggol.com

Das Taucherparadies Pulau Tenggol vor der Ostküste Malaysias gehört zu einer Gruppe von zwölf abgelegenen kleinen Inseln. Bis in die 1970er Jahre war Pulau Tenggol unbewohnt, dann wurde es zu einem Tauchzentrum ausgebaut, das heute zum Terengganu Marine Park gehört.

Das blaue Wasser rund um die mit dichtem Wald bewachsene Insel birgt Unterwasserklippen, Felsen und Korallenriffe voller farbenfroher Meerestiere. Dank eines rigiden Fischfangverbots erlebt man hier fantastische Unterwasserwelten. Es gibt mindestens 20 Tauchplätze in dieser Inselgruppe, aber die meisten davon liegen recht tief und sind deshalb nur für Taucher mit Erfahrung geeignet. Da Pulau Tenggol heute in Privatbesitz ist, kann man die Insel nur im Rahmen von Tauchausflügen ab Dungun besuchen.

⓫ Pulau Kapas
🅐 C2 📍 6 km südöstl. von Marang 🚤 ab Marang 🌐 kapasisland.com

Pulau Kapas (Cotton Island, Baumwollinsel) lockt mit weißen Sandstränden und herrlichem Wasser. Die Insel ist ein ausgewiesener Meerespark und wird als Tauch- und Schnorchelparadies beworben. Nördlich davon liegt das deutlich kleinere Eiland Pulau Gemia, zu dem nur Gäste der dortigen Ferienanlage Zutritt haben.

Die besten Schnorchelgebiete liegen an der Nordküste und um Pulau Gemia. Nördlich von Gemia bildet das Wrack eines im Zweiten Weltkrieg gesunkenen Schiffs die Hauptattraktion. Alle Anlagen auf Kapas arrangieren Tauchtrips. Außerdem gibt es ein professionelles Tauchzentrum, das auch Kurse anbietet.

← Türkisfarbenes Wasser plätschert gegen den warmen Sand von Pulau Tenggol

Shopping

Pasar Payang
Hier finden Sie Lebensmittel und Kunsthandwerk wie *songket* (handgewebte Stoffe) und Goldschmiedearbeiten.

🅐 C2 📍 Jalan Sultan Zainal Abidin, Kuala Terengganu
📞 +60 11 5338-0758

Noor Arfa Craft Complex
Der Kunsthandwerkskomplex ist für seine leuchtenden Batikstoffe bekannt. Sie können auch den Handwerkern bei der Arbeit zusehen.

🅐 C2 📍 NACC Batik Pavilion, Kuala Terengganu
🌐 noorarfa.com

Die weiße Fassade der schwimmenden Masjid Tengku Tengah Zaharah

⓬ Masjid Tengku Tengah Zaharah

🅐 C2 🚗 5 km südöstl. von Kuala Terengganu

Wegen ihrer Lage am Wasser wird die Masjid Tengku Tengah Zaharah auch Floating Mosque (»schwimmende« Moschee) genannt. Die weiße Moschee steht in einem Park. Moderne und traditionell maurische Architektur kennzeichnen den Bau. Die Moschee darf nur von Muslimen betreten werden.

⓭ Kuala Terengganu

🅐 C2 👥 275 000 🚗 220 km nördl. von Kuantan ✈ 🚌 🚢 ℹ Plaza Padang Negara 🌐 terengganutourism.com

Kuala Terengganu ist die Hauptstadt des Sultans von Terengganu. Nach der Entdeckung von Ölfeldern im Südchinesischen Meer wurde aus dem Fischerdorf eine wohlhabende Stadt.

Bis heute ist sie mit ihren bunten Märkten und den lebendigen traditionellen Handwerksläden, in denen Besucher Batik, Brokat, *songket*, Messing- und Korbwaren kaufen können, eine Hochburg der malaiischen Kultur. Am betriebsamsten geht es am Pasar Payang, dem Zentralmarkt, zu. Hier bekommt man frischen Fisch, Obst und Gemüse. Auch der nahe Waterfront Heritage Bazaar ist einen Besuch wert. Südlich des Markts liegt die kompakte Chinatown. An deren sichelförmiger Hauptstraße stehen restaurierte Shophouses und Restaurants sowie ein buddhistischer Tempel.

Nur wenige Schritte in entgegengesetzter Richtung befindet sich der aprikosenfarbene Istana Maziah, der im Kolonialstil erbaute Sultanspalast. Außer zu besonderen Anlässen ist er nicht öffentlich zugänglich. Schön ist auch die nahe Masjid Zainal Abidin mit goldenen Kuppeln und einem hoch aufragenden Minarett.

Einen Abstecher lohnen der Terengganu State Museum Complex und Pulau Duyung, wo die Segelregatta Monsoon Cup ausgetragen wird.

Der **Terengganu State Museum Complex** (Muzium Negeri Terengganu) ist eines der größten Museen Südostasiens. Es besteht aus mehreren Gebäuden in einer weitläufigen Parklandschaft. Das Hauptgebäude – die Nachbildung eines traditionellen malaiischen Stelzenhauses – zeigt Textilarbeiten, Kunsthandwerk, islamische Objekte und eine interessante Ausstellung zur staatlichen Ölindustrie. Auf dem Gelände stehen einige traditionelle malaiische Häuser und Boote sowie ein Schifffahrtsmuseum. Highlight ist jedoch der Istana Tengku Long, ein Holzpalast von 1880 mit königlichen Artefakten.

Terengganu State Museum Complex
📍 Losong, 3 km südwestl. von Kuala Terengganu 📞 +60 9 622-1444 🕘 tägl. 9–17 🕘 Fr 12–15

> **Schon gewusst?**
> Die schwimmende Moschee Tengku Tengah Zaharah war die erste dieser Art in Malaysia.

> Der Terengganu State Museum Complex ist eines der größten Museen Südostasiens. Es besteht aus mehreren Gebäuden in einer Parklandschaft.

Bootsbau auf Pulau Duyung

Vor der Westküste von Kuala Terengganu liegt Pulau Duyung, wo eine uralte Tradition des Baus verzierter Boote, *bangau*, blüht. Diese Holzboote werden mit Techniken hergestellt, die über viele Generationen weitergegeben wurden, und man glaubt, dass sie vollständig aus dem Gedächtnis gebaut werden.

Bootswerften und Werkstätten

Die Werften und Werkstätten sind über die gesamte Insel verstreut. Besucher sind dort willkommen und können den Bootsbauern bei der Arbeit zusehen. Die Boote dienen den Fischern, sind aber wegen ihrer kunstvollen Gestaltung international bekannt.

Bangau

Ursprünglich wurden die Boote mit Rudern oder Segeln angetrieben, heute haben viele einen Motor. Die Boote müssen täglich vor gefährlichen Wellen an Land gebracht werden. Daher werden sie mit einer gekonnten Mischung aus Funktionalität und Ästhetik gebaut und dekoriert: robust, um Stürmen zu trotzen, und leicht genug, um aus dem Wasser gezogen zu werden.

Bootsdesign

Die meisten Entwürfe zeigen gegenständliche Figuren, die oft aus der hinduistischen Mythologie stammen. Diese werden jedoch immer seltener, da sich die Bootsdesigner zunehmend der nicht gegenständlichen islamischen Kunst zuwenden wie dem geometrischen Arabeskenmuster. Stilisierte Bugspitzen werden geschnitzt und bemalt, um Schattenpuppen, Vögel und Garuda (ein Vogel aus der hinduistischen Mythologie) darzustellen. Mythische Kreaturen, darunter Drachen und Dämonen, scheinen aus hinduistischen Epen wie dem *Ramayana* zu stammen.

↑ *Ein in leuchtenden Farben bemalter und mit individuellen Mustern verzierter* bangau

↑ *Bootsbauer in der Anfangsphase der Konstruktion*

↑ *Schwarm von Sergeantfischen vor Pulau Redang*

Restaurants

Crocodile Rock Bistro
Das Bistro mit Tischen am Strand bietet alles von gegrillten Meeresfrüchten bis zu Süßkartoffelpommes.

C1 Rainforest Beach, Perhentian Kecil crocodilerockvillas.com

Keranji Beach Cafe
Das kleine Café auf Stelzen bietet eine große Auswahl an Gerichten, darunter Currys und Burger.

C1 Keranji Beach, Perhentian Kecil keranjibeach.com

Ewan's Cafe
Ewan's ist bei Rucksacktouristen wegen seiner vielseitigen Speisekarte beliebt. Das *tom yum* ist besonders gut.

C1 Coral Bay, Perhentian Kecil +60 14 817-8303

⑭
Pulau Redang

C1 62 km nördl. von Kuala Terengganu ab Merang und Kuala Terengganu redang.org

Pulau Redang ist eine der größten und schönsten Inseln der Ostküste und gut erschlossen. Sie liegt im Zentrum des aus neun Inseln bestehenden Redang-Archipels, eines Meeresschutzgebiets.

Die Insel bietet mit ihrem kristallklaren Wasser und der reichen, an den schönsten Korallenriffen Malaysias angesiedelten Meereswelt exzellente Tauch- und Schnorchelmöglichkeiten. Leider haben Schlick und Bauschutt die Korallen in Mitleidenschaft gezogen. Man bemüht sich aber, weitere Schäden zu vermeiden. Das Schnorcheln ist auf bestimmte Bereiche beschränkt. Diese sind dafür umso attraktiver. Im Wasser liegen die Wracks der britischen Kriegsschiffe HMS *Repulse* und HMS *Prince of Wales*.

Die Strände erstrecken sich vor grünem Dschungel. Pasir Panjang und Teluk Dalam Kecil sind zwei der besten an der Ostküste mit den meisten Ferienanlagen. Das Hauptdorf Kampung Air liegt mitten auf der Insel.

Die meisten Besucher sind Pauschalurlauber. Es gibt aber auch organisierte Ausflugstouren von den Perhentian-Inseln aus.

⑮
Perhentian-Inseln

C1 20 km nordwestl. von Kuala Terengganu ab Kuala Besut perhentian.com.my

Die Perhentian-Inseln bestehen aus Pulau Perhentian Besar und Pulau Perhentian Kecil. Beide bieten weiße Sandstrände und blaues Meer mit Korallenriffen voller Meerestiere. Man kann tauchen und schnorcheln, aber auch segeln, windsurfen und wandern.

Einer der Strände von Pulau Perhentian Besar ist die Three Coves Bay – mit eigentlich drei durch Felsen getrennten Stränden. In der geschützten Bucht legen

↑ *Ein schöner, abgelegener Strand auf den Perhentian-Inseln*

> Die Perhentian-Inseln Pulau Perhentian Besar und Pulau Perhentian Kecil bieten weiße Sandstrände und blaues Meer mit Korallenriffen voller Meerestiere.

Grüne und Karettschildkröten zwischen Mai und September ihre Eier ab. In dieser Zeit ist die Bucht für Besucher komplett gesperrt.

Pulau Perhentian Kecil ist kleiner als Pulau Perhentian Besar, verströmt aber denselben Charme. Wichtigste Attraktion ist der Strand Pasir Panjang.

Die teureren und ruhigeren Unterkünfte findet man auf Perhentian Besar. Das große Angebot an günstigeren Hotels und Restaurants auf Perhentian Kecil lockt dagegen Rucksackreisende an.

Während der Hauptsaison zwischen Ende Mai und September herrscht auf beiden Inseln Hochbetrieb, freie Unterkünfte wird man dann kurzfristig kaum finden. Es lohnt sich aber, die Angebote auf beiden Inseln zu vergleichen, da die schmale Meerespassage dazwischen leicht per Boot zu überqueren ist. Es gibt einige gute Wanderwege auf den Inseln, aber am einfachsten gelangt man mit dem Boot von Strand zu Strand. Fahrten bieten private Betreiber und Ferienanlagen an.

Nordwestlich liegt die kleinere, unbewohnte, von dichtem Regenwald überwucherte Inselgruppe Pulau Susu mit einigen der besten Tauchreviere der Region.

16
Tasik Kenyir
C2 55 km südwestl. von Kuala Terengganu
ab Kuala Lumpur
kenyirlake.com

Der Tasik Kenyir ist mit 260 Quadratkilometer Fläche und 350 kleinen Inseln der größte künstliche See in Südostasien. Er entstand 1985 durch den Bau eines Damms am Sungai Kenyir. Der von artenreichem tropischem Dschungel umgebene Tasik Kenyir wurde zum Ökotourismusgebiet ausgebaut.

Zu den Höhepunkten des Sees gehören 14 Wasserfälle, die in Kaskaden in natürliche Becken stürzen. Diese können mit dem Boot von der Hauptanlegestelle des Sees aus erreicht werden, und es können Bootsausflüge zu den Kalksteinhöhlen von Bewah am südlichen Ende des Sees unternommen werden. Außerdem gibt es ein Elefantenschutzgebiet, das **Kenyir Elephant Conservation Village**, in dem gerettete Elefanten leben, sowie einen Canopy Walk am Ufer des Sees.

Heute gibt es rund um den See etwa 15 Ferienresorts – die beste Zeit für einen Besuch ist zwischen Februar und Juni, wenn der Wasserstand aufgrund des Monsuns hoch ist.

Kenyir Elephant Conservation Village
Jalan Felda Aring
kecv.com/my

> ### Umgang mit Elefanten
> Früher war es in Südostasien üblich, dass Elefanten, die vor dem illegalen Holzeinschlag gerettet worden waren, für Ritte durch den Dschungel genutzt wurden. Diese Praxis wird jedoch aufgrund ihrer Auswirkungen auf die Tiere weitgehend verurteilt. In Auffangstationen wird das Baden mit den Elefanten oft noch angeboten, aber es gibt zunehmend Bedenken, dass auch das den Tagesablauf und das allgemeine Wohlbefinden der Elefanten stört.

⓱ Tumpat

C1 15 km nordwestl. von Kota Bharu ab Kota Bharu

Das kleine Tumpat liegt in einer bäuerlichen Region von Kelantan. Es ist das Zentrum der Orang Syam. Außerdem ist es ein wichtiger Verkehrsknotenpunkt für alle, die mit der Dschungeleisenbahn nach Süden oder ins benachbarte Thailand nach Norden reisen möchten.

Von Tumpat aus kann man die zahlreichen Thai-buddhistischen Tempel im ansonsten streng islamischen Kelantan besichtigen.

⓲ Wat Phothivihan

C1 3 km südl. von Chabang Empat, bei Tumpat ab Kota Bharu oder Tumpat tägl. 7–17 Vesak-Tag (Mai/Juni)

Der Thai-Buddhismus in Kelantan ist auf etwa 20 Klöster begrenzt. Wat Phothivihan ist eines der interessantesten. Das verzierte Tempeldach und die in gelbe Kutten gehüllten Mönche bilden einen scharfen Kontrast zu den muslimischen Dörfern der Umgebung.

Das 1973 vom Abt Phra Krurasapia Chakorn gebaute Kloster zieht alljährlich Tausende thailändische Pilger an. Wie die meisten Thai-Tempel ist auch dieser weitläufig und imposant angelegt. Hauptattraktion ist ein 40 Meter langer *phra non*, ein Liegender Buddha, der 1975 hier errichtet wurde.

Wat Phothivihan ist ein soziales, kulturelles und spirituelles Zentrum thailändischer, chinesischer und indischer Gläubiger. Mönche führen Besucher gern herum.

⓳ Pantai Dasar Sabak

C1 13 km nordöstl. von Kota Bharu ab Kota Bharu

Nördlich und östlich von Kota Bharu liegen mehrere schöne Strände. Am leichtesten zugänglich ist Pantai Dasar Sabak. Der palmengesäumte Strand in der Nähe des malaiischen Fischerdorfs Sering hat eine bewegte Geschichte. Am 8. Dezember 1941 landeten hier die kaiserlich-japanischen Marinetruppen im Rahmen ihrer ersten Angriffe während des Zweiten Weltkriegs.

Ein Ausflug zum Strand kann mit der Gelegenheit verbunden werden, die Rückkehr der Fischereiflotte am Nachmittag zu beobachten und frische Meeresfrüchte zu kaufen. Die Ostküste von Kelantan ist überwiegend malaiisch-muslimisch geprägt, und es ist ratsam, sich dezent zu kleiden.

⓴ Wat Machimmaram

C1 Kampung Jubakar, bei Tumpat ab Kota Bharu oder Tumpat tägl. 7–17 Vesak-Tag (Mai/Juni)

Wat Machimmaram ist einer der buddhistischen Tempel in den Thai-Dörfern von Kelantan. Er steht in Kampung Jubakar an der Hauptstraße, die von Kota Bharu bis zur thailändischen Grenze führt. Ähnlich wie die Tempel im Nachbarland Thailand besitzt dieser *ketek* (Tempel) lotosförmige Ecksteine, vergoldete Türme auf den *chedi* (Stupas), lackierte Türen und Fensterläden. Die von einheimischen Thai-Buddhisten geschaffene Statue des Sitzenden Buddha ist angeblich die größte ihrer Art in Südostasien. Die Figur ragt etwa 32 Meter aus der Ebene empor und steht damit selbstbewusst für die Präsenz des Theravada-Buddhismus in diesem vorwiegend islamischen Bundesstaat.

> **Schon gewusst?**
> Etwa 240 Kilometer der Dschungelbahn wurden im Zweiten Weltkrieg von den Japanern entfernt.

Die riesige Sitzende Buddha im Wat Machimmaram

Der Zug schlängelt sich durch das grüne Hinterland der Malaiischen Halbinsel

Jungle Railway

Mit der Dschungelbahn kann man das Landesinnere Westmalaysias erkunden. Bei ihrer Eröffnung 1931 galt sie als technisches Meisterwerk. Sie verbindet Kelantan an der Ostküste mit den Bundesstaaten Kedah, Perak und Penang im Westen. Die Bahn schlängelt sich von Kelantan durch die Dschungelschluchten von Kuala Lipis und stößt bei Gemas auf die Hauptlinie Singapur–Kuala Lumpur.

Tumpat
Die Bahn fährt im Norden im kleinen, landwirtschaftlich geprägten Ort Tumpat ab. Er ist für die nahe gelegenen Thai-Tempel bekannt.

Herrliche Ausblicke auf die Landschaft aus dem Zuginneren

Kuala Krai
In der Nähe der von Gummiplantagen umgebenen Siedlung Kuala Krai fährt die Bahn am Ufer des Sungai Kelantan entlang.

Gua Musang
Das abgelegene Gua Musang ist für seine Höhlen bekannt, lebt aber von der Holzwirtschaft.

Kuala Lipis
Die ehemalige Goldgräberstadt liegt am Zusammenfluss von Jelai und Lipis.

Jerantut
Der kleine Ort ist das Tor zum Taman Negara. Er verfügt über einige Restaurants und Unterkünfte.

Gemas
Die Dschungelbahn fährt bis ins geschäftige Gemas, das gute Straßen- und Bahnverbindungen nach Kuala Lumpur und Johor Bahru hat.

Planung der Zugfahrt
Nachdem Überschwemmungen die Dschungelbahn 2014 beschädigt hatten, wurden die Fahrpläne stark verändert, und die Fahrten finden meist nachts statt. Es ist jedoch empfehlenswert, die Reise in kürzere Etappen aufzuteilen und sich Zeit zu nehmen, um in den Städten entlang der Strecke anzuhalten. Insgesamt dauert die Reise mit dem Bummelzug 15 Stunden und mit dem Schnellzug zehn Stunden.

Die Clearwater Cave im riesigen Mulu National Park (siehe S. 166f)

Sarawak

Die ersten Einwohner Sarawaks waren Jäger und Sammler, die vor etwa 40 000 Jahren hier lebten. Beweise für die Existenz früher Siedlungen wurden 1958 in den Niah Caves im Nordosten des Bundesstaats entdeckt.

Bis Mitte des 19. Jahrhunderts wurde die Region vom Sultan von Brunei regiert, dessen hohe Steuern zu häufigen Aufständen der Bevölkerung führten. Während eines solchen Ausbruchs im Jahr 1839 trat der englische Abenteurer James Brooke in die Dienste des Sultans und unterwarf die Aufständischen. Dafür erhielt er den Titel eines Rajahs und wurde der erste der »Weißen Rajahs« *(siehe S. 162)* – die über ein Jahrhundert lang ein Gebiet so groß wie Großbritannien als ihr privates Königreich regierten. Während des Zweiten Weltkriegs war der Staat kurzzeitig von Japan besetzt, woraufhin der letzte Weiße Rajah Sarawak an Großbritannien abtrat. Sarawak trat dann 1963 der Föderation von Malaysia bei.

Der Staat im Nordwesten von Borneo ist mit natürlichen Ressourcen gesegnet, darunter auch Erdöl. Die 2,4 Millionen Einwohner Sarawaks sind größtenteils indigene Völker, die unter dem Namen Dayak bekannt sind, während die verbleibende Minderheit die Orang Ulu sind. Die meisten Menschen leben im Südwesten, in und um die Hauptstadt Kuching.

Sarawak

Highlights
1. Kuching
2. Bako National Park
3. Mulu National Park

Sehenswürdigkeiten
4. Damai Beach
5. Sungai Santubong
6. Santubong
7. Sarawak Cultural Village
8. Kubah National Park
9. Tanjung Datu National Park
10. Sematan
11. Semenggoh Nature Reserve
12. Wind Cave und Fairy Cave
13. Batang Rajang
14. Belaga
15. Sibu
16. Loagan Bunut National Park
17. Similajau National Park
18. Mukah
19. Bintulu
20. Kapit
21. Gunung Gading National Park
22. Niah Caves National Park
23. Miri
24. Kelabit Highlands
25. Lambir Hills National Park

Sarawak
Südchinesisches Meer
Menumbok
Beaufort
Sipitang
Tenom
Brunei International Airport
Bandar Seri Begawan
Sundar
Lawas
Trusan
Tutong
Limbang
Sabah
Seiten 182–205
Seria
Kuala Belait
Brunei
Seiten 178–181
Long Tengoa
Nanga Medamit
Miri 23
Labi
Long Merarap
Lambir Hills National Park 25
Long Semado
Marudi
Gunung Mulu 2377 m
Gunung Murud 2438 m
Bekenu
Mulu
3 Mulu National Park
Beluru
Long Seridan
Niah Caves National Park 22
24 Kelabit Highlands
Bario
Batu Niah
16 Loagan Bunut National Park
Long Lama
Lapok
Pa Dalih
Similajau National Park 17
Long Luyang
Long San
Long Sobin
Bukit Kalulong 1220 m
Long Banga
19 Bintulu
Tubau
Long Nibong
Lio Matoh
Sebauh
Bukit Punum 1266 m
Tatau
Long Tikan
Rumah Kesing
Belaga 14
Long Murum
Rajang
SARAWAK
Merit
Bukit Kerangan Nyabong 759 m
20 Kapit
Nanga Gaat
Makulit
umah Jugat
Rumah Aryl
Gaat
Bukit Kumbong 1398 m
Mengiong
Bukit Melatai 1554 m
Long Ampung
INDONESIEN
0 Kilometer 50
N
Putussibau

Kuching

A7 **500 000** **Südwest-Sarawak** ✈ 🚢
Courthouse Complex **sarawaktourism.com**

Kuching, die Hauptstadt von Sarawak, ist eine der attraktivsten Städte Malaysias, mit historischen Gebäuden, modernen Hochhäusern und eleganten Restaurants. Mitte des 19. Jahrhunderts wurde Sarawak – wie Kuching bis 1872 offiziell hieß – Hauptstadt des Reichs von Rajah James Brooke. In Kuching trafen verschiedene Ethnien wie Malaien, Chinesen und Inder sowie indigene Völker wie die Iban und Bidayuh aufeinander, was sich bis heute in Kuchings kultureller Vielfalt niederschlägt. Die Stadt erstreckt sich nördlich und südlich des Sungai Sarawak, wobei sich die meisten Sehenswürdigkeiten wie Kolonialgebäude und Souvenirläden am Südufer befinden.

> **Schon gewusst?**
> Kuching (Katze) soll so heißen, weil James Brooke einen Einheimischen missverstanden hatte.

① Islamic Heritage Museum

Jalan P. Ramlee Mo–Fr 9–16:15, Sa, So 10–16
museum.sarawak.gov.my

In einer restaurierten Kolonialvilla präsentiert das Islamische Museum die Geschichte des Islam und seiner Verbreitung in Sarawak sowie im restlichen malaiisch-indonesischen Archipel. Das im Jahr 1930 errichtete Gebäude diente einst als Schule für die Ausbildung malaiischer Lehrer.

Die sieben thematisch gegliederten Ausstellungsräume sind um einen friedlichen Garten herum angeordnet und erläutern traditionell islamische Kunst und Architektur. Gezeigt werden Schmuck, dekorative Kunst, Waffen, Keramik, Haushaltsgeräte und verschiedene Gewichte und Maße.

Die verschiedenen Artefakte sind äußerst gut erhalten und gehören zu den besten in Malaysia.

② Textile Museum

Jalan Tun Abang Haji Openg tägl. 9–16:30
museum.sarawak.gov.my

Das 1907 als Krankenhaus errichtete Gebäude wurde während des Zweiten Weltkriegs von der japanischen Armee als Propagandazentrum genutzt. Heute beherbergt das Eisengebäude das Textilmuseum.

Hier sind auf zwei Etagen die Alltagskleidung der indigenen Völker Sarawaks sowie die Kleidung für Hochzeiten und andere Zeremonien ausgestellt. Darüber hinaus führen Frauen vor, wie Stoffe gesponnen, gewebt und gefärbt werden. Traditionelle *songket* und *ikat* (gemusterter Stoff) sind ebenfalls zu bewundern.

← Die Dächer von Kuching und der Sungai Sarawak

Highlight

Hotels

The Waterfront
Das stilvolle Hotel mit Blick auf den Sungai Sarawak bietet elegante, moderne Zimmer und Live-Jazz in der stimmungsvollen Lounge.

🏠 68 Jalan Tun Abang Haji Openg
W thewaterfrontkuching.com

RM RM RM

Threehouse B & B
Das Threehouse im Herzen von Kuchings Chinatown ist ein kosmopolitischer Ort. Die Zimmer sind gemütlich, unaufdringlich und bieten ein gutes Preis-Leistungs-Verhältnis.

🏠 51 Jalan China
📞 +60 12 822-8422

RM RM RM

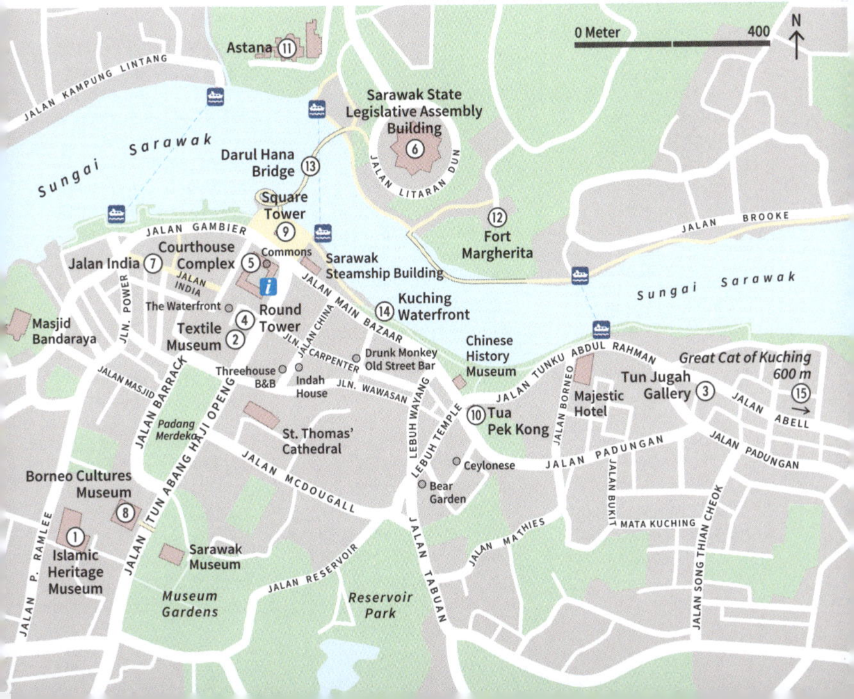

③
Tun Jugah Gallery
🏠 Level 4, Tun Jugah, 18 Jalan Tunku Abdul Rahman
🕐 Mo – Fr 9 –12, 13 –16
W tunjugahfoundation.org.my

Bunte und faszinierende Textilien kann man auch in der Tun Jugah Gallery sehen. Hier wird die alte Kunst der Herstellung von Iban-Kleidung wiederbelebt, die nach sehr komplizierten Mustern gewebt und mit pflanzlichen Stoffen gefärbt wird.

Eine kleine Sammlung von Perlen und Keramik ist ebenfalls zu sehen.

④
Round Tower
🏠 Jalan Tun Abang Haji Openg 📞 +60 82 245-652
🕐 Mo – Fr 8:30 –12:30, 14 –17, Sa, So 8:30 –12

Der in den 1880er Jahren errichtete Turm war ursprünglich als Festung gedacht, diente aber in seiner Anfangszeit als Krankenstation. Heute beherbergt er das Sarawak Crafts Council, in dem einige der besten Kunsthandwerke der Provinz ausgestellt werden.

⑤
Courthouse Complex
🏠 Kreuzung Jalan Main Bazaar und Jalan Tun Abang Haji Openg ⏰ Mo

Der Courthouse Complex besteht aus einer Reihe von mit Eisenholz gedeckten Gebäude, die Säulen im romanischen Stil haben. Er wurde 1871 als Regierungssitz Sarawaks errichtet und diente als

Der ruhige Innenhof des Courthouse Complex (Detail) ↑

solcher bis 1973. Das Landesgericht tagt hier noch heute. Der Hauptgerichtssaal mit Wandgemälden mit ländlichen Szenen ist sehenswert. Vor dem Komplex steht der Clock Tower (Uhrenturm). Er wurde 1883 angebaut. Das Charles Brooke Memorial kam 1925 hinzu. Die Ecken des Denkmals zieren Figuren, die die ethnischen Gruppen Sarawaks – Dayak, Malaien, Chinesen und Orang Ulu – darstellen. Im Komplex sind auch ein Café und das Visitor Information Centre des Sarawak Tourism Board.

⑥
Sarawak State Legislative Assembly Building
🏠 Petra Jaya
⏰ für Besucher

Das 2009 eröffnete Gebäude der gesetzgebenden Versammlung des Bundesstaats Sarawak ist eines der markantesten Gebäude in Kuching. Es ist ein architektonisches Meisterwerk: Von oben betrachtet ähnelt es einem

neunzackigen Stern, der die verschiedenen kulturellen Gruppen von Sarawak symbolisiert. Er steht auch für die »Nine Cardinal Principles«, die 1941 von Rajah Charles Vyner Brooke aufgestellt wurden und den Weg für die Selbstverwaltung der Provinz vorzeichneten. Auffälligstes Merkmal ist das goldene Pavillondach, das den königlichen Regenschirm Malaysias nachahmt.

⑦
Jalan India
🏠 Masjid Bandaraya
⏰ Sa – Do 9 –15

Am westlichen Rand des Zentrums liegt in der Jalan Gam-

→

Die reich dekorierte Fassade des historischen chinesischen Tempels Tua Pek Kong

---

Bars

Drunk Monkey Old Street Bar
Die stilvolle Bar mit Vintage-Möbeln und Ziegelwänden ist bekannt für ihre Whiskey- und Biersorten.

🏠 68 Jalan Carpenter
📞 +60 16 864-9222

Bear Garden
Genießen Sie hier Bier (und auch Cocktails und Weine). Der Erlös geht an eine Organisation für Orang-Utans.

🏠 66 Lebuh Wayang
📞 +60 16 851-1250

Schöne Aussicht
Sky Lounge
Die Bar im 17. Stock des Majestic Hotels ist ideal für einen Drink. Von hier oben hat man einen fantastischen Blick auf Kuchings Hafenviertel und das Gebäude der Sarawak State Legislative Assembly.

⑧
Borneo Cultures Museum
🏠 Jalan Tun Abang Haji Openg ⏰ tägl. 9–16:15 (Sa, So bis 16:30) 🌐 museum.sarawak.gov.my

Das 2022 eröffnete, architektonisch beeindruckende fünfstöckige Museum ist das größte in Malaysia. In der ersten Etage befindet sich eine Ausstellungsgalerie, während die zweite Etage eine faszinierende Kindergalerie mit dem Schwerpunkt Flüsse beherbergt. Auch verschiedene Abteilungen für Kunst und Kunsthandwerk sind hier zu finden.

In den übrigen Etagen sind Dauerausstellungen untergebracht, die die Naturschätze Borneos, Höhlenfunde, die Entstehung Sarawaks sowie Kunsthandwerk und Relikte der vielen verschiedenen Kulturgruppen des Landes präsentieren.

⑨
Square Tower
🏠 Jalan Main Bazaar 📞 +60 82 426-093 ⏰ tägl. 10–16

Im Jahr 1879 ließ Rajah Charles Brooke den Square Tower nördlich des Courthouse an der Stelle einer Holzfestung errichten, die von chinesischen Goldminenarbeitern während der Rebellion von 1857 niedergebrannt worden war. Der Turm wurde jedoch nie als Verteidigungsanlage benötigt und wurde im Lauf der Jahre anderen Zwecken zugeführt, unter anderem kurzzeitig als Gefängnis und später sogar als Ballsaal.

bier der wichtigste Markt. Die Fußgängerzone in der Jalan India ist eine der beliebtesten Einkaufsstraßen der Stadt. Die meisten Läden haben eine Kolonialarkadenfront und verkaufen Textilien, Schuhe, Messing- und Haushaltswaren.

Am westlichen Ende der Straße thront die Masjid Bandaraya mit ihren vergoldeten Kuppeln. Sie wurde 1968 errichtet und schnell zu einem der wichtigsten Wahrzeichen der Stadt. Nicht-Muslime dürfen die Moschee außerhalb der Gebetszeiten besuchen, vorausgesetzt, sie sind angemessen gekleidet. Größenmäßig übertrumpft wurde der Bau von der Masjid Negeri (Staatsmoschee) auf der anderen Flussseite in Petra Jaya. Sie fasst bis zu 14 000 Gläubige.

⑩
Tua Pek Kong
🏠 Jalan Tunku Abdul Rahman ⏰ tägl. 6–22

Gegenüber dem Chinese History Museum steht der Tua Pek Kong mit Aussicht auf den Fluss. Der älteste Taoisten-Tempel Kuchings stammt aus dem Jahr 1876. Zuvor soll hier Ende des 18. Jahrhunderts ein chinesischer Tempel gestanden haben.

Der jetzige bunte und reich verzierte Tempel ist Tua Pek Kong, dem Schutzheiligen der Händler, gewidmet und immer voller Leben. Sein Standort wurde gemäß chinesischer Tradition nach geomantischen Aspekten sorgfältig gewählt. In dem Tempel findet alljährlich das traditionelle malaysische Wang-Kang-Fest zum Andenken an die Toten statt.

Highlight

⑪ Astana

🏠 Nordufer Sungai Sarawak
🚤 ab Anleger nahe Square Tower 🚫 für Besucher

Am Nordufer des Flusses steht Kuchings wichtigstes historisches Gebäude, der beeindruckende Astana. Der Name ist eine lokale Variante des malaiischen Worts Istana (Palast). Rajah Charles Brooke baute den Astana 1870 für seine Braut Margaret.

Der Palast liegt inmitten prächtiger Grünanlagen und bietet Aussicht auf das Courthouse am Südufer. Er besteht aus drei Bungalows mit Holzschindeldächern.

Charles Brooke

Charles Brooke, der Neffe des britischen Entdeckers James Brooke *(siehe S. 155)*, war für die Entwicklung Sarawaks verantwortlich und gab die meisten Kolonialgebäude der Stadt in Auftrag. Er achtete sehr auf Details und führte häufig Inspektionen bei seinen Offizieren durch – jede Nachlässigkeit wurde bestraft. Nach seinem Tod 1917 wurde sein Sohn Charles Vyner Brooke sein Nachfolger.

Der Astana ist bis heute offizieller Wohnsitz des Gouverneurs von Sarawak.

⑫ Fort Margherita

🏠 Nordufer Sungai Sarawak
🚤 ab Anleger nahe Square Tower 🚫 für Besucher

Etwas weiter ostwärts nahe dem Astana liegt Fort Margherita mit Zinnen, weiß getünchten Mauern und großen Kanonen. Das von Rajah Charles Brooke 1879 errichtete und nach seiner Frau benannte Gebäude ist die zweite Festung an dieser Stelle. Das von seinem Onkel James Brooke gebaute Fort wurde 1857 von chinesischen Goldminenarbeitern niedergebrannt. Das Fort Margherita blickt auf den Sungai Sarawak. Es sollte dem Schutz Kuchings gegen Piraten und andere über den Fluss anrückende Feinde dienen. Da Kuching aber bis zum Zweiten Weltkrieg, als die Japaner die Kontrolle übernahmen, von Angriffen verschont blieb, wurde seine Wehrkraft nie ernstlich geprüft.

Die **Brooke Gallery** im Fort zeigt Artefakte aus der Sammlung der Familie.

Brooke Gallery
🕒 tägl. 9 – 16:15
🌐 brooketrust.org/the-brooke-gallery

↑ *Denkmal für die Familie Brooke in der Festung Fort Margherita auf einem Hügel*

→ *Die einzigartige Darul Hana Bridge über den Sungai Sarawak*

⑬ Darul Hana Bridge

🏠 Kuching Waterfront, neben Sarawak State Legislative Assembly
🕒 tägl. 6 – 24

Diese s-förmige Fußgängerbrücke schlängelt sich über den Sungai Sarawak und bietet einen weiten Blick über das Hafenviertel. Nachts ist sie in rosa, lila und blauen Farbtönen beleuchtet.

⑭ Kuching Waterfront

🏠 zwischen Square Tower und Hilton Hotel

Ein Spaziergang entlang der Uferpromenade sollte bei einem Besuch Kuchings nicht fehlen. Mitte der 1990er Jahre wurden verfallene Lagerhäuser am Ufer abgerissen, um einer hübschen Uferpromenade Platz zu machen. Parkanlagen, Skulpturen, Cafés, Imbissstände und Bänke verschönern heute den Streifen. Hinweistafeln informieren über historische Stätten. Die Promenade bietet eine schöne Aussicht auf Astana und das Fort Margherita am Nordufer des Flusses.

Ein wenig zurückgesetzt liegt Main Bazaar, die älteste Straße der Stadt mit vielen Läden. Die beiden wichtigsten Gebäude in dieser Straße sind das Sarawak Steamship Building und das **Chinese History Museum**. Ersteres entstand 1930 und beherbergt heute den Kuching Waterfront Bazaar mit mehreren Kunsthandwerksständen. Das Museum wurde im Jahr 1911 von Rajah Charles Brooke gebaut. Es diente anfangs als chinesische Handelskammer. Heute gibt das Museum einen Überblick über die chinesische Gemeinde in Sarawak. Es zeigt Fotos, Kunstgegenstände und Dokumente, z. B. Karten der frühen Handelsrouten. Zudem informiert es über die Handelsaktivitäten der Chinesen.

Chinese History Museum
Jalan Main Bazaar +60 82 231-520 Sa – Do 9–18

Katzenstatuen

Kuching ist das malaiische Wort für Katze. Obwohl unklar ist, wie die Stadt zu diesem Namen kam, stößt man auf mehrere Katzenstatuen. Sie stehen alle am Südufer, darunter eine kleine an der Promenade östlich des Chinese History Museum, eine größere gegenüber dem Hilton in der Jalan Tunku Abdul Rahman und eine dritte weiter östlich in der Jalan Padungan. Die höchste Figur, die Great Cat of Kuching, sitzt an der Ecke Jalan Padungan und Jalan Central.

← *Die Statue der Katzenfamilie im Zentrum von Kuching*

Restaurants

Commons
Im alten Gerichtsgebäude der Weißen Rajahs serviert das Bistro hervorragende Krabben- und Nudelgerichte.

Jalan Tun Abang Haji Openg

Ceylonese
Probieren Sie die srilankische Küche mit Currys, Naan-Broten und Bananenbeignets.

Jalan Green Hill

Indah House
Das Indah House (auch Kunstgalerie und Veranstaltungsraum) serviert köstliche Currys, *laksa* und vegane Burger.

38 Jalan China

Bako National Park

A7 40 km nördl. von Kuching bis zum Dorf Bako, dann mit dem Boot zum Park tägl. 8–17 sarawakforestry.com

Naturliebhaber kommen im Bako National Park, einem kompakten Gebiet mit Regenwald und Küstenbuschland, in dem eine bunte Mischung von Lebewesen zu Hause ist, voll auf ihre Kosten. Eine Wanderung durch den Dschungel ist die perfekte Einführung in die natürliche Schönheit und die einzigartige Tierwelt von Sarawak.

Bako wurde 1957 als Sarawaks erster Nationalpark eingerichtet. Er umfasst eine Fläche von 27 Quadratkilometern mit einer Vegetation, die von Regenwald über Sümpfe und Mangrovenwälder bis zu *kerangas* (Buschland) reicht. Steile Felsklippen wechseln sich ab mit Buchten, Sandstränden und einem von Mangroven gesäumten Küstenstreifen. Nirgendwo sonst in Malaysia sieht man häufiger seltene Tierarten wie Nasenaffen, Bartschweine und Pferdehirsche. Den Park kann man an einem Tag besichtigen. Da man die Tiere aber am besten morgens oder abends sieht, lohnt es sich, über Nacht zu bleiben.

> **Expertentipp**
> **Nachtsafari**
> Machen Sie eine Nachtsafari, um viele der nachtaktiven Bewohner des Nationalparks zu entdecken, etwa Gleitflieger, Schuppentiere und großäugige Plumploris.

Im Bako National Park unterwegs

Im Nationalpark gibt es 16 Wanderwege, die über Farbkleckse an Bäumen gekennzeichnet sind. Die Pfade Telok Delima und Telok Paku (beide etwa eine Stunde Gehzeit) eignen sich am besten für die Beobachtung von Nasenaffen. In der Nähe der Parkverwaltung gibt es Lodges und einen Campingplatz, doch sollte man rechtzeitig reservieren. Für die meisten Wanderwege, die über das Hauptquartier des Parks hinausgehen, sind Führer erforderlich.

Highlight

1 Der vom Aussterben bedrohte Nasenaffe, benannt nach seiner charakteristischen langen Nase, ist auf Borneo beheimatet.

2 Da es dem Boden an Nährstoffen mangelt, ernähren sich fleischfressende Kannenpflanzen vom Insektenfang.

3 Felsformationen sind charakteristisch für Bakos Küstenlinie.

↓ Imposante Klippen, die einen malerischen Strand im Bako National Park einrahmen

Schon gewusst?

Das Müllentsorgungssystem wurde speziell entwickelt, um lästige Makaken fernzuhalten.

Mulu National Park

D5 | 150 km östl. von Miri | bis Mulu | ab Miri
Führungen: Wind und Clearwater Cave: 9:30–10:30;
Deer und Lang's Cave: 15:30–16:30 | mulupark.com

Von einigen der größten Höhlen der Welt bis hin zu der scheinbar der Schwerkraft trotzenden Felsformation Pinnacles – der Mulu National Park bietet Natur in epischem Ausmaß. Hier, im geschützten Regenwald im malaysischen Teil Borneos, kann man sich aber nicht nur zurücklehnen und die Aussicht bewundern – von Höhlenwanderungen bis hin zu Dschungelspaziergängen gibt es viele Möglichkeiten, die Schönheit des Parks mit seiner reichen Flora und Fauna aus nächster Nähe zu erleben. Seit dem Jahr 2000 gehört der Nationalpark auch zum UNESCO-Naturerbe.

Der als UNESCO-Welterbe gelistete Nationalpark ist ein Regenwaldschutzgebiet und eines der beliebtesten Reiseziele Sarawaks. Das nach dem Sandsteingipfel Gunung Mulu benannte Gebiet bietet wunderschöne Naturlandschaft. Der Park umfasst mehr als 500 Quadratkilometer Regenwald, zwei Bergketten und einige der größten Höhlen der Welt – die Deer Cave ist der längste öffentlich zugängliche Höhlengang der Welt. Schluchten, Täler und unterirdische Gänge bieten den idealen Lebensraum für eine artenreiche Flora und Fauna, darunter verschiedene Orchideen- und Hornvogelarten. Beliebt sind Bergtouren zu den Felsspitzen des Gunung Api, Touren in die Clearwater Cave und Deer Cave sowie der Canopy Skywalk.

Den Nationalpark erkunden

Der Mulu National Park ist hervorragend ausgestattet: Es gibt gepflegte Plankenwege und ein gutes Wegenetz. Die meisten Besucher kommen per Flugzeug. Sie können im Marriott Mulu Resort & Spa, in Chalets oder in Schlafsälen übernachten. Der Fledermausschwarm und die Aussicht vom Canopy Skywalk sind faszinierend. Regelmäßig finden Höhlentouren statt.

> **Schon gewusst?**
> Jeden Tag fliegen gegen 17 Uhr Millionen von Fledermäusen aus der Hirschhöhle.

Canopy Skywalk

Eine der beliebtesten Attraktionen des Parks ist der 480 Meter lange Canopy Skywalk. Eine Reihe von schwankenden Stegen wird von Stahlseilen etwa 20 Meter über dem Boden gehalten und bietet den Besuchern die Möglichkeit, das Blätterdach des Waldes zu erkunden, die Vogelarten, die den Park bewohnen, aus nächster Nähe zu beobachten und einen Blick auf das darunter liegende Sumpfgebiet zu werfen. Vorab buchen.

Erkundung einer der unterirdischen Flusspassagen im Mulu National Park ↑

Highlight

Ein sonnenbeschienener Bach inmitten des üppigen Walds im Mulu National Park

Hoch aufragende, messerscharfe Felsnadeln – die Pinnacles – am Gunung Api

SEHENSWÜRDIGKEITEN

❹ Ⓨ
Damai Beach
🅐 A7 📍 35 km nördl. von Kuching 🚌 Petra Jaya Bus 2B

Damai Beach ist nicht weit von Kuching *(siehe S. 158–163)* entfernt und bietet erstklassige Resorts. Wassersportmöglichkeiten gibt es zuhauf, aber auch andere Aktivitäten wie Mountainbiken und Golf. Die Restaurants sind bekannt für ihre Meeresfrüchtegerichte.

Von hier führen viele Wanderwege auf den Gunung Santubong. Der blau markierte Santubong Jungle Trek ist ein leichter, 1,6 Kilometer langer Rundweg, der am Damai Beach Resort beginnt. Etwas anstrengender ist der Gunung Santubong Summit Trek zum Gipfel. Für den rot markierten Weg braucht man fünf bis sieben Stunden. Außerdem sollte

↑ *Schöne Aussicht auf den ruhigen Ozean in einem Resort in Damai Beach*

man eine gute Kondition sowie Wanderstiefel und viel Trinkwasser mitbringen. Die Ferienanlagen von Damai vermitteln Führer.

❺
Sungai Santubong
🅐 A7 📍 20 km nördl. von Kuching 🚌 Tourbus bis Anleger Santubong 🚤 Tourboote 16–17

Der Sungai Santubong schlängelt sich durch die Ebenen um Kuching, fließt durch Sarawak gen Norden und mündet schließlich ins Südchinesische Meer. In der Trockenzeit zwischen März und Oktober tummeln sich manchmal die seltenen Irawadidelfine an der Flussmündung. Die stumpfnasigen Delfine sind nur schwer auszumachen, da sie anders als ihre Verwandten nicht aus dem Wasser springen. Dennoch ist die Sichtung der seltenen Tiere auf Bootsfahrten ein echtes Erlebnis.

Manche Fahrten führen weiter durch den angrenzenden Sungai Salak in den **Kuching Wetlands National Park**. Dieses Sumpfgebiet besteht aus salzhaltigen Mangrovensümpfen, einigen Flecken Buschland, vielen Wasserläufen und gezeitenabhängigen Bächen. Der Sumpf beherbergt zahlreiche Tiere, darunter Krokodile, Nasenaffen, Loris und farbenprächtige Vögel. Abends illuminieren Glühwürmchen die Bäume. Man kann den Sumpf nur auf Flussrundfahrten erkunden.

Kuching Wetlands National Park
 📍 15 km nördl. von Kuching 🚌

❻
Santubong
🅐 A7 👥 800 📍 32 km nördl. von Kuching 🚌 Petra Jaya Bus 2B

Das Fischerdorf liegt am Sungai Santubong im Schatten des 810 Meter hohen Gunung Santubong. Während der Tang- und Song-Dynastien war Santubong ein wichtiges Handelszentrum. Heute ist das Dorf für seine farbenfrohen Stelzenhäuser und hervorragende Meeresfrüchte bekannt. Morgens ist es in Santubong am lebhaftesten, wenn die Fischer ihren Fang am Kai verkaufen. Die Cafés in der Nähe sind für Meeresfrüchtegerichte bekannt.

Von der Hauptstraße durch Santubong führt ein kleiner Weg nach Sungai Jaong, eine der wichtigsten archäologischen Stätten in Sarawak. Zu

---

TOP 3 Kunst in Sarawak

Parang
Langes Messer, das von den Indigenen Borneos traditionell zum Abholzen der Vegetation verwendet wird.

Geflochtene Taschen
Rattan, Pandanblätter und Bambus gehören zu den Urwaldprodukten, die von den Indigenen Sarawaks zu Taschen und Kleidung geflochten werden.

Keramik
Die Töpferei ist hier seit prähistorischen Zeiten eine Kunstform. Bekannt hierfür ist vor allem die chinesische Gemeinschaft.

Rainforest World Music Festival

Das Festival findet jeden August im Sarawak Cultural Village statt. Es zelebriert Musik aus der ganzen Welt. Das dreitägige Event hat schon Musiker aus Ländern wie Mali, der Mongolei und Madagaskar präsentiert. Inzwischen bietet das Festival auch die seltene Gelegenheit, Musik der indigenen Völker aus verschiedenen Regionen Malaysias zu hören. Tagsüber finden Seminare und Workshops statt, während abends spontane Jamsessions in den Langhäusern sowie Konzerte zu hören sind. Die exotische Umgebung an einem See vor dem Gunung Santubong schafft eine spezielle Atmosphäre. Unterkünfte gibt es in den Ferienanlagen von Damai Beach. Für alle, die lieber in der Stadt bleiben, verkehren regelmäßig Busse von Kuching aus. Nähere Informationen unter www.rwmf.net.

den Artefakten gehören buddhistische und hinduistische Felszeichnungen, die etwa 1000 Jahre alt sein sollen.

❼ Sarawak Cultural Village

 A7 35 km nördl. von Kuching Tourbus und Petra Jaya Bus 2B, 15 🕒 tägl. 9–17:15 🎪 Harvest Festival (Mai), Rainforest World Music Festival (Juli) 🌐 scv.com.my

Das Sarawak Cultural Village am Fuß des Gunung Santubong bietet eine hervorragende Einführung in die Traditionen der Volksgruppen von Sarawak. Es wurde von der Sarawak Development Corporation errichtet, um Besuchern die Lebensweise der indigenen Einwohner nahezubringen.

Das Zentrum besteht aus sieben um einen See angeordneten traditionellen Behausungen der wichtigsten Gruppen. Neben Langhäusern der Iban, Bidayuh und Orang Ulu stehen hier auch ein Melanau-Pfahlbau, eine Penan-Hütte, ein chinesisches Bauernhaus und ein malaiisches Haus. Angehörige der ethnischen Gruppen leben in den Häusern und führen Schnitzerei, Weberei, Korbflechten, Perlenstickerei und Schmiedehandwerk vor. Vor dem Haus der Melanau steht eine alte Sagopresse, in der Penan-Hütte kann man zusehen, wie ein Blasrohr hergestellt wird. Besucher können in drei bis viertägigen Kursen bestimmte Handwerkskünste erlernen. Traditionelle Musik und Tanzvorführungen in prächtigen Trachten gibt es täglich im Theater zu sehen. Im Dorf gibt es auch ein gutes Restaurant.

→ *Die Gruppe traditioneller Holzhäuser im Sarawak Cultural Village*

8
Kubah National Park

A7 20 km westl. von Kuching ab Kuching
 tägl. 8–17:15
 sarawakforestry.com

Der 22 Quadratkilometer große Nationalpark Kubah ist einer der kleinsten in Sarawak. Ein Sandsteinplateau und drei Gipfel – der 911 Meter hohe Gunung Serapi, die kleineren Gunung Selang und Gunung Sendok – bestimmen die Kulisse dieses Tierparadieses. Neben Hartholzwäldern sowie kleinen Wasserfällen und Flüssen gibt es mehr als 90 Palmenarten und viele Orchideen. Hier leben Bartschweine, Hirschferkel und andere Tiere, zu Gesicht bekommt man sie allerdings selten. Viel eher sieht man Vögel wie den Malaienliest.

Mehrere Wanderwege führen durch den Park, darunter der Waterfall Trail, in zwei bis drei Stunden vorbei an terrassierten Wasserfällen zum nebelverhüllten Gipfel des Gunung Serapi führt. Am Pitcher Trail sich man mehrere Arten der fleischfressenden Kannenpflanze.

Das **Matang Wildlife Centre** im Park kämpft für die Erhaltung bedrohter Arten wie Orang-Utan und Nasenaffe, ist aber nicht unumstritten.

Übernachtungen im Park bucht man vorab beim Visitor Information Centre im Courthouse Complex in Kuching *(siehe S. 160)* oder online unter www.ebooking.sarawak.gov.my.

Matang Wildlife Centre
 13 km nördl. von Kubah +60 82 225-012
 bis Matang Polytechnic oder Kubah, dann Minibus

Das Schicksal des Nashornvogels

Nashornvögel gehören zu den schönsten Vögeln Südostasiens und sind an ihren auffälligen Farben und markanten Schnäbeln zu erkennen. In Malaysia gehören zu ihnen der Schildschnabel und der Rhinozerosvogel, der Staatsvogel von Sarawak. In freier Wildbahn kann man sie im Kubah National Park und im Tanjung Datu National Park beobachten. Leider ist ihre Zukunft durch Wilderei, Lebensraumverlust und Jagd auf ihr Fleisch, ihre Schnäbel und Federn bedroht. Früher stellten Indigene aus dem Horn Schmuck her, doch das ist heute illegal.

9
Tanjung Datu National Park

A7 23 km von Sematan ab Sematan oder Teluk Melano Apr–Sep: tägl. 8–17:15
 sarawakforestry.com

Der kleine, sehr schöne Nationalpark liegt an der Westspitze des Bundesstaats und besitzt die beiden schönen Strände Pasir Antu und Pasir Berunpu, hinter denen hohe Gipfel thronen. Highlight sind die im kristallklaren Wasser schon vom Ufer aus gut erkennbaren Korallenriffe. Etwas weiter draußen liegen künstliche Riffe, die man per Boot erreicht.

Im üppigen Regenwald leben zahlreiche Tierarten. Mit etwas Glück hört man Gibbons schreien oder sieht Del-

←

Im Kubah National Park sind viele ungewöhnliche Kannenpflanzen (Detail) *zu finden*

↑ *Ein Wohnhaus im Fischerdorf Sematan bei Flut*

fine und Schildkröten. Es gibt vier unterschiedlich lange Trails im Park. Sie führen durch unberührte Wald- und Küstengebiete. Ansonsten bietet Tanjung Datu keinerlei Einrichtungen für Besucher. Genehmigungen und Tickets sollte man vorab im Visitor Information Centre in Kuching besorgen.

❿ Sematan

🅐 A7 📍 100 km westl. von Kuching 🚌 ab Kuching bis Lundu, STC 17 ab Lundu

Der Küstenort ist aufgrund seines langen ruhigen Strands mit Kokosnusspalmen ein beliebtes Wochenendziel für die Bewohner Kuchings. Aufgrund der Gezeiten ist das Schwimmen jedoch nicht immer ratsam. Das Dorf selbst besteht nur aus einigen Reihen Shophouses, einem Markt mit Imbissständen, die herrliche Fischgerichte verkaufen, und einem Bootssteg.

Die Boote fahren von Sematan ins Fischerdorf Teluk Melano in einer Bucht an der Datu-Halbinsel. Im Dorf gibt es Unterkünfte bei einheimischen Familien, zu buchen über das Malaysian Fisheries Board. Bootsfahrten sind während des Monsuns (Okt– März) nicht möglich. Hier liegt auch das beliebte Hotel Sematan Palm Beach Resort.

Das nahe gelegene chinesische Dorf Siniawan ist von alten Holzhäusern gesäumt, die Straße beleuchten Laternen. Der Nachtmarkt bietet köstliche Speisen.

⓫ Semenggoh Nature Reserve

🅐 A7 📍 2300 📍 24 km südwestl. von Kuching 🚌 STC 6 ab Kuching 🕐 tägl. 9–11, 14–16 🌐 semenggoh.my

Das Reservat dient als Auswilderungszentrum für Honigbären, Orang-Utans, Krokodile, Affen, Gibbons, Hornvögel und Stachelschweine, die alle entweder infolge von Wilderei verwaist waren oder aus illegaler Käfighaltung befreit wurden. Wichtigstes Ziel der Einrichtung ist die Auswilderung von Orang-Utans in ihren natürlichen Lebensraum. Das Konzept funktioniert: Hier im Regenwald lebt eine halbwilde Population der höchst bedrohten Primaten. Da der Wald an den Rand seiner Kapazitäten gelangt ist, wurde das Programm ins Matang Wildlife Centre verlagert. Die Wahrscheinlichkeit, im Park einem Orang-Utan zu begegnen, ist hoch. Die besten Chancen hat man zu den Fütterungszeiten (9 und 15 Uhr). In der Orangutan Gallery erfährt man mehr über Orang-Utans, ihren Lebenszyklus und ihr Verhalten.

Ein Forschungszentrum widmet sich der Analyse von Dschungelpflanzen mit medizinischen Eigenschaften und der Erhaltung der lokalen Fauna und Flora.

⓬ Wind Cave und Fairy Cave

🅐 A7 📍 50 km südwestl. von Kuching 🚌 STC 2 bis Bau von Kuching, dann Taxi 🕐 tägl. 8–17:15 🌐 sarawakforestry.com

Unweit der ehemaligen Goldminenstadt Bau erstrecken sich in einem Kalksteingebirge zwei Höhlen. Die Wind Cave liegt drei Kilometer westlich von Bau und besitzt ein unterirdisches Netz von Flüssen, die später in den Sungai Kayan münden. Durch die röhrenförmige Höhle mit Stalagmiten und Stalaktiten führt ein Steg bis zum Fluss auf der anderen Seite. Dort kann man schön picknicken und schwimmen. Zum Schutz der Höhle sowie des umliegenden Walds und seiner seltenen Pflanzenarten wurde die Wind Cave zum Naturreservat erklärt.

Die fünf Kilometer weiter südlich gelegene Fairy Cave ist größer. Eine Treppe führt zum Höhleneingang. In der Haupthöhle gibt es Stalagmitenformationen. Eine davon soll Kuan Yin, der chinesischen Göttin der Barmherzigkeit, ähneln. Aus diesem Grund entwickelte sich die Höhle zum viel besuchten Heiligtum. Beide Höhlen sind nicht beleuchtet, man braucht eine Taschenlampe.

> Zum Schutz der Wind Cave sowie des umliegenden Walds und seiner seltenen Pflanzenarten wurde sie zum Naturreservat erklärt.

↑ *Mit Waren beladene Langboote in eineinem Hafen am Batang Rajang*

Hotels

Boyan Heights Rainforest Homestay
Das Homestay liegt mitten im Dschungel und verfügt über luxuriöse Zimmer und einen Tauchpool.

A7 Lot 206, Kpg Git, Kuching, nahe Jalan Borneo Heights
+60 10 597-3012

Badul Homestay
Die Zimmer sind sauber und komfortabel. Es wird auch traditionelles Essen angeboten.

A7 Jalan Badul Kampong Atas, Bau
+60 16 860-2247

Siar Beach Resort
Von dem ruhigen Resort aus können Sie den Gunung Gading Nationalpark *(siehe S. 175)* erkunden.

A7 Jalan Siar/Pandan, Lundu
+60 82 412-898

Batang Rajang
C7 ab Belaga bis Sibu Bintawa Wharf, tägl. Boot ab Kuching bis Sibu (4 Std. Fahrt) 8:30 Gawai-Dayak-Fest (Mai, Juni)

Der Batang Rajang ist Sarawaks längster Fluss. Er legt 560 Kilometer im Herzen von Sarawak zurück. Gleichzeitig ist er der Haupthandelsweg der Städte im südlichen und zentralen Teil des Bundesstaats. Weiter oben fließt er durch das Gebiet der Holzindustrie. In diesem Abschnitt ist er häufig durch Schlamm, Erde und Schutt von Waldarbeiten getrübt.

In der Region leben vorwiegend indigene Völker, deren Langhäuser an den Ufern des Flusses und seiner Seitenarme stehen. Am unteren Teil des Stroms leben meist Angehörige der Iban, weiter oben findet man eher Kayan und Kenyah. Reiseveranstalter in Kuching, Sibu und Kapit bieten Fahrten flussaufwärts zu den Langhäusern an. Man kann sich auch allein auf den Weg machen, dann allerdings sollte man ein Langhaus nur nach Einladung betreten. Zwischen Ende Mai und Anfang Juni feiern die Dayak in ihren Langhäusern das Gawai-Dayak-Fest *(siehe S. 33)*.

Zwischen den Orten am Batang Rajang sind Boote das Hauptverkehrsmittel. An den Bootsstegen wimmelt es von großen Ekspres-Booten und den kleineren, motorisierten Langbooten. Man kann die gesamte Strecke zwischen Kuching und Belaga mit dem Boot abfahren. Die erste Station einer solchen Fahrt ist Sibu, der Hauptverkehrsplatz am Batang Rajang. Die Bootsstege sind zwischen flussaufwärts und flussabwärts fahrenden Booten getrennt, was die Fahrt nach Kanowit und Kapit erleichtert.

Die Reise von Kapit nach Belaga dauert sechs Stunden. Sie führt durch die Stromschnellen von Pelagus, eine etwa 2,5 Kilometer lange Strecke mit Wasserfällen und Strudeln, die durch Untiefen bewirkt werden. Wenn der Wasserpegel zu niedrig ist – meist zwischen Mai und August –, dürfen Boote nicht passieren. Hinter Belaga teilt sich der Rajang in den Sungai Belaga und den Batang Balui.

→ *Der schöne chinesische Tempel Tua Pek Kong in Sibu*

14 Belaga

📍 D6　👥 25 300　🚗 150 km nordöstl. von Kapit　✈ bis Bintulu　⛴ ab Kapit

Belaga ist die letzte Siedlung am Batang Rajang von nennenswerter Größe. Man erreicht sie mit dem Boot oder mit dem Auto von Kapit. Sie besitzt eine größere ethnische Vielfalt als jede andere Stadt in Sarawak. Außer Iban, Kayan, Kenyah und Penan, die ihre Erzeugnisse auf dem hiesigen Markt verkaufen, kommen auch Honigsammler aus Kalimantan hierher. Nur wenige ausländische Besucher verschlägt es so tief ins Landesinnere Sarawaks, wo Belaga bis an die Grenze zu Indonesien reicht, aber wenn sie es doch tun, ist es einer der besten Orte zum Besuch der Langhäuser der Kenyah und Kayan. Die Langhäuser besitzen *salong*, filigran gearbeitete Grabmarkierungen, die man bereits aus der Ferne sieht. Solche Besichtigungen kann man über das **Belaga Hotel** organisieren.

Belaga Hotel
🏠 14 Belaga Bazaar
📞 +60 86 461-244

15 Sibu

📍 B6　👥 260 000　🚗 193 km nordöstl. von Kuching　✈　🚌 Sungei Antu　⛴ Jalan Khoo Peng Loong　ℹ 32 Jalan Cross　🌐 visitsibu.com

Sibu, der Hauptort des größten Bezirks von Sarawak, ist eine bedeutende Hafenstadt und wichtiger Warenumschlagplatz zwischen der Küste und dem Hinterland. Das frühe Wachstum der Stadt wurde durch die Kautschukindustrie finanziert, die hauptsächlich von chinesischen Händlern betrieben wurde, die von Rajah Charles Brooke ermutigt wurden, sich hier niederzulassen. Später bauten sie auch einen florierenden Holzhandel auf.

Eine wichtige Sehenswürdigkeit ist Tempel Tua Pek Kong aus dem 19. Jahrhundert. Er ist dem Schutzheiligen der Händler geweiht und liegt am westlichen Ende der Promenade. Von seiner siebenstöckigen Pagode aus hat man eine tolle Sicht auf die Stadt.

In einem früheren Gemeindegebäude illustriert das **Sibu Civic Centre Heritage Museum** mit alten Fotos und Kunstgegenständen, darunter auch einige Schädel aus der Zeit der Kopfjäger *(siehe S. 32)*, die Stadtgeschichte. Das Museum besitzt eine Sammlung von Porzellan aus dem 10. und 12. Jahrhundert.

Umgebung: Etwa 65 Kilometer flussaufwärts liegt Kanowit. Wichtigste Sehenswürdigkeit ist das von Rajah James Brooke 1859 erbaute und nach seiner Schwester benannte Fort Emma. Mit seiner Bambus- und Holzpalisade sollte es die Melanau-Stämme vor Iban-Überfällen schützen. Mit der Zeit nahm es für den Erfolg des Rajahs eine Schlüsselrolle ein. Das Fort ist nicht zugänglich.

Sibu Civic Centre Heritage Museum
🏠 Jalan Sentral　📞 +60 82 240-620　🕐 Di–So 9–17

> **Schon gewusst?**
> Sibu ist als Stadt der Schwäne bekannt, da ein Schwarm das Ende einer Hungersnot anzeige.

In der Küstenstadt Mukah vertäute Fischerboote

16 Loagan Bunut National Park

D5 120 km südöstl. von Miri +60 85 775-118 ab Miri bis Lapok, dann Taxi tägl. 8–17 sarawakforestry.com

Der Nationalpark ist ein wahres Vogelparadies. Er besteht aus dem Bunut Lake, Sarawaks größtem Süßwassersee, und einem dichten Torfgebiet mit Hartholzwald. In dem Naturschutzgebiet findet man viele Vogelarten, darunter Reiher, Schlangenhalsvögel, Eisvögel, Elstern, Rotkehlchen und Hornvögel. Der See wird von den Flüssen Bunut und Tinjar gespeist und trocknet in den Monaten Februar, Mai und Juni oft völlig aus. Die Fischer praktizieren in dieser Zeit eine einzigartige Fangmethode namens *selambau*. Die Fische werden in Netzen, die auf Holzrahmen gespannt sind, aus dem flachen Wasser »geschaufelt«. Besonders schön sind Bootsfahrten auf dem ruhigen Wasser des Sees frühmorgens oder in der Abenddämmerung (Buchung im Parkzentrum). Einige von Tapang- und Belian-Bäumen gesäumte Wanderwege führen durch den Wald. Bisher kamen nur wenige Besucher in den Park. Neue Wanderwege und Einrichtungen sollen dies künftig ändern.

17 Similajau National Park

C6 30 km nordöstl. von Bintulu Speedboat ab Bintulu tägl. 8–17 sarawakforestry.com

Der nur 70 Quadratkilometer große Nationalpark wurde 1976 zum Schutz der Grünen Meeresschildkröten gegründet, die dort an den Stränden alljährlich ihre Eier ablegen.

Der 31 Kilometer lange Küstenstreifen bietet einige der schönsten Strände des Landes. Der Hauptwanderweg des Parks verläuft parallel zur Küste. Mit etwas Glück sieht man unterwegs Gibbons, Bindenlanguren oder die anderswo fast ausgestorbenen Flughunde.

Eine weitere Möglichkeit, den Park zu genießen, ist die Anmietung eines Boots, um die Wasserwege und die Küstenlinie zu erkunden. Der Park beherbergt über 180 Vogelarten, und in einigen der größeren Flüsse leben Salzwasserkrokodile. Schilder warnen davor, hier zu baden.

> Der Similajau National Park wurde 1976 zum Schutz der Grünen Meeresschildkröten gegründet, die hier ihre Eier ablegen.

18 Mukah

C6 55 000 180 km nordöstl. von Kuching ab Kuching Pesta Kaul (2. Apr-Woche)

Der Fischerort nördlich von Sibu *(siehe S. 173)* an der Küste bietet einen Einblick in die Lebensweise der Melanau. Einige ihrer Pfahlbauten sind noch zu sehen. Die Sehenswürdigkeiten konzentrieren sich am Südufer des Sungai Mukah, darunter der Tua Pek Kong Temple mit Gemälden buddhistischer und taoistischer Götter.

Mitte April erwacht Mukah beim Pesta Kaul zum Leben. Das Fest soll die Meeresgeister besänftigen und markiert den Beginn einer neuen Fischereisaison. Die Melanau tanzen am Strand zu traditionellen Rhythmen und schwingen bei einem Fruchtbarkeitsritual auf einem *tibau*, einer hohen Schaukel.

In der Nähe liegt das Fischerdorf Kampung Tellian mit verwinkelten Gassen und engen Brücken. Das Kulturzentrum **Lamin Dana Cultural Boutique** dokumentiert die Melanau-Kultur mit Stoffen, Betelnuss-Behältnissen und Rattankörben.

Lamin Dana Cultural Boutique

 Kampung Tellian lamindana.com

⑲ Bintulu
🅰 C6 　100 000 　600 km nordöstl. von Kuching

Bintulu war ursprünglich ein Landwirtschafts- und Fischereizentrum am Sungai Kemena. Ende der 1970er Jahre erlebte der Ort dank der Entdeckung von Malaysias größtem Erdgasvorkommen eine rasante Entwicklung. Es folgte der Bau von Malaysias zweitgrößtem Hochseehafen, Bintulu Port.

Eines der bekanntesten Bauwerke ist das Council Negeri Monument, das an die erste Sitzung des Legislative Council von Sarawak 1867 erinnert. Sehenswert sind auch der Kuan Yin Tong Temple und die Masjid Assyakirin.

Kampung Jepak am anderen Ufer besitzt Melanau-Pfahlhäuser und ist für *belacan*, eine streng riechende Shrimpspaste, bekannt.

⑳ Kapit
🅰 C7 　66 000 　200 km östl. von Sibu 　ab Sibu
📞 +60 84 796-445

Kapit ist eine Kleinstadt am Fluss mit einer hübschen Uferpromenade. Wahrzeichen ist **Fort Sylvia**, das nach der Frau des dritten Weißen Rajahs Vyner Brooke benannt wurde. Erbaut wurde das Fort 1880 mit dem Ziel, Iban-Kopfjäger zu kontrollieren. Seit 1997 wird die Festung als Kulturdenkmal gelistet. Sie beherbergt ein Museum und ein Schulungszentrum für Kunsthandwerker. Im Verwaltungszentrum der Stadt befindet sich ein interessantes Museum mit Exponaten zu den Langhäusern der Iban und Orang Ulu sowie zahlreichen Fotos.

Kapit ist Handelszentrum der indigenen Bevölkerung. Nahe dem Zentrum findet täglich ein Markt statt, auf dem Händler Gemüse und Tropenfrüchte verkaufen.

Umgebung: Etwa zehn Kilometer von Kapit entfernt steht das Iban-Langhaus Rumah Bundong, in dem etwa 40 Familien leben. Besucher sollten einen Führer engagieren, der sie zum Langhaus bringt; ansonsten gibt es einen unregelmäßigen Busservice vom Flughafen in Kapit. Die beste Zeit für einen Besuch ist der späte Nachmittag, da die meisten Bewohner auf den Feldern arbeiten. Gäste werden herumgeführt, bekommen ein Glas *tuak* (Reiswein) und können hier auch übernachten.

← *Das Council Negeri Monument, ein Uhrenturm im maurischen Stil in Bintulu*

Iban-Langhäuser
Früher lebten alle Indigenen von Sarawak in Langhäusern. Sie sind Ausdruck der gemeinschaftlich orientierten Stammeskultur. Die Iban, Angehörige der Dayak aus dem Gebiet des Flusses Kapual (heute Indonesien), wanderten zwischen dem 16. und 18. Jahrhundert in Kalimantan ein. Die meisten Iban-Langhäuser, auch *rumah panjang* oder *rumah panjai* genannt, liegen an Skrang, Lemanak, Batang Ai und Batang Rajang. Sie sind nur per Boot erreichbar und stehen meist direkt an den Flüssen. Die Holzhäuser sind auf Stelzen gebaut, ihre Wände bestehen aus Rattan- oder Bambusgeflecht.

Fort Sylvia
📍 Jalan Kubu
🕐 Di – So 10 –12, 14 –17

㉑ Gunung Gading National Park
🅰 A7 　80 km westl. von Kuching 　STC 17 ab Lundu 　tägl. 8:30 –17:15
ℹ +60 82 735-714

Der Nationalpark wurde 1983 zum Schutz der größten Blume der Welt, der Rafflesia, eingerichtet. Wege sorgen dafür, dass die unscheinbaren Knospen der Blume nicht zertreten werden. Aus der Knospe wächst eine bis zu einem Meter große rote Blüte mit weißen Tupfen, die Fäulnisgeruch verströmt. Da die seltene Schmarotzerpflanze nur wenige Tage lang blüht, sollte man sich vorab telefonisch informieren, ob dies der Fall ist. Außerdem ist der *Amorphophallus* zu sehen, ein riesiger Vertreter der Aronstabgewächse.

Der Park erstreckt sich über vier mit Dschungel bedeckte Berge: Gunung Gading, Gunung Perigi, Gunung Lundu und Gunung Sebuloh. Es gibt farbig markierte Wanderwege unterschiedlicher Schwierigkeitsgrade. Am einfachsten ist der Waterfall Trail, der an sieben Wasserfällen vorbeiführt, am anspruchsvollsten ist der Gunung Gading Trail. Beim Verwaltungszentrum des Parks erwartet die Besucher ein natürliches Felsbecken.

Niah Caves National Park

🅐 D5 · 115 km südl. von Miri · ab Bintulu oder Miri bis Batu Niah, dann Taxi · Di – So 8 – 17 · Park HQ, Pengkalan Batu, Miri · niahnationalpark.my

> **Prähistorische Bewohner von Borneo**
>
> Borneo ist unter drei Ländern aufgeteilt: Malaysia, Brunei und Indonesien. Menschen leben hier seit prähistorischen Zeiten. In der indonesischen Provinz Kalimantan auf Borneo wurde das älteste bekannte Beispiel figurativer Kunst entdeckt – ein Tierbild aus der Zeit vor 40 000 Jahren. Menschliche Überreste aus noch früherer Zeit wurden in den Niah Caves in Sarawak gefunden, deren Werkzeuge vermutlich 65 000 Jahre alt sind.

Die Niah Caves gelten als die wichtigste archäologische Stätte Südostasiens und zählen zu den eindrucksvollsten Sehenswürdigkeiten Sarawaks. 1958 entdeckte Tom Harrisson, Kurator des Sarawak Museum in Kuching, Totenschädel und Werkzeug am Eingang der Great Cave – ein Beleg dafür, dass dort bereits vor 40 000 Jahren Menschen lebten. Die riesige Great Cave bildet das Herzstück des 1975 gegründeten Nationalparks. Er umfasst 32 Quadratkilometer Regenwald mit Kalksteinfelsen.

Vom Parkzentrum geht es per Boot über den Sungai Niah zu einem Plankenweg, der die Höhlen miteinander verbindet. Die erste ist die Traders' Cave, benannt nach den Vogelnest- und Guano-Sammlern, die früher hier ihre Beute verkauften. Die nächste Höhle ist die Great Cave, eine der größten der Welt. Sie ist 250 Meter breit und 60 Meter hoch und beherbergt mehrere Arten von Salanganen und Fledermäusen. Während der Sammelzeit schlagen Guano- und Vogelnest-Sammler hier ihr Lager auf. Von der Great Cave geht es in die Painted Cave. Prähistorische Felszeichnungen bedecken einen etwa 30 Meter langen Streifen an der Höhlenwand. Hier wurden schiffsähnliche Särge gefunden, Hinweise, dass die Höhle als Grabkammer genutzt wurde. Särge und Malereien sind eingezäunt. Man sollte unbedingt eine Taschenlampe mitbringen.

Miri

🅐 D5 · 300 000 · 830 km nordöstl. von Kuching · +60 82 764-231 · Miri Int. Jazz Festival (Mai), Hari Gawai (Juni)

Miri, ursprünglich ein stilles Fischerdorf, entwickelte sich zu einem wichtigen Handelszentrum, als hier 1910 die erste Ölquelle Malaysias gebohrt wurde. In den 1970ern wurden die Ölfelder an Land geschlossen, und Miri verlegte seinen Schwerpunkt auf den Tourismus. In der Oil Well No. 1 fand die erste Ölbohrung Malaysias statt. In der Nähe dokumentiert das **Petroleum Museum** die Entwicklung dieser Industrie.

Die Altstadt um die Jalan China ist der lebendigste Teil der Stadt. Auf dem Tamu-Muhibbah-Markt verkaufen Einheimische tropische Früchte, Rattanmatten und Reis. Im Zentrum steht auch die **Masjid Al Taqwa** mit ihrer riesigen goldenen Kuppel.

In den Riffen vor der Küste, die zu den gesündesten des Landes gehören, wimmelt es von blau gepunkteten Stachelrochen und Skalaren.

Petroleum Museum
Canada Hill · Di – So 9 – 17

Masjid Al Taqwa
Jalan Merpati · +60 85 412-291

←

Ein Plankenweg führt in den Niah Caves National Park

Angehörige des indigenen Volkes der Kelabit beim Herstellen traditioneller Handwerke im Kelabit-Hochland

24
Kelabit Highlands
🅐 E5 🏠 190 km südöstl. von Miri ✈ ab Miri bis Bario

Eine der unberührtesten und abgelegensten Gegenden Borneos sind die Kelabit Highlands. Das Plateau in 1000 Meter Höhe ist Heimat des gastfreundlichen Volks der Kelabit. Die größte Siedlung in der Hochebene ist das in einem grünen Tal gelegene Bario. Das Dorf betreibt einen kleinen Flughafen und ein paar Gästehäuser. Damit eignet es sich gut als Basislager für Ausflüge ins Umland.

Eine beliebter Tagestrip von Bario aus ist der Besuch des schönen Langhauses in Pa Umor. Eine größere Herausforderung ist die fünftägige Wandertour entlang des Bario Loop. Der Weg bietet schöne Ausblicke. Übernachten kann man in Langhäusern in Ramudu, Pa Dalih oder Long Dano.

Bergsteiger erklimmen den Gunung Murud nördlich von Bario, den mit 2438 Metern höchsten Berg Sarawaks. Die Einwohner der Hochebene betrachten ihn als heilig. Nur erfahrene Kletterer sollten sich an seine Steilwände wagen. Es gibt zwei Wege zum Gipfel, für beide sollte man einen Führer anheuern. In den Lodges von Bario kann man die Touren organisieren.

25
Lambir Hills National Park
🅐 D5 🏠 32 km südl. von Miri 🚌 ab Miri 🕐 tägl. 8–17 🌐 sarawakforestry.com

Der Nationalpark mit zerklüfteten Sandsteinbergen, Hartholz-Mischwald, tiefer liegenden *kerangas* (Buschland) und vielen Tieren ist von Miri aus ein beliebtes Ausflugsziel. Zu seinen Attraktionen zählen die sprudelnden Wasserfälle, die in natürliche Becken stürzen, und Dschungelpfade – vom leichten 15-Minuten-Spaziergang bis zur Ganztageswanderung. Am längsten ist der Vier-Stunden-Weg zum Gipfel des Bukit Lambir, der mit einer malerischen Aussicht auf den Park belohnt.

Man sieht sie nicht auf Anhieb, doch es gibt sie: Flughörnchen, Gibbons, Schuppentiere, Nebelparder und Muntjaks sowie zahlreiche Vogelarten, darunter auch Nashornvögel.

Im Park stehen auch mehrere Iban-Langhäuser, darunter Rumah Nakat, das ein Zentrum für traditionelles Kunsthandwerk beherbergt.

Hotels

Kingwood
Mit Lederkopfteilen, Holzmöbeln und grauen Wänden wirkt es wie ein britisches Stadthotel. Auf der Speisekarte des Restaurants stehen sowohl regionale Gerichte als auch Klassiker. Abends können Gäste in der Dachbar Cocktails genießen.

🅐 D5 🏠 826 Yu Seng Rd, Miri 🌐 kingwoodmiri.com.my

(RM)(RM)(RM)

Miri Marriott Resort & Spa
Miris schickstes Hotel liegt direkt am Wasser und hat einen großen Pool mit Blick aufs Meer. Es verfügt über elegante Zimmer und einen Wellnessbereich. Außerdem gibt es Tennisplätze und einen Fitnessraum.

🅐 D5 🏠 Jalan Temenggong Oyong Lawai Jau 🌐 marriott.com

(RM)(RM)(RM)

Pullman Miri Waterfront
Das Pullman ist eines der mondänsten Hotels in Miri und bietet einen atemberaubenden Blick auf die Küstenlinie. Die sanften Kurven der Lobby wirken modern, ebenso wie die minimalistischen, in Grautönen gehaltenen Zimmer.

🅐 D5 🏠 Miri Waterfront Commercial Centre 🌐 all.accor.com

(RM)(RM)(RM)

BRUNEI

Das Sultanat Brunei Darussalam liegt an der Nordwestküste Borneos und ist von allen Seiten von Sarawak umschlossen. Es gehört zu den kleinsten Ländern der Welt. Der größte Teil des Landes besteht aus einer tief liegenden Küstenebene, die von Regenwald und Hügeln umgeben ist. Vor der Westküste liegen riesige Ölfelder, die für den Wohlstand des Landes verantwortlich sind. In der Hauptstadt Bandar Seri Begawan leben rund 100 000 Menschen – fast ein Viertel der Bevölkerung.

① Ulu Temburong National Park
🏠 Temburong District
🕒 tägl. 8–18

Bruneis ältester Nationalpark ist seit 1991 ein Naturreservat und trägt den Spitznamen »Grünes Juwel von Brunei«. Er umfasst 549 Quadratkilometer unberührten Regenwald (etwa zehn Prozent des Landes) und ist Heimat vieler seltener Kreaturen, darunter die »Ameisenbombe«, die ihren Kopf platzen lassen kann, um Raubtiere mit Gift zu überziehen. Eher werden Sie jedoch größere Tiere sehen wie Gibbons, Flughörnchen und Nashornvögel. Der Zugang ist streng reglementiert, sodass die Teilnahme an einer Tour die einfachste Art ist, den Park zu besuchen. Man fährt mit einem Langboot in den Park, macht einen geführten Spaziergang auf einem Baumwipfelpfad und genießt Wildwasser-Rafting.

> 💬 **Expertentipp**
> **Anreise**
> Brunei wird täglich von Singapur und malaysischen Städten wie Kuala Lumpur, Kota Kinabalu und Kuching angeflogen. Fähren verbinden Brunei auch mit malaysischen Städten entlang der Küste.

② Masjid Sultan Omar Ali Saifuddin
🏠 Jalan Masjid Omar Ali Saifuddin, Bandar Seri Begawan 🚌 Bandar Seri Begawan 🕒 Sa–Do 8:30–12, 13:30–15, 16:30–17:30, Fr 16:30–17:30

Die 1958 erbaute und nach dem 28. Sultan von Brunei benannte Moschee ist ein klassisches Beispiel für islamische Architektur. Mit ihren Minaretten und der goldenen Kuppel, die sich in der Lagune spiegelt, bietet sie einen beeindruckenden Anblick. Man erreicht sie über eine Brücke, die sie mit Kampong Ayer auf der anderen Seite des Flusses verbindet, und über den öffentlichen Mahkota Jubli Emas Park. Wenn Sie dort ankommen, sehen Sie die Skulptur der königlichen Barke, die in der Lagune liegt.

Das Innere der Moschee ist ebenfalls beeindruckend. Es wurden keine Kosten gescheut, und die Ausstattung umfasst englische Kristallllüster, Marmor aus Italien und Teppiche aus Saudi-Arabien. Besucher dürfen sie nur zum Gebet betreten.

← *Der spektakuläre Canopy Walk im Ulu Temburong National Park*

↑ *Die Masjid Sultan Omar Ali Saifuddin mit der königlichen Barke*

③
Kampong Ayer
🏠 Bandar Seri Begawan
🚤 Kampong Ayer

Kampong Ayer ist eine Ansammlung von 28 Stelzendörfern am Ufer des Sungai Brunei, in der noch die traditionelle Lebensweise gepflegt wird. Kampong Ayer ist jedoch alles andere als ein Rückzugsgebiet – hier befand sich im 15. bis 17. Jahrhundert, als Brunei einen Großteil Borneos kontrollierte, de facto die Hauptstadt von Brunei. Erst im 20. Jahrhundert, nach Beginn der britischen Kolonialzeit, verlagerte sich der Schwerpunkt von Kampong Ayer. Heute ist das größte Wasserdorf der Welt nach wie vor ein Wohngebiet mit bunt bemalten Häusern und Moscheen auf Holzpfählen. Um den Fluss zu überqueren, halten Sie ein Wassertaxi an.

④
Gadong Night Market
🏠 Simpang 37, Bandar Seri Begawan 🚤 Jalan Pasar Gadong ⏰ tägl. 16 – 24

Außerhalb von Kampong Ayer ist der beste Ort, um in das Alltagsleben des modernen Brunei einzutauchen, der Gadong Night Market in Bandar Seri Begawan. Die Stände öffnen gegen 16 Uhr und bieten alle Arten von Streetfood an. Ein Muss ist *nasi katok*, ein klassisches bruneiisches Rezept für gebratenes Hähnchen, das mit Reis und einer feurigen Sambal-Sauce serviert wird.

Schon gewusst?
Die Stelzensiedlung Kampong Ayer hat eine 37 Kilometer lange Uferpromenade.

Panorama des Luxusresorts The Empire mit künstlicher Lagune in der Abenddämmerung

⑤ The Empire Brunei

🏠 Kampung Jerudong, Muara – Tutong Hwy
📞 +673 241-8888
🌐 theempirebrunei.com

The Empire wurde von Prinz Jefri, dem Bruder des Sultans, als sein luxuriöser Palast geplant, wurde aber zu einem luxuriösen Sieben-Sterne-Resort (eines von zwei in der Welt). Es ist auch eine Touristenattraktion: Nicht-Hotelgäste können die zwölfstöckige Lobby aus Marmor und Gold, die mit einer 40 Meter hohen Glaswand und millionenschweren Kronleuchtern ausgestattet ist, bewundern.

Das Empire erstreckt sich über 180 Hektar und ist Bruneis einziges Resort direkt am Meer mit einem Privatstrand, der von einer künstlichen Lagune umgeben ist. Man könnte stundenlang durch die üppigen Gärten schlendern und den Meisterschaftsgolfplatz, die fünf Swimmingpools, die sechs Feinschmeckerrestaurants und das hoteleigene Kino genießen.

Das Empire liegt etwa 15 Minuten vom Flughafen Brunei und 20 Minuten vom Zentrum von Bandar Seri Begawan entfernt.

⑥ Royal Regalia Museum

🏠 Jalan Sultan Omar Ali Saifuddin, Bandar Seri Begawan 📞 +673 224-4545
🕐 Fr 9 –16:30

Das im Zentrum von Bandar Seri Begawan gelegene Royal Regalia Museum enthält eine beeindruckende Ausstellung von royalen Insignien und bietet einen Einblick in das Leben eines modernen Sultans (des Staats- und Regierungschefs von Brunei). In der Hauptausstellung wird die Krönung des 29. Sultans Hassanal Bolkiah nachgestellt, der 1967 auf den Thron kam. Auch seine gold- und silberschimmernde Zeremonienrüstung ist hier ausgestellt. In der Royal Exhibition Gallery sind Insignien aus der Kindheit des Sultans, juwelenbesetzte Kronen und sein goldener *keri* (Dolch) zu sehen, während in der Constitutional History Gallery Aufzeichnungen, Dokumente, Filme und Fotos aus seinem frühen Leben gezeigt werden.

Atemberaubende Aussicht vom Holzsteg auf den Tasek Merimbun Heritage Park

⑦ Luagan Lalak Recreation Park

🏠 Jalan Labi, Bukit Puan

Der ruhige Park im Waldreservat Labi Hills beherbergt einen Süßwassersumpf mit Holzstegen, die sich bis zu seinem Zentrum erstrecken. Das spiegelgleiche Schauspiel des Wassers, das den Himmel küsst, ist besonders bei Sonnenuntergang beeindruckend. In der Trockenzeit zieht sich das Was-

ser zurück und gibt den Blick auf ein Feld mit Lepironia-Seggen frei, sodass der See vollkommen anders aussieht. Der Park liegt 100 Kilometer südlich von Bandar Seri Begawan. Man braucht ein eigenes Transportmittel, um ihn zu erreichen.

⑧ Tasek Merimbun Heritage Park
🏠 Jalan Rambai Merimbun, Kampung Merimbun
🕒 So – Do 9 –17, Fr 9 –11:30, 14:30 –17, Sa 9:45 –17

Tasek Merimbun, der größte See in Brunei, liegt 27 Kilometer von Tutong und 70 Kilometer von der Hauptstadt entfernt. Sein Wasser hat einen dunklen Schimmer, der von der Gerbung herabfallender Blätter herrührt. In der Mitte des Sees liegt eine kleine Insel mit Picknickmöglichkeiten, die über eine hölzerne Fußgängerbrücke mit dem Ufer verbunden ist. Die umliegenden 7800 Hektar Wald wurden 1984 zum ASEAN Heritage Park erklärt. In dieser Oase zur Beobachtung auf Borneo heimischer Vögel leben unter anderem die seltene Weißkragen-Altwelt-Fruchtfledermaus und der vom Aussterben bedrohten Höckerstorch.

⑨ Wasai Wong Kadir Recreational Park
🏠 Jalan Labi, Mendaram Kecil, Belait District

In dem Park in der Nähe des Dorfs Kampung Mendaram Kecil gibt es Wasserfälle und Schwimmlöcher, die nur über einen Dschungelpfad zu erreichen sind (etwa eine Stunde Gehzeit). Das Gebiet ist bei Einheimischen sehr beliebt, die sich hier an den Wochenenden erholen.

Südlich des Parks befindet sich der Ausgangspunkt zum 412 Meter hohen Bukit Teraja (Mount Scott). Für den anspruchsvollen 7,4 Kilometer langen Rundweg braucht man vier bis fünf Stunden, aber die Aussicht vom Gipfel ist es wert.

⑩ Teraja Forest Reserve
🏠 Jalan Labi, Mendaram Kecil

Das Waldreservat liegt eine kurze Fahrt südlich von Bukit Teraja, am Ende der Jalan Labi und nahe der Grenze zu Malaysia. Hier leben viele Froscharten und Säugetiere wie der Borneo-Gibbon sowie über 200 Insektenarten. Im Park sind außerdem rund 40 Wasserfälle. Ein kurzer Fußmarsch durch den Regenwald führt zum Teraja Longhouse, wo Besucher Führer für die Wanderung zu den Teraja- oder Belulok-Wasserfällen mieten können. Highlight ist der Aufenthalt in einem Langhaus mit der lokalen Iban-Gemeinschaft.

Nasenaffen
Nasenaffen gibt es nur auf Borneo. Sie haben eine vorstehende, knollige Nase und ein rötlich braunes Fell. In den Regenwäldern Bruneis ist es leicht, diese einzigartigen Affen aus nächster Nähe zu beobachten. Sie sind auch in der Nähe des Sungai Brunei anzutreffen und können von Bandar Seri Begawan aus gesichtet werden. Morgens und am späten Nachmittag ist die beste Zeit für eine Bootsfahrt (www.bruneirivercruise.com).

Üppiger tropischer Regenwald in Sabah

Sabah

Archäologische Ausgrabungen belegen, dass Sabah, der zweitgrößte Bundesstaat Malaysias, bereits vor etwa 40 000 Jahren von Menschen bewohnt war. Diese abgelegene Provinz, in der über 30 indigene Gruppen sowie Einwanderer aus China, Indonesien und den Philippinen leben, wurde jahrhundertelang von den Sultanen von Brunei regiert, bis die Briten im späten 19. Jahrhundert Rechte zur Ausbeutung der Kautschuk-, Tabak- und Holzvorkommen aushandelten. Obwohl die Briten nie eine stabile Führung in Sabah installieren konnten, hielten sie an der Macht fest, und die Region war weiterhin als Nordborneo bekannt, bis sie 1963 der Föderation Malaysia beitrat.

Heute hinkt Sabahs Wirtschaft hinter der anderer Bundesstaaten Malaysias hinterher, was vor allem auf die ungleiche Verteilung des Reichtums zwischen der Regierung des Bundesstaats und der Bundesregierung zurückzuführen ist. Mit dem Tourismus und den reichlich vorhandenen landwirtschaftlichen Erzeugnissen wie Palmöl (wobei Sabah bis 2025 sicherstellen will, dass alle Erzeuger nachhaltig wirtschaften) entwickelt sich die Wirtschaft von Sabah jedoch weiter.

Sabah

Highlights
1. Kinabalu National Park
2. Pulau Sipadan

Sehenswürdigkeiten
3. Kota Kinabalu
4. Klias Wetlands
5. Tunku Abdul Rahman National Park
6. Tambunan Rafflesia Forest Reserve
7. Sungai Padas
8. Pulau Labuan
9. Kota Belud
10. Gombizau
11. Sumangkap
12. Mari Mari Cultural Village
13. Bavanggazo
14. Kudat
15. Tip of Borneo
16. Pulau Lankayan
17. Turtle Island National Park
18. Sepilok Orangutan Rehabilitation Centre
19. Sandakan
20. Gomantong Caves
21. Kinabatangan Wildlife Sanctuary
22. Tabin Wildlife Reserve
23. Semporna
24. Tawau
25. Tawau Hills Park
26. Danum Valley

Schon gewusst?

Der Kinabalu National Park war die erste malaysische UNESCO-Welterbestätte.

Kinabalu National Park

F4 60 km nordöstl. von Kota Kinabalu Kota Kinabalu Resorts, 15 First Floor, Wisma Sabah; +60 88 243-629 sabahparks.org.my

Der höchste Berg Malaysias ist das Herzstück dieses wunderschönen Nationalparks. Er umfasst eine seltene Vielfalt an Landschaften, darunter Strauchland, Dschungel und alpine Wiesen mit einer reichen Pflanzen- und Tierwelt. Die zerklüfteten Hochebenen des Bergs bieten ein großartiges Wandergebiet mit dramatischen Gipfeln, während die unteren Hänge ideal für eine Reihe von Outdoor-Aktivitäten sind.

Der 754 Quadratkilometer große Nationalpark ist UNESCO-Welterbe. Er schützt die Gegend um den Gunung Kinabalu. Der beliebte Park beherbergt 4500 Pflanzenarten, darunter allein 1500 Orchideenvarietäten und neun Arten fleischfressender Pflanzen. Hier leben ungewöhnliche Vögel wie der Borneobuschsänger und der Borneodickkopf sowie unzählige Arten von Schmetterlingen und Insekten. In den Poring Hot Springs in der südwestlichen Ecke

→ Wanderer beim Abstieg vom Gunung Kinabalu

↑ *Der mächtige Gunung Kinabalu in der Nähe des Low's Peak*

des Nationalparks kann man nach einer anstrengenden Wanderung herrlich entspannen.

Den Nationalpark entdecken

Es überrascht nicht, dass der Park bei Kletterern sehr beliebt ist, aber auch ein Ausflug in die üppigen tropischen Wälder in den unteren Gebieten des unteren Geländes ist eine wunderbare Erfahrung. Vom Haupttor in Timpohon aus führen Pfade über die Bergkämme und Bäche des Parks. Aufmerksame Wanderer können einige der Säugetiere der Region sehen, wie etwa Bartschweine und Hirschferkel. Eine fantastische Gelegenheit, den Park bei Einbruch der Dunkelheit zu bewundern, bietet das Campen in der Nähe der Hot Springs, wo es mehrere Campingplätze gibt.

> **Der 754 Quadratkilometer große Nationalpark schützt die Gegend um den Gunung Kinabalu.**

Flora und Fauna

Zu den Attraktionen des Parks, der eine unglaubliche Artenvielfalt beherbergt, gehören Säugetiere wie Koboldmakis, Eichhörnchen und Baumspitzmäuse, Vögel wie Hornvögel, Rebhühner und Bergdrosseln sowie viele Schmetterlinge und Käfer. Der Park beherbergt auch mehrere Arten seltener und tropischer Pflanzen, darunter die außergewöhnliche Rafflesia *(siehe S. 194)*. Venusschuh-Orchideen sind nach ihren leuchtenden Beuteln benannt, die Insekten anlocken. Doch diese zarten Pflanzen werden immer seltener. Koboldmakis *(rechts)* sind leicht an ihren langen Füßen und großen Augen zu erkennen.

Gunung Kinabalu

Trotz seiner Höhe von 4100 Metern ist der Gunung Kinabalu ein einfacher Aufstieg für alle, die über ein gewisses Maß an Fitness verfügen. Sie werden bei jedem Schritt von einem Führer begleitet, aber es ist keine spezielle Ausrüstung erforderlich, nur die richtige Einstellung – und wenn Sie den Gipfel erreichen und den Sonnenaufgang über Borneo sehen, werden Sie froh sein, dass Sie sich die Mühe gemacht haben.

Summit Trail
Der Aufstieg zum Gipfel des Gunung Kinabalu dauert zwei Tage und beginnt am Timpohon-Tor oberhalb der Park Headquarters. Der Weg führt an der Layang-Layang-Hütte vorbei zum Laban Rata Resthouse, wo die meisten Bergsteiger übernachten. Manche gehen noch eine Stunde weiter zum einfacheren Gästehaus in Sayat Sayat, damit sie es am nächsten Morgen kürzer zum Gipfel haben. Das letzte und anstrengendste Teilstück geht man lange vor Tagesanbruch an, um den Sonnenaufgang auf dem Low's Peak zu erleben. Da man für den Abstieg fünf Stunden braucht, sollte man noch mittags den Rückweg antreten, um vor der Dunkelheit den Ausgangspunkt zu erreichen.

Routeninfos
Man muss mindestens sechs Monate im Voraus buchen (www.mountkinabalu.com/packages). Am Tag dürfen aufgrund von Naturschutzbestimmungen und wenigen Übernachtungsmöglichkeiten nur 150 Besucher und ihre Führer den Berg besteigen. Ein Aufstieg mit leichtem Gepäck ist angenehmer, doch einige Dinge sind unentbehrlich: Hut, Sonnenbrille und -creme, Taschenlampe sowie warme, wasserfeste Kleidung. Schlafsäcke werden in Laban Rata und Sayat Sayat kostenlos gestellt. Verpflegung gibt es im Laden der Park Headquarters.

Low's Peak
Der höchste Gipfel des Gunung Kinabalu ist nach Sir Hugh Low (1824–1905), dem Naturkundler und Kolonialsekretär von Pulau Labuan, benannt. Trotz dreier Anläufe in den 1850er Jahren erreichte er nie den Gipfel. Bei seinem zweiten Versuch 1858 wurde er vom Konsul in Brunei, Spenser St. John, begleitet, der es auf den South Peak schaffte, um dort festzustellen, dass es noch höhere Punkte gab. Erst im Jahr 1888 gelang es dem Zoologen John Whitehead, den höchsten Gipfel zu erklimmen, während er Pflanzen und Tiere sammelte. Einige von ihnen sind ebenfalls nach Low benannt.

1 Erkundung des felsigen Dschungelpfads rund um den Gunung Kinabalu

2 Wanderer versammeln sich am Timpohon Gate, Startpunkt des Summit Trail.

3 Der Weg zum Gipfel führt an den Sayat-Sayat-Rasthäusern vorbei, die sich in der Nähe des Berggipfels befinden.

Expertentipp
Akklimatisieren

Der Gunung Kinabalu ist hoch genug, dass man die Höhenkrankheit beachten sollte. Nehmen Sie sich Zeit, um sich zu akklimatisieren, wenn Sie aus dem Flachland anreisen, und steigen Sie sofort ab, wenn Sie sich unwohl fühlen.

Highlight

↑ Nebelschwaden über dem Kinabalu National Park bei Sonnenuntergang

TOP 3 Tauchschulen

Sipadan Scuba
Ausgezeichnete PADI-Tauchschule mit erfahrenen, mehrsprachigen Tauchlehrern (www.sipadanscuba.com).

Scuba Junkie
Vom Anfänger bis zum Tauchmeister bietet diese professionelle Schule (www.scuba-junkie.com) Kurse für alle an.

Seaventures
Die ehemalige Ölplattform ist jetzt ein cooles Hotel mit einer angeschlossenen PADI-Tauchschule (www.seaventuresdive.com).

Schon gewusst?
Pulau Sipadan ist die einzige ozeanische Insel in Malaysia.

→ *Fischschwarm über einem Korallenriff und ein Boot neben dem Pier* (Detail)

Pulau Sipadan

 G5 50 km südl. von Semporna ab Semporna Borneo Sea Adventures: 8A Karamunsing Warehouse, Kota Kinabalu sabahparks.org.my/sipadan-island-park

Pulau Sipadan ist schon oberhalb der Wasserlinie wunderschön – glitzernder grüner Dschungel und kreideweißer Sand –, aber unter dem Wasser wird es erst richtig spektakulär. Die Insel wurde durch lebende Korallen gebildet, die über Tausende von Jahren auf einem erloschenen Vulkankegel wuchsen. Heute bietet die Insel die Möglichkeit, mit Haien zu tauchen und zwischen farbenprächtigen Fischschwärmen zu schnorcheln.

Pulau Sipadan gilt als eines der fünf besten Tauchgebiete der Welt und ist mit Abstand das spektakulärste in Malaysia. Die Insel ist ein 600 Meter aus dem Meer emporragender Kalksteinfelsen, der von weißen Sandstränden gesäumt wird. Um die idyllische Insel liegt ein erstaunliches Korallenriff mit über 3000 maritimen Arten, darunter der bunte Schmetterlingsfisch, der Kaiserfisch und der orangeblaue Riffbarsch. Auch Haie, Barrakudas, Schildkröten und Mantarochen gibt es hier ebenfalls in beachtlicher Anzahl, und sie sind rund um das Riff häufig zu sehen.

Tauchausflüge
Mehrere Anbieter veranstalten Tag- und Nachttauchgänge an, aber nur 176 Taucher sind pro Tag zugelassen, sodass eine Anmeldung erforderlich ist. Qualifiziertes Personal begleitet die Besucher auf jedem Tauchausflug. Der flache Tauchplatz Lobster Lairs ist ein idealer Ort für Anfänger, an dem man Rotfeuerfische, Skorpionfische, Seenadeln und die namensgebenden Hummer sehen kann. Erfahrene Taucher sollten sich zum South Point begeben, wo häufig Hammerhaie und Schildkröten gesichtet werden. Der Drop-off-Tauch-

Highlight

platz Staghorn Crest ist ebenfalls etwas für erfahrene Taucher: Die Strömung kann hier sehr stark sein, sodass Taucher vorsichtig sein müssen. Die Belohnung ist jedoch ein Garten aus riesigen Hirschgeweihkorallen, in dem es von Schwärmen von Grundeln, Zackenbarschen, Kaiserfischen und Drückerfischen nur so wimmelt. An der White-Tip Avenue, einer Lücke im Korallenriff, die von Weißspitzenhaien und Grauen Riffhaien frequentiert wird, können Taucher auf einen Schwarm von Stachelmakrelen und Büffelkopf-Papageifischen treffen.

Die Insel erkunden

Auch für Nicht-Taucher ist Pulau Sipadan reizvoll. Die Hanging Gardens im Südosten sind ideal zum Schnorcheln. Hier fällt das Riff auf eine Tiefe von 70 Metern ab mit Terrassen voller Fächerkorallen und Gorgonie. Östlich der Anlegestelle von Sipadan befindet sich der Drop-off – eine scheinbar endlose Felswand, die mit verschiedenen Korallen- und Schwammarten bewachsen ist.

Unterwasserfotografen kommen an allen Ecken der Insel auf ihre Kosten. In den Coral Gardens können fast alle in diesen Gewässern lebenden Arten beobachtet werden. Der Barracuda Point im Norden ist nach den Barrakudas benannt, die hier entlang einer Wand, an der Schildkröten und Papageifische leben, auf Nahrungssuche gehen. Am Turtle Patch kann man Haie, Drückerfische, Büffelkopf-Papageifische und Schildkröten beobachten. Auch die Unterwasserhöhle Turtle Cavern ist etwas Besonderes: Sie ist voller Skelette von Schildkröten, die den Weg nach draußen nicht mehr gefunden haben.

↑ Ein Schnorchler vor der Küste von Pulau Sipadan

SEHENSWÜRDIGKEITEN

❸ Kota Kinabalu
🅰 E4 📍 300 km nordöstl. von Miri ✈ 🚌 🚢 🚆
ℹ Sabah Tourism Board, 51 Jalan Gaya 📅 So
🌐 sabahtourism.com

Sabahs Hauptstadt Kota Kinabalu liegt auf einem Landstreifen zwischen der Westküste und einer Bergkette. Das ehemalige Jesselton wurde nach dem Zweiten Weltkrieg zur Provinzhauptstadt und 1967 in Kota Kinabalu umbenannt. Die historische Bausubstanz wurde im Zweiten Weltkrieg weitgehend zerbombt, sodass die Stadt neu aufgebaut werden musste. Nur drei Bauten sind erhalten: das Gebäude des Landesvermessungsamts, das Hauptpostamt und der Atkinson Clock Tower, ein 15 Meter hoher Uhrturm (1905). Das Observatorium auf dem Signal Hill bietet einen weiten Blick über die Stadt und die Inseln.

↑ *Kota Kinabalus Masjid Negeri Sabah*

Obwohl es kaum historische Bauten gibt, hat die Stadt durchaus Charme. Die Menschen sind freundlich, die Straßen belebt, es gibt gute Unterkünfte, Lokale und Bars. Das kleine Zentrum kann man leicht zu Fuß erkunden. Ein Highlight ist das **Sabah Museum**, das im Stil eines Rungus-Langhauses eingerichtet ist. Die Exponate reichen von Keramik bis hin zu Archäologie und sind auf mehrere Etagen verteilt. Zu den ethnografischen Exponaten gehören Instrumente, traditionelle Kleidung, Waffen und Dinge aus Bambus. Interessant sind auch die archäologische Ausstellung und ein »Zeittunnel«, der Ereignisse wie die Ankunft der philippinischen und indonesischen Einwanderer und die japanische Besetzung dokumentiert. Auf dem Gelände zeigt das Heritage Village Beispiele von Häusern der Urbevölkerung Sabahs. Das Murut-Haus besitzt eine elastische Plattform, auf der Tänze aufgeführt werden.

In der Nähe des Museums steht die **Masjid Negeri Sabah**, ein beeindruckendes Beispiel für moderne islamische Architektur. Obwohl sie abseits des Zentrums liegt, ist ihre goldene Kuppel von vielen Teilen der Stadt aus sichtbar. Die in den 1970er Jahren errichtete Moschee ist eine der größten in Malaysia und verfügt über einen separaten Bereich für Frauen. Nicht-Muslime dürfen die Moschee betreten (außer während der Gebetszeiten), sollten aber dezent gekleidet sein und die Schuhe ausziehen. Die größere städtische Moschee, auch als »schwimmende« Moschee bezeichnet, wurde 2000 gebaut.

In Kota Kinabalu gibt es auch mehrere Märkte. Auf dem Markt für Kunsthandwerk (7–19 Uhr) wird alles von Körben bis hin zu traditioneller Medizin verkauft. Der Sonntagsmarkt in der Jalan Gaya ist ein idealer Ort für den Kauf von Antiquitäten oder Postkarten. Am Freitag- oder Samstagabend öffnet der beliebte Api-Api Night Food Market seine Pforten und bietet bis 2 Uhr nachts lokale Speisen, Getränke sowie Kunsthandwerk an. Abends bietet der Segama Night Market ebenfalls köstliche Straßengerichte an.

Kota Kinabalu ist die ideale Ausgangsbasis für Ziele an der Nordwestküste wie den Kinabalu National Park *(siehe S. 186–189)* und den Tunku Abdul Rahman National Park.

Sabah Museum
♿🅿🚻☕ 📍 Jalan Muzium
🚌 🕐 tägl. 9–17
🌐 museum.sabah.gov.my

Masjid Negeri Sabah
📍 Jalan Sembutan 🚌
🕐 Mo–Do 8–11, 14–16:30, Fr 8–10:30, 14:30–16:30, Sa, So 8–11, 14–16

5000
Menschen finden in der Masjid Negeri Sabah Platz.

→ *Ein Boot im türkisfarbenen Wasser des Tunku Abdul Rahman National Park*

④ Klias Wetlands

🅰 E4 100 km südwestl. von Kota Kinabalu bis Anleger Kota Klias Tourboote ab Anleger Kota Klias

Die Klias Wetlands auf einer Halbinsel südlich von Kota Kinabalu sind ein Mangrovenwald, in dem Besucher eine Vielfalt an Vögeln und Krokodile beobachten können. Abends erleuchten Glühwürmchenschwärme die Umgebung. Das eigentliche Highlight des Sumpfgebiets ist jedoch der einzigartige Nasenaffe *(siehe S. 181)*. Nasenaffen sind scheu, fressen aber gern zarte Blätter am Flussufer. Viele Veranstalter in Kota Kinabalu bieten Bootsfahrten in die Klias Wetlands an. Individualreisen sind zwar möglich, doch die Fahrt in der Gruppe ist empfehlenswerter.

⑤ Tunku Abdul Rahman National Park

🅰 E4 3 km nordwestl. von Kota Kinabalu   Sabah Parks Office, Kota Kinabalu sabahparks.org.my

Eine kurze Bootsfahrt von Kota Kinabalu entfernt liegt der Tunku Abdul Rahman National Park. Er besteht aus fünf Inseln und umfasst ein Gebiet von 50 Quadratkilometern. Der nach dem ersten Premierminister des Landes benannte Park wurde 1974 zum Schutz der Korallenriffe um Pulau Gaya, Pulau Sapi, Pulau Manukan, Pulau Mamutik und Pulau Sulug eingerichtet. Im Wasser tummeln sich Papagei-, Rotfeuer- und Clownfische. Auf den Inseln leben Makaken, Bartschweine, Schuppentiere und Malabarhornvögel.

Pulau Gaya ist die größte Insel. Sie ist dicht mit Wald bewachsen und bietet viele Wanderwege und weiße Sandstrände wie Police Beach an der Nordostküste. Die meisten Korallen vor Pulau Gaya wurden durch Dynamitfischer zerstört, doch in den Riffen der anderen Inseln leben zahlreiche Meerestiere. Tauchausflüge können in Kota Kinabalu arrangiert werden.

Direkt vor der Südwestspitze von Pulau Gaya liegt die bei Ebbe über eine Sandbank erreichbare, winzige Insel Sapi. Hier ist das Wasser ideal zum Schwimmen und Schnorcheln. Außerdem gibt es einen kurzen Naturlehrpfad am Wasser. Die drei anderen Inseln liegen etwas weiter südlich. Pulau Manukan (mit der Parkverwaltung) ist die beliebteste der fünf Inseln mit vielen Wassersportangeboten.

Der Coral Flyer, die längste Seilrutsche der Welt, verbindet Pulau Sapi und Pulau Gaya. Sie ist nur etwas für Mutige – man erreicht zwischen den Inseln bis zu 60 km/h. Das Ticket bekommt man am Bootsanleger von Pulau Sapi.

Bars

El Centro
Beliebte Bar mit Mittwochsquiz.

🅰 E4 18 Lorong Dewan, Kota Kinabalu
 +60 14 862-3877

Biru Biru
Hier gibt es Bier und Cocktails.

🅰 E4 24 Lorong Dewan, Kota Kinabalu
 +60 19 790-3810

Souled Out
Terrassenbar mit Livemusik.

🅰 E4 Imago Mall, Kota Kinabalu
 +60 16 839-1338

⑥ Tambunan Rafflesia Forest Reserve

🅰 F4 🏠 60 km östl. von Kota Kinabalu 📞 +60 88 899-589 🕒 tägl. 8–15

Nicht weit vom Gipfel des 1649 Meter hohen Sinsuron-Passes entstand in der Crocker Mountain Range das Tambunan Rafflesia Forest Reserve zum Schutz der einzigartigen *Rafflesia arnoldii*. Namensgeber der größten Vertreterin dieser Gattung sind Sir Stamford Raffles, der Gründer von Singapur, und der Naturkundler Joseph Arnold, der die Pflanze 1818 in Sumatra entdeckte. Er schickte ein sieben Kilogramm schweres Exemplar an die Royal Society in London.

Die Blütezeit dauert nur wenige Tage. Da sie schwer vorherzusagen und die Blüte nur kurzlebig ist, sollte man sich vorab bei der Parkleitung erkundigen, ob gerade eine der Rafflesien blüht. Das Reservat bietet umfassende Informationen zu dieser Blume und ihrem Habitat.

Die Wege im Park sind gut ausgeschildert. Auf Anfrage begleitet Sie auch ein Führer auf der Tour.

⑦ Sungai Padas

🅰 E4 🏠 Pangi, bei Tenom 🚌 bis Beaufort ab Kota Kinabalu, dann Zug

Der Fluss Padas windet sich durch den Südwesten Sabahs und verbindet die Kleinstädte Tenom und Beaufort miteinander. Der Fluss hat Beaufort des Öfteren überflutet, weswegen hier die Shophouses auf Stelzen stehen. Auf alten Fotos erinnert Beaufort mit seinen Kanälen an Venedig.

Der Sungai Padas ist ein beliebter Fluss zum Wildwasser-Rafting. Das von Geröll durchsetzte Gewässer verläuft durch Tiefland-Regenwald. Zwischen April und Juli steigt der Wasserpegel und bildet auf einer Strecke von 23 Kilometern Stromschnellen der Stufen III und IV. Startpunkt für Raftingtouren auf dem Sungai Padas ist Pangi nahe Tenom, das man von Beaufort aus mit dem Zug erreicht.

Von Pangi aus stürzen Stromschnellen mit Namen wie Karussell, Waschmaschine und Kopfjäger flussabwärts. Der Fluss bietet aber auch einige ruhige Abschnitte, in denen man aus dem Boot springen und sich mit der Strömung treiben lassen kann.

Raftingtouren bucht man über Anbieter in Kota Kinabalu, die auch über Sicherheitsmaßnahmen informieren. Bei fast allen Veranstaltern liegt das Mindestalter für Wildwasser-Rafting bei zwölf Jahren.

Neben Raftingtouren gibt es auch die Möglichkeit, den Südwesten des Bundesstaats Sabah zu erkunden und auf Borneos einziger Eisenbahnstrecke von Beaufort nach Tenom zu fahren. Die Bahntrasse verläuft parallel zum Sungai Padas und schlängelt sich durch die Dschungelgebiete.

Ein Teil dieser landschaftlich sehr reizvollen Strecke wird auch von der North Borneo Railway befahren, die Ende des 19. Jahrhunderts in Betrieb genommen und seitdem mehrfach erweitert wurde. Heute werden von Tanjung Aru aus Halbtagestouren an Bord einer alten Dampflokomotive angeboten, die allerdings teurer sind als der normale Zug.

Rafflesia

Die bizarre Rafflesia wächst in ganz Südostasien. Sie lebt als Parasit in Weinstöcken und verströmt einen Geruch nach verrottetem Fleisch, der Aasfliegen anlockt, die sie dann bestäuben. Es dauert etwa neun Monate, bis sich die Rafflesia zur größten Blüte der Welt entwickelt und einen Durchmesser von bis zu einem Meter erreicht. Da sie nur wenige Tage im Jahr blüht, ist sie schwer zu entdecken – und leider haben die Zerstörung des Lebensraums und der Einfluss übereifriger Touristen dazu geführt, dass diese Pflanze vom Aussterben bedroht ist.

Auf Stelzen gebaute Häuser entlang des unberechenbaren Sungai Padas

> Vor der Südwestküste von Sabah liegt das kleine, aber historisch bedeutende Pulau Labuan.

⑧
Pulau Labuan
🅰 E4 👥 86 000 ✈ 8 km westl. der Klias Peninsula
🚢 🚌 ℹ Ferry Terminal Labuan; +60 87 423-445

Vor der Südwestküste von Sabah liegt das kleine, aber historisch bedeutende Labuan (eine große, sechs kleine Inseln). 1846 überließ der Sultan von Brunei Labuan den Briten. Sie hatten es auf die großen Kohlevorkommen abgesehen, mit denen die Dampfschiffe versorgt werden sollten. Labuan blieb fast 100 Jahre in britischer Hand, bis die Japaner die Insel im Zweiten Weltkrieg eroberten. Wenige Jahre später kapitulierten sie zu Kriegsende an der Westküste der Insel. 1963 trat Pulau Labuan der Föderation Malaya bei. Heute ist die Hauptinsel ein beschaulicher Ort mit schönen Stränden und ein beliebtes Duty-free-Shopping-Eldorado.

Der Hauptort der Insel heißt Bandar Labuan (Labuan City). Im Norden steht die futuristische Masjid An'nur Jamek. Im vier Kilometer nördlich der Stadt gelegenen Peace Park bei Layang Layangan befindet sich ein Kriegsmahnmal an der Stelle, an der die Japaner kapitulierten. Der Alliierten-Friedhof an der Ostküste umfasst 4000 Gräber von auf Borneo gefallenen Soldaten.

Das Meer um die Insel ist vor allem bei Wracktauchern populär. Mehrere Wracks aus dem Zweiten Weltkrieg und andere Schiffe liegen vor der Küste. Anbieter organisieren Tauchausflüge zu diesen Stätten. Der Labuan Marine Park konzentriert sich um Pulau Kuraman, eine kleine Insel nahe der Südküste, die von Pulau Labuan aus mit dem Boot erreichbar ist. Im Park werden Aktivitäten wie Tauchen, Segeln, Angeln und Dschungelwandern angeboten. Die Strände sind ideal zum Picknicken.

Hotels

Dorsett Grand Labuan
Hotel mit erstklassigen Restaurants.
🅰 E4 📍 Jalan Merdeka, Pulau Labuan
🌐 dorsetthotels.com

Tiara Labuan
Traditionelle Zimmer und luxuriöse Villen.
🅰 E4 📍 Jalan Tanjung Batu, Pulau Labuan
🌐 tiaralabuan.com

Hotel Labuan Point
Modernes Hotel mit Dachbar.
🅰 E4 📍 Jalan Okk Abdullah, Pulau Labuan
🌐 hotellabuanpoint.com

TOP 3 Traditionelle Produkte

Gongs
Gongs werden in der Sumangkap Gong Factory (außerhalb der Stadt Matunggong) verkauft. Die Instrumente verwenden Mitglieder der indigenen Gruppe der Rungus bei Zeremonien.

Honig
Auf der Bienenfarm Gombizau kann man Honig direkt aus der Wabe probieren. Honig soll medizinische Eigenschaften haben, und seine Herstellung ist ein wichtiger Wirtschaftszweig in Matunggong.

Perlen
In Bavanggazo stellen Frauen wunderschöne Perlenarbeiten her wie etwa *pinakol*, eine Halskette aus Perlen, die Tiere, Blumen, Speere und Menschen darstellt.

9 Kota Belud
F4 73 000 75 km nördl. von Kota Kinabalu So Tamu Besar (Okt/Nov)

Das in einer fruchtbaren Schwemmebene gelegene Kota Belud ist eine ruhige Stadt, in der hauptsächlich Bajau wohnen, die für ihre Geschicklichkeit im Umgang mit Pferden berühmt sind. Der Gunung Kinabalu *(siehe S. 188f)* dominiert die Landschaft im Osten.

Der Ort selbst ist klein und unscheinbar, nur sonntagmorgens erwacht er mit dem Wochenmarkt *(tamu)* zum Leben. Der *tamu* findet in der Jalan Hasbollah nicht weit vom Zentrum statt. Er ist der Schauplatz des regionalen Handels und gleichermaßen soziales wie kommerzielles Ereignis. Angehörige diverser Ethnien, darunter Chinesen und Kadazan-Dusun, verkaufen hier ihre Waren. Besucher können diese einzigartige Atmosphäre aufsaugen und an einem der vielen Stände ein Frühstück genießen.

Auf dem Markt bekommt man Lebensmittel wie Obst, Gemüse und Fleisch sowie handgefertigte Messer, Musikinstrumente und Stoffe. Köstliche Snacks und Getränke stehen ebenfalls zur Auswahl. Die Händler sind sehr höflich, erwarten aber, dass man mit ihnen um den Preis handelt. Der *tamu* ist von sechs Uhr morgens bis zum frühen Nachmittag geöffnet.

Der Tamu Besar (Großer Markt) ist ein alljährlich wiederkehrendes Großereignis. Er wird mit kulturellen Veranstaltungen und Handwerksschauen begangen.

Einer der Höhepunkte sind die Bajau-Reiter in ihren farbenfrohen Kostümen. Die Menschen versammeln sich, um die geschmückten Pferden zu beobachten und die unübertroffenen Reitkünste der Bajau zu bewundern.

Schon gewusst?
In Sabah leben 32 verschiedene indigene Gruppen.

❿ Gombizau

F4 300 90 km nördl. von Kota Kinabalu
Matunggong, Kudat; +60 13 549-1885

Auf der Kudat-Halbinsel im Norden von Kota Belud liegt Kampung Gombizau. Es ist eines von mehreren Dörfern, die am Programm »One Village, One Product« der Regionalbehörden teilnehmen. Das Programm ermutigt Gemeinden zur Produktion und Vermarktung von handgefertigten Waren und Kunsthandwerk aus lokalem Material. Die meisten Bewohner gehören der Rungus-Minderheit an. Sie widmen sich der Bienenzucht und dem Verkauf von Honig und Bienenwachs. Das wertvolle Gelee Royal, ein Bienensekret, das als Nahrungsergänzungsmittel und Inhaltsstoff von Kosmetikartikeln genutzt wird, wird hier ebenfalls gewonnen. Besucher dürfen die Bienenstöcke besichtigen und können zusehen, wie die Bienen mit Rauch aus ihren Waben entfernt werden.

← Kunsthandwerk auf dem Wochenmarkt von Kota Belud

⓫ Sumangkap

F4 430 92 km nördl. von Kota Kinabalu

Nicht weit von Gombizau entfernt liegt das Dorf Sumangkap. Der Klang von Schmiedehämmern ist weithin zu hören: Hier werden Gongs hergestellt. Das Dorf dürfte der lauteste Ort in ganz Sabah sein. Der Gong ist ein zentrales Element der hiesigen Musik. Gongs kommen bei allen traditionellen Feiern zum Einsatz. Früher wurden sie auch zur Kommunikation mit anderen Dörfern verwendet.

In Sumangkap gibt Gongs in allen Größen, waagrecht im Holzrahmen fixiert oder senkrecht aufgehängt. Sie haben Duchmesser von bis zu zwei Meter, etwa für den Gebrauch in Tempeln, oder werden in Miniaturform als Souvenir verkauft. Besucher können dabei zusehen, wie aus einer Aluminiumplatte ein klangvoller Gong entsteht.

⓬ Mari Mari Cultural Village

E4 Inanam, 15 km östl. von Kota Kinabalu
marimaricultural village.com

Das Volkskundemuseum bewahrt Kultur, Traditionen und Bauweisen von fünf Sabah-Stämmen. Auf einer halbtägigen Tour durch das

↑ Stammeskleidung im Mari Mari Cultural Village

Dorf lernt man das Leben verschiedener Kulturen kennen, etwa die der Reis anbauenden Kadazan-Dusun, der Rungus, die für ihre Langhäuser bekannt sind, des Jäger- und Fischervolks der Lundayeh, der Bajau, die auf dem Meer leben, und des ehemaligen Kopfjägerstamms der Murut.

Besucher können in dem Kulturdorf auch mehr über traditionelle Fertigkeiten wie das Blasrohrschießen und das Kochen in Bambusrohren erfahren und Gerichte wie *amplang* (Fischkekse) probieren. Die Touren beinhalten den Transport von Kota Kinabalu.

Borneos indigene Völker

Die indigenen Völker Borneos sind sowohl durch politische als auch durch ökologische Eingriffe bedroht. Die Abholzung der Wälder hat katastrophale Auswirkungen auf die Lebensweise von Völkern wie den Kadazan-Dusun, deren Führer in Sabah den Staat wegen Plänen zum Verkauf großer Waldflächen verklagen. Die Umsetzung der 2019 angekündigten Pläne Indonesiens, seine Hauptstadt von Jakarta nach Nusantara zwischen Balikpapan und Samarinda in Westborneo zu verlegen, werden der Umwelt der Insel weiteren Schaden zufügen.

↑ *Rungus-Frauen bei der Arbeit in einem traditionellen Langhaus* (Detail) *in Bavanggazo*

⓭
Bavanggazo
🅰 F3 👥 250 🏠 98 km nördl. von Kota Kinabalu
🚌 ℹ Kudat; +60 88 614-088

Die in der Region um Kudat ansässigen Rungus haben hart daran gearbeitet, ihre Kultur und Tradition zu bewahren. Eine wunderbare Gelegenheit, ihre Bräuche kennenzulernen, bietet der Besuch eines Langhauses im Dorf Bavanggazo, das an der Straße von Kota Belud nach Kudat liegt.

Die Langhäuser sind west-östlich ausgerichtet und haben zwecks Luftzirkulation nach außen gewölbte Wände. Eines davon ist das Matunggung. Es besitzt mit Bambus verkleidete Seitenwände, ein Strohdach und die Wohnquartiere von etwa 100 Familien.

Für einen Besuch kann man Touren in Kota Kinabalu *(siehe S. 192)* buchen, die meist auch in die Dörfer Gombizau und Sumangkap *(siehe S. 197)* führen. Zum Mittagessen kommt man dann nach Bavanggazo. Die köstlichen Speisen werden aus dem Gemüse von den umliegenden Feldern zubereitet. Besucher können auch übernachten und einer Kulturveranstaltung mit Tänzern und Gongspielern in Tracht beiwohnen. Aufgrund des Übergangs zu modernen Wohnformen sind nur noch wenige Langhäuser erhalten geblieben.

Die Rungus sind für ihre Perlenarbeiten bekannt. Besucher des Langhauses werden zumeist sehen, wie Frauen auf der Gemeinschaftsveranda Schulterbänder, Ketten und Armreife aus bunten Perlen nach den Motiven der Rungus-Folklore herstellen. Die älteren Rungus-Frauen schmücken sich mit Messingreifen. Versierte Weberinnen stellen aus handgesponnener Baumwolle aus der Region Stoffe für ihre Kleidung her.

⓮
Kudat
🅰 F3 👥 75 000 🏠 190 km nördl. von Kota Kinabalu ✈ 🚌 Ekspres-Minibus-Service ab Kota Kinabalu 📅 So
🎉 Pesta Kelapa (Apr)

Die Hafenstadt Kudat liegt an der Nordspitze von Sabah. Hier wohnen viele chinesische und philippinische Händler. Die durch die Marudu Bay geschützte Halbinsel Kudat wurde 1882 Verwaltungssitz von British North Borneo. Wegen Piratenangriffen und Trinkwasserman-

→ *Atemberaubender Blick auf dem Weg zum Tip of Borneo*

> Die nördlichste Spitze von Borneo, wo das Südchinesische Meer auf die Sulusee trifft, wird auch Tanjung Simpang Mengayau genannt.

gel verlor die Stadt jedoch bereits 1883 ihren Status als Provinzhauptstadt an Sandakan *(siehe S. 202)*.

Es gibt nur wenig Sehenswertes, dennoch macht es Spaß, im Hafen herumzulaufen und die Boote ankommen und abfahren zu sehen. Erholsam ist der Spaziergang um die Bucht entlang der Sidek Esplanade. In der Nähe von Kudats Hauptstraße Jalan Lo Thien Chock steht der Fuk Tek Kung Temple mit verziertem Dach. Etwa sieben Kilometer nördlich der Stadt kann man am Strand von Bak Bak picknicken.

Tip of Borneo
F3 200 km nördl. von Kota Kinabalu Ekspres-Minibus-Service ab Kota Kinabalu

Die nördlichste Spitze von Borneo, wo das Südchinesische Meer auf die Sulusee trifft, wird von den Einheimischen Tanjung Simpang Mengayau genannt. Von Kota Kinabalu bietet sich ein gemütlicher Tagesausflug dorthin an. Auf dem Weg zu der im Bezirk Kudat gelegenen Landspitze kann man in der Bienenfarm Gombizau, im Gongdorf Sumangkap und im Rungus-Langhaus von Bavanggazo Station machen.

Wenige Kilometer vor Kudat biegt man links ab und fährt, vorbei an riesigen Kokosnusspalmen, zu einem windgepeitschten Kap mit Aussicht auf das Südchinesische Meer und die Sulusee.

Kurz vor der Landspitze führt eine Straße an einem mit Kasuarinen gesäumten, sichelförmigen Strand vorbei zum Kalampunian Beach. Dort verkaufen Irranun bunte Muscheln.

Am Tip of Borneo steht ein Fahnenmast neben einer riesigen Erdkugel. Eine Inschrift auf dem Globus erzählt, dass Ferdinand Magellan während seiner Weltumsegelung zwischen 1519 und 1522 hier 42 Tage hier verbrachte, um sein Schiff zu reparieren. Beachten Sie, dass der Wind an der Landspitze fast immer stark ist und bei schlechtem Wetter die Wellen sehr hoch sein können.

Restaurants

Secret Place
Manchmal braucht man nur einen Strand, einen Grill und ein paar Hängematten. Das Café und der Campingplatz am Meer bieten all das und servieren köstliche malaiische Gerichte.

 F3   Jalan Marang Parang, Kudat   secretplace borneo.jimdofree.com

Kampung Kelapa
Mit köstlichen Gerichten wie Chilikrabben, Krabben-Omeletts und gedünstetem Zackenbarsch kann man sich hier satt essen. Oft gibt es auch Livemusik.

 F3   Jalan Pasar, Kudat   +60 14 677-8749

Hotels

Sepilok Forest Edge Resort

Stilvolle Dschungelunterkunft mit hübschen Chalets und Langhaus-Schlafsälen inmitten üppiger Landschaft. Das fantastische Restaurant vor Ort serviert eine moderne Variante der Küche Borneos.

G4 Jalan Rambutan, Sepilok sepilokforestedgeresort.com

(RM)(RM)(RM)

Lankayan Island Dive Resort

Leben Sie Ihren privaten Inseltraum in herrlichen strohgedeckten Bungalows direkt am Meer in diesem unberührten Paradies.

G4 Pulau Lankayan dive-malaysia.com/lankayan-island-dive-resort

(RM)(RM)(RM)

⑯ Pulau Lankayan

G4 80 km nördl. von Sandakan ab Sandakan Pulau Sipadan Resorts, 484 Bandar Sabindo, Tawau; +60 89 765-200

Die tränenförmige Insel mit weißen Stränden und einzigartigen Korallenriffen erreicht man mit dem Boot von Sandakan aus in 90 Minuten. Wegen der artenreichen Meeresfauna kommen vor allem Taucher auf die Insel, auf der es nur ein Resort gibt. Entsprechend menschenleer ist Lankayan. Rund um ein Schiffswrack, das nur einen der vielen Tauchspots darstellt, sieht man Indische Glasbarsche, Rundflecken-Anglerfische und Peitschenschwanzrochen. Vom Steg aus kann man im April und Mai Schwarzspitzenhaie sehen. Da Lankayan innerhalb des Meeresschildkrötenkorridors liegt, sieht man diese Tiere während der Nistzeit.

Lankayan ist Teil der Sugud Islands Marine Conservation Area, auch die Vegetation ist interessant. Besonders häufig sind Schraubenbäume *(Pandanus amaryllifolius)*, deren Blüte an eine Ananas erinnert.

⑰ Turtle Island National Park

G4 40 km nördl. von Sandakan ab Sandakan Crystal Quest, Sabah Park Jetty, Jalan Buli Sim-Sim, Sandakan turtleisland.com.my

Die drei Inseln Selingan, Bakungan Kecil und Gulisan 40 Kilometer nördlich von Sandakan bilden zusammen ein Schutzgebiet für Schildkröten, das auch als Pulau Penyu National Park bekannt ist. Grüne Meeresschildkröten und Echte Karettschildkröten legen hier ihre Eier ab.

Die beste Zeit für einen Besuch ist zwischen Juli und Oktober. Dann kann man mit großer Wahrscheinlichkeit beobachten, wie die Tiere Eier im Sand ablegen. Selingan ist die einzige Insel, auf der Besucher diesen seltenen Moment miterleben können. Inzwischen gibt es Beschränkungen, wie nahe Besucher den Schildkröten kommen dürfen. Licht oder Kameras in der Nähe der Reptilien sollte man vermeiden. Ranger bringen die Jungtiere in Aufzuchtstationen, von wo aus sie ins Meer entlassen werden. Leider liegt ihre Überlebenschance nur bei etwa eins zu 100, da sie oft Wilderern und natürlichen Fressfeinden zum Opfer fallen. Um ihnen die größte

↑ *Ein Taucher schwimmt vor Pulau Lankayan unter einem glitzernden Fischschwarm*

Besucher beobachten Primaten (Detail) im Sepilok Orangutan Rehabilitation Centre

Überlebenschance zu geben, bringen die Ranger die Jungtiere nach Einbruch der Dunkelheit ins Meer.

Genehmigungen für einen Besuch muss man bei Crystal Quest einholen, das als Agentur für Sabah Parks agiert; das können auch lokale Touranbieter arrangieren, oder man holt sich eine Erlaubnis im Büro am Bootsanleger von Sabah Parks.

18
Sepilok Orangutan Rehabilitation Centre

G4 23 km östl. von Sandakan +60 89 531-180 ab Sandakan tägl. 9–12 (Fr bis 11), 14–16

Sepilok ist eines von weltweit vier Orang-Utan-Reservaten. Es wurde 1964 gegründet und ist heute eine der populärsten Attraktionen von Sabah. Auf 43 Quadratkilometer Tiefland-Regenwald werden hier verwaiste und verletzte Tiere aufgepäppelt und auf ein unabhängiges Leben in Freiheit vorbereitet. Ziel des Zentrums ist es, Orang-Utans langfristig wieder in ihren natürlichen Lebensraum auszuwildern.

> **Sepilok ist eines von weltweit vier Orang-Utan-Reservaten. Es wurde 1964 gegründet und ist heute eine der populärsten Attraktionen von Sabah.**

Das Nature Education Centre am Eingang zu Sepilok gibt eine aufschlussreiche Einführung in die wichtige Arbeit hinter den Kulissen und zeigt in regelmäßigen Abständen einen kurzen Film über Orang-Utans. Ein paar Gehminuten entfernt davon liegen zwei Fütterungsstellen, an denen die Tiere zweimal täglich (10 und 15 Uhr) mit Milch und Früchten versorgt werden.

Neben dem Zentrum liegt das **Bornean Sun Bear Conservation Centre**, das sich dem Schutz des kleinsten Bären der Welt widmet. Normalerweise streifen etwa 30 bis 40 gerettete Bären durch die Waldgehege, das ihnen ein sicheres Zuhause bietet.

Bornean Sun Bear Conservation Centre
 tägl. 9–15:30
 bsbcc.org.my

Orang-Utans

Orang-Utans spielen seit Langem eine Rolle in der Mythologie von Borneo. Der Name setzt sich aus den malaischen und indonesischen Wörtern *orang* (»Mensch«) und *hutan* (»Wald«) zusammen, also »Mensch des Waldes«. Mythen besagen, dass diese hochintelligenten Menschenaffen sprechen könnten, es aber nicht tun. Ein anderer Volksglaube besagt, dass sie Menschen in die Bäume entführen können, und oft heißt es auch, dass es Unglück bringt, einem Orang-Utan in die Augen zu sehen. In Wahrheit ist der Mensch natürlich eine viel größere Gefahr für die Orang-Utans als umgekehrt, denn die Abholzung der Wälder fügt ihrem Lebensraum großen Schaden zu und bedroht das Überleben der Art.

⑲ Sandakan

🅰 G4 👥 12 500 🏠 400 km östl. von Kota Kinabalu 🚌 ℹ +60 89 229-751

Sandakan liegt am Nordrand der Sandakan Bay, eingekeilt zwischen einem steilen Abhang und der Sulusee. Der Export von Holz, Perlen, Vogelnestern und Hornvogel-Horn machte Sandakan im 18. Jahrhundert reich. Es war zwischen 1884 und 1942 die Hauptstadt von Nordborneo, wurde aber Ende des Zweiten Weltkriegs wie Kota Kinabalu *(siehe S. 192)* vollkommen zerbombt. Ein Großteil der Neustadt wurde auf Landaufschüttungen im Meer errichtet – mit viel Beton. Heute betreibt die Stadt Handel mit Kakaobohnen und Palmöl. Im Zentrum gibt es nur wenige Sehenswürdigkeiten. Belebter ist es an der Uferpromenade wegen des Fischmarkts – des größten in Sabah. Auf der Anhöhe hinter dem Zentrum bietet der Observation Pavilion eine grandiose Aussicht auf Stadt und Hafen.

In der Nähe des Pavillons steht ein gut erhaltener Kolonialbau namens **Agnes Keith's House**. Hier lebte in den 1930er Jahren die amerikanische Schriftstellerin Agnes Keith. Sie verfasste mehrere Bücher über Sabah. Das Haus ist prächtig möbliert, hat Parkettböden und verströmt im Arbeitszimmer bis heute eine angenehme Ruhe. Ein weiteres Relikt aus der Kolonialzeit ist das English Tea House. Hier können Besucher rasten.

Eine bewegende Erfahrung für jeden Besucher ist der zwölf Kilometer östlich der Stadt gelegene **Sandakan Memorial Park**. 1944 zwangen die Japaner 2000 Kriegsgefangene zu einem Gewaltmarsch nach Ranau bei Gunung Kinabalu, den nur sechs australische Gefangene überlebten. Das kleine, von Australien finanzierte Museum im Park erinnert an diese Tragödie.

Agnes Keith's House
🚫 📍 Jalan Istana
🕐 tägl. 9–17

Sandakan Memorial Park
🚫 📍 12 km östl. von Sandakan ☎ +60 89 275-400 🕐 tägl.

⑳ Gomantong Caves

🅰 G4 🏠 110 km südl. von Sandakan 🚌 ab Sandakan ☎ +60 89 230-189 🕐 tägl. 8–12, 14–16:30

Die Kalksteinhöhlen von Gomantong sind die größten in Sabah. Dort leben große Salangan- und Fledermauspopulationen. Die zwei Haupthöhlen sind Simud Hitam (schwarze Höhle) und Simud Putih (weiße Höhle), wobei Letztere schwerer zugänglich ist. Dank eines Plankenwegs können Besucher

> **Die Kalksteinhöhlen von Gomantong sind die größten in Sabah. Dort leben große Salangan- und Fledermauspopulationen.**

> ### Schon gewusst?
> Mauersegler-Nester für Vogelnestsuppe werden zu hohen Preisen verkauft.

die Simud Hitam besuchen, ohne durch den knöcheltiefen Guano (Fledermausdung) waten zu müssen. Besucher sollten festes Schuhwerk tragen. Die meisten Touren in die Simud Hitam beinhalten auch eine Fahrt den Sungai Kinabatangan hinunter.

㉑
Kinabatangan Wildlife Sanctuary

🄰 G4 🏠 135 km südl. von Sandakan 🚌 ab Sandakan 🚤 auf dem Sungai Kinabatangan

Der Sungai Kinabatangan ist der längste Fluss von Sabah. Die von dichten Wäldern bewachsenen Ufer des Unterlaufs bilden den landesweit größten Lebensraum für Wildtiere. Einzigartiges Charakteristikum des Flusses sind seine Altwasser. Sie bergen eine reichhaltige Flora und Fauna. Ein Großteil des Gebiets gehört zum Kinabatangan Wildlife Sanctuary, das man von Sandakan aus einfach besuchen kann.

Bei einer Fahrt auf dem Fluss kann man viele Tiere sehen. Der kleine Sungai Menungal, der oberhalb von Sukau in den Kinabatangan fließt, ist besonders vielversprechend. Auf einer solchen Tour sieht man mitunter Nasenaffen und Makaken. Ganz sicher zu Gesicht bekommt man unterwegs Reptilien wie Krokodile.

㉒
Tabin Wildlife Reserve

🄰 G4 🏠 220 km südöstl. von Sandakan 🚌 ab Lahad Datu 🌐 tabinwildlife.com.my

Das 1984 als Schutzgebiet eingerichtete, 1225 Quadratkilometer große Tabin Wildlife Reserve war einer der letzten Lebensräume des stark gefährdeten Sumatra-Nashorns *(siehe S. 145)*. Die Art ist in Malaysia seit 2019 ausgestorben, als das letzte Nashorn des Landes an Krebs starb. Das Gebiet besteht hauptsächlich aus sekundärem Regenwald und dient der Erhaltung weiterer Tierarten, darunter der gefährdete Borneo-Zwergelefant, das Riesengleithörnchen, Orang-Utans und diverse Vogelarten wie der Nashornvogel. Zusammen mit dem Tabin Wildlife Resort organisiert das Reservat aufregende Touren wie Dschungelspaziergänge, Nachtsafaris und Vogelbeobachtung.

Das Reservat bietet den Besuchern anspruchsvolle Wanderwege, von denen einer an einem Wasserfall endet, der in einen Fluss stürzt – ein idealer Ort für ein Bad nach dem Spaziergang. Ein anderer Weg führt zu einer Ansammlung kleiner Schlammvulkane.

*Borneo-Zwergelefanten im Kinabatangan
↓ Wildlife Sanctuary*

»Seenomaden«-Dorf in den Gewässern um Semporna

㉓ Semporna

 G5 150 000 336 km südöstl. von Sandakan Regatta (März/Apr)

Semporna liegt zwischen Land und Meer. Die Pfahlbauten der Fischerstadt schweben gewissermaßen über einem Korallenriff, in dem viele Meerestiere leben.

Die Gegend um Semporna fasziniert Archäologen seit der Entdeckung von Steinwerkzeugen im nahen Tingkayu, die 10 000 Jahre älter sind als ähnliche Werkzeuge, die sonst in der Region gefunden wurden. Heute leben in der Stadt vorwiegend Bajau, ursprünglich Seenomaden, die vom Fischfang in der Celebessee leben. Dazu benutzen die Bajau filigran geschnitzte traditionelle Boote namens *lipa lipa*.

Für Besucher ist Semporna meist Basislager für Tauch- und Schnorchelausflüge zu den vorgelagerten Küsteninseln Mabul und Sipadan *(siehe S. 190f).* Die vulkanischen Inseln des Tun Sakaran Marine Park, 45 Minuten mit dem Schnellboot von Semporna entfernt, sind ebenfalls sehr beliebt. Die von Klippen gesäumte Bohey Dulang wird von Abenteuerlustigen besucht, die auf den höchsten Gipfel wandern.

Bajau

Das Volk der Bajau lebt in den Gewässern von Malaysia, Indonesien, Brunei und den Philippinen. Aufgrund ihres nomadischen Lebens sind sie als »Seenomaden« bekannt und handeln mit Fisch und Perlen. Die Bajau sind für ihre Tauchkünste bekannt. Taucher bleiben mehrere Stunden am Tag unter Wasser, manche können bis zu 13 Minuten die Luft anhalten. Eine Studie hat gezeigt, dass sie sich genetisch an diese Lebensweise angepasst haben.

㉔ Tawau

 G5 178 000 360 km südl. von Sandakan   Tawau Cultural Carnival (März) sabahtourism.com

Tawau liegt an der Küste im äußersten Südosten von Sabah. Der Verkehrsknotenpunkt ist Transitort für alle Reisenden, die nach Indonesien wollen. Anfangs war Tawau nur eine kleine Bajau-Siedlung, bis sich 1878 die British North Borneo Company wegen des natürlichen Hafens und der Vulkanerde

Hotels

Kinabatangan Jungle Camp
Das Camp mit Hotelzimmern bietet Touren in die Umgebung an.

🅐 G4 🏠 nahe Kinabatangan Wildlife Sanctuary
🌐 kinabatanganjunglecamp.com

Tanjung Bulat Jungle Camp
Das von Indigenen betriebene Camp verspricht fachkundig geführte Wanderungen.

🅐 G4 🏠 Jalan Bukit Garam, Kinabatangan
📞 +60 16 812-0704

Sabah Tea Resort
Das Resort auf einer Teeplantage bietet Cottages und traditionelle Langhaus-Unterkünfte.

🅐 F4 🏠 Ranau
🌐 sabahtea.com.my

25
Tawau Hills Park
🅐 G5 🏠 24 km nördl. von Tawau 🌐 sabahparks.my/tawau-hills-park

Der Tawau Hills Park wurde 1979 zum Schutz der Flussläufe Tawau, Merotai, Kinabutan, Mantri und Balung eingerichtet. Er besteht aus Bergen und dichtem, moosigem Regenwald.

Der Park ist ein Paradies für Vogelbeobachter – Brustband-Eisvögel, Bulwerfasane und Borneowolltimalien können hier gesichtet werden. Auch Affen sind kein ungewöhnlicher Anblick.

Den höchsten Berg im Park, den Gunung Magdalena, besteigt man in fünf bis acht Stunden. Der niedrigere Bombalai Hill ist ein erloschener Vulkan, den man nach einem halbstündigen Fußmarsch von der Parkverwaltung aus erreicht. Ein dreistündiger Weg führt zu heißen Quellen und zum Table Waterfall. Dort kann man in kristallklarem Wasser schwimmen. Im Park geht es viel ruhiger zu als in seinen berühmteren Nachbarn.

Die Naturschutzorganisation 1StopBorneo Wildlife (www.1stopborneo.org) bietet Ökotouren an, bei denen Bäume gepflanzt werden, um Wildtierkorridore für Elefanten zu schaffen.

26
Danum Valley
🅐 F5 🏠 80 km westl. von Lahad Datu
ℹ️ +60 88 881-092

Danum Valley ist ein Naturschutzgebiet, das aus primärem Tiefland-Regenwald besteht – einem der komplexesten Ökosysteme der Welt. Das Reservat führen die meisten Sabah-Reisenden ganz oben auf ihrer Besuchsliste. Der von der Sabah Foundation überwachte Wald wurde größtenteils aufgeforstet und dient nun als eine Art Pufferzone für eine unglaublich reiche Tierwelt. Auf mehreren geführten Touren hat man die Gelegenheit, Elefanten, Plumploris, Muntjaks und Vögel wie Argusfasan und Karmesinnektarvogel zu sehen.

Die ideale Zeit, Wildtiere zu beobachten, sind der frühe Morgen und der Abend, wenn selbst die vorsichtigsten Tiere auftauchen, um nach Nahrung zu suchen, während Orang-Utans und Borneo-Gibbons in den Baumkronen rascheln. Ein weiterer steiler Pfad führt zu einer alten Grabstätte der Kadazan-Dusun, die hoch oben in einer Felsenhöhle liegt und einen Blick über das Segama-Flusstal bietet.

in Tawau niederließ. Der Holzhandel ist seit jeher der wichtigste Geschäftszweig der Stadt. Tawau ist auch die Kakao-Hauptstadt von Borneo. Auf der Kakaoplantage am Quoin Hill kann man bei der Schokoladenherstellung zusehen. Auch Palmöl wird hier hergestellt, allerdings verlangen Initiativen von den Kooperativen, dass sie die Zertifizierung für nachhaltiges malaysisches Palmöl (MSPO) anstreben.

In Tawau starten Ausflüge ins Maliau Basin im Westen, das wegen der Unzugänglichkeit und der reichen Fauna und Flora auch »Sabahs vergessene Welt« heißt.

Ein Baumwipfelpfad durch den dichten Wald des Danum Valley

SINGAPUR
ERLEBEN

Dachterrassen-Pool im Marina Bay Sands

Colonial Core
und Chinatown **218**

Little India und
Orchard Road **246**

Abstecher **262**

SINGAPUR
AUF DER KARTE

Dieser Reiseführer unterteilt Singapur in zwei Sightseeing-Gebiete, wie auf der Karte dargestellt, sowie in Abstecher außerhalb der Stadt. Auf den folgenden Seiten erfahren Sie mehr über jeden Bereich.

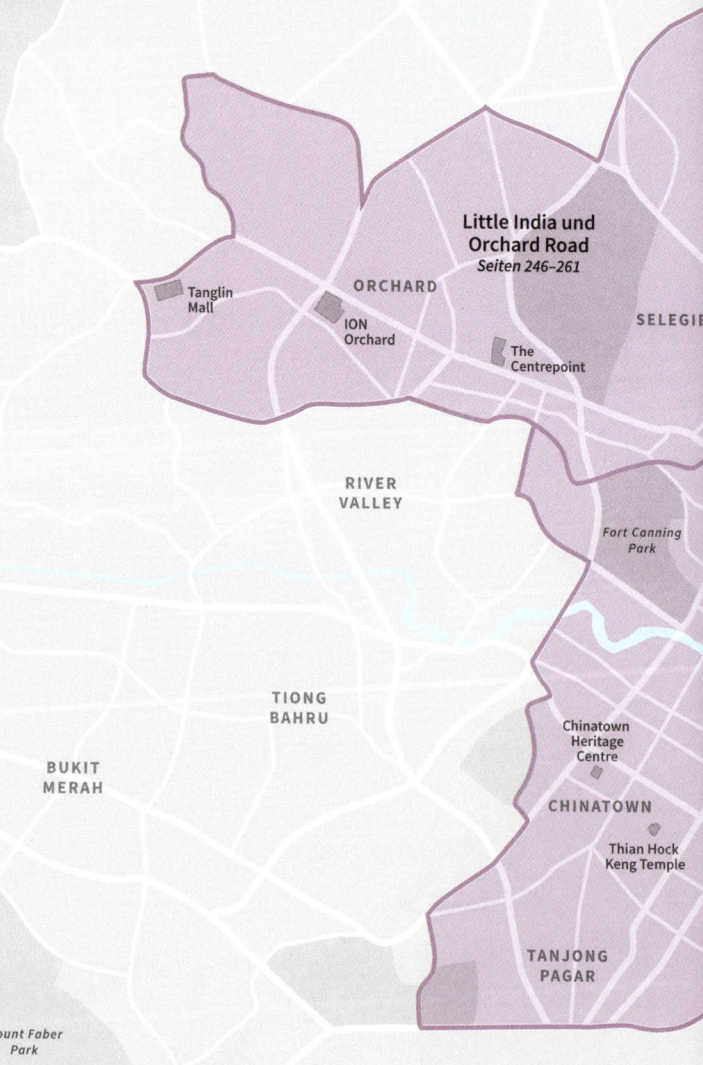

Malaysia und Singapur

BENDEMEER

Sri Srinivasa
umal Temple

LITTLE INDIA

Sri Veeramakaliamman Temple

Malay Heritage Centre

BUGIS

KAMPONG GLAM

Singapore Art Museum

Raffles Hotel

CIVIC STRICT

splanade Park

MARINA CENTRE

Asian Civilisations Museum

Marina Bay Sands

Colonial Core und Chinatown
Seiten 218–245

Gardens by the Bay

MARINA BAY

TANJONG RHU

Marina Bay Golf Course

Singapur

0 Kilometer 1

N

DIE REGIONEN SINGAPURS

Singapur ist nicht nur eine moderne Metropole, sondern ein bunter Schmelztiegel der unterschiedlichsten Kulturen. Lassen Sie sich im Colonial Core von charmanten Museen, modernen Galerien, historischen Denkmälern und einer zeitlosen Architektur verzaubern oder entdecken Sie die vielen Grünanlagen, die multikulturellen Viertel und die herrliche Natur mitten in der Großstadt.

Colonial Core und Chinatown

Durch den Sungai Singapura in zwei Viertel geteilt, vereint die Innenstadt von Singapur traditionelles Erbe und urbanen Lifestyle. Im Colonial Core nördlich des Flusses befinden sich die beeindruckenden historischen Wahrzeichen des Stadtstaats, während man im Geschäftsviertel im Süden in den Gardens by the Bay durch den riesigen, künstlich angelegten Park spazieren kann. Von dort geht es direkt nach Chinatown, das mit prachtvollen Tempeln, farbenfrohen Häuserzeilen und lebhaften Märkten verzaubert.

Entdecken
Museen, Streetfood, Architektur

Sehenswert
Gardens by the Bay, Raffles Hotel, Thian Hock Keng Temple

Genießen
Gönnen Sie sich einen Singapore Sling in der Long Bar des berühmten Raffles Hotel

Seiten 246–261

Little India und Orchard Road

Das Zentrum des nördlichen Teils der Stadt ist Little India, ein farbenfrohes Labyrinth aus lauten Straßen und urigen Gassen voller Tempel und Läden, in denen sich die indische Gemeinde versammelt. Die Aromen von aufgebrühtem *tarik* und frisch gebackenem *roti* wehen durch die Luft, die Atmosphäre ist hektisch und geschäftig. Entlang der Orchard Road, Singapurs historischstem – und luxuriösestem – Einkaufsviertel, können Sie wunderbar bummeln.

Entdecken
Glitzernde Einkaufszentren, verzierte Tempel, Street-Art, Curryrestaurants

Sehenswert
Sri Srinivasa Perumal Temple, ION Orchard, Kampong Glam

Genießen
Machen Sie einen Schaufensterbummel durch das Einkaufsparadies Orchard Road

Seiten 262–273

Abstecher

Ob Abenteuer- oder Entspannungsurlaub – in Singapurs Außenbezirken finden Sie beides! Erkunden Sie im Norden die spektakulären Regenwälder und Mangrovensümpfe der Insel, deren prächtige Naturschutzgebiete zahlreichen Tier- und Pflanzenarten eine Heimat bieten. Die Insel Pulau Ubin im Nordosten ist ein friedlicher Rückzugsort und ein schönes Ziel für Wanderer und Fahrradfahrer. Für etwas mehr Action fahren Sie gen Süden nach Sentosa – das beliebteste Ausflugsziel der Stadt bietet zahllose Golfresorts und Vergnügungsparks für die ganze Familie.

Entdecken
Ursprüngliche Inseln, Naturschutzgebiete, Vergnügungsparks

Sehenswert
Singapore Botanic Gardens, Sentosa, Pulau Ubin

Genießen
Wandern Sie zum Bukit Timah, Singapurs höchstem Berg, und erfreuen Sie sich an Flora und Fauna

DAS JAHR IN SINGAPUR

Januar
△ **Singapore Fringe** *(8.–19. Jan)*. In der ganzen Stadt finden Theater-, Musik- und Tanzshows nationaler und internationaler Acts statt.
Mondneujahr *(Ende Jan – Anfang Feb)*. Die chinesischen Gemeinden heißen mit kunterbunten Paraden das neue Jahr willkommen.

Februar
Ratha Yatra *(2. Feb)*. Bei Singapurs größtem Wagenfest zieht die Hare-Krishna-Gemeinde feiernd und musizierend durch die Straßen.
△ **Women's World Golf Championship** *(Feb – März)*. Die weltbesten Golferinnen treten auf Sentosa gegeneinander an.

Mai
△ **Singapore International Festival of Arts** *(15.–31. Mai)*. Singapurs renommiertestes Kunstfestival bringt regionale sowie auch international gefeierte Theatergruppen, Künstler und Musiker in die Stadt.
Vesak-Tag *(Mai/Juni)*. Gläubige versammeln sich in den Tempeln zu gemeinsamen Zeremonien zum Gedenken an Geburt, Erleuchtung und Tod des Buddha.

Juni
△ **Great Singapore Sale** *(21. Juni – 21. Juli)*. Zum Schlussverkauf stürmen Einheimische und Touristen die Shops und Boutiquen der Stadt.
Dragon Boat Festival *(Anfang Juni)*. Bei dieser lebhaften Regatta messen sich Wassersportler in drachenförmigen Ruderbooten.

September
△ **Singapore Grand Prix** *(18.–20. Sep)*. Auf der Weltklasse-Formel-1-Strecke rund um Marina Bay messen sich die Rennfahrer.

Oktober
△ **Deepavali** *(Okt/Nov)*. Das wichtigste Fest des Hinduismus erweckt Little India mit Musik, Lichtershows und Streetfood zum Leben.

März

i Light Singapore *(6.–29. März)*. Die Uferpromenade von Marina Bay wird durch eine solarbetriebene Lichtinstallation erleuchtet.

△ **Festival of Fun** *(12.–22. März)*. Kinder (und Erwachsene) können in Clarke Quay ihre Lieblingszeichentrickfiguren treffen.

April

△ **Singapore Rugby Sevens** *(11.–12. Apr)*. Rugby-Fans der ganzen Welt freuen sich auf diese Etappe der World Sevens Series.

Juli

△ **Singapore Food Festival** *(Ende Juli)*. Bei dem Kulinarikfestival dreht sich alles um die leckere Vielfalt der Küche Singapurs.

August

△ **Singapore National Day** *(9. Aug)*. Mit Flaggen und einem gigantischen Feuerwerk wird der Nationaltag des Stadtstaats gefeiert.

Singapore Night Festival *(23.–31. Aug)*. Lichtprojektionen, Zirkusartisten und Kunstinstallationen machen die Nacht zum Tag.

November

△ **Singapore Marathon** *(29. Nov–1. Dez)*. Tausende Teilnehmer laufen während des berühmten Marathons durch den Stadtstaat.

Singapore Writers Festival *(Ende Nov)*. Eines der bedeutendsten Literaturevents Asiens.

Dezember

△ **Advent und Weihnachten** *(Dez)*. In der festlich geschmückten Orchard Road können weihnachtliche Leckereien probiert werden.

KURZE GESCHICHTE

Singapurs gesellschaftlicher und wirtschaftlicher Wandel vom unscheinbaren Fischerdorf über Jahrzehnte unter europäischer Herrschaft und Besetzung bis hin zur Unabhängigkeit war und ist bemerkenswert. Heute gilt der Stadtstaat Singapur als eines der reichsten und grünsten Länder der Welt.

Die ersten Siedlungen

Trotz einiger historischer Aufzeichnungen wissen Archäologen noch immer wenig über die Ursprünge Singapurs. Es wird angenommen, dass die Insel im 11. Jahrhundert kurzzeitig vom südindischen Chola-Reich regiert wurde. Während des späten 13. Jahrhunderts gründeten sich die ersten Siedlungen auf der als Temasek (»Seestadt«) bekannt gewordenen Insel. Im folgenden Jahrhundert wurde die Insel als Königreich Singapura (»Löwenstadt«) regiert, das 1299 von Sang Nila Utama gegründet worden sein soll – einem Prinzen des Srivijaya-Reichs, das zuvor die Malaiische Halbinsel beherrscht hatte.

1 *Eine Karte der Insel aus dem Jahr 1828*

2 *Ptolemäus schrieb vermutlich als einer der Ersten im 2. Jahrhundert n. Chr. über die Insel*

3 *Kulothunga Chola, König des Chola-Reichs*

4 *Stamford Raffles*

Chronik

3. Jahrhundert
Ein chinesischer Text erzählt von Pulau Ujong, der Insel am Ende der Malaiischen Halbinsel

2. Jahrhundert
Der Geograf Ptolemäus schreibt in seiner *Geographia* über »Sabana« – das sich vermutlich auf Singapur bezieht

1365
Das Gedicht *Nagarakretagama* erwähnt eine Siedlung namens Temasek

1299
Laut der Malaiischen Annalen wird das Königreich Singapura von Sang Nila Utama, Prinz des Königreichs Srivijaya, gegründet

Aufstieg einer modernen Nation

In den Jahrhunderten nach dem Fall Singapuras blieb die Insel (das heutige Singapur) ein Handelsposten und wurde zwischen dem Sultanat Malakka, dem Sultanat Johor und den Portugiesen hin- und hergereicht. Als 1819 der britische Gouverneur Stamford Raffles auf der dünn besiedelten Insel landete, sah er in ihr einen potenziell strategisch wertvollen Stützpunkt für die British East India Company, die die Holländer als dominierende Kolonialmacht in diesem Teil der Erde ablösen wollte. Er handelte deshalb mit dem örtlichen Herrscher den Vertrag von Singapur aus, der Großbritannien Exklusivrechte einräumte.

Unter der Leitung von Major William Farquhar errichtete Raffles einen Freihafen. Tatsächlich zog das Gebiet rasch Kaufleute von der ganzen Malaiischen Halbinsel an, die Einwohnerzahl stieg auf 5000. Der dramatische Zuwachs an Menschen und Handel brachte jedoch auch einen starken Anstieg von Glücksspiel, Opium und Sklaverei mit sich. Nach seiner Rückkehr im Jahr 1822 entließ Raffles Farquhar, übernahm die Verwaltung selbst und erstellte den Raffles Town Plan, der die Grundlage für den Grundriss der modernen Stadt wurde.

Schon gewusst?

Sang Nila Utama soll bei seiner Ankunft einen Löwen entdeckt haben – daher der Name Singapura.

1398
Singapura fällt; Historikern zufolge wurde es von fünf Königen regiert

1819
Der britische Verwalter Stamford Raffles errichtet einen Handelshafen in Singapur

1819–1822
Singapur gedeiht unter William Farquhar – doch die Entwicklungen haben auch Schattenseiten

1822–1826
Der Raffles Town Plan, der die Entwicklung der Stadt vorgibt, wird präsentiert

Die beiden Weltkriege

Großbritannien sicherte sich 1824 die Herrschaft über die Insel, bevor Singapur 1826 zusammen mit Penang und Malakka in die Straits Settlements eingegliedert wurde und sich zu einem Handelsort für Kautschuk entwickelte. Im Ersten Weltkrieg wurde Südostasien weitgehend verschont, doch der Zweite Weltkrieg brachte vor allem Singapur großes Leid und massive Zerstörung. Im Februar 1942 fielen die Japaner in den Stadtstaat ein, was in der britischen Kapitulation und einer dreijährigen Besetzung durch Japan gipfelte. Eine Ära des Terrors begann, der schätzungsweise 50 000 Menschen zum Opfer fielen.

Singapur wird unabhängig

Japan kapitulierte im August 1945 vor den Alliierten und hinterließ ein Singapur, das durch den Krieg nahezu zerstört worden war. Armut, Kriminalität, Krankheiten und Unterernährung waren weitverbreitet. Großbritannien übernahm erneut die Kontrolle, aber ihr vermeintlicher Verrat während des Zweiten Weltkriegs war der Anfang vom Ende ihrer Herrschaft. Bei den Parlamentswahlen 1959 gewann die People's Action Party un-

Die Industrie wächst

Zu Beginn des 20. Jahrhunderts verlangten neue Technologien nach neuen Materialien. Aus Kautschuksetzlingen aus dem Botanischen Garten wurde die erste Kautschukplantage angelegt, und auf Pulau Brani wurde eine Schmelzhütte zur Herstellung von Zinn eröffnet, um den Anforderungen der US-Konservenindustrie gerecht zu werden.

Chronik

1942
Die Briten übergeben Singapur an Japan – eine Ära der eisernen Herrschaft beginnt, der viele Menschen zum Opfer fallen

1945
Japan kapituliert vor den Alliierten, und Großbritannien übernimmt die Kontrolle über die Insel

1959
Der Unmut gegenüber den Briten wächst, und die People's Action Party kommt an die Macht

1963
Singapur soll Teil der Malaysischen Föderation werden, doch es kommt zu großen Unruhen und Kämpfen

ter der Führung von Lee Kuan Yew. Lee wurde daraufhin der erste Premierminister von Singapur und gilt als Gründervater der Nation, die sich von da an selbst verwaltete.

In den frühen 1960er Jahren schlug der Versuch eines Zusammenschlusses mit Malaysia fehl, der zu erheblichen politischen und ethnischen Spannungen und Kämpfen auf beiden Seiten geführt hatte. 1965 wurde die Republik Singapura ausgerufen, die vor allem in den 1980er Jahren eine rasante wirtschaftliche und soziale Entwicklung durchlief.

Singapur heute – ein Land der Gegensätze

2015 fanden die ersten Parlamentswahlen nach dem Tod von Lee Kuan Yew statt. Heute gilt Singapur als Musterbeispiel für eine moderne Gesellschaft, was jedoch in einem harten Widerspruch zu der Unterdrückung und Überwachung steht, die in dem Stadtstaat noch immer herrschen – von massiv eingeschränkten Menschenrechten bis hin zur Todesstrafe. Trotzdem belegte Singapur 2019 den neunten Platz im Human Development Index der UN – und ist nach wie vor der sauberste und grünste Ort in Südostasien.

1 *Japanische Invasion 1942*
2 *Die High Street im frühen 20. Jahrhundert*
3 *Douglas MacArthur unterzeichnet ein Dokument zur Kapitulation Japans, 1945*
4 *Gardens by the Bay*

Schon gewusst?
Dank des Projekts »Garden City« gibt es in Singapur mehr als 350 Parks und Gärten.

1965
Unter Premierminister Lee Kuan Yew erklärt Singapur seine Unabhängigkeit

1970er–1990er
Singapur erlebt eine schnelle wirtschaftliche und soziale Entwicklung

2004
Lee Hsien Loong, ältester Sohn von Lee Kuan Yew, wird Premierminister

2018
Singapur wird zur nachhaltigsten Stadt in Asien gewählt

2017
Die ehemalige Abgeordnete Halimah Yacob wird die erste Präsidentin von Singapur

Der Buddha Tooth Relic Temple in Chinatown (siehe S. 240)

Colonial Core und Chinatown

1822 legte Sir Stamford Raffles einen Plan vor, der Singapur in klar definierte Viertel aufteilte. Zu dieser Zeit entwickelte sich das Gebiet südlich des Sungai Singapura schnell, und es entstanden Lagerhäuser und Schifffahrtsbüros. Als sich chinesische Kaufleute und Arbeiter in dem Gebiet niederließen (Letztere lebten in beengten Verhältnissen hinter Handelshäusern), wies Raffles es offiziell der Gemeinschaft zu. Chinesische Tempel entstanden ebenso wie Clan-Vereinigungen, Gruppen von Chinesen, die einen gemeinsamen Dialekt, Namen oder eine ähnliche Herkunft hatten. Auch indische Arbeiter lebten hier, vor allem nach der Eröffnung des Hafens von Tanjong Pagar Mitte der 1800er Jahre. Heute stehen taoistische und hinduistische Tempel, Kirchen und Moscheen Seite an Seite und sind Ausdruck des multikulturellen Geistes dieser Gegend.

Der an Chinatown angrenzende Colonial Core war bis zur Ankunft von Raffles weitgehend ein Dschungelgebiet. Mit der Zeit wich dieser Bauprogrammen zur Unterbringung der lokalen und schließlich der kolonialen Regierung. Der Hügel, der das Stadtviertel überragt, wurde gerodet und auf seiner Spitze eine große Gouverneursresidenz mit einem eigenen botanischen Garten errichtet. In den 1800er Jahren nahm die Entwicklung zu, und das Viertel wuchs rasant; viele der heutigen Gebäude stammen aus dieser Zeit. Der älteste Teil Singapurs ist Fort Canning, ein auf einem Hügel gelegener Park.

Colonial Core und Chinatown

Highlights
1. Gardens by the Bay
2. Thian Hock Keng Temple

Sehenswürdigkeiten
3. Singapore Art Museum
4. Esplanade Park
5. Victoria Theatre and Concert Hall
6. Asian Civilisations Museum
7. Marina Bay Sands
8. Singapore Flyer
9. National Gallery Singapore
10. The Arts House
11. Chijmes
12. St. Andrew's Cathedral
13. Cathedral of the Good Shepherd
14. Raffles Hotel
15. Raffles City
16. Armenian Church
17. Peranakan Museum
18. Fort Canning Park
19. National Museum of Singapore
20. Sri Thendayuthapani Temple
21. Sri Mariamman Temple
22. Chinatown Heritage Centre
23. Clarke Quay
24. Buddha Tooth Relic Temple & Museum
25. Temple Street
26. Tanjong Pagar Conservation Area
27. Chinatown Complex
28. Lau Pa Sat
29. Ann Siang Hill
30. Telok Ayer Street
31. Raffles Place
32. Boat Quay

Restaurants
1. Summer Pavilion
2. Shoukouwa

Bars
3. Potato Head
4. Smoke & Mirrors

Shopping
5. The Camera Workshop
6. Super Freak Boutique

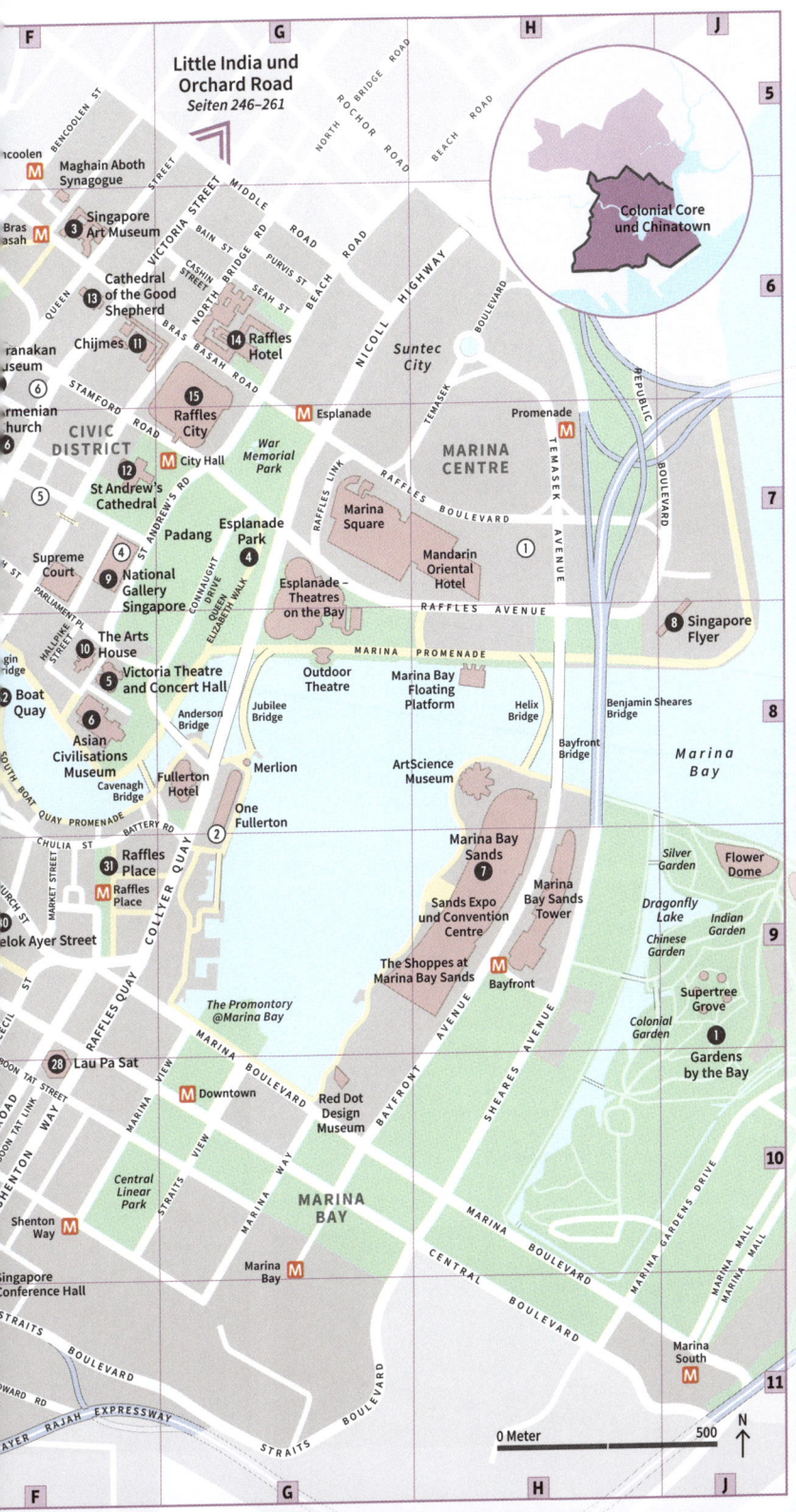

Gardens by the Bay

📍 J10 🏠 18 Marina Gardens Dr Ⓜ Bayfront
🚌 400 🕐 tägl. 5–14; Gewächshäuser: tägl. 9–21 (letztes Ticket 20, letzter Einlass 20:30); Skyway: tägl. 9–21
🌐 gardensbythebay.com.sg

Es gibt wohl kein Bild, das mehr aussagt über das moderne Singapur, als die Supertrees in den Gardens by the Bay. Diese hoch aufragenden Meisterwerke des Bio-Designs tanzen jeden Abend im Licht und verkörpern die beiden Säulen des Futurismus und des Umweltschutzes in Singapur. Um sie herum befinden sich herrliche Gärten und Wintergärten, die vor Pflanzenleben nur so strotzen.

Die preisgekrönten Gärten erstrecken sich über ein weitläufiges Areal entlang der Uferpromenade und bergen mehr als 250 000 seltene Pflanzen in Landschafts- und Wintergärten. Die Umsetzung der Vision der Regierung, eine Stadt im Garten zu schaffen, wurde 2012 nach einem Wettbewerb eröffnet, an dem mehr als 70 Bewerber aus 24 Ländern teilnahmen. Das britische Unternehmen Grant Associates wurde zum Sieger gekürt, und von Anfang an wurde darauf geachtet, die Umweltauswirkungen der Anlage zu minimieren. Heute wird vor Ort kohlenstoffneutraler Strom erzeugt; energieeffiziente Technologien, einschließlich der Verwendung von Bioabfällen, kühlen die Wintergärten; seltene und gefährdete Pflanzen werden in den Sammlungen bevorzugt, und artenreiche Ökosysteme bieten Vögeln, Fischen und Insekten einen Lebensraum. Die Entwicklung geht weiter: 2021 wurden die Kingfisher Wetlands angelegt, deren kohlenstoffbindende Mangroven dazu beitragen, die Auswirkungen der globalen Erwärmung zu mindern.

Seltene Pflanzen

Unter den vielen Pflanzen, die Sie hier sehen können, sind einige der seltensten und ungewöhnlichsten aus aller Welt. Dazu gehören der riesige Grandidier's Baobab, der für seinen dicken Stamm und sein Aussehen berühmt ist, und eine blutrote Dracula-Orchidee aus Kolumbien, die im Cloud Forest Dome ein neues Zuhause gefunden hat. Außerdem gibt es die furchterregende philippinischen Kannenpflanze *(unten)*, eine fleischfressende Pflanze, von der bekannt ist, dass sie Mäuse frisst.

↑ *Der unwirkliche Supertree Grove und eine Reihe von Bäumen im Flower Dome* (Detail)

Highlight

Die Gardens by the Bay entdecken

Die auf zurückgewonnenem Land in der Marina Bay errichteten Gärten erstrecken sich über 101 Hektar Grünfläche mit Seen, Kaskaden, Feuchtgebieten, Brücken und Skulpturen und bieten auf Schritt und Tritt etwas zu entdecken. Highlight sind jedoch die Bay Gardens. Die Anlage ist in drei Abschnitte unterteilt: Bay East und Bay Central Garden bieten ruhige Plätze zum Entspannen mit Blick auf die Wolkenkratzer, während der Bay South Garden mit den meisten Attraktionen aufwartet, darunter Festivals und Konzerte. Ein Shuttleservice verkehrt im Zehn-Minuten-Takt von der Bayfront Plaza in der Nähe der Bayfront MRT zum Active Garden und zum Flower Dome.

Gäste mit kleinen Kindern sollten sich Zeit für einen Boxenstopp im Kindergarten mit seinem grünen Regenwaldspielplatz und dem großen Wasserspielbereich nehmen. Es gibt auch viele Orte, an denen man sich erfrischen kann, aber ein Abendessen mit einheimischem Hawker-Essen im Satay by the Bay, während die Abendbrise hereinweht, ist eine besonders köstliche Art, einen Besuch abzuschließen.

> Expertentipp
> **Abendlicher Besuch**
>
> Besuchen Sie den Supertree Grove um 19 oder 20 Uhr, um die Garden Rhapsody zu erleben, eine 15-minütige Musik- und Lichtshow, bei der die Supertrees in farbigen Lichtern erstrahlen – der perfekte Abschluss für einen Tag hier.

↑ *Ein Shuttlebus fährt Besucher durch die Gärten*

Restaurant

Marguerite
Inmitten von üppigem Grün bietet das mit einem Michelin-Stern ausgezeichnete Restaurant von Chefkoch Michael Wilson moderne Degustationsmenüs mit fantasievollen vegetarischen Optionen.

🏠 Flower Dome, 18 Marina Gardens Dr, #01-09 W marguerite.com.sg
$$$

Die Gärten sind bei Nacht schön beleuchtet ↓

Highlights

Highlight

Flower Dome

Neun Gärten, darunter ein mediterraner, ein südamerikanischer Garten, ein Wüstenhabitat und ein Baobab-Hain, zeigen im größten Gewächshaus der Welt Pflanzen aus aller Welt. Regelmäßig wechselnde Blumenausstellungen in dem gekühlten Gewächshaus zeigen Pfingstrosen, Hortensien, Kirschblüten und vieles mehr.

Floral Fantasy

▷ Vier Gartenlandschaften – Dance, Float, Waltz und Drift – werden in dieser Ausstellung mit floralen Kunstwerken, Bächen und Treibholzskulpturen fantasievoll interpretiert. Folgen Sie dem Weg durch die Gartenlandschaften, der sich unter mehr als 15 000 von der Decke hängenden, frisch geschnittenen, getrockneten und konservierten Blüten hindurchschlängelt.

Cloud Forest

◁ Herzstück des Gewächshauses ist ein üppig mit tropischen Pflanzen bewachsener Berg, von dem einer der höchsten Indoor-Wasserfälle der Welt herabstürzt. Der Weg zum Gipfel führt durch erfrischende Nebelschwaden: Auf den luftigen Stegen im gekühlten Biodom können Sie die Vegetation der empfindlichen Nebelwälder, wie Orchideen, Farne, Bromelien, Anthurien und fleischfressende Kannenpflanzen, hautnah erleben.

Supertree Grove

Die futuristischen Supertrees stellen eine Verschmelzung von Natur, Kunst und Technologie dar. Sie sind nicht nur spektakuläre vertikale Gärten, sondern sammeln und speichern auch Regenwasser, gewinnen Solarenergie und dienen als Belüftungsschächte für Wintergärten. Zwölf der 18 Supertrees sind hier versammelt. Das Observatorium an der Spitze des höchsten Supertree bietet von der Aussichtsplattform und dem Dach einen schönen Blick.

Heritage Gardens

In vier Themengärten werden die wichtigsten kulturellen Gruppen Singapurs und die koloniale Vergangenheit der Stadt erkundet. Der indische Garten hat die Form eines Blumenmotivs; der malaiische Garten lockt mit vielen Pflanzen, die für die Ernährung angebaut werden; der koloniale Garten bietet eine Reihe aromatischer Gewürze; und durch das Mondtor gelangt man in den chinesischen Garten mit einem Teich und skulpturalen Felsen.

OCBC Skyway

Von diesem luftigen Weg, der 22 Meter über dem Boden zwischen zwei Supertrees schwebt, haben Sie einen unglaublichen Blick über die Gärten und die Marina Bay.

Thian Hock Keng Temple

📍 F9 🏠 158 Telok Ayer St 📞 +65 6222-8212
Ⓜ️ Tanjong Pagar 🕐 tägl. 7:30–17:30

Der Thian Hock Keng gehört zu den bekanntesten Tempeln in Singapur und stammt aus dem frühen 19. Jahrhundert. Für die Hokkien (die größte Gemeinschaft der chinesischen Diaspora) ist er so wichtig wie eh und je und mit seinen kunstvoll geschnitzten Drachen, die seine spitzen Dächer schmücken, ein beeindruckender Ort für alle Besucher.

Thian Hock Keng stammt aus dem Jahr 1839 und ist damit der älteste chinesische Tempel in Singapur. Er wurde von Hokkien-Einwanderern als Ersatz für einen kleinen Tempel an dieser Stelle erbaut und war das wichtigste religiöse Zentrum für ihre Einwanderergemeinde. Hier dankten die Seeleute für eine sichere Fahrt nach Singapur. Der Tempel wurde von Privatleuten finanziert, vor allem vom Hokkien-Führer Tan Tock Seng (1798–1850). Das Gebäude erhebt sich auf einer traditionellen Nord-Süd-Achse und enthält die Heiligtümer verschiedener Gottheiten. Heute verehren hier Gläubige die Meeresgöttin Ma Zhu Po.

In der **hinteren Halle** ist ein Schrein der Mondgöttin Yue Gong Niang Niang, die neben Kuan Yin, der Göttin der Barmherzigkeit, angebetet wird. Hier wird auch dem Sonnengott Ri Gong Tai Zi gehuldigt.

Im **Nebensaal** links vom zentralen Innenhof stehen Schreine für Kai Zhang Shen Wang (einen Pionier) und Cheng Hang (eine lokale Gottheit).

Die **Pagode** wurde 1849 erbaut und beherbergte früher Chong Wen Ge, die erste chinesische Schule in Singapur.

← *Statue von Ma Zhu Po, Göttin des Meeres, in leuchtenden Farben*

Highlight

Der Innenhof des Tempels und ein Blick auf die Ahnentafeln (Detail)

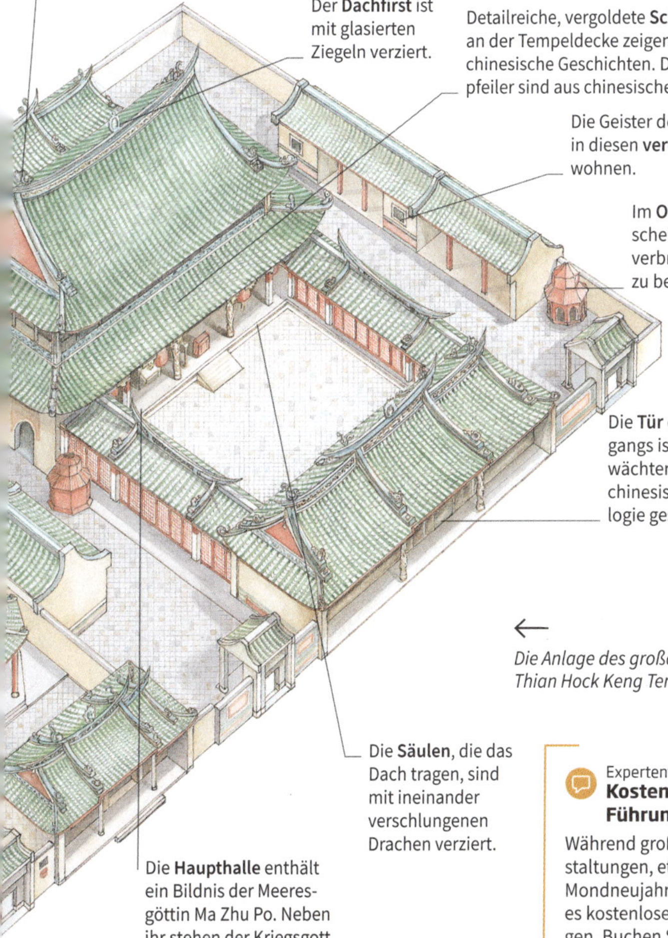

Das **Dach** ruht auf mit Drachen verzierten Säulen aus chinesischem Granit.

Der **Dachfirst** ist mit glasierten Ziegeln verziert.

Detailreiche, vergoldete **Schnitzarbeiten** an der Tempeldecke zeigen volkstümliche chinesische Geschichten. Die grauen Stützpfeiler sind aus chinesischem Granit.

Die Geister der Ahnen sollen in diesen **verehrten Tafeln** wohnen.

Im **Ofen** werden Geldscheine und andere Opfer verbrannt, um die Geister zu besänftigen.

Die **Tür** des Haupteingangs ist mit Tempelwächtern aus der chinesischen Mythologie geschmückt.

← *Die Anlage des großartigen Thian Hock Keng Temple*

Die **Säulen**, die das Dach tragen, sind mit ineinander verschlungenen Drachen verziert.

Die **Haupthalle** enthält ein Bildnis der Meeresgöttin Ma Zhu Po. Neben ihr stehen der Kriegsgott Guan Gong und Pao Sheng Da Di, der Beschützer allen Lebens.

> **Expertentipp**
> **Kostenlose Führungen**
>
> Während großer Veranstaltungen, etwa dem Mondneujahrsfest, gibt es kostenlose Führungen. Buchen Sie im Voraus unter admin@shhk.com.sg.

SEHENSWÜRDIGKEITEN

③ Singapore Art Museum

- F6 71 Bras Basah Rd
- Bras Basah, Dhoby Gaut
- wegen Renovierung
- singaporeartmuseum.sg

Eine Bronzestatue von Johannes dem Täufer mit zwei Schulkindern steht über dem Portal des Singapore Art Museum. Sie erinnert daran, dass der Bau bis 1987 eine katholische Knabenschule war, die St. Joseph's Institution.

Seit seiner Eröffnung als erstes Kunstmuseum Singapurs im Jahr 1996 beherbergt das Gebäude eine der weltweit größten öffentlichen Sammlungen moderner und zeitgenössischer südostasiatischer Kunst. Der Kernbestand des Museums, zu dem Skulpturen, Installationen und Gemälde gehören, wird durch Wanderausstellungen mit Werken amerikanischer und europäischer Sammlungen ergänzt

»Stadt im Garten«

In den 1960er Jahren skizzierte Singapurs Gründervater Lee Kuan Yew seine Vision, Singapur zu einer »Gartenstadt« zu machen – die von Bäumen gesäumten Alleen und Grünflächen sind Beweis für seinen Erfolg. Jetzt will das Land noch einen Schritt weiter gehen und als »Stadt im Garten« bekannt werden, indem es sich zur grünsten Stadt der Welt entwickelt und seine Straßen, Parks und sogar Wolkenkratzer umgestaltet. »Grünes Bauen« – der Bau energieeffizienter Gebäude auf umweltfreundliche Weise – ist in Singapur seit 2008 Pflicht.

④ Esplanade Park

- G7 Connaught Dr
- City Hall 10, 70, 75, 82, 97, 100, 130, 131, 167, 196, 608

Der Esplanade Park reicht vom Connaught Drive an der Anderson Bridge bis zur Stamford Road. Er war in der Kolonialzeit bei Europäern und Asiaten einer der beliebtesten Parks in Singapur.

Der Queen Elizabeth Walk führt durch Grünflächen vorbei an Sehenswürdigkeiten wie dem Kenotaph, der an die Opfer des Zweiten Weltkriegs erinnert. Das Lim Bo Seng Memorial ist einem in japanischer Gefangenschaft verstorbenen Helden des Zweiten Weltkriegs gewidmet. Der Tan Kim Seng Fountain wurde zu Ehren eines Philanthropen errichtet, der Singapurs erste Trinkwasserversorgung installierte. 2002 gab der Park Anlass zu einer heftigen Kontroverse, als dort das moderne Esplanade – Theatres on the Bay gebaut wurde. Es liegt am Wasser und besteht aus riesigen zackigen Muscheln, die diverse Bühnen und Kunsträume

← *Spaziergang durch den ikonischen Esplanade Park, der bei Nacht schimmert*

enthalten, darunter einen Konzertsaal, ein Theater, ein Open-Air-Theater und einen Vortragssaal, sowie Ausstellungsräume, eine Theater- und Musikbibliothek sowie eine Shoppingmall.

5
Victoria Theatre and Concert Hall
F8 9 Empress Place
Raffles Place, City Hall
tägl. 10–21 (bei Vorstellungen später)
vtvch.com

Das Victoria Theatre wurde 1862 von den Briten als Bühne für Theaterstücke und Operetten von Gilbert und Sullivan errichtet. 1905 baute man die Victoria Memorial Hall zur Feier von Queen Victorias Jubiläum. Als 1980 der Saal zum Sitz des Singapore Symphony Orchestra wurde, benannte man das Gebäude in Victoria Concert Hall um.

Im Lauf der Jahre wurde die Halle auf unterschiedlichste Weise genutzt. Im Zweiten Weltkrieg wandelte man sie in ein Krankenhaus um. Als die Japaner die Insel besetzten, wurde ihre Turmuhr kurzerhand auf Tokio-Zeit umgestellt. Nach der Kapitulation der Japaner fanden hier die Kriegsverbrechertribunale statt.

Die beiden Gebäude dienen als Veranstaltungsort für verschiedene Konzerte und Aufführungen. Karten bekommt man über die Website, an der Abendkasse vor Ort oder in einschlägigen Kartenbüros sowie in Singapurs wichtigsten Einkaufszentren.

6
Asian Civilisations Museum
F8 1 Empress Place
Raffles Place, City Hall
tägl. 10–19 (Fr bis 21)
acm.org.sg

Das Museum beherbergt über 1600 Artefakte, die die Geschichte der Kulturen und Zivilisationen Asiens nachzeichnen, und ist im Empress Place Building untergebracht. Das zu Ehren von Königin Victoria benannte und 1867 fertiggestellte palladianische Bauwerk wurde von Sträflingen errichtet und diente ursprünglich als Gerichtsgebäude.

Heute wird in dem neoklassizistischen Gebäude eine Fülle von Exponaten in elf thematischen Ausstellungen und vier ACE-Zonen (Asian Civilisations Education) gezeigt. Es gibt auch eine faszinierende Singapore River Interpretive Gallery, in der die Geschichte von Generationen von Einwanderern, die sich an den Ufern des Sungai Singapura niedergelassen haben und dort arbeiteten, anhand von alten Fotografien erzählt wird.

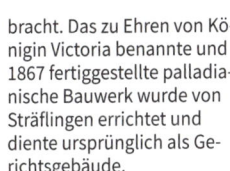

Exponate im Asian Civilisations Museum, darunter eine mehrarmige Statue von Quan Am (Detail)

Bars

Potato Head

Das trendige Hotel in einem Kolonialgebäude in Chinatown hat eine mit Wandmalereien geschmückte Bar auf der Dachterrasse.

📍 D10 🏠 36 Keong Saik Rd 🌐 singapore.potatohead.co

Smoke & Mirrors

Die Bar auf dem Dach der National Gallery Singapore bietet einen Blick auf die Marina Bay. Hier werden internationale Cocktails mit asiatischen Einflüssen versehen.

📍 F7 🏠 1 St Andrew's Rd, #06-01 🌐 smokeandmirrors.com.sg

⑦ Marina Bay Sands

📍 H9 🏠 10 Bayfront Ave 🚇 Bayfront 🚌 97, 106, 133 🌐 marinabaysands.com

Das Marina Bay Sands dominiert die Marina Bay. Auf dem Gelände befinden sich ein Hotel mit 2561 Zimmern, die Mall Shoppes at Marina Bay Sands und mehrere Restaurants, die von prominenten Köchen geführt werden. Außerdem gibt es zwei große Theater, eine Eislaufbahn und ein Casino.

In der Shoppingmall gibt es über 300 Läden, in denen alle namhaften Designer vertreten sind. Krönung des Komplexes ist das Sands SkyPark Observation Deck mit Infinitypool, das auf der weltweit größten, freitragenden Plattform steht und einen Panoramablick auf die Stadt bietet. Für die Aussichtsplattform sollten Sie im Voraus Tickets kaufen oder in einem der Restaurants essen, um Zutritt zu erhalten.

Das nahe ArtScience Museum in Form einer Lotosblume bietet Ausstellungen zu allen Themen von Technologie bis hin zu Design.

> **Fotomotiv**
> **Art Path**
>
> Der Marina Bay Sands Art Path zeigt elf Installationen weltbekannter Künstler. Besuchen Sie das Atrium des Marina Bay Sands, um Antony Gormleys Eisenskulptur *Drift* zu fotografieren.

⑧ Singapore Flyer

📍 J8 🏠 30 Raffles Ave 🚇 Promenade 🚌
🕒 tägl. 8:30 – 22:30 🌐 singaporeflyer.com.sg

Eine der auffälligsten Attraktionen Singapurs ist das hoch aufragende Aussichtsrad, das am Rand der Marina

Der Singapore Flyer und Marina Bay Sands ragen über das Wasser ↑

Bay steht. Während sich das Rad auf der 30-minütigen Fahrt langsam dreht, klettern die Gondeln auf eine beeindruckende Höhe von 165 Metern, und die Aussicht wird immer spektakulärer und reicht über die Marina Bay und die benachbarten Inseln.

9

National Gallery Singapore

📍 F7 🏛 1 St Andrew's Rd
Ⓜ City Hall 🚌 32, 51, 63, 80, 124, 147, 166, 174, 190, 195, 961 🕐 tägl. 10–19 (Fr bis 21)
🌐 nationalgallery.sg

Im Herzen des Civic District sind zwei eindrucksvolle Gebäude – die City Hall und das frühere Oberste Gericht – in das größte Areal für bildende Kunst in Singapur umgewandelt worden. Sein Auftrag ist es, südostasiatische und Kunst aus Singapur auszustellen und zu bewerben. Hier finden auch immer wieder internationale Kunstausstellungen, Vorträge und Künstlergespräche statt.

10

The Arts House

📍 F8 🏛 1 Old Parliament Lane Ⓜ City Hall, Raffles Place 🚌 2, 12, 33, 51, 54, 61, 63, 80, 124, 145, 147, 166, 174, 190, 197, 851, 961
🕐 tägl. 10–22
🌐 theartshouse.sg

Das älteste noch erhaltene Regierungsgebäude Singapurs, das Arts House, wurde ursprünglich in den späten 1820er Jahren als Wohnsitz des schottischen Kaufmanns John Argyle Maxwell erbaut. Es wurde im neopalladianischen Stil von G. D. Coleman entworfen, einem Architekten, der einen Großteil des Stadtbilds von Singapur gestaltet hat. Maxwell verpachtete es an die Regierung, die es als Gerichtsgebäude nutzte. In den 1950er Jahren wurde es zum Parlamentsgebäude der Kolonialregierung und 1962 zum Parlamentsgebäude des unabhängigen Staats. Außerhalb des Gebäudes steht eine schöne Bronzestatue eines Elefanten, ein Geschenk des thailändischen Königs Rama V. nach seinem Besuch in Singapur 1871 – dem ersten Besuch eines siamesischen Monarchen in einem fremden Land.

Im Jahr 2004 wurde das alte Gebäude nach sorgfältiger Restaurierung in das Arts House umgewandelt, ein elegantes Zentrum für Kunst und Kulturerbe. Das Zentrum bietet eine Reihe von zeitgenössischen visuellen und darstellenden Künsten – darunter Dichterlesungen und Vorträge – sowie Arthouse-Filme und Improvisationstheater.

← *Das Kloster in Chijmes ist heute ein Restaurantkomplex*

⓬ St Andrew's Cathedral

📍 F7 📍 Coleman St Ⓜ City Hall 🚌 2, 33, 51, 80, 124, 145, 197, 851 🕐 Mo–Sa 9–18 🌐 cathedral.org.sg

St Andrew's ist zwar eine anglikanische Kirche, sie trägt aber den Namen des schottischen Schutzpatrons, da schottische Kaufleute ihren Bau mitfinanzierten. Die heutige Kathedrale im neugotischen Stil stammt aus dem Jahr 1862.

⓭ Cathedral of the Good Shepherd

📍 F6 📍 Victoria St Ⓜ Bras Basah, Bencoolen, City Hall 🚌 7, 14, 16, 36, 77, 97, 131, 167, 171, 501, 700, 957, 960 🕐 Mo–Fr 8–21, Sa, So 7–21 🌐 cathedral.catholic.sg

Singapurs ältestes katholisches Gotteshaus wurde zwischen 1843 und 1847 errichtet. Der Bau wurde von dem französischen Missionar Pater Jean-Marie Beurel betreut, der auch den Convent of the Holy Infant Jesus und die St. Joseph's Institution gründete. Die vom Kolonialarchitekten D. L. McSwiney entworfene Kirche hat als Grundriss ein lateinisches Kreuz. Sie verbindet die Fassade im

⓫ Chijmes

📍 F6 📍 30 Victoria St Ⓜ City Hall, Bras Basah 🚌 2, 7, 12, 33, 106, 130, 133, 147, 190, 851, 960 🕐 tägl. 11–3 🌐 chijmes.com.sg

Der elegante Komplex mit Läden, Restaurants, Bars und Ausstellungsflächen war früher ein Kloster. Der Convent of the Holy Infant Jesus wurde 1854 von einem Jesuitenpater gegründet und von Nonnen geführt. Sie betrieben eine Schule, ein Frauenhaus und ein Heim für ausgesetzte Babys. Als der Konvent 1983 umzog, wurden die Gebäude zu einem Shopping- und Restaurantkomplex umgebaut. Er besitzt ruhige Hinterhöfe, Wege, Springbrunnen und Arkadengänge, Läden mit Kunsthandwerk aus China, den Philippinen, Thailand, Malaysia und Indien sowie Lokale mit Angeboten von Sushi bis zu Tapas. Sonntags findet oft ein Flohmarkt statt.

Am schönsten ist die ehemalige Kapelle im neogotischen Stil. Der Bau wurde restauriert, vor allem die schönen Bleiglasfenster aus dem 19. Jahrhundert.

Singapore Sling

Genauso berühmt wie das Raffles Hotel ist der Singapore Sling. Er wurde Anfang des 20. Jahrhunderts von einem chinesischen Barkeeper in der Long Bar des Hotels erfunden und ist ein Gebräu aus Gin, Kirschwasser, Zitronensaft und Soda. Ein Sling in der Long Bar kostet etwa 35 Singapur-Dollar – nicht billig, aber ein Muss, wenn man in Singapur ist.

Schon gewusst?

Die Türme von Raffles City erscheinen je nach Blickwinkel zylindrisch oder rechteckig.

Stil der Renaissance mit dorischen Säulen, palladianischen Vorbauten und einer schönen Holzdecke. Den achteckigen Turm fügte Charles Dyce später hinzu. Die Kathedrale diente im Zweiten Weltkrieg als Krankenhaus. 1973 wurde sie unter Denkmalschutz gestellt.

In der Nähe befinden sich das eher schlicht gehaltene Archbishop's House, ein doppelstöckiges Flachdachhaus aus dem 19. Jahrhundert mit vorstehendem Portikus, Flügelfenstern und geschlossenen Veranden, die einstöckigen Resident's Quarters, ein u-förmiges Gebäude mit dorischen Säulen, und das reich mit Gipsschmuck verzierte Priest's House.

⑭ Raffles Hotel

📍 G6 🏠 1 Beach Rd
Ⓜ City Hall 🚌 56, 82, 100, 518 🌐 raffles.com

Das schönste und berühmteste Hotel Singapurs ist ein Überbleibsel der Kolonialzeit und ein Wahrzeichen der von Stamford Raffles gegründeten Nation. Das legendäre Hotel und Nationaldenkmal, das 1887 eröffnet wurde, ist ein ruhiger Zufluchtsort mit weißen, von Veranden umgebenen Gebäuden im Kolonialstil und Terrakotta-Ziegeln gedeckten Dächern. Früher fanden hier große Bälle und Tanzveranstaltungen statt, auf der Gästeliste stehen Namen wie Noël Coward, Somerset Maugham, Rudyard Kipling, Joseph Conrad und Charlie Chaplin.

Obwohl es eines der teuersten Hotels der Stadt ist, müssen Sie kein Gast sein, um in der berühmten Long Bar einen Drink zu nehmen oder die kühlen, ruhigen Refugien der Innenhöfe, Gärten und überdachten Gänge des Hotels zu erkunden.

⑮ Raffles City

📍 G6 🏠 252 North Bridge Rd Ⓜ City Hall 🚌 14, 36, 77, 106, 131, 145, 162, 166, 174, 197, 857, 960 🕐 tägl. 10–22 🌐 rafflescity.com.sg

Der Komplex besteht aus einem Einkaufszentrum, Bürotürmen und zwei Hotels – dem Fairmont Singapore und dem Swissôtel the Stamford, das bei seiner Eröffnung 1985 das höchste Hotel der Welt war. Von den Restaurants im obersten Stock hat man einen herrlichen Panoramablick.

Die wegen ihrer metallischen Erscheinung auch »Tin Can« (Blechdose) genannte Stadt in der Stadt entwarf I. M. Pei, der auch die Glaspyramide des Louvre und den Wolkenkratzer der Bank of China in Hongkong baute.

*In der **Long Bar** wurde der Singapore Sling erfunden.*

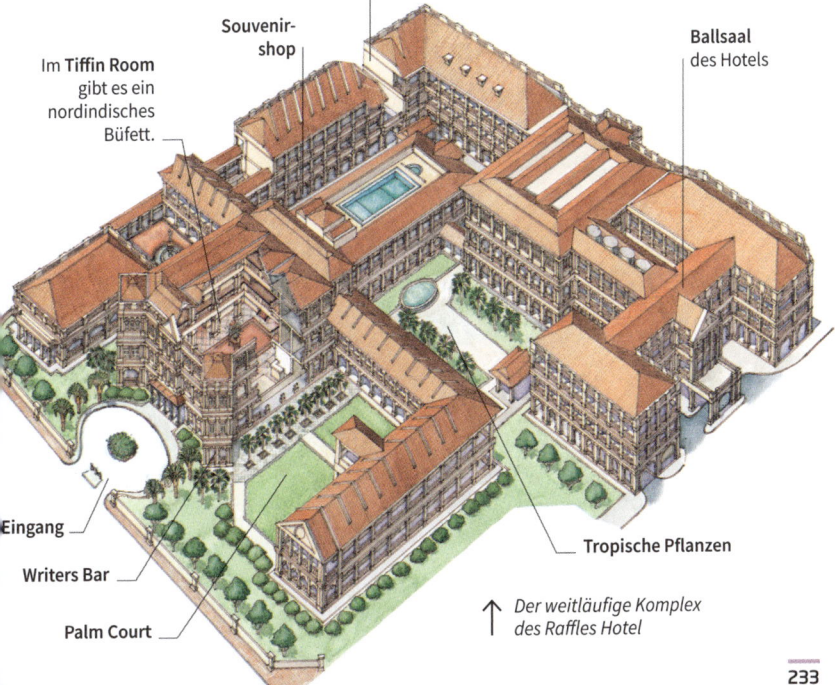

Im **Tiffin Room** gibt es ein nordindisches Büfett.

Souvenirshop

Ballsaal des Hotels

Eingang

Writers Bar

Palm Court

Tropische Pflanzen

↑ *Der weitläufige Komplex des Raffles Hotel*

Architektur in Malaysia und Singapur

Wie in der Küche, den religiösen Festen und den Kunsttraditionen spiegelt sich das gemischte kulturelle Erbe Malaysias und Singapurs auch in der Architektur wider. Die traditionelle Volksarchitektur beider Länder ist vor allem malaiisch und Straits-chinesisch geprägt, aber auch ein starker kolonialer Einfluss ist aus der Zeit der britischen, portugiesischen und niederländischen Herrschaft erkennbar. Im Gegensatz dazu gibt es in beiden Ländern auch beeindruckende moderne Architektur. Die kombinierte Wirkung ist wunderschön, überwältigend und inspirierend zugleich.

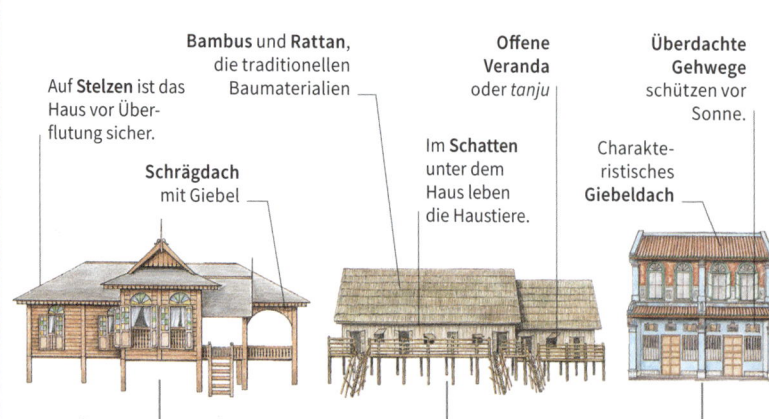

Auf **Stelzen** ist das Haus vor Überflutung sicher.

Bambus und **Rattan**, die traditionellen Baumaterialien

Schrägdach mit Giebel

Offene Veranda oder *tanju*

Im **Schatten** unter dem Haus leben die Haustiere.

Überdachte Gehwege schützen vor Sonne.

Charakteristisches **Giebeldach**

Architekturstile

Traditionelle malaiische Häuser

Traditionell bestehen diese Häuser aus Holzwänden und Strohdächern und werden in der Regel auf Stelzen errichtet. Mittelpunkt ist das *rumah ibu*, das Hauptwohnzimmer. Die Innenräume werden durch viele Fenster belüftet.

Langhäuser

Die indigenen Völker von Sabah und Sarawak leben traditionell in Langhausgemeinden. Jede Familie belegt einen abgeteilten Wohnbereich unter einem gemeinsamen Dach. Der ganze Bau steht auf Stelzen. Langhäuser haben über die ganze Länge eine überdachte Veranda *(ruai)*.

Straits-chinesisch

Im Mittelpunkt des Baustils steht das Shophouse, das von chinesischen Einwanderern eingeführt wurde. Die Läden liegen auf Straßenniveau, die Wohnräume befinden sich im Obergeschoss.

← Wolkenkratzer, die sich über den Shophouses (Detail) in Singapurs Chinatown erheben

Die 452 Meter hohen **Petronas Towers**

Die **Skybridge** verbindet die Türme auf 170 Meter Höhe.

Anstatt mit Stroh sind die Dächer mit **Schindeln** gedeckt.

Breiter **Dachüberstand** als Regenschutz

Klassische Fassade

Großes **Eingangsportal**

Minangkabau

Die Architektur der Minangkabau im Bundesstaat Negeri Sembilan zeichnet sich durch aufgebogene Dächer aus, die spitz zulaufen. Sie symbolisieren die Hörner des siegreichen Büffels, des *minangkabau (siehe S. 131)*. Ursprünglich wurden sie mit den Wedeln der *Nipa*-Palme gedeckt, heute meist mit Schindeln.

Kolonialbauten

Kolonialbauten in Malaysia und Singapur verbinden britisch-indische, holländisch-ostindische und portugiesische Baustile – oft mit malaiischen Elementen, islamischen Motiven und europäischen Schnörkeln und Holzverzierungen. Das Raffles Hotel *(siehe S. 233)* in Singapur ist ein gutes Beispiel.

Moderne Architektur

Im 20. und 21. Jahrhundert dominieren Wolkenkratzer aus Stahl und Beton die Skylines der Großstädte. Zeitgenössische Gebäude in Malaysia enthalten Elemente der traditionellen islamischen Architektur, wie die Petronas Towers *(siehe S. 74)*, während die Entwürfe in Singapur meist ganz modern sind.

16
Armenian Church
F7 60 Hill St City Hall, Bras Basah 2, 12, 32, 33, 51, 61, 63, 124, 147, 174, 190, 197 tägl. 10–18
 armeniansinasia.com

Die Armenian Apostolic Church of St. Gregory the Illuminator war das erste dauerhafte christliche Gotteshaus Singapurs. Die 1835 erbaute Kirche (der Turm kam 1850 hinzu) bot nur 50 Gläubigen Platz: ein Hinweis auf den damaligen Minderheitenstatus der armenischen Gemeinde.

Die von G. D. Coleman, von dem auch andere bekannte Gebäude in Singapur wie die St Andrew's Cathedral *(siehe S. 232)* stammen, erbaute Kirche ist ein elegantes Beispiel klassizistischer Architektur in den Tropen. Im Innenraum kann man eine Fotografie der armenischen Gemeinde von 1917 sehen, dazu die Porträts der Patriarchen der armenischen Kirche. Auf dem Grundstück befindet sich das Grab von Agnes Joaquim, die 1893 eine Orchideenart entdeckte. Später wurde die Blume nach ihrer Entdeckerin »Vanda Miss Joaquim« genannt und zu Singapurs Nationalblume erklärt.

↑ *Ein Trio chinesischer Gottheiten in Singapurs faszinierendem Peranakan Museum*

17

Peranakan Museum
F6 39 Armenian St City Hall, Bras Basah 2, 12, 32, 33, 51, 61, 63, 124, 147, 174, 190, 197 wegen Renovierung
 nhb.gov.sg/peranakanmuseum

Einst war hier die 1910 von drei chinesischen Philanthropen gegründete Tao Nan School beheimatet – für Jungen aus der chinesischen Region Hokkien. 1997 wurde in dem klassizistischen Gebäude der erste Flügel des Asian Civilisations Museum *(siehe S. 229)* eingerichtet. Daraus wurde nach Umbauten in jüngerer Zeit das auf das Peranakan-Thema spezialisierte Museum. Es zeigt die südostasiatischen Aspekte der Peranakan-Kultur und ihrer Hauptzentren in Singapur, Malakka und Penang auf.

Das Museum befasst sich mit Geschichte und Ethnologie der Kulturen dieser Regionen und bietet überaus interessante Einblicke in ihr kulturelles Erbe, vor allem ihre Sprache und religiöse Gebräuche. Zu sehen sind etwa Silbergegenstände, Porzellanwaren, Schmuck und Textilien.

18
Fort Canning Park
E6 51 Canning Rise Dhoby Ghaut, Fort Canning 7, 14, 36, 64, 77, 124, 139, 143, 167, 175, 190

Fort Canning Park war im 14. Jahrhundert Sitz des malaiischen Königreichs von Temasek. Heute ist der Park eine Oase der Ruhe im Herzen der Stadt. Wegen der schönen Umgebung baute Raffles hier sein Haus. Bis Mitte des 19. Jahrhunderts diente es als Wohnsitz des Gouverneurs. Im Park legte Raffles seinen ersten botanischen Garten an.

1860 wurde schließlich Fort Canning erbaut. Aller-

»Sauberes« Singapur
Singapur ist eine der saubersten und sichersten Städte der Welt. Das liegt auch daran, dass Verstöße wie Vermüllung, Rauchen und Störung der öffentlichen Ordnung streng geahndet werden; Kaugummi ist bekanntlich komplett verboten, und das Rauchen ist in Innenräumen generell untersagt. Die Bußgelder für all diese Vergehen können sehr hoch ausfallen.

> **Fort Canning Park war im 14. Jahrhundert Sitz des malaiischen Königreichs von Temasek. Heute ist der Park eine Oase der Ruhe im Herzen der Stadt.**

dings steht heute nur noch das Tor. Im nahe gelegenen Fort Canning Centre, einer ehemaligen Kaserne, finden Veranstaltungen statt, darunter Vorträge über das historische Erbe, Handwerksvorführungen und Ausstellungen. Ein weiteres historisches Wahrzeichen ist die Battlebox, ein Bunker aus dem Zweiten Weltkrieg, in dem ein Museum untergebracht ist, das mithilfe von Animatronics die Kapitulation der Stadt vor den Japanern 1942 nachstellt. In der Battlebox lassen Wachsfiguren und rekonstruierte Kriegsräume die Besetzung Singapurs durch die Japaner und die dunklen Jahre, die darauf folgten, lebendig werden.

⑲
National Museum of Singapore
📍 F6 🏠 93 Stamford Rd
Ⓜ Bras Basah, Dhoby Ghaut, Bencoolen 🚌 7, 14, 16, 36, 77, 106, 111, 128, 131, 166, 175, 190, 857
🕐 tägl. 10–19 🌐 nhb.gov.sg/nationalmuseum

Das älteste Museum der Insel, das in einem neopalladianischen Gebäude untergebracht ist und von einer Buntglaskuppel gekrönt wird, wurde 1887 eröffnet. Damals hieß es noch Raffles Museum and Library und war für seine bemerkenswerten Sammlungen zur Naturgeschichte, Ethnologie und Archäologie berühmt.

Nach der Unabhängigkeit Singapurs 1965 wurde das Museum in Nationalmuseum umbenannt, um seiner neuen Rolle Rechnung zu tragen, und der Schwerpunkt wurde auf Ausstellungen gelegt, die sich auf die Geschichte und die Völker von Singapur konzentrieren. Der Schwerpunkt liegt nach wie vor auf der lokalen Geschichte, wobei Themen wie die japanische Besatzung und die Nachkriegszeit erforscht werden. Es gibt auch eine Sammlung von naturkundlichen Illustrationen, die Teil einer Ausstellung über den traditionellen Glauben in Südostasien sind.

2015 wurde das Museum im Rahmen der Feierlichkeiten zum 50-jährigen Bestehen Singapurs renoviert. Seitdem wurde der Schwerpunkt verstärkt auf Kunst und Interaktivität gelegt. Das ganze Jahr über bietet das Museum ein Veranstaltungsprogramm mit Filmvorführungen und Kunstinstallationen. Für viele der Ausstellungen können Sie sich nach kostenlosen Führungen erkundigen.

Das National Museum of Singapore, mit historischen Fotografien im Inneren (Detail) ↓

❷⓿ Sri Thendayuthapani Temple

📍 E6 🏠 Ecke Tank Rd und River Valley Rd Ⓜ Fort Canning, Clarke Quay 🚌 32, 54, 64, 123, 139, 143, 195 🕐 tägl. 8–12, 17:30–20:30 🌐 sttemple.com

Der hinduistische Tempel von 1984 ersetzte einen wesentlich älteren Tempel, den 1860 wohlhabende indische Chettiars (Geldverleiher) gegründet hatten. Die Anlage ist dem Gott Murugan (auch Subramaniam) geweiht. Der farbenprächtige Tempel gilt als einer der reichsten und größten in Singapur.

Handwerker aus Südindien schufen die charakteristischen Elemente des Tempels, so auch den *gopuram*, den Torturm, die gemusterten Rosenholztüren und -säulen sowie die mit Skulpturen von hinduistischen Göttern reich verzierten Gebetshallen. An der Decke sind 48 Glasbilder von Göttern so angebracht, dass sie bei Sonnenauf- und -untergang die Lichtstrahlen einfangen. Ungewöhnlich für einen hinduistischen Tempel ist *thoonganai maadam*, die Darstellung eines ruhenden Elefanten von hinten. Die Hauptgottheit Murugan ist im ganzen Tempel präsent. Sie wird in sechs ihrer heiligen Wohnstätten gezeigt.

Zwei miteinander verbundene Räume im Tempelinneren, den *mandapa* und den *antarala*, durchschreiten Gläubige, um ihre Hingabe zu zeigen. Der *antarala* führt zum Allerheiligsten, dem *garbhagriha*, das nur Priester betreten dürfen. Der Tempel spielt im Leben praktizierender Shivaisten eine sehr wichtige Rolle: Hier endet jedes Jahr die Prozession des Thaipusam-Fests (Jan/Feb). Die Feiern zu Ehren des Gottes Murugan *(siehe S. 251)* beginnen im Sri Srinivasa Perumal Temple *(siehe S. 250f)*.

❷❶ Sri Mariamman Temple

📍 E9 🏠 244 South Bridge Rd Ⓜ Chinatown 🚌 2, 12, 51, 63, 124, 143, 174, 190, 851, 970 🕐 tägl. 7–11:30, 18–20:15 🌐 smt.org.sg

Das südliche Ende der South Bridge Road wird vom *gopuram*, dem Torturm, des Sri Mariamman Temple überragt. Das beeindruckende Bauwerk zeigt nicht weniger als 72 hinduistische Gottheiten in bunten Farben. Der Tempel wird von einer Mauer begrenzt, die Figuren heiliger Kühe zieren.

Sri Mariamman ist der älteste Tempel Singapurs. Das heutige Gebäude ersetzte eine im Jahr 1827 erbaute einfache Holzkonstruktion mit *attap* (Strohdach). Das Grundstück gehörte dem indischen Händler Narain Pillai, der auf demselben Schiff wie Sir Stamford Raffles nach Singapur gekommen war. Der heutige Tempel stammt aus dem Jahr 1843. Er wurde seitdem mehrmals renoviert (alle Hindu-Tempel in Singapur werden alle zwölf Jahre wegen Renovierung geschlossen). In den Anfangszeiten bot der Tempel Neuankömmlingen ein Dach über dem Kopf und diente als Gemeindezentrum.

Viele der herrlichen Friese und Statuen zeigen die göttliche Dreieinigkeit von Brahma, Vishnu und Shiva sowie andere hinduistische Gottheiten. Dennoch ist der Tempel der Göttin Sri Mariamman (einer Wiedergeburt von Shivas Frau Parvati) geweiht, die Krankheiten heilen soll. Der Tempel ist bekannt für das alljährliche Thimithi-Fest *(siehe S. 53)* im Herbst. Dann laufen Gläubige hier zum Zeichen ihres Glaubens barfuß über glühend heiße Kohlen.

Schon gewusst?

Singapur ist neben Monaco und der Vatikanstadt einer der drei Stadtstaaten der Welt.

←

Vergoldete Statuen von Hindu-Göttern im Sri Thendayuthapani Temple

Ein Flussboot am Clarke Quay auf dem Sungai Singapura ↑

22
Chinatown Heritage Centre
- E9 48 Pagoda St
- Chinatown 2, 12, 33, 61, 80, 124, 143, 166, 197
- tägl. 9:30–18:30
- chinatown.sg/visit/chinatown-heritage-centre

Das hervorragende Museum ist in drei renovierten Shophouses untergebracht. Es präsentiert Geschichte und Kultur der chinesischen Einwanderer. Auf drei Ebenen wird deren Alltag und Lebensweise veranschaulicht. Das Leben früher Siedler wird anhand von Augenzeugenberichten geschildert. Zudem wird die Geschichte Chinatowns beleuchtet.

23
Clarke Quay
- E7 3 River Valley Rd
- Clarke Quay, Fort Canning 32, 54, 124, 145, 147, 166, 174, 190, 195, 851
- clarkequay.com.sg

Der Clarke Quay, benannt nach Sir Andrew Clarke, dem zweiten Gouverneur von Singapur, ist ein gehobenes Viertel mit Läden und Restaurants am Ufer des Sungai Singapura. Ende des 19. Jahrhunderts war der Clarke Quay ein Handelszentrum mit Lagerhäusern, die von chinesischen Händlern betrieben wurden. In den frühen 1990er Jahren wurde er zu einem Vergnügungsviertel mit Restaurants, Bars, Läden und Straßenkünstlern umgestaltet. Kreuzfahrten werden auf Booten angeboten, die im Stil traditioneller *bumboats* gebaut wurden, die dazu dienten, Proviant und Waren zu den Schiffen im Hafen zu bringen. Während es tagsüber relativ ruhig sein kann, erwacht Clarke Quay nachts oft zum Leben und bietet eine lebendige und gesellige Atmosphäre.

Neujahr in Singapur

Das Mondneujahrsfest wird in weiten Teilen Asiens groß gefeiert, und Singapur bildet da keine Ausnahme. Dieses Fest explodiert in der ganzen Stadt: rote Laternen beleuchten Straßenecken, es gibt lebhafte Löwentänze und Feuerwerke, und die Händler verkaufen auf den Straßen alle möglichen traditionellen Leckereien. Eine berühmte Speise, die mit dieser Zeit des Jahres in Verbindung gebracht wird, ist *niangao*, ein Kuchen aus Klebreis, andere Leckereien sind etwa Frühlingsrollen und *tang yuan* (süße Reisbällchen).

㉔ Buddha Tooth Relic Temple & Museum

◉ E9 ⌂ 288 South Bridge Rd Ⓜ Chinatown, Maxwell 🚌 2, 12, 33, 54, 63, 80, 124, 143, 145, 147, 190, 851, 961, 970 ◷ tägl. 7–19 ⌨ btrts.org.sg

Der beliebte Tempel wurde 2007 eröffnet und hat seinen Namen von dem Buddhisten heiligen Buddha Tooth Relic. Die Architektur des Tempels im Tang-Stil basiert auf einem buddhistischen Mandala, das das Universum symbolisiert. Sehen Sie sich im dritten Stock des Buddhist Culture Museum die Gebeine und die Zungenrelikte an. Im vierten Stock liegt die Sacred Light Hall mit dem Herzstück des Tempels: dem Buddha Tooth Relic, das sich in einem riesigen goldenen Stupa befindet. Nur Mönche dürfen diese Kammer betreten, obwohl Besucher die Zahnreliquie vom öffentlichen Bereich aus sehen können. Im Tempel wird auch ein interaktiver Workshop »Entdecke den Buddhismus« angeboten.

Buddha Tooth Relic Temple & Museum sowie einer der Schreine (Detail) ↓

Hawker-Zentren

Singapurs Streetfood, das 2020 in die Liste des immateriellen Kulturerbes der Menschheit der UNESCO aufgenommen wurde, zeichnet sich durch eine Mischung aus malaiischen, chinesischen und indischen Einflüssen aus. Ein Aspekt ist die Art und Weise, wie das Essen verzehrt wird: in Freiluftkomplexen, den Hawker-Zentren. Als in den 1950er und 60er Jahren die Straßen gesäubert wurden, beschloss man, die Essensstände in überdachten Märkten zu sammeln. Die Preise sind niedrig und die Qualität der Speisen hoch, und es ist eine gute Möglichkeit für Besucher, eine Reihe von traditionellen Gerichten zu probieren – alles unter einem Dach.

㉕
Temple Street

◉ E9 Ⓜ Chinatown, Maxwell 🚌 2, 12, 33, 54, 61, 63, 80, 124, 145, 147, 166, 190, 197, 851, 961, 970

Die Gegend zwischen Moschee, Pagoda, Temple, Terengganu und Smith Street wurde von Stamford Raffles der chinesischen Gemeinde zuerkannt. Sie wurde zum Zentrum chinesischen Lebens und chinesischer Kultur in Singapur. Die Straßen säumen Tempel, Handwerksläden, *kongsi* (Clanhäuser),

↑ *Das Wandgemälde eines professionellen Briefschreibers im Chinatown Complex*

Restaurants und Shophouses, deren Erdgeschoss eine Ladenfläche enthielt, während im Obergeschoss die Familien lebten. In einigen Shophouses wurden Opiumhöhlen und Bordelle betrieben, was der Gegend einen zwielichtigen Ruf verschaffte.

Dank umsichtiger Sanierung blieb der Charakter der Shophouses erhalten. Viele sind in leuchtenden Farben bemalt. Inzwischen mussten viele Traditionsgeschäfte wegen der explodierenden Mieten aufgeben, dennoch findet man hier noch viele Läden, die von Antiquitäten und Souvenirs bis zu Porzellan und Kleidung alles verkaufen. Es gibt auch einige Restaurants und Cafés. Die Wohnblocks vermitteln ebenfalls noch einen Eindruck von der Chinatown vergangener Zeiten. Während des chinesischen Neujahrsfests *(siehe S. 239)* wird hier ausgelassen gefeiert.

26
Tanjong Pagar Conservation Area

📍 E10 Ⓜ Tanjong Pagar, Maxwell 🚌 61, 80, 145, 197

Einst lag hier eine Muskatnussplantage, heute bezaubert die Gegend mit eleganten Straßenzügen voller renovierter Shophouses. Tanjong Pagar war eines der ersten Stadtviertel Singapurs, die saniert wurden. Heute findet man hier viele Bars, Hotels und Lokale.

Die ehemalige Jin-Rikscha-Station wurde 1903 an der Ecke Neil Road und Tanjong Pagar Road gebaut. Jin-Rikschas wurden in den 1880er Jahren aus Shanghai importiert: 1919 gab es bereits rund 9000 Rikschas und 20 000 Rikschafahrer. Nach dem Zweiten Weltkrieg ließ die Regierung den Rikschabetrieb auslaufen, woraufhin sie bald aus dem Straßenbild Singapurs verschwanden.

27
Chinatown Complex

📍 E9 🏠 New Bridge Rd
Ⓜ Maxwell, Chinatown
🚌 2, 12, 33, 54, 63, 80, 124, 143, 147, 190, 851, 961, 970
🕐 tägl. 10 – 22

Der Chinatown Complex an der Ecke Terengganu und Sago Street beherbergt einen der lebhaftesten Nassmärkte der Stadt, der eine Vielfalt an frischen Produkten anbietet. Es gibt auch einen Food Court mit Straßenständen, darunter das mit einem Michelin-Stern ausgezeichnete Hong Kong Soya Sauce Chicken Rice and Noodle.

Shopping

The Camera Workshop

Der Laden ist ein Mekka für Fotografen und Fotoenthusiasten. Er führt die neuesten Modelle und Ersatzteile und ist ideal für die Wartung der Ausrüstung.

📍 F7 🏠 3 Coleman St
📞 +65 6336-1956

Super Freak Boutique

Die Boutique führt ausgefallene Artikel, mit denen Sie sich von der Masse abheben werden.

📍 F6 🏠 61 Stamford Rd
🌐 superfreakboutique.com

Gäste in Lau Pa Sat, Singapurs elegantem überdachtem Food Court

28
Lau Pa Sat

📍 F10 🏠 18 Raffles Quay Ⓜ Raffles Place 🚌 10, 70, 75, 82, 97, 100, 107, 130, 131, 167, 186 🌐 laupasat.sg

Singapurs erste Markthalle, der Telok Ayer Market (heute Lau Pa Sat), ist ein architektonisch beeindruckendes Gebäude. Die Imbissstände bieten eine reiche Auswahl asiatischer Gerichte an.

Die Halle wurde 1822 im Auftrag von Sir Stamford Raffles auf aufgeschüttetem Land errichtet. Der achteckige Gusseisenbau wurde von James MacRitchie entworfen und 1894 per Schiff aus Glasgow hergebracht. Seit 1973 steht er unter Denkmalschutz. Während des Baus am MRT-Tunnel wurde der Markt zerlegt und später wiederaufgebaut. In der angrenzenden Boon Tat Street wird abends der Verkehr für einen Nachtmarkt gesperrt.

Schon gewusst?
2016 wurden zwei Straßenstände erstmals mit einem Michelin-Stern ausgezeichnet.

29
Ann Siang Hill

📍 E9 Ⓜ Telok Ayer, Maxwell, Chinatown 🚌 51, 61, 63, 80, 124, 145, 166, 174, 186, 197, 851, 961, 970

An der Stelle von Ann Siang Hill und den umliegenden Straßen befand sich einst eine Muskatnuss- und Nelkenplantage. Heute ist dort das Zentrum chinesischen Lebens. Malaiischen Einfluss erkennt man an den *pintu pagar*, den Halbtüren mancher Shophouses. Die nahe gelegene Club Street war früher für ihre Tempelschnitzer und die Clans und Gilden bekannt, die der Straße ihren Namen gaben. Einige davon, wie der Victorian Chinese Weekly Entertainment Club, stehen bis heute. Nun wird das Viertel jedoch von Lokalen und Bars dominiert. Einen Besuch wert sind die Hausnummern 33 und 35, die von Frank Brewer entworfen wurden, der für seine Stuckarbeiten bekannt ist.

30
Telok Ayer Street

📍 F9 Ⓜ Telok Ayer, Raffles Place 🚌 10, 57, 97, 106, 131, 133, 167, 186, 196, 400, 970

Vor der Landgewinnung durch Aufschüttungen lag die Telok Ayer Street (Wasserbucht) direkt am Ufer. Hier ist das Flair des 19. Jahrhunderts noch zu spüren. In der Straße gibt es eine Reihe traditioneller Betriebe sowie Moscheen und Tempel. Einer der berühmtesten ist der Thian Hock Keng Temple der Hokkien *(siehe S. 226f)*. Die benachbarte Masjid Al-Abrar wurde von 1850 bis 1855 von indischen Muslimen gebaut, die in den 1820er Jahren auch das Nagore Durgha errichteten. Dieser Schrein verbindet klassische und islamische Architektur Indiens wie

Bogen und durchlässige Gitter. Ein Stückchen weiter liegt das Fuk Tak Chi Museum auf dem ehemaligen Gelände des Hock Teckk Ch'i Temple. Das Museum ist heute Teil des ruhigen Boutique-Hotels Amoy und zeigt unter anderem chinesische Artefakte in einem Diorama, das die Telok Ayer Street im Zustand der 1850er Jahre darstellt.

Raffles Place
Q F9 **M** Raffles Place 🚌 10, 57, 70, 75, 100, 107, 128, 130, 131, 162, 167, 196

Nirgendwo sonst kann man Singapurs Entwicklung zur hochmodernen Wirtschaftsmetropole besser erkennen als an den glitzernden Wolkenkratzern am Raffles Place. Er stellt das Herz der Finanzwelt dar, in dem viele bekannte, multinationale Konzerne und Finanzinstitute vertreten sind. Die ersten hier eröffneten Banken waren die Hong Kong und Shanghai Bank und die Standard Chartered Bank. Hier stehen einige der höchsten Gebäude Singapurs: UOB Plaza und One Raffles Place Tower 1 – beide baute der japanische Architekt Kenzo Tange – sowie das Republic Plaza. Sie sind alle 280 Meter hoch. Die Bank of China war einer der ersten Wolkenkratzer in Südostasien.

> Nirgendwo sonst kann man Singapurs Entwicklung zur hochmodernen Wirtschaftsmetropole besser erkennen als an den glitzernden Wolkenkratzern am Raffles Place.

In der Gegend fallen einige bemerkenswerte moderne Skulpturen auf, etwa Salvador Dalís *Homage to Newton* (1985) und Fernando Boteros *Bird* (1990).

In der Nähe steht die Merlion-Statue, das Wahrzeichen der Stadt. Das Restaurant Clifford Pier auf dem ehemaligen Pier aus dem Jahr 1933 serviert heute gehobene Küche und bietet einen herrlichen Blick auf die Bucht.

Boat Quay
Q F8 **M** Raffles Place, Clarke Quay 🚌 2, 12, 33, 51, 54, 61, 63, 80, 124, 145, 147, 166, 174, 186, 190, 851, 961, 970

Am Boat Quay findet man viele Restaurants, Läden und Bars in renovierten Shophouses. Vor 150 Jahren bot sich ein vollkommen anderes Bild: In den 1860er Jahren wurde der Handel größtenteils hier abgewickelt. Shophouses drängten sich das Südufer entlang, dessen Form die Menschen an einen Karpfenbauch erinnerte, was nach chinesischem Glauben für Wohlstand steht. Auf dem Fluss segelten Frachtboote, mit denen man die ankernden Schiffe be- und entlud. In den 1960er Jahren hatte sich die Schifffahrt aufgrund technischer Fortschritte vollkommen verändert. Flussaufwärts wurden moderne Containerhäfen errichtet, die die führende Rolle des Boat Quay im Flusshandel für sich beansprucht. Die Handelshäuser zogen fort, und die Gegend verfiel. Als dann im Rahmen eines Sanierungsprogramms der Regierung auch noch Händlerboote und Frachter verbannt wurden, war Boat Quay erledigt.

1986 begann die Regierung dann im Rahmen eines Sanierungsprojekts mit der Renovierung der alten Shophouses und Godowns (Lagerhäuser) und hauchte der Promenade mit einer Fußgängerzone am Flussufer neues Leben ein. Heute gibt es dort zahlreiche Bars und Restaurants mit herrlichem Blick auf den Fluss. Zwischen Boat Quay und Clarke Quay verkehrt für Besucher ein Taxiservice.

← Bird, *eine Statue von Fernando Botero in der Nähe des Raffles Place*

Restaurants

Summer Pavilion
Genießen Sie Speisen und Teespezialitäten in dem mit einem Michelin-Stern ausgezeichneten Restaurant.

Q H7 **◊** Ritz-Carlton Millenia, 7 Raffles Ave **W** ritzcarlton.com
$$$

Shoukouwa
Das beste japanische Restaurant der Stadt verwendet Zutaten, die direkt aus Tokyo kommen.

Q G8 **◊** 1 Fullerton Rd **W** shoukouwa.com.sg
$$$

Spaziergang um den Padang

Länge 1,5 km **Dauer** 18 Minuten
Metro City Hall

Mitten in Singapurs Kolonialviertel liegt der Padang, ein Spielfeld, das die Kolonialherren im 19. Jahrhundert für Sportveranstaltungen ebenso wie für Paraden zum Nationalfeiertag nutzten. Der Platz ist von Kolonialbauten gesäumt: Supreme Court, City Hall, in der sich die National Gallery Singapore befindet, Parliament House und der exklusive Singapore Cricket Club residieren hier. Interessant ist auch der Esplanade Park an der Ostseite des Padang, einer der ältesten Parks in Singapur.

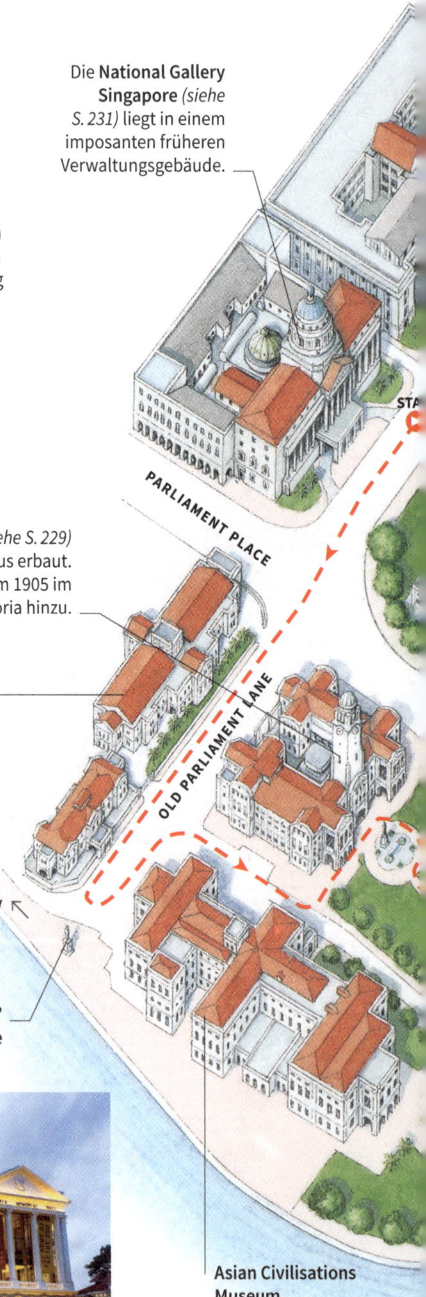

Die **National Gallery Singapore** *(siehe S. 231)* liegt in einem imposanten früheren Verwaltungsgebäude.

Victoria Theatre and Concert Hall *(siehe S. 229)* wurde 1862 ursprünglich als Rathaus erbaut. Die Victoria Memorial Hall kam 1905 im Gedenken an Queen Victoria hinzu.

Old Parliament House (1826/27) sollte ursprünglich dem schottischen Kaufmann John Argyle Maxwell als Wohnhaus dienen.

Boat Quay

Raffles' Landing Site

Asian Civilisations Museum

← *Die neoklassizistische Fassade des Victoria Theatre and Concert Hall*

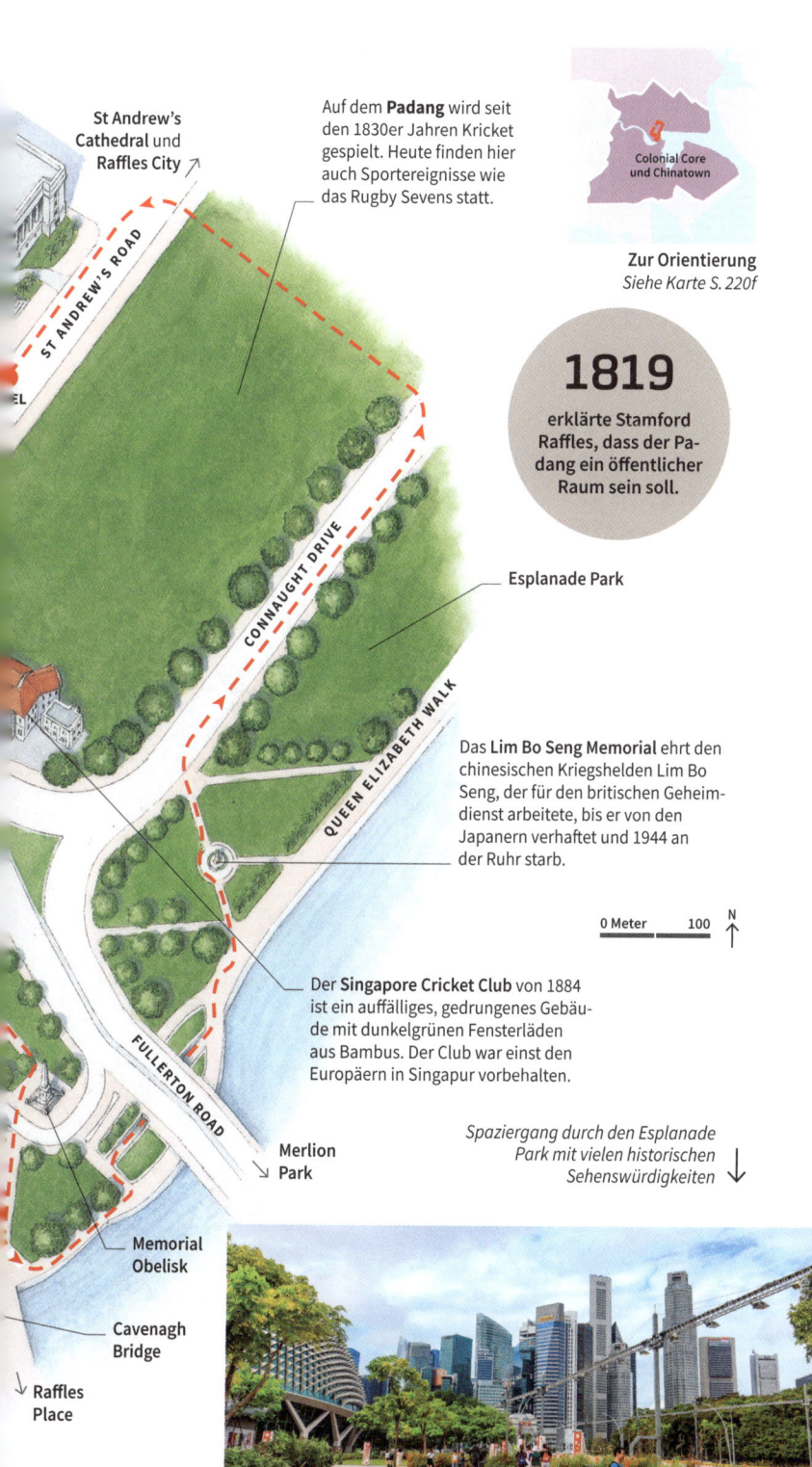

Das markante Haus von Tan Teng Niah in Little India

Little India und Orchard Road

Der Nordteil der Stadt entwickelte sich Mitte des 19. Jahrhunderts, als sich Viehzüchter in dem heute als Little India bekannten Gebiet niederließen. Der Handel mit Rindern blühte auf, unterstützt durch indische Arbeitskräfte, und die Regierung errichtete in der zweiten Hälfte des 19. Jahrhunderts Ziegelbrennereien und Kalkgruben. Bis heute ist Little India das spirituelle Herz und kommerzielle Zentrum der lokalen indischen Gemeinschaft. Der angrenzende Stadtteil Kampong Glam wurde im Stadtplan von Raffles aus dem Jahr 1822 etwa zur gleichen Zeit dem Sultan von Singapur zugewiesen und zog weitere muslimische Bewohner wie Malaien, Bugis (aus Sulawesi) und Araber an, von denen einige Schiffbauunternehmen gründeten.

Die im Nordwesten des Colonial Core gelegene Orchard Road hat ihren Namen von den Plantagen, die hier in den 1830er Jahren angelegt wurden, um Obst, Muskatnuss, Pfeffer und andere Gewürze anzubauen. Mitte des 18. Jahrhunderts waren die Plantagen von Krankheiten zerstört worden, und die europäische Bevölkerung wuchs, sodass mehr Platz benötigt wurde. Die Orchard Road verlief durch ein enges Tal und war von Überschwemmungen bedroht. Nachdem jedoch Entwässerungspläne erstellt worden waren, siedelten sich Unternehmen in diesem Gebiet an, um die koloniale Auswanderergemeinde zu versorgen. Heute ist das Viertel das historischste Einkaufsviertel Singapurs.

Sri Srinivasa Perumal Temple

📍 G2 🏠 397 Serangoon Rd Ⓜ Farrer Park 🚌 23, 64, 65, 111, 130, 131, 139, 147, 857
🕒 tägl. 6:30–12, 18–21 🌐 sspt.org.sg

Der beeindruckende Hindu-Tempel im Herzen von Singapurs pulsierendem Viertel Little India wird auf der Insel sehr verehrt. Halten Sie Ausschau nach Statuen der vielen Avatare der Gottheit Vishnu und von Garuda, dem legendären Vogel, der ihm als Reittier dient.

Der Hindu-Tempel ist dem Gott Vishnu (auch Perumal genannt) geweiht. Er ist einer der wichtigsten und zugleich ältesten Tempel Singapurs. Hier beginnt alljährlich das für die hinduistische Gemeinde bedeutende Thaipusam-Fest. Der Tempel stammt aus dem Jahr 1854 und war ursprünglich ein einfacher Bau mit *mandapa* (Gebetshalle) inmitten von weitläufigen Gärten und Teichen. 1966, als der Tempel geweiht wurde, errichtete man das eindrucksvolle sechsstufige *gopuram* (Turmtor), das der wohlhabende Kaufmann P. Govindasamy Pillai, einer der ersten indischen Einwanderer von Singapur, finanzierte.

Verzierte Kuppeln, *vimanam*, markieren den Standort der Nebenheiligtümer des Tempels.

Die prächtige **Decke** der Hauptgebetshalle *mandapa* ruht auf üppig verzierten Säulen.

Die **Nebenschreine** sind verschiedenen Gottheiten geweiht. Dieser ehrt Ganesha, einen Gott mit Elefantenkopf, der Weisheit und Intelligenz verkörpert.

↑ *Der Sri Srinivasa Perumal Temple, ein nationales Denkmal*

← *Gläubige vor dem Eingang des Tempels, der mit Statuen geschmückt ist*

↑ *Die Gebetshalle,* mandapa, *mit beeindruckenden Decken*

Im **Hauptschrein** bringen Gläubige *ghee* (geklärte Butter), Blumen und Obst dar, während Musik und Gesänge erklingen. Sie benetzen ihre Stirn mit Weihwasser.

Die **Vishnu-Skulptur** zeigt die vier heiligen Instrumente des Gotts: Muschelschale, Stock, Lotos und Säbel.

Schon gewusst?

Perumal ist ein Avatar von Vishnu, der aus dem südindischen Bundesstaat Tamil Nadu stammt.

Der 20 Meter hohe **Eingangsturm** *(gopuram)* hat sechs Stufen mit Skulpturen.

Dieser Schrein ist **Hanuman**, dem Affengott, geweiht. Nach dem Hindu-Epos *Ramayana* half er, Sita vor dem Dämon Ravana zu retten.

Zu beiden Seiten des **Haupteingangs** halten Statuen Wache. Gläubige läuten die Glocke, bevor sie eintreten, und bitten die Götter um Gehör für ihre Gebete.

Thaipusam

Das Hindu-Fest (Jan/Feb) beginnt im Morgengrauen im Tempel. Männer versetzen sich in einen tranceähnlichen Zustand und tragen Stahlbogen, die mit Haken an ihren Oberkörpern befestigt sind, wobei ihnen oft Spieße durch Zunge und Wangen gestochen werden. Sie büßen so für ihre Sünden und ehren Murugan, den Gott der Tapferkeit, Kraft, Schönheit und Tugend. Die Frauen tragen Kokosnussmilchgefäße und legen ebenfalls ein Bußgelübde ab. Singend und tanzend gehen sie zum drei Kilometer entfernten Sri Thendayuthapani Temple.

SEHENSWÜRDIGKEITEN

❷
Arab Street
📍 H5 Ⓜ Bugis 🚌 2, 7, 12, 32, 33, 51, 61, 62, 63, 125, 130, 145, 197, 520, 851, 960

Die Straße wird von der majestätischen Masjid Sultan überragt. Sie erhielt ihren Namen von arabischen Händlern, die sich im 19. Jahrhundert hier niederließen.

Die Arab Street ist berühmt für ihre Textilgeschäfte. Ballen von Baumwolle, Chiffon, Seidenstoffen und Organza stapeln sich vor den Schaufenstern. Batik aus Indonesien und Malaysia wird in Sarong-Längen von zwei Metern verkauft. In den Läden werden auch Batikkleidung und Tischwäsche verkauft. Ergänzend bieten Fachgeschäfte Straußenfedern, prächtiges Lamé, funkelnde Pailletten und Garn in vielen Farben an. Andere Läden verkaufen alles von türkischen und iranischen Teppichen bis zu traditionellen malaiischen Hochzeitskleidern; Besucher sollten handeln. Die Haji Lane, die parallel zur Arab Street verläuft, ist bekannt für ihre brillanten Wandmalereien und interessanten Vintage-Läden.

❸
Masjid Sultan
📍 H5 🏠 3 Muscat St Ⓜ Bugis 🚌 2, 7, 12, 32, 51, 61, 80, 145, 175, 197 🕐 Sa–Do 10–12, 14–16, Fr 14:30–16 🌐 sultanmosque.sg

Die Moschee ist nach Sultan Hussein Shah benannt, dem Raffles 1824 eine Spende der British East India Company verschaffte. Mit dem Geld wurde die Moschee erbaut und 1928 durch den heutigen Bau ersetzt. Die arabisch geprägte Moschee mit maurischen Anklängen geht auf Entwürfe des Architekten Denis Santry zurück. Die Gebetshalle Singapurs größter Moschee bietet 5000 Gläubigen Platz. Besucher können sie nur vom Foyer aus sehen.

❹
Leong San See Temple
📍 G2 🏠 371 Race Course Rd 📞 +65 6298-9371 Ⓜ Farrer Park 🚌 23, 64, 65, 67, 130, 139, 147, 867 🕐 tägl. 6–18

Gegenüber dem beeindruckenden Tempel Sakya Muni Buddha Gaya steht der Leong San See Temple. Er ehrt die Göttin der Barmherzigkeit und Hingabe, Kuan Yin, sowie den Sakyamuni-Buddha. Der »Drachenberg« wurde 1917 von einem buddhistischen Mönch errichtet. Sowohl Taoisten als auch

---

Hotels

Village Hotel Bugis
Hotel mit geräumigen Zimmern, einem Pool und dem ausgezeichneten Restaurant Mooi Chin Place.

📍 G5 🏠 390 Victoria St 🌐 villagehotels.asia
$$$

Parkroyal
Das Hotel verfügt über schicke Zimmer, ein opulentes Spa und ein Restaurant mit köstlicher Szechuan-Küche.

📍 H5 🏠 7500 Beach Rd 🌐 panpacific.com
$$$

Straßenkunst belebt die Wände der Haji Lane bei der Arab Street

> **Buddhismus in Singapur**
>
> Sowohl alte Tempel als auch moderne Wahrzeichen wie der Buddha Tooth Relic Temple *(siehe S. 240)* zeigen, dass das religiöse Leben in Singapur nicht der Vergangenheit angehört. Der Buddhismus ist nach wie vor die am weitesten verbreitete Religion in Singapur. Unter dieser Bezeichnung gibt es eine Vielzahl von Traditionen, darunter chinesische, japanische und indische Schulen des Buddhismus.

Buddhisten beten hier. Der Tempel besitzt schön verzierte Deckenbalken und feine Schnitzereien.

❺ Malay Heritage Centre

📍 H4   🏛 Sultan Gate
Ⓜ Bugis   🚌 107, 961, 980
🕐 Gelände: Di – So 8 – 21;
Museum: Di – So 10 – 18
🌐 malayheritage.gov.sg

Das Kulturzentrum und Museum, das sich der malaiischen Geschichte, Kultur und Kunst widmet, liegt im Istana Kampong Glam, der früheren königlichen Residenz des Sultans Hussein Shah, der die Souveränität Singapurs an die Briten abtrat. Im Rahmen dieses Abkommens ließ der Sultan 1820 einen Palast aus Holz errichten, dessen Umgebung er Kota Raja, Königsenklave, nannte. 1840 baute sein Sohn Sultan Ali Iskandar Shah, der letzte Sultan Singapurs, den heutigen Palast. Zu ihm gehört ein ausgedehnter Grundbesitz. Zahlreiche kleinere malaiische Dorfhäuser wurden auf dem von Mauern umgebenen Grundstück errichtet. Hier wohnte das Gefolge des Sultans. Einer der Nachfahren des Sultans gründete den Kota Rajah Club.

Sultan Hussein erließ 1904 eine Anordnung, der zufolge seine Nachkommen Wohnrecht im Palast hatten und eine jährliche finanzielle Zuwendung erhielten. Streitigkeiten und fehlende Finanzmittel führten im Lauf der Jahre jedoch dazu, dass der Palast verfiel.

Heute ist er in Staatsbesitz, die Nachkommen des Sultans erhielten eine Entschädigung.

❻ Sakya Muni Buddha Gaya

📍 G2   🏛 366 Race Course Rd   📞 +65 6294-0714
Ⓜ Farrer Park   🚌 23, 64, 65, 125, 130, 139, 145, 147, 857   🕐 tägl. 8 – 16:30

Der als »Tempel der Tausend Lichter« bekannte Sakya Muni Buddha Gaya wurde vom thailändischen Mönch Vuttisasara gebaut. Er ist im thailändischen *Wat*-Stil gehalten, zeigt aber chinesische und indische Einflüsse. Links neben dem Eingang steht eine Nachbildung eines angeblichen Fußabdrucks von Buddha. Die 15 Meter hohe Figur des Sitzenden Buddha dahinter ist mit unzähligen bunten Lämpchen beleuchtet, die dem Tempel seinen Spitznamen gaben.

Eine weitere Tempelreliquie ist ein Stück Rinde, das von einem *Bodhi*-Baum stammen soll, in dessen Schatten Buddha die Erleuchtung erlebte. In einer Kammer direkt dahinter befindet sich eine Statue des Liegenden Buddha. Ihren Sockel schmücken etwa 25 Szenen aus dem Leben Buddhas. Die Zukunft kann man sich am Glücksrad weissagen lassen.

Die vergoldeten Kuppeln des Sakya Muni Buddha Gaya Temple

⑦ ION Orchard

📍 C4 🏠 2 Orchard Turn
Ⓜ Orchard 🚌 7, 14, 16, 36, 77, 106, 124, 128, 143, 162, 190 🕐 tägl. 10 – 22
🌐 ionorchard.com

Das riesige Einkaufszentrum ION Orchard wurde 2009 eröffnet und verfügt über mehr als 300 Läden, darunter Designer wie Louis Vuitton, Alexander McQueen und Prada. Vor allem am Wochenende ist der Andrang groß. Eine große Food Hall bietet eine riesige Auswahl, von Hawker- bis zu internationalen Gerichten. Ungewöhnlich ist, dass ein Teil des vierten Stocks für Kunstausstellungen genutzt wird.

↑ *Die preisgekrönte, futuristisch anmutende Architektur von ION Orchard*

⑧ Sri Veeramakaliamman Temple

📍 F3 🏠 141 Serangoon Rd
Ⓜ Little India, Jalan Besar
🚌 23, 64, 65, 66, 67, 131, 139, 147, 857 🕐 tägl. 5:30 – 21:30 🌐 srivkt.org

Der 1881 von bengalischen Arbeitern errichtete Tempel ist der Hindu-Göttin Kali geweiht. Die Gemahlin Shivas, des Gottes der Zerstörung, verkörpert den Kampf zwischen Gut und Böse.

Am Hauptaltar steht eine schwarze Statue von Kali mit Waffen in ihren vielen Händen und Füßen. Sie wird von ihren Söhnen flankiert: Ganesha, dem Elefantengott, und Murugan, dem Kindgott, der auf einem Pfau reitet. An den für Hindus heiligen Tagen Dienstag und Freitag ist es hier besonders voll.

⑨ The Centrepoint

📍 D5 🏠 176 Orchard Rd
Ⓜ Somerset 🚌 7, 14, 16, 65, 77, 106, 111, 123, 124, 143, 167, 171, 174, 190 🕐 tägl. 10 – 22 🌐 thecentrepoint.com.sg

Das Einkaufszentrum wurde 1983 eröffnet und ist eines der ältesten in Singapur.

← *Leuchtende, mit Gold bemalte Statue im Sri Veeramakaliamman Temple*

Einst beherbergte es eine Vielzahl westlicher Markengeschäfte, heute ist es vor allem ein Ort zum Essen mit vielen gastronomischen Angeboten. Außerdem gibt es hier Wellnessmöglichkeiten, darunter ein Yogastudio, und Handwerksbetriebe.

⑩ Dhoby Ghaut

📍 E5 Ⓜ Dhoby Ghaut 🚌 7, 14, 16, 36, 64, 65, 77, 106, 111, 124, 128, 139, 162, 167, 171, 174, 175, 190, 518

Die als Dhoby Ghaut bekannte Gegend ist nach den *dhobies*, den indischen Wäschereiarbeitern, benannt, die hier vor langer Zeit tätig waren. *Dhobies* sammelten an den Haustüren die Wäsche ein, verzeichneten jedes Stück in einem Buch, wuschen es im nahe gelegenen Fluss und ließen es dort trocknen, wo sich heute das YMCA erhebt. An dieser Stelle verhörten im Zweiten Weltkrieg japanische Militärs ihre

Gefangenen. Daneben liegt eine weiße presbyterianische Kirche, die schottische Siedler im Jahr 1877 errichteten. Im Zweiten Weltkrieg diente das Gotteshaus den Japanern als Lager.

> **Als immer mehr Inder nach Singapur kamen, wurde die Serangoon Road als »Little India« zu ihrem religiösen, kulturellen und wirtschaftlichen Zentrum.**

11

Serangoon Road

G2 Ⓜ Little India, Jalan Besar 🚌 23, 48, 56, 64, 67, 131, 139, 147, 166, 857, 960

Die ersten indischen Einwanderer in Singapur ließen sich im 19. Jahrhundert am Ufer des Rochor Canal nieder. Die Gegend entwickelte sich bald zu einem Zentrum der Rinderzucht und des Viehhandels. Daran erinnern noch heute einige Straßennamen wie Kerbau Road (Büffelstraße). Als immer mehr Inder nach Singapur kamen, wurde die Serangoon Road als »Little India« zu ihrem religiösen, kulturellen und wirtschaftlichen Zentrum.

Prachtvolle Tempel und verzierte Shophouses wetteifern hier um Publikum. Über den Türen vieler Läden hängen Spiegel, die das Böse abwenden sollen. Es werden Textilien, Schmuck und Bollywood-Musik verkauft. Es gibt viele indische Restaurants, etwa das hervorragende Komala Villas, das vegetarische Gerichte serviert. Der Lärm der Straßenhändler und der berauschende Duft von Gewürzen erfüllen die Luft. In den angrenzenden Straßen – vor allem in der Race Course Road – sind einige der besten Wandmalereien Singapurs.

12

Peranakan Place und Emerald Hill

D4 Emerald Hill Rd
Ⓜ Somerset 🚌 7, 14, 16, 65, 128, 143, 167, 190, 972
Ⓦ peranakanplace.com

Peranakan Place und Emerald Hill – heute eine schicke Gegend mit traditionellen Wohnhäusern, Luxusboutiquen und teuren Restaurants – wurde im Jahr 1845 dem Briten William Cuppage zugestanden. Einige Jahre später kauften die Peranakan *(siehe S. 110)* Emerald Hill. Zwischen 1900 und 1930 entstanden an der Emerald Hill Road Wohnblocks. Das Resultat ist eine Straße voller einzigartiger Peranakan-Häuser. Ihre Eingänge haben hölzerne *pintu pagar* (Halbtüren). Bunte Fliesen und andere Elemente wie Spiegel gegen böse Geister und Tierreliefs sollen Glück bringen. Die Reihenhäuser wurden um die Orchard Road in Shophouses umgebaut. Im Erdgeschoss findet man kleine Lebensmittelläden und Änderungsschneidereien.

Die Gebäude am Peranakan Place wurden Mitte der 1980er Jahre sorgfältig restauriert, sodass dies der einzige Abschnitt der Orchard Road ist, der noch die alte Architektur der Shophouses aufweist. Hier befinden sich jetzt Restaurants, Cafés und Boutiquen.

↓ *Emerald Hill mit vielen bunt bemalten Peranakan-Häusern*

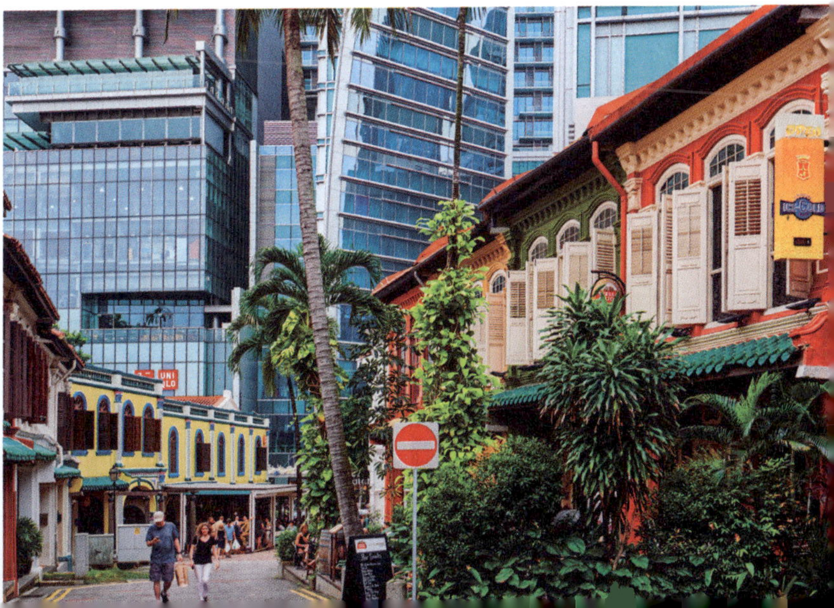

←

Lebendiges Interieur von Tangs mit einer Reihe von Luxusmarken

15

Goodwood Park Hotel

C3 · 22 Scotts Rd · Orchard · 54, 105, 124, 132, 143, 167, 171, 190, 518, 700 · goodwoodparkhotel.com

Das Hotel war ursprünglich der Teutonia Club für Deutsche, die in der Zeit um 1900 in Singapur lebten. Zu Beginn des Ersten Weltkriegs wurde der Club von den Briten konfisziert. Im Jahr 1929 wurde er dann in das Goodwood Park Hotel umgewandelt.

Der Bau stammt von J. Bidwell, der auch das berühmte Konkurrenzhotel Raffles entwarf. Die beiden Hotels kämpften um die Gunst von Berühmtheiten – so stieg etwa Charlie Chaplin im Raffles ab, während

13

Tangs

C4 · 310 und 320 Orchard Rd · Orchard · 7, 14, 16, 36, 64, 65, 77, 106, 111, 123, 124, 132, 139, 143, 167, 171, 174, 190, 502, 518, 700 · Mo – Sa 10:30 – 21:30, So 11 – 20:30 · tangs.com

Das Wachstum von Singapurs berühmtestem Kaufhaus spiegelt die Vision eines chinesischen Einwanderers in den 1920er Jahren wider. Der dynamische C. K. Tang verkaufte seine Waren zunächst auf einem Karren und baute sein Geschäft zu einem Laden auf, der es mit allen anderen aufnehmen kann. Unter seinem Dach im Stil eines Tempels verkauft Tangs heute alles von Accessoires über Haushaltswaren bis hin zu Technik.

Tang errichtete seinen Flagship Store am heutigen Standort in den 1950er Jahren. Damals war die Orchard Road noch relativ ruhig, und das Grundstück lag gegenüber einem Friedhof, sodass es als unattraktiver Standort galt. Doch Tangs Entscheidung zahlte sich aus, das Geschäft boomte und machte ihn zu einem der reichsten Männer Singapurs.

14

Tanglin Mall

A4 · 19 Tanglin Rd · Orchard · 7, 36, 105, 111, 123, 132, 502 · tägl. 10 – 22 · tanglinmall.com.sg

Versteckt am Ende der Orchard Road und abseits des Trubels liegt die Tanglin Mall, die für ihr Angebot an Sammlerstücken, Vintage-Artikeln, Antiquitäten und Kunst bekannt ist. Die Läden bieten eine Fundgrube an persischen Teppichen, Kuriositäten aus Jade und Messing sowie zeitgenössischer südostasiatischer Kunst.

Antiques of the Orient, der beste Anbieter von antiken Landkarten und gebrauchten Büchern in Singapur, hat eine faszinierende Auswahl an Fotografien, Postkarten und Drucken. Andere Läden bieten chinesische und burmesische Antiquitäten, geschneiderte Herrenanzüge und lustige Spielzeuge an. Außerdem gibt es Wellness-Zentren und einige gute Restaurants.

→

Springbrunnen vor der weitläufigen Kulisse von Ngee Ann City

> Die Innenhalle von Ngee Ann City ist fünf Stockwerke hoch. Überall stößt man auf Luxusgeschäfte wie Chanel und Louis Vuitton.

16

Ngee Ann City

C5 391A Orchard Rd
Orchard 7, 14, 16, 65, 77, 106, 111, 123, 143, 167, 174, 190 tägl. 10–21:30
ngeeanncity.com.sg

Ngee Ann City ist auch als »Taka« bekannt. Die Zwillingstürme mit dem Verbindungsbau sind marmorverkleidet. Der Haupteingang wird durch zwei Säulen betont und von riesigen, handgearbeiteten *Foo*-Hunden aus China bewacht – sie stehen für Wohlstand. Die Innenhalle ist fünf Stockwerke hoch. Überall stößt man auf Luxusgeschäfte wie Chanel und Louis Vuitton. Das japanische Kaufhaus Takashimaya bietet im Takashimaya Food Village eine fantastische Auswahl an asiatischen Gerichten.

In der Mall befindet sich auch die beliebte japanische Buchhandlung Kinokuniya, die Bücher, DVDs und Zeitschriften verkauft.

der Herzog von Windsor immer im Goodwood logierte.

Zu Beginn des Zweiten Weltkriegs wurde das Goodwood erneut konfisziert, diesmal von den japanischen Besatzern. Nach dem Krieg fanden hier die Kriegsverbrecherprozesse statt.

Inzwischen wurde der Kolonialbau wieder seinem ursprünglichen Zweck zugeführt. Seine eleganten Korridore zieren Kunstwerke und Antiquitäten. 1989 wurde der Tower Wing mit seiner verzierten Stuckgiebelseite unter Denkmalschutz gestellt. Statt der früher 60 Zimmer besitzt das Hotel heute 233 Luxusdomizile und eine fantastische Auswahl an Restaurants.

Shopping

Design Orchard
Lokale Designer präsentieren sich in diesem Laden, der Kleidung, Haushaltswaren und Souvenirs anbietet.

D5 250 Orchard Rd designorchard.sg

Zha Huo Dian
Der Laden verkauft alles von Vintage-Vinyl und Kunstdrucken bis hin zu grafischen T-Shirts und einzigartigen Sneakers.

C4 14 Scotts Rd zhahuodian.sg

Spaziergang auf der Orchard Road

Länge 2,5 km **Dauer** 30 Minuten **Metro** Orchard

Die Auswahl an Läden in der Orchard Road zwischen Tanglin Mall und Plaza Singapura ist so groß, dass man angesichts der Vielfalt überwältigt ist. Bäume spenden Schatten zwischen den Einkaufszentren und Kaufhäusern wie dem Robinsons, Singapurs ältestem Warenhaus am The Heeren, und dem historischen Tangs. Neben den großen, prächtigen Gebäuden gibt es auch kleinere Boutiquen, Antiquitätenläden, Cafés und Restaurants. Auf der Straße drängen sich die Menschen vor allem an den Wochenenden.

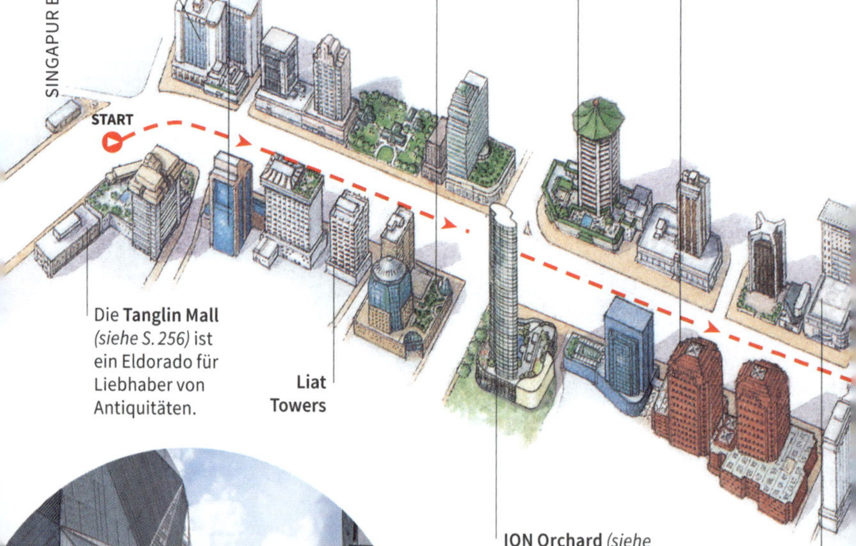

Im **Forum** sind viele Bekleidungs- und Spielzeugläden.

Delfi Orchard

Wheelock Place wirkt wie ein Weihnachtsbaum aus Glas und Stahl. Hier findet man ein Kaufhaus und einige Restaurants.

Tangs *(siehe S. 256)*

Ngee Ann City *(siehe S. 257)* ist eines der größten Einkaufszentren Südostasiens.

Die **Tanglin Mall** *(siehe S. 256)* ist ein Eldorado für Liebhaber von Antiquitäten.

Liat Towers

ION Orchard *(siehe S. 254)* beeindruckt mit weiß glänzenden Räumen, einem einmaligen Treppenhaus sowie einem gigantischen Warenangebot.

Das **Paragon** mit riesigem Atrium bietet zahlreiche Geschenke-, Mode- und Lifestyle-Boutiquen.

← *Riesige Shoppingmalls im Einkaufsviertel Orchard Road*

Zur Orientierung
Siehe Karte S. 248f

↑ *Pastellfarbene Gebäude entlang der Straße in Peranakan Place*

Schon gewusst?

In den 1890er Jahren besaß der König von Siam nahe der Orchard Road Immobilien.

Knightsbridge Shoppingmall

Im **The Heeren** befindet sich das Kaufhaus Robinsons.

The Centrepoint *(siehe S. 254)* bietet auf sechs Etagen und einem Untergeschoss viele Läden.

Cuppage Plaza

ZIEL

Hinter der Shophouse-Fassade des **Peranakan Place** *(siehe S. 255)* residieren klimatisierte Läden mit Produkten aus aller Welt sowie Lokale, Cafés und Kneipe.

Die **Plaza Singapura** ist eine der ältesten Shoppingmalls der Stadt. Neben Warenhäusern findet man hier auch zahlreiche Einzelhändler.

0 Meter 200 N

Spaziergang durch Kampong Glam

Länge 1,5 km **Dauer** 20 Minuten **Metro** Bugis

Kampong Glam ist das Zentrum des muslimischen Singapur. Sein Name setzt sich zusammen aus den malaiischen Wörtern *kampung* (Dorf) und *gelam*, einer Baumart, die hier früher häufig anzutreffen war. 1819 bekam Sultan Hussein Shah das Areal im Rahmen eines Vertrags, durch den Singapur an die Briten ging, zugesprochen. Er baute den Istana Kampong Glam und die Sultansmoschee. Es dauerte nicht lange, bis viele Muslime in das Viertel zogen. Nicht von ungefähr tragen viele Straßen arabische Namen, ebenso zahlreiche Läden, Gebäude und Restaurants. In der berühmten Arab Street werden edle Stoffe sowie Leder- und Rattanwaren verkauft. An der Kandahar Street gibt es an Imbissständen gutes malaiisches Essen.

Die **Alsagoff Arab School** wurde 1912 gebaut und nach einem bekannten arabischen Händler und Philanthropen benannt.

Das **Malay Heritage Centre** war früher der Palast Istana Kampong Glam.

↑ *Die Zwiebelkuppel der Masjid Sultan*

Gedung Kuning ist ein gelbes Herrenhaus im palladianischen Stil, das in den 1920er Jahren von Sultan Ali Iskandar Shah erbaut wurde.

Die **Masjid Sultan** dominiert mit ihren goldenen Kuppeln und den vier Minaretten die Skyline.

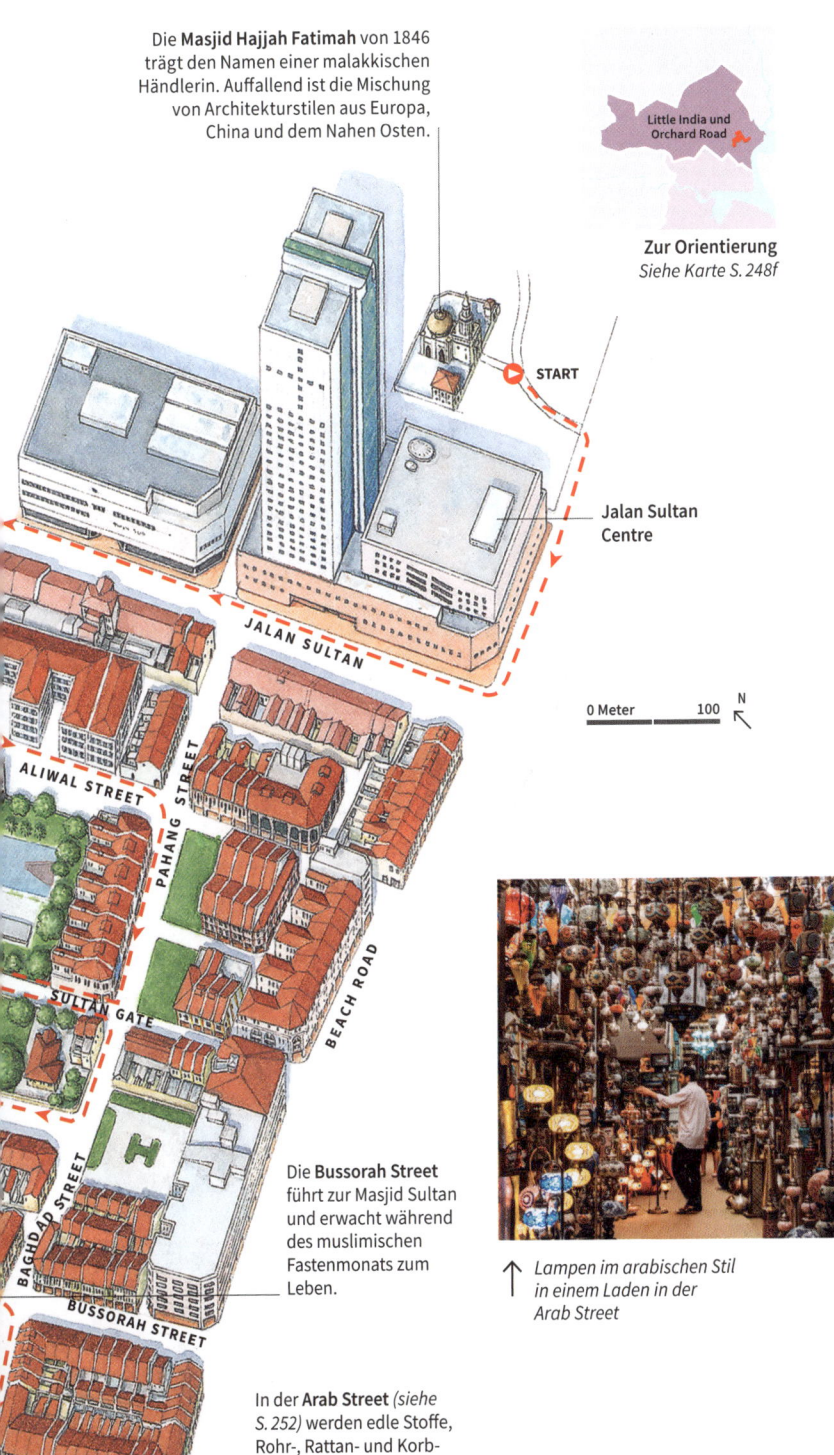

Die **Masjid Hajjah Fatimah** von 1846 trägt den Namen einer malakkischen Händlerin. Auffallend ist die Mischung von Architekturstilen aus Europa, China und dem Nahen Osten.

Zur Orientierung
Siehe Karte S. 248f

Little India und Orchard Road

START

Jalan Sultan Centre

Die **Bussorah Street** führt zur Masjid Sultan und erwacht während des muslimischen Fastenmonats zum Leben.

In der **Arab Street** *(siehe S. 252)* werden edle Stoffe, Rohr-, Rattan- und Korbmöbel verkauft.

↑ *Lampen im arabischen Stil in einem Laden in der Arab Street*

ZIEL

Abstecher

Highlights
1. Singapore Botanic Gardens
2. Sentosa

Sehenswürdigkeiten
3. Mandai Singapore Zoo
4. Bukit Timah Nature Reserve
5. Jurong Bird Park
6. Pulau Kusu
7. Haw Par Villa
8. East Coast Park
9. Changi Museum
10. Jewel Changi Airport
11. Sungei Buloh Wetland Reserve
12. Pulau Ubin
13. Science Centre Singapore
14. Singapore Discovery Centre

In den Gebieten nördlich des Zentrums scheint sich seit dem 19. Jahrhundert wenig verändert zu haben, denn die Botanischen Gärten gibt es bereits seit 1859, und Pulau Ubin ist immer noch so betonfrei wie zu der Zeit, als Siedler die Insel in den 1880er Jahren besetzten. Die südlichen Gebiete haben jedoch eine rasante Entwicklung erlebt. Das östliche Flachland von Changi, das seit Mitte des 18. Jahrhunderts für seine Palmen und Resorts berühmt ist, entwickelte sich mit der Eröffnung des neuen Flughafens 1981 zu Singapurs goldener Eintrittskarte für wirtschaftlichen Erfolg. Von da an erlebte der Tourismus in der Stadt einen enormen Aufschwung, wobei Wahrzeichen wie die Seilbahn von Sentosa zum Mount Faber und die Eröffnung von Resorts World Sentosa 2010 mehr Aufmerksamkeit erregten.

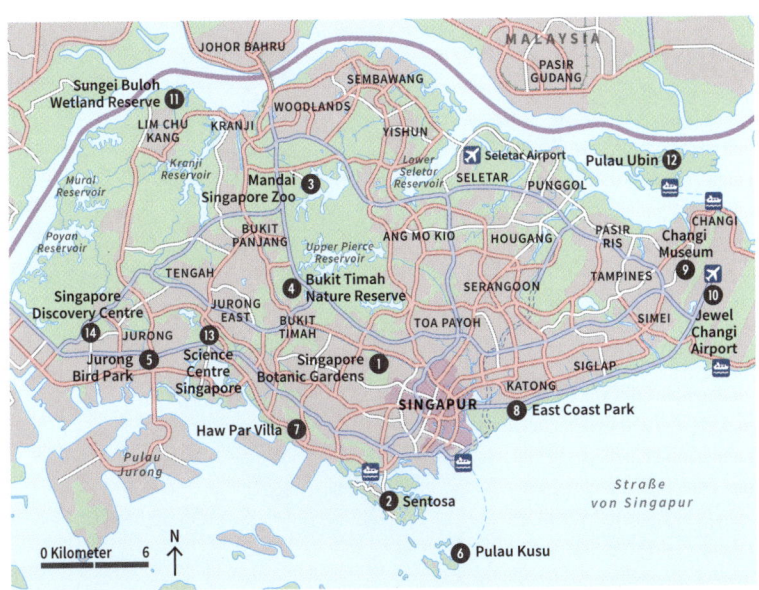

Singapore Botanic Gardens

🏠 Cluny Rd Ⓜ Botanic Gardens 🚌 7, 105, 106, 123 ℹ️ Besucherzentrum, Evans Rd
🕐 tägl. 5–14 🌐 nparks.gov.sg/sbg

Die Botanischen Gärten von Singapur sind eine Oase tropischen Grüns im Herzen der Stadt und ein willkommener Zufluchtsort vor dem Betondschungel. Machen Sie einen Spaziergang am Morgen, bevor die Nachmittagshitze hereinbricht, und Sie werden verstehen, warum dies seit fast zwei Jahrhunderten der beliebteste Stadtpark Singapurs ist.

Kaum zu glauben, dass die Botanischen Gärten – seit 1859 ein friedliches Refugium – so nahe an den glitzernden Einkaufszentren der Orchard Road liegen. Das zum UNESCO-Weltkulturerbe erklärte Areal erstreckt sich über 130 Hektar und besteht aus einem Urwald, gepflegten Rasenflächen und Landschaftsgärten mit Seen, in denen Schwäne, Enten und Schildkröten leben. Mit Wasserfällen und Zierbrunnen an jeder Ecke sind die Gärten ein schöner Ort für einen Spaziergang, aber auch wildere Pfade durch den Dschungel bieten sich an. Oft hört man die Refrains von Orchesterkonzerten, die im Freien stattfinden, durch die Brisen wehen.

Das 1928 begonnene Orchideenzuchtprogramm des Gartens hat mehr als 2000 Hybriden hervorgebracht – jedes Jahr kommen weitere hinzu. Auf dem Gelände befindet sich auch eine Bibliothek mit Zeitschriften, seltenen Büchern und botanischen Illustrationen, die bis ins Jahr 1875 zurückreichen.

Im **VIP Orchid Garden** werden ausgewählte Orchideen nach bedeutenden Gästen benannt.

Mit über 1000 Arten besitzt der **National Orchid Garden** die weltweit größte Vielfalt tropischer Orchideen.

Der **achteckige Pavillon** war in den 1860er Jahren beliebt. Damals waren Spaziergänge in den Gärten und Konzertbesuche ein üblicher Zeitvertreib.

Schon gewusst?

Die Botanic Gardens waren die erste UNESCO-Welterbestätte Singapurs.

Die Skulptur *Girl on a Swing* (1984) ist die erste Arbeit einer Serie von Sydney Harpley.

Highlight

Spaziergang durch die Gärten

In den Botanischen Gärten von Singapur gibt es zahlreiche Wege, denen Sie folgen können. Der Rainforest Walking Trail durchquert den ältesten Dschungel der Insel auf Holzstegen, auf denen Sie Würgefeigen, Laubfrösche und Flugdrachen entdecken können. Der Red Brick Path führt Sie von den wilden Obstbäumen und Pflanzen des Ethnobotany Garden zu den Heilpflanzen und dem ruhigen Healing Garden.

Lady Yuen-Peng McNeice stiftete dem **Yuen-Peng McNeice Bromeliad House** 20 000 Bromelien. Mehr als 700 Arten und 500 Hybriden sind hier zu sehen.

Auf einer kleinen Insel im **Symphony Lake** befindet sich die Shaw Foundation Symphony Stage.

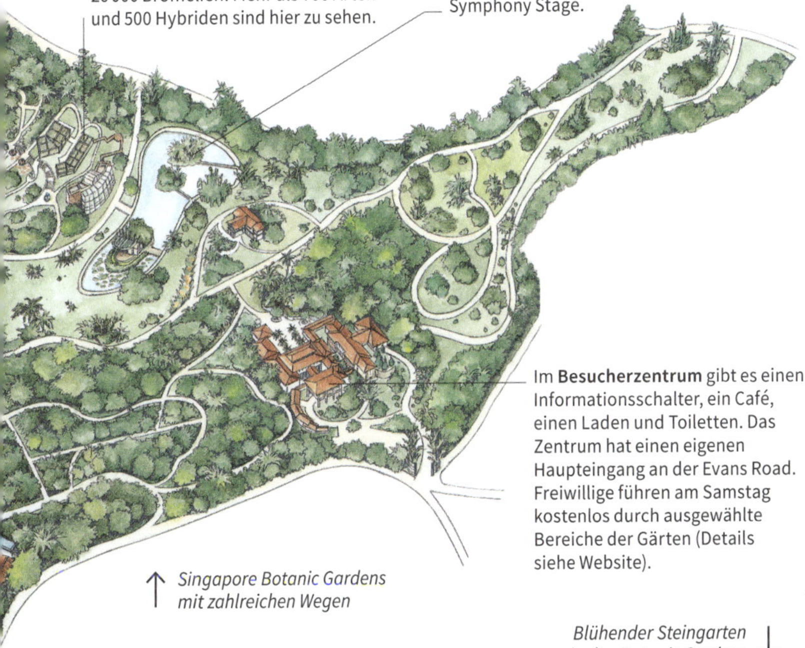

Im **Besucherzentrum** gibt es einen Informationsschalter, ein Café, einen Laden und Toiletten. Das Zentrum hat einen eigenen Haupteingang an der Evans Road. Freiwillige führen am Samstag kostenlos durch ausgewählte Bereiche der Gärten (Details siehe Website).

↑ *Singapore Botanic Gardens mit zahlreichen Wegen*

Blühender Steingarten in den Botanic Gardens ↓

Sentosa

2,5 km südl. von Singapur Sentosa Express bis Sentosa oder bis Mount Faber oder HarbourFront, dann Seilbahn sentosa.com.sg

Das Vergnügungsviertel Singapurs ist ein Zentrum von Themenparks und Hotelresorts, die Besucher aus aller Welt anziehen, um familienfreundlichen Spaß zu erleben. Abseits des Trubels gibt es angenehme Strände und üppige Naturpfade, die Sentosa zu einem lokalen Erholungsort machen.

Die Insel Sentosa hieß einst Blakang Mati, was auf Malaiisch »hinter den Toten« bedeutet. Eine der Theorien über den Ursprung dieses Namens spricht von einer mysteriösen Krankheit, der fast alle Siedler zum Opfer fielen. Nachdem die Insel bis 1967 als britischer Militärstützpunkt gedient hatte, wurde sie in Sentosa umbenannt, auf Malaiisch »Frieden«, und in einen Freizeitspielplatz verwandelt. Die Museen, Sehenswürdigkeiten, Themenparks, Naturlehrpfade und sportlichen Aktivitäten sind über das ausgezeichnete Verkehrsnetz der Insel zu erreichen.

> **Schon gewusst?**
> Die 1974 eröffnete Singapore Cable Car war die erste Seilbahn über einen Hafen.

Highlights

Größter Anziehungspunkt ist Resorts World Sentosa, das sich über einen großen Teil der Insel erstreckt und einen Meerespark mit dem größten Ozeanarium der Welt, den beliebten Themenpark Universal Studios, Läden, Restaurants und vieles mehr bietet. Es folgt der Adventure Cove Waterpark, der als bester Wasserpark Singapurs gilt. Hier gibt es Fahrgeschäfte und die Möglichkeit, an einem Riff voller Fische zu schnorcheln. Am Siloso Beach bietet das 25-minütige Spektakel »The Wings of Time« majestätische Wassereffekte, ein Feuerwerk und eine

Der Komplex Resorts World Sentosa und ein Feuerleiterturm in Fort Siloso (Detail)

↑ *Adventure River im Wasserpark Adventure Cove*

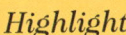

Highlight

> **Expertentipp**
> **Ruhige Zeit**
>
> Vermeiden Sie einen Besuch auf Sentosa zwischen November und Januar, wenn die Temperaturen niedriger sind und die Schulferien die Besucherzahlen in die Höhe treiben.

Lichtshow. Im Osten der Insel befindet sich die Underwater World, ein Ozeanarium mit tropischen Fischen, in dem ein Laufband die Besucher durch einen Tunnel führt, in dem 2500 Arten von Meereslebewesen zu sehen sind. In der Nähe verbindet eine Hängebrücke Palawan Beach mit einem Eiland, das als südlichster Punkt des asiatischen Festlands gilt. Geschichtsliebhaber werden Fort Siloso, die letzte britische Bastion im Zweiten Weltkrieg, lieben. Es wurde in den 1880er Jahren erbaut und ist ein Komplex aus Bunkern, Kanonen und unterirdischen Gängen.

SEHENSWÜRDIGKEITEN

③
Mandai Singapore Zoo

80 Mandai Lake Rd
Ang Mo Kio, dann 138; Choa Chu Kang, dann 927; Woodlands, dann 926 (So, Feiertage) tägl. 8:30–18; Nachtsafari: tägl. 19:15–23
mandai.com

Der Zoo ist einer der wenigen weltweit, in dem die Tiere in möglichst naturnahen Freigehegen umherstreifen. Gräben, Wasserfälle und Bepflanzungen trennen sie von den Menschen. Leoparden, Jaguare und Pumas leben nach wie vor hinter Glaswänden, andere Tiere wie Affen dürfen sich frei bewegen.

Im Zoo tummeln sich etwa 2400 Tiere aus 300 verschiedenen Arten. Viele sind in freier Wildbahn nahezu ausgestorben wie der Komodowaran, während andere als gefährdet gelten, darunter der weiße Bengal-Tiger. Die Mandai-Gruppe trägt auch zur Finanzierung von Tierschutzprojekten in Singapur und Südostasien bei.

In der Abteilung Wild Africa leben Breitmaul-Nashörner und Löwen, im Fragile Forest, einem Regenwald, gibt es Fledermäuse, Schmetterlinge und Vögel. Im Primate Kingdom hüpfen Katta-Lemuren und Schwarze Brüllaffen umher. Das Zuchtprogramm des Zoos ist weithin bekannt, hier wurde das weltweit erste tropische Eisbärenjunge geboren. Besucher können bei den Fütterungen zusehen.

Einzigartig ist eine Nachtsafari durch den 35 Hektar großen Nachtzoo und ein Wildgehege. Hier kann man das nächtliche Leben der etwa 900 Tiere von 100 verschiedenen Arten erleben. Eine 45-minütige geführte Straßenbahnfahrt bringt Besucher in sechs Lebensräume, die verschiedenen geografischen Regionen nachempfunden sind.

Auf dem Wallaby Trail können Besucher nachtaktive Spezies aus Australien sehen, darunter Fuchskusus, Kurzkopfgleitbeutler und Wallabys. Der Bereich River Wonders ist ein weiterer Wildtierpark, der sich auf Flussfische, Säugetiere – wie Seekühe – und Reptilien konzentriert.

> ### Singapurs Tierwelt
> Singapur wird zwar nicht oft als Paradies für Wildtiere angesehen, da die städtische Entwicklung in den letzten 200 Jahren fast 95 Prozent des natürlichen Regenwalds auf der Insel zerstört hat. Dennoch leben auf der Insel immer noch Hunderte von einheimischen Tierarten, darunter der Javaneraffe und das Hirschferkel, sowie viele Orchideen- und Palmenarten.

Die riesige Grünfläche, in der der Zoo liegt, ist als Central Water Catchment bekannt. Auf dem Treetops Trail, einer Hängebrücke, die das Blätterdach des Regenwalds überspannt, kann man seltene Vögel wie den Blaubürzelpapagei und den Vielfarben-Bartvogel beobachten.

④
Bukit Timah Nature Reserve

177 Hindhede Dr
Beauty World, dann Taxi
67, 75, 170, 171, 173, 184, 852, 961 tägl. 7–19
nparks.gov.sg

Weltweit gibt es nur zwei Regenwälder dieser Art in einem Stadtgebiet. Der Bukit Timah wurde 1883 zum Schutz der einheimischen Artenvielfalt eingerichtet. Von dem Regenwald, der einst die gesamte Insel bedeckte, sind heute noch etwa 164 Hektar übrig. Das Naturschutzgebiet beherbergt eine Fülle von Flora und Fauna und ist ein Zufluchtsort für viele Vögel, Reptilien und

↑ Ein weißer Bengal-Tiger faulenzt im Mandai Singapore Zoo inmitten eines begrünten Habitats

Ein Wasserfall im Jurong Bird Park, in dem unter anderem Pelikane (Detail) leben

Säugetiere, wie etwa den leicht zu entdeckenden Javaneraffen und den schwer fassbaren Riesengleiter.

Bukit Timah verfügt über Fahrrad- und Wanderwege und ist ein beliebtes Naherholungsgebiet. Zu Fuß kommt man auf den 164 Meter hohen Bukit Timah Hill. Wanderkarten sind im Besucherzentrum des Parks erhältlich.

5

Jurong Bird Park

🏠 2 Jurong Hill, nahe Ayer Rajah Expressway Ⓜ Boon Lay, dann 194 🕒 tägl. 8:30–18 🌐 mandai.com/en/jurong-bird-park.html

Mehr als 3500 Vögel aus 400 Arten, darunter auch gefährdete Tiere, können im Jurong Bird Park beobachtet werden. Er verfügt über vier Volieren, darunter Waterfall Aviary, die größte begehbare Voliere der Welt. Hier können Besucher zwischen 600 frei fliegenden Vögeln spazieren gehen, und das vor der Kulisse eines der höchsten konstruierten Wasserfälle der Welt. Lory Loft, eine hoch aufragende Voliere, die einen herrlichen 360-Grad-Blick über die Landschaft bietet, zeigt eine beeindruckend große Sammlung südostasiatischer Vögel. Das Pinguingehege ist eine nachgebildete antarktische Umgebung.

Zu den täglichen Vogelshows gehören »Kings of the Skies« mit Raubvögeln wie Geiern und Adlern sowie »High Flyers«, bei denen Papageien, Nashorn- und andere Vögel ihr Talent unter Beweis stellen können. Kinder werden den Spielplatz Birdz of Play lieben, der sowohl nasse als auch trockene Spielbereiche zum Thema Vögel bietet.

Hotels

Orchid Country Club
Das Hotel in der Nähe des Mandai Singapore Zoo verfügt über luxuriöse Zimmer mit Balkon und einen Weltklasse-Golfclub.

🏠 1 Orchid Club Rd
🌐 orchidclub.com
$$$

Arena Country Club
Das Hotel mit Fitnesscenter, Pool und Badmintonplätzen ist ein idealer Ausgangspunkt, um den Westen Singapurs zu erkunden.

🏠 511 Upper Jurong Rd
📞 +65 6897-9997
$$$

Wilby Residences
Moderne Apartments mit Service, um das Reservat Bukit Timah zu besuchen.

🏠 25 Wilby Rd
🌐 wilbyresidences.com
$$$

❻ Pulau Kusu

🚌 400 ⛴ ab Marina South Pier 🌐 islandcruise.com.sg

Einer Überlieferung zufolge war Pulau Kusu (Turtle Island) einst eine gigantische Schildkröte, die sich in Land verwandelte, um zwei schiffbrüchige Seeleute zu retten.

Sie liegt fünf Kilometer vor Singapur und hat die meisten Besucher im elften Mondmonat (Oktober/November), wenn taoistische und muslimische Gläubige auf die Insel pilgern und für Wohlstand, Glück und Reichtum beten.

Die Insel besitzt zwei blaue Lagunen, herrliche Strände und eine heilige Quelle. Sie ist inzwischen gut ausgebaut, bietet aber immer noch schöne Plätze für Picknicks. Das Übernachten auf der Insel ist nicht gestattet.

❼ Haw Par Villa

🏠 262 Pasir Panjang Rd Ⓜ Haw Par Villa 🚌 10, 30, 51, 143, 200 🕐 tägl. 9–20 🌐 hawparvilla.sg

Der ungewöhnliche Park mit Villa ist nicht nur wegen der malerischen Landschaft und der Karpfenteiche, sondern vor allem wegen der Statuen und Dioramen bekannt, die chinesische Folklore und Werte darstellen.

Der Themenpark wurde 1937 von den Brüdern Haw und Par Aw gestaltet. Über 1000 Statuen und Tafeln zeigen Fabelwesen und erzählen Geschichten aus der chinesischen Folklore. Im beliebten Abschnitt »Ten Courts of Hell« (zehn Vorhöfe der Hölle) wird etwa die Bestrafung von Sünden wie Glücksspiel oder Diebstahl plastisch und drastisch gezeigt.

❽ East Coast Park

📍 nahe East Coast Parkway (ECP) Ⓜ Bedok 🚌 401 🌐 nparks.gov.sg

Die Strandabschnitte am East Coast Park zählen zu den besten in ganz Singapur. Der Park erstreckt sich über mehr als zehn Kilometer vom Changi Airport bis zur Marina Bay. Am Ufer wiegen sich Palmen im Wind, dazwischen finden sich schattige Rastplätze und Parkbänke. Wer Sport treiben möchte, kann die Geh- und Joggingwege sowie die markierten Radwege, die Inline-Tracks und den Skateboard-Park nutzen. Bei den Fahrradvermietungen in der Umgebung bekommt man alles von Rennrädern über Mountainbikes bis zu Tandems. Auch Inlineskates kann man ausleihen.

Angelfreunde können hier ihr Glück versuchen, Picknicker dürfen ihre Zelte am Strand aufstellen, für Fitnessfans gibt es Trimm-dich-Stationen, auf Vogelfreunde wartet eine Wanderung durch Vogelschutzgebiete.

Die Gegend ist gut ausgestattet mit Bars, schicken Restaurants und vielen Freizeiteinrichtungen. Das Essensangebot reicht von Fast Food und Hawker-Kost bis hin zu Meeresfrüchten und westlichen Snacks. Die Gegend ist auch hervorragend für Wassersport: Kajaks und Surfbretter können im Mana Mana Beach Restaurant and Bar gemietet werden.

9
Changi Museum
🏠 1000 Upper Changi Rd North Ⓜ Tanah Merah
🕐 tägl. 9:30–17 (letzter Einlass 16:30) 🌐 changimuseum.sg

Changi Prison diente im Zweiten Weltkrieg als Kriegsgefangenenlager der Japaner und ist bis heute ein Gefängnis. Ein Stückchen weiter in derselben Straße liegt das Changi Museum auf dem Gelände der Old Changi Prison Chapel. Das Museum ist all jenen Soldaten der Alliierten gewidmet, die in Singapur lebten und starben, insbesondere jenen, die unter den Japanern grausame Qualen erlitten.

Im Lauf der Jahre hat das Museum eine beachtliche Sammlung von Zeichnungen, Fotos und persönlichen Gegenständen ehemaliger Kriegsgefangener zusammengetragen. Im Museumshof erinnert eine Nachbildung der strohgedeckten Kapelle, die die Gefangenen aus einfachsten Materialien erbaut hatten, an die hier verstorbenen Menschen. Das Messingkreuz war aus benutzten Geschosshülsen hergestellt worden.

↑ *Der Rain Vortex am Jewel Changi Airport stürzt aus luftiger Höhe herab*

10
Jewel Changi Airport
🏠 78 Airport Blvd 🕐 24 Std.
🌐 jewelchangiairport.com

Der Flughafen Singapore Changi, der mehrere Jahre lang als bester Flughafen der Welt bezeichnet wurde, wurde mit der Eröffnung von Jewel Changi 2019 zu einer Touristenattraktion. Der Einkaufs- und Unterhaltungskomplex unter einer Kuppel aus Glas und Stahl verfügt über den Rain Vortex, den höchsten Indoor-Wasserfall der Welt, und überdachte Regenwaldbereiche, die Singapurs Gartenstadt-Ethos perfekt verkörpern – ein Flughafen, für den es sich lohnt, früh anzureisen.

← *Gebäude und Brücken im traditionellen chinesischen Stil in der Haw Par Villa*

11
Sungei Buloh Wetland Reserve
🏠 60 Kranji Way Ⓜ Kranji, dann 925 🕐 tägl. 7–19
🌐 nparks.gov.sg

Das 1993 als Naturpark eröffnete Sungei Buloh Wetland Reserve ist eine Region mit Wäldern, Mangroven und Watt und einer der besten Orte, um Zugvögel zu beobachten. Es ist auch ein natürlicher Lebensraum für eine Vielfalt an Wildtieren wie Reihern, Krebsen, Eisvögeln und Schlammspringern. Das Reservat ist von zahlreichen Wanderwegen durchzogen.

Besucher werden gebeten, vorsichtig zu sein, sich an die Wanderwege zu halten, so leise wie möglich zu sein und nichts zurückzulassen. Es ist eine gute Idee, Mückenschutzmittel mitzubringen. Es gibt auch Möglichkeiten zur freiwilligen Mitarbeit.

Restaurants

Cheong Lian Yuen
Das Lokal in einem Shophouse hat winzige Tische, die eher malaysisch als singapurisch wirken. Probieren Sie die schwarze Pfefferkrabbe und den gebratenen Reis mit Salzfisch.

 20 Jalan Endut Senin, Pulau Ubin
📞 +65 6542-1147
$$$

Season Live Seafood
Das einfache Restaurant am Steg bietet einen Blick auf die Hauptinsel. Meeresfrüchte sind die Spezialität, darunter Chilikrabben und köstliche Buttergarnelen.

 59E Jalan Endut Senin, Pulau Ubin
📞 +65 6542-7627
$$$

⑫ Pulau Ubin
Ⓜ Tanah Merah, Upper Changi 🚌 2, 29, 59, 109
⛴ ab Changi Village

Singapurs zweitgrößte Küsteninsel liegt in der Straße von Johor zwischen Changi und der Mündung des Flusses Johor. Die Insel ist der vielleicht letzte Ort, an dem man das ländliche Singapur der 1960er Jahre noch nachempfinden kann. Die malaiischen und chinesischen Siedlungen lebten von Landwirtschaft, Fischfang und den Granitsteinbrüchen. Heute wohnen hier nur noch etwa 200 Menschen. Pulau Ubin ist acht Kilometer lang und 1,5 Kilometer breit. Auf der Insel liegt noch ein ursprüngliches malaiisches Fischerdorf mit traditionellen *kampung* (Dorfhäusern). Die Holzbauten stehen auf Stelzen und haben ein *attap* (Strohdach) oder Zinkdach.

Auf der Insel gibt es einige nur noch hier heimische Tier- und Pflanzenarten. Außerdem gedeihen auf ihr Bäume und Pflanzen wie Kokosnuss, Rambutan, Durian, Jackfrüchte, Wildbeeren, wilde Orchideen, die insektenfressende Kannenpflanze, verschiedene Heilpflanzen und -kräuter sowie Mangroven-Sumpfpflanzen.

Auf Pulau Ubin leben zudem Affen, Warane, Wasserrallen, Erdhörnchen, Flughunde und Schlangen wie Kobras und Pythons. In den Gewässern vor der Insel tummeln sich Fische, Krabben und Krebse. Pulau Ubin ist auch ein guter Ort für Vogelbeobachter, da hier in den nördlichen Wintermonaten Raub- und Zugvögel nisten.

An der Mole kann man Fahrräder mieten und die Chek Jawa Wetlands erkunden, die Hauptattraktion der Insel und eines der artenreichsten Ökosysteme Singapurs. Stege durchziehen das Reservat, mit Kajaks kann man zu Mangroven paddeln.

> **Schon gewusst?**
> Die Chek Jawa Wetlands auf Pulau Ubin sind die Heimat des Halsbandliest.

Das nahe gelegene Gemeindezentrum zeigt Fotos über das einstige blühende Inselleben. Außerdem gibt es einige Fischrestaurants, Cafés und verschiedene Läden. Nehmen Sie unbedingt Bargeld mit, es gibt auf der Insel keine Geldautomaten.

⑬ Science Centre Singapore

📍 15 Science Centre Rd, nahe Jurong Town Hall Rd
Ⓜ Jurong East 🚌 66, 178, 198, 335 🕐 tägl. 10–18
🌐 science.edu.sg

Das Science Centre Singapore gilt als eines der besten Wissenschaftszentren weltweit. In acht Ausstellungsbereichen bietet es mehr als 1000 interaktive Exponate. Besucher können hier zahllosen wissenschaftlichen Phänomenen nachspüren, wobei das Zentrum sich bemüht, den Besuchern selbst die komplexesten Aspekte verständlich und unterhaltsam zu präsentieren. Die Ausstellungen wollen vor allem spaßorientiert informieren, um so die Welt der Wissenschaft attraktiv zu machen.

Die Exponate sind thematisch gegliedert und sollen den Besuchern helfen, sich mit globalen Themen wie dem Klimawandel, aber auch mit persönlichen Themen wie dem Umgang mit Phobien auseinanderzusetzen.

Im **Omni-Theatre** mit 276 Plätzen werden auf riesigen Leinwänden Filme über Wissenschaft, Technologie, Sport, Geschichte, den Weltraum und das Universum gezeigt.

Omni-Theatre
🕐 Mo–Fr 12–18, Sa, So 12–19 🌐 science.edu.sg/visit-us/omni-theatre

⑭ Singapore Discovery Centre

📍 510 Upper Jurong Rd
Ⓜ Joo Koon 🚌 182 ab Boon Lay 🕐 Mo–Fr 9–16, Sa, So 9–18 🌐 sdc.com.sg

Das ursprünglich als Museum der Singapore Armed Forces (SAF) konzipierte Singapore Discovery Centre gibt interessante Einblicke in die Geschichte Singapurs und das Leben in dem Stadtstaat. Besucher erfahren Wissenswertes über Vergangenheit, Gegenwart und Zukunft Singapurs. Das bei einem Militärgelände gelegene Zentrum umfasst etwa 4500 Quadratmeter und bespielt fünf Ausstellungsräume zu acht Themenschwerpunkten.

Bedeutsame Ereignisse aus der Geschichte Singapurs werden in der Abteilung »Through the Lens of Time« mit Multimedia-Clips vergegenwärtigt. In anderen Bereichen lernen die Besucher anhand von Spielen, wie man am besten mit Notfällen umgeht oder welche Herausforderungen Singapur als kleine Insel ohne eigene Ressourcen bewältigen muss. Weitere beliebte Themen sind Träume und Hoffnungen.

Das Zentrum verfügt über eine spektakuläre Licht- und Tonshow mit kaleidoskopischen Bildern von Singapur. Für ein wahrhaft sinnliches Erlebnis ist ein Besuch im Imex, Singapurs größtem Flachbildschirmkino mit 2-D- und 3-D-Filmen, ein Muss.

← *Eine hübsche Uferpromenade in der Nähe von Pulau Ubin und ein traditionelles Fischerdorfhaus (Detail)*

REISE-INFOS

Seilbahnen in den Genting Highlands

Malaysia

Reiseplanung **276**

In Malaysia unterwegs **278**

Praktische Hinweise **282**

Singapur

Reiseplanung **284**

In Singapur unterwegs **286**

Praktische Hinweise **290**

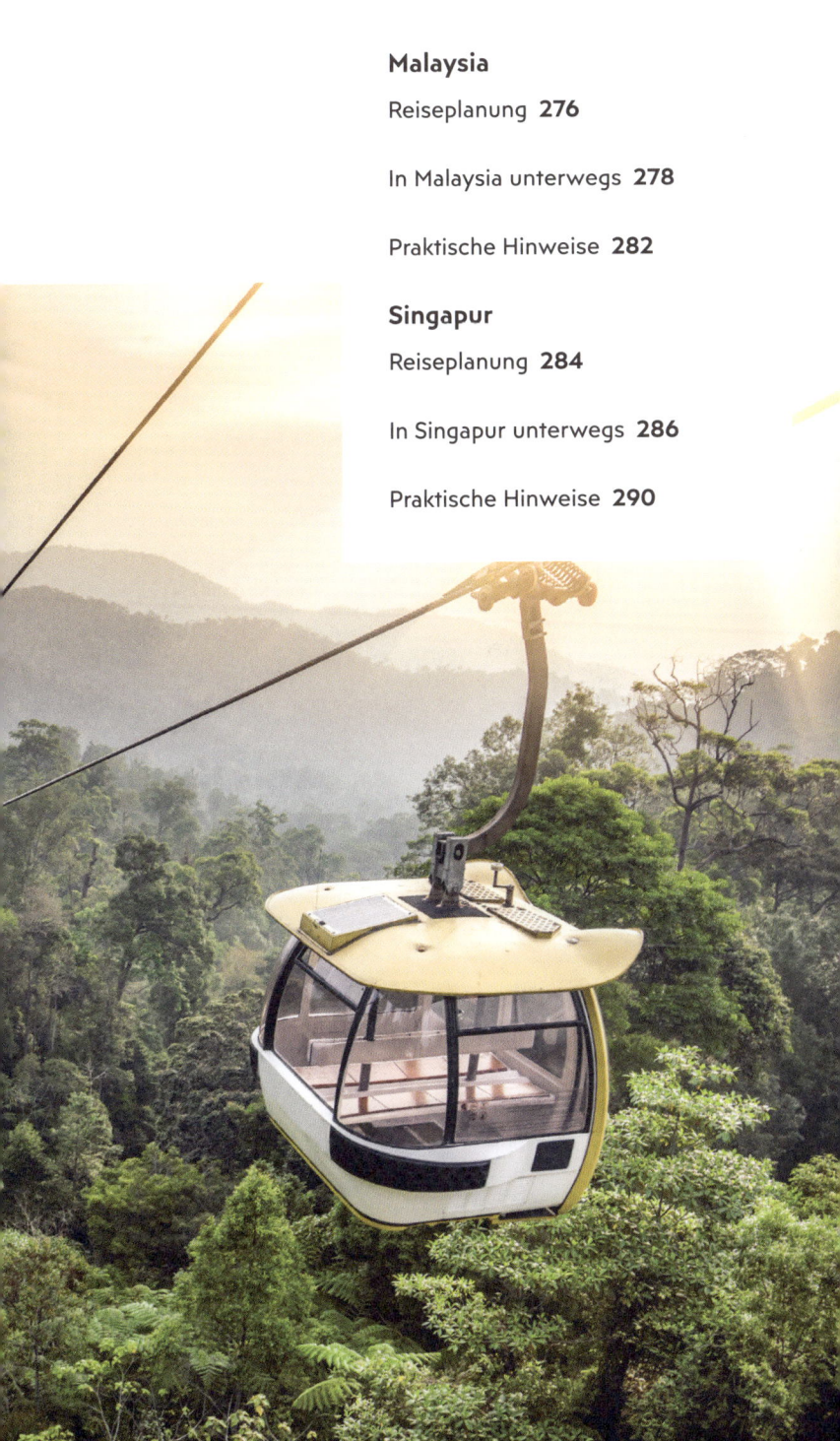

MALAYSIA
REISEPLANUNG

Mit den folgenden Informationen zu Planung, Einreise und Aufenthalt sind Sie optimal auf Ihre Reise nach Malaysia vorbereitet.

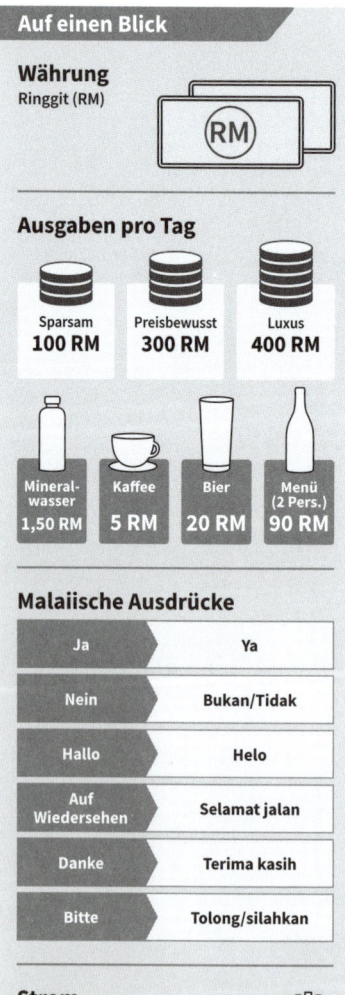

Einreise
Für EU-Bürger und Schweizer Staatsangehörige besteht für Malaysia keine Visumspflicht bei einem Aufenthalt ohne Berufstätigkeit von bis zu drei Monaten. Wer länger bleiben will, kann die Aufenthaltsberechtigung beim **Immigration Department** verlängern. Die Website des **Ministry of Foreign Affairs** enthält weitere Informationen. Kinder sollten mit eigenem Pass mit Lichtbild reisen.

Bei der Einreise werden von Besuchern biometrische Daten (u. a. Fingerabdrücke) genommen.

Für die Einreise in die Bundesstaaten Sabah und Sarawak wird ein Visum benötigt, das in der Regel 90 Tage gültig ist.
Immigration Department
W imi.gov.my
Ministry of Foreign Affairs
W kln.gov.my

Sicherheitshinweise
Aufgrund unvorhersehbarer Entwicklungen kann es zu Änderungen und Einschränkungen kommen. Aktuelle Hinweise zur Einreise sowie Sicherheitshinweise finden Sie beim deutschen Auswärtigen Amt (www.auswaertiges-amt.de), beim österreichischen Bundesministerium für europäische und internationale Angelegenheiten (www.bmeia.gv.at) oder beim Eidgenössischen Departement für auswärtige Angelegenheiten der Schweiz (www.eda.admin.ch).

Zoll
Auf dem offiziellen Portal der malaysischen Zollbehörde **Royal Malaysian Customs Department** finden Sie Informationen über die Gesetze in Bezug auf Waren und Devisen, die ins Land oder aus dem Land gebracht werden. Malaysia verfolgt eine besonders harte Linie bei illegalen Drogen. Der Besitz von Drogen kann zu einer langen Gefängnisstrafe oder der Todesstrafe führen. Der Transport von lebendigen oder ausgestopften Tieren, Muscheln oder Bekleidung und Gegenständen, die aus Häuten geschützter Tiere hergestellt sind, fallen unter das Washingtoner

Artenschutzabkommen. Sowohl der Export aus Malaysia als auch der Import nach Europa sind unter hohe Strafen gestellt.
Royal Malaysian Customs Department
🌐 customs.gov.my

Versicherungen
Wir empfehlen den Abschluss einer umfassenden Versicherung, die Diebstahl, Verlust von Eigentum, medizinische Versorgung, Stornierungen und Verspätungen abdeckt. Vergewissern Sie sich, dass der Versicherungsschutz auch die medizinische Evakuierung einschließt: Die Behandlung schwerer Erkrankungen in abgelegenen Gebieten kann einen Nottransport in die nächstgelegene Großstadt erfordern.

Impfungen
Besprechen Sie die erforderlichen Impfungen mindestens acht Wochen vor der Reise mit Ihrem Arzt. In der Regel werden Impfungen gegen Polio, Hepatitis, Tetanus, Tollwut und Typhus empfohlen. Der Nachweis einer Gelbfieberimpfung ist erforderlich, wenn Sie direkt aus einem infizierten Gebiet einreisen.

Bezahlen
Ausländische Währungen werden in Malaysia nicht akzeptiert. Die gängigen Kreditkarten werden weitgehend angenommen, Geldautomaten sind in den Städten weitverbreitet, allerdings nicht in ländlichen Gebieten und auf abgelegenen Inseln.

Die Telefonnummer des Sperr-Notrufs bei Verlust einer Kredit- oder Debitkarte lautet: +49 116 116.

Taxifahrer erwarten kein Trinkgeld. Kellner in Restaurants freuen sich über ein Trinkgeld von 5 RM, der Concierge über 5 RM pro Tasche und das Housekeeping über 5 RM pro Tag.

Hotels
Während in den meisten Orten Online-Buchungen möglich sind, haben kleinere Gästehäuser in abgelegenen Städten und Dörfern möglicherweise keine Websites. Außerhalb der Hochsaison (Dez–Juni) sinken die Preise deutlich; zwischen Weihnachten und dem Mondneujahr (Dez–Feb) ist besonders viel los. Die Hotelsteuern belaufen sich auf 10 RM pro Zimmer und Nacht.

Reisende mit besonderen Bedürfnissen
Die Einrichtungen für Besucher mit besonderen Bedürfnissen werden zwar immer besser, aber es gibt noch viel zu tun. Großstädte wie Kuala Lumpur sind am besten für Rollstuhlfahrer ausgestattet, da die meisten Sehenswürdigkeiten und Verkehrsmittel über Rampen und Aufzüge erreichbar sind. Einige Bürgersteige sind jedoch uneben und haben hohe Bordsteine. Abgelegene Regionen stellen größere Herausforderungen dar, da es nur wenige Rampen und Aufzüge gibt. Einige Museen bieten Audiobeschreibungen an, und das **National Council for the Blind Malaysia** arbeitet daran, den Zugang für Sehbehinderte zu verbessern.
National Council for the Blind Malaysia
🌐 ncbm.org.my

Sprache
Malaiisch (Bahasa Malaysia) ist die Landessprache. Englisch ist »anerkannt« und wird für einige offizielle Zwecke verwendet. In den Großstädten wird es im Allgemeinen verstanden, in abgelegenen Gebieten nicht so sehr.

Öffnungszeiten
Mittags Geschäfte und Unternehmen, insbesondere kleinere, können zwischen 13 und 14 Uhr zur Mittagspause schließen.
Samstag Banken schließen oft um 11:30 Uhr.
Sonntag Banken, Behörden und einige Museen sind ganztägig geschlossen.

Feiertage

1. Jan	Neujahrstag
Ende Jan – Anfang Feb	Chinesisches Neujahr
März/Apr	Karfreitag
Apr/Mai	Hari Raya Puasa
1. Mai	Tag der Arbeit
Mai/Juni	Vesak-Tag
Juni/Juli	Hari Raya Haji
31. Aug	Nationalfeiertag
16. Sep	Malaysia Day
Okt/Nov	Deepavali
25. Dez	Weihnachten

IN MALAYSIA
UNTERWEGS

Ob Sie nur einen kurzen Städtetrip oder Urlaub auf dem Land planen, hier finden Sie alles, was Sie wissen müssen, um wie ein Profi zu reisen.

Auf einen Blick

ÖPNV-Ticketpreise

40 RM
Bus von Kuala Lumpur nach George Town

59 – 78 RM
Zug von Kuala Lumpur nach Butterworth

1 – 4 RM
Stadtschnellbus in George Town und Kuala Lumpur

Expertentipp
Buchen Sie Zugtickets von Butterworth nach Kuala Lumpur im Voraus online (www.online.ktmb.com.my).

Tempolimits

Autobahn	Bundesstraße
110 km/h	90 km/h

Staatsstraße	Stadt
90 km/h	60 km/h

Anreise mit dem Flugzeug

Die meisten Besucher kommen am internationalen Flughafen Kuala Lumpur (KLIA) an, dem Tor zu Südostasien. Der internationale Flughafen Penang und der internationale Flughafen Kota Kinabalu sind ebenfalls beliebte Drehkreuze mit häufigen Flügen. Malaysia Airlines (MAS), die nationale Fluggesellschaft, ist gut mit den meisten Teilen der Welt verbunden und bietet neben regionalen Fluggesellschaften wie AirAsia regelmäßige Verbindungen zwischen Kuala Lumpur und Singapur an. Das zweite KLIA-Terminal, KLIA2, wird hauptsächlich von Billigfluggesellschaften genutzt und ist mit dem Hauptterminal durch einen Zug verbunden, der drei Minuten benötigt. In der Tabelle rechts finden Sie Informationen über den Transport von und zu den wichtigsten internationalen Flughäfen.

Malaysia verfügt über ein sehr gutes Netz von Inlandsflügen; die meisten großen Städte haben einen Flughafen, die größeren davon werden von MAS angeflogen. Alle MAS-Inlandsflüge starten vom KLIA. Informationen erhalten Sie in Reisebüros vor Ort. Die Flüge sind in der Regel pünktlich, effizient und preiswert, was besonders für Besucher von Vorteil ist.

Anreise auf dem Landweg

Mit dem Zug kann man von Thailand nach Malaysia fahren. Man überquert die Grenze in Padang Besar, steigt in Butterworth um und fährt nach Penang oder nach Kuala Lumpur, KL Sentral. Die Hauptroute für Busse und Taxis aus Thailand führt über die malaysisch-thailändische Grenze bei Bukit Kayu Hitam.

Anreise auf dem Seeweg

Malaysia hat mehrere zugelassene Einreisepunkte. Einige Kreuzfahrtschiffe wie Star Cruises verkehren regelmäßig zwischen Singapur, Port Klang, Penang, Pulau Langkawi und sogar Phuket in Thailand. Eine Fährverbindung verbindet Malakka mit Dumai in Sumatra (Indonesien). Zwischen Pulau Langkawi und Satun in Südthailand verkehren regelmäßig Langboote.

Vom Flughafen in die Stadt

Flughafen	Entfernung zur Stadt	Taxipreis	Verkehrsmittel	Fahrtdauer
Kuala Lumpur International Airport	40 km	75 RM	Zug, Bus	1 Std.
Penang International Airport (nach George Town)	14 km	50 RM	Bus	20 Min.
Kota Kinabalu International Airport	7 km	30 RM	Bus	10 Min.

Züge

Züge sind in Malaysia, betrieben von Keretapi Tanah Melayu Berhad (KTMB), ein modernes komfortables Verkehrsmittel. Das Netz ist gut entwickelt und umfangreich und stellt eine schnelle und nachhaltige Möglichkeit dar, zwischen den wichtigsten Zielen auf der Malaiischen Halbinsel zu reisen (das Netz ist auf Borneo begrenzter). Die Fahrt von Kuala Lumpurs KL Sentral Station nach Butterworth (von wo die Fähre nach George Town geht) dauert zum Beispiel weniger als viereinhalb Stunden.

Das Streckennetz besteht aus zwei Hauptlinien und einigen Nebenstrecken, die bis zur Westküste führen. Die Westküstenlinie beginnt in Johor Bahru und führt gen Norden nach Kuala Lumpur, dann weiter nach Ipoh und Butterworth, bevor sie in der Grenzstadt Padang Besar mit zwei täglichen Thai-Railways-Zügen nach Hat Yai (9:55 und 16:40 Uhr) endet. Die zweite Strecke ist die Ostküstenlinie, die als Jungle Railway bekannt ist *(siehe S. 153)*. Sie zweigt in Gemas, etwa 60 Kilometer nordöstlich von Malakka, von der Westküstenlinie ab und führt gen Norden über Kuala Lipis nach Tumpat an der Nordostküste nahe der thailändischen Grenze.

An der Westküste gibt es in der Regel moderne, klimatisierte Tageszüge mit der gleichen Sitzplatzkategorie. Nur die dieselbetriebenen Züge, die über Nacht zwischen Johor Bahru und Tumpat verkehren (eine 17-stündige Fahrt), bieten Schlafplätze an.

Fernbusse

Die Straßen in Malaysia sind im Allgemeinen in einem sehr guten Zustand, und das Straßennetz ist umfassend, sodass man sich leicht fortbewegen kann. Malaysia verfügt über ein ausgedehntes und preiswertes Bussystem. Sowohl staatliche als auch private Unternehmen betreiben Linien, die viele größere Städte auf Borneo und die meisten Städte auf der Halbinsel miteinander verbinden, wobei viele private Betreiber zwischen größeren Städten klimatisierte Luxusbusse einsetzen. Die Busse, die kleinere Städte verbinden, halten häufiger und sind nicht alle klimatisiert. In ländlichen Gebieten werden Busse durch Minibusse oder umgebaute Pick-up-Trucks ersetzt. Der Bus ist oft der direkteste Weg, um von A nach B zu gelangen, auch wenn es aufgrund schwierigen Geländes vor allem auf Borneo langsam vorangehen kann.

Es gibt etliche Busverbindungen nach Singapur, etwa von Kuala Lumpur, Malakka, Penang und Ipoh, ein Damm verbindet Johor Bahru an der Südspitze Malaysias mit Singapur. Busse aus Malaysia halten am Golden Mile Complex, Kovan Hub, Boon Lay Shopping Centre, Plaza Beach Road und Golden Mile Tower. Hauptterminal in Kuala Lumpur ist das **Terminal Bersepadu Selatan (TBS)** im Süden der Stadt. Fernbusterminals liegen oft am Stadtrand, sodass Sie mit einem lokalen Bus oder Taxi dort hinfahren müssen. Fernbusse fahren in der Regel am frühen Morgen oder am Abend.

Fahrkarten sollte man einen Tag im Voraus reservieren, vor allem während der großen Feiertage. Tickets gibt es in den Büros der Busunternehmen an jedem Busbahnhof. Um sicher einen Platz zu haben, kann man Fahrkarten bis zu einem Monat im Voraus auf www.easybook.com und www.12go.asia für Busreisen mit vielen verschiedenen Betreibern in ganz Malaysia und zwischen Malaysia und Singapur buchen. Die Abfahrtszeiten werden auf einem Schild vor dem Büro angezeigt. Die Fahrpreise sind angemessen und hängen von der Ausstattung des Busses ab.
Terminal Bersepadu Selatan (TBS)
🅦 tbsbts.com.my

Öffentliche Verkehrsmittel

Kuala Lumpur verfügt über das beste öffentliche Verkehrssystem Malaysias. Es ist relativ einfach, sich mit den Metros von Light Rail Transit (LRT) und Mass Rapid Transit (MRT) oder Bussen fortzubewegen. Kleinere Städte und Ortschaften sind mit öffentlichen Verkehrsmitteln schwer zu erreichen und erfordern oft lange Bus- oder Zugfahrten oder einen Mietwagen.

Rapid KL ist Malaysias wichtigstes öffentliches Verkehrsunternehmen. Fahrpläne, Ticketinformationen und Verkehrspläne finden Sie auf der MyRapid-Website.
Rapid KL
W myrapid.com.my

Metro
LRT in Kuala Lumpur ist schnell und effizient. Die Züge fahren zwischen 6 und 23:20 Uhr alle fünf bis 15 Minuten. Man kann Einzeltickets kaufen; wenn man ein paar Tage bleibt, ist jedoch die aufladbare MyRapid Card, die auch für Busse und Züge gilt, besser. Für Touristen umfasst der KL TravelPass den KLIA Ekspres vom Flughafen und alle Züge und Busse in der Stadt. Kaufen kann man ihn am KLIA-Ekspres-Schalter am Flughafen.

Bus
In Kuala Lumpur kommt man gut mit Bussen voran, die zwischen 6 und 23 Uhr in kurzen Abständen verkehren. In Kuala Lumpur und Penang werden die Fahrzeiten an den Haltestellen elektronisch angezeigt. Einer der nützlichsten Dienste für Touristen sind die kostenlosen Go-KL-Shuttlebusse, die die Stadt durchqueren und viele Orte im Stadtzentrum miteinander verbinden. Insgesamt gibt es 65 Haltestellen auf vier Linien.

Bus-Routenplaner

Die Karte gibt einen Überblick über die Fahrzeiten zwischen Zielen auf der Malaiischen Halbinsel (ohne Borneo) und Singapur. Die angegebenen Zeiten sind Durchschnittszeiten für Expressbusse.

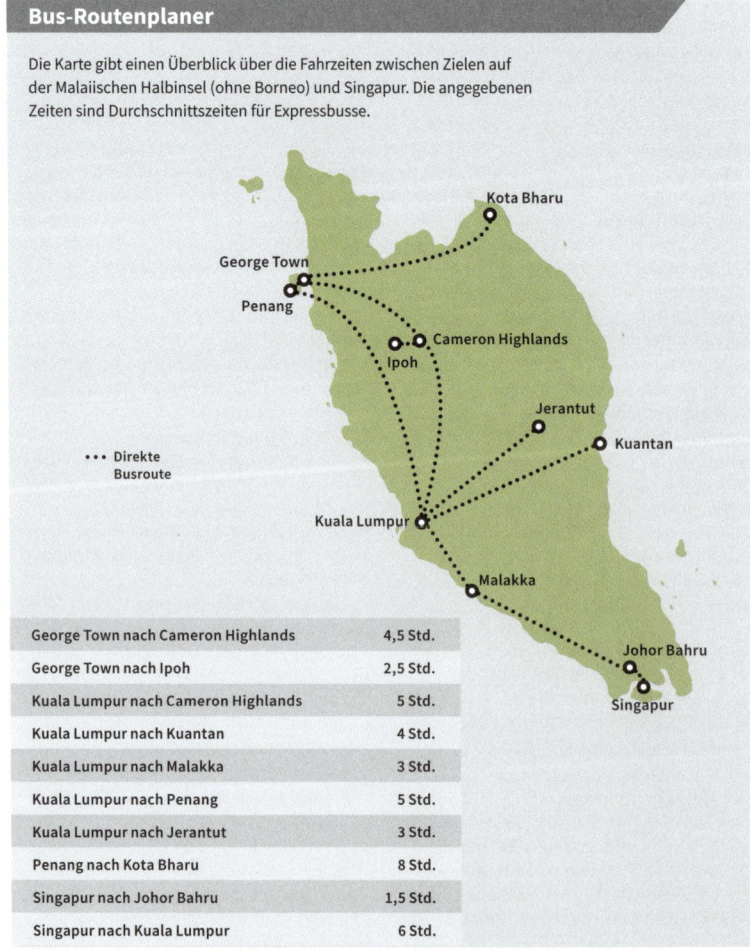

George Town nach Cameron Highlands	4,5 Std.
George Town nach Ipoh	2,5 Std.
Kuala Lumpur nach Cameron Highlands	5 Std.
Kuala Lumpur nach Kuantan	4 Std.
Kuala Lumpur nach Malakka	3 Std.
Kuala Lumpur nach Penang	5 Std.
Kuala Lumpur nach Jerantut	3 Std.
Penang nach Kota Bharu	8 Std.
Singapur nach Johor Bahru	1,5 Std.
Singapur nach Kuala Lumpur	6 Std.

Taxi

Benötigt man in Malaysia ein Taxi, sind Apps die beste Wahl. Die beliebtesten sind **Grab-Car**, **InDrive** und **Air Asia Ride**; reguläre Taxifirmen, die höhere Preise verlangen, können mit diesen Apps nicht mithalten und sind auf dem Rückzug. Die praktische Grab-App ist die lokale Alternative zu Uber und oft billiger als ein Taxi mit Taxameter.

Trishaws – dreirädrige Fahrradtaxis – sind in den Straßen von George Town nach wie vor unterwegs, auch wenn sie immer seltener werden.

Air Asia Ride
W airasia.com/ride
GrabCar
W grab.com
InDrive
W indriver.com

Privattransport

Die Straßen in Malaysia sind im Allgemeinen in einem sehr guten Zustand, insbesondere das Straßennetz auf der Malaiischen Halbinsel ist ausgezeichnet. Beachten Sie jedoch, dass der Verkehr in Penang und Kuala Lumpur ein wachsendes Problem darstellt; fahren Sie hier nur, wenn es unbedingt notwendig ist.

Auto

Die Autovermietungen verlangen in der Regel, dass die Fahrer über 23 Jahre alt sind. Besucher aus Übersee benötigen einen Führerschein in englischer Sprache. Die Mietwagenpreise sind auf Borneo höher als auf der Halbinsel. Zwar ist die Versicherung in der Regel im Preis inbegriffen, doch ist es ratsam, zusätzlich eine Versicherung gegen Kollisionsschäden (Collision Damage Waiver, CDW) abzuschließen, die Kosten bei Unfällen abdeckt. Noch besser ist es, wenn Sie bereits in Ihrem Heimatland eine Versicherung mit Selbstbeteiligung für den Mietwagen abschließen. Auch für die Fahrt mit einem Mietwagen von Malaysia nach Singapur und umgekehrt werden Zuschläge erhoben. **SOCAR** bietet Einwegmieten zwischen Penang, Ipoh, Kuala Lumpur und Johor Bahru an.
SOCAR
W socar.my

Motorräder

Motorräder in Malaysia auszuleihen, ist einfach. Gästehäuser oder Läden, die Motorräder vermieten, verlangen selten einen Führerschein. Ohne Führerschein ist jedoch die Versicherung ungültig. Die Preise sind angemessen, und Motorräder sind eine gute Möglichkeit, Inseln wie Pulau Penang und Pulau Langkawi oder Sehenswürdigkeiten am Stadtrand zu erkunden.

Fahrrad fahren

Radfahren in Malaysias Großstädten ist nicht zu empfehlen. Rücksichtslose Autofahrer und unebene Straßen sind nicht fahrradfreundlich, und in Kuala Lumpur – einer Stadt, in der etwa 93 Prozent der Haushalte ein Auto besitzen – fehlt es an einer Fahrradinfrastruktur. Auf Pulau Penang gibt es einige spezielle Radwege, darunter die Eastern Coastal Route, ein 17 Kilometer langer Radweg von George Town zum Flughafen im Südwesten der Insel. **LinkBike** bietet ein öffentliches Bike-Sharing-System in und um George Town an.

Aber auch abseits der Hauptstraßen kann das Fahrrad eine schöne Art der Fortbewegung sein. Viele Stadt- und Nationalparks haben Radwege, und Hotels in abgelegeneren Orten – vor allem auf den Inseln – vermieten Fahrräder.
LinkBike
W linkbike.my

Verkehrsregeln

In Malaysia herrscht Linksverkehr. Das Anlegen von Sicherheitsgurten ist obligatorisch, innerhalb von Städten gilt eine Geschwindigkeitsbegrenzung von 60 km/h. Die meisten Straßenschilder sind selbsterklärend, mit Ausnahme des allgegenwärtigen *awas*, das »Vorsicht« bedeutet. Alkohol am Steuer wird hart bestraft; der gesetzliche Grenzwert für Fahrer liegt bei 50 mg Alkohol pro 100 ml Blut.

Boote

Viele der kleineren Inseln können nur erreicht werden, wenn man vom nächstgelegenen Festlandhafen aus eine Fahrt mit einem Schnell- oder Fischerboot vereinbart.

Zu Fuß

Wenn man die Hitze erträgt, ist die Fortbewegung zu Fuß am angenehmsten – obwohl Kuala Lumpurs verkehrsreiche Straßen für Fußgänger abschreckend sein können. Der River of Life ist eine Fußgängerzone am Zusammenfluss von Klang und Gombak und führt zu wichtigen Sehenswürdigkeiten wie der Masjid Jamek, dem Central Market und dem Merdeka Square. Alle wichtigen Sehenswürdigkeiten von Kuala Lumpur, wie Chinatown und Little India, liegen in der Nähe und können zu Fuß erreicht werden. Da der Verkehr schnell und dicht ist, sollte man immer aufmerksam sein.

Außerhalb von Kuala Lumpur ist der Verkehr kein so großes Problem. Ein Spaziergang durch George Town ist der beste Weg, die Stadt kennenzulernen und die Street-Art im Stadtkern zu entdecken. Auch in Malakka sollte man durch die Stadt schlendern und Wandmalereien und Architektur bewundern.

PRAKTISCHE HINWEISE
MALAYSIA

Mit ein wenig lokalem Know-how kommt man in Malaysia sehr weit. Hier finden Sie alle wichtigen Tipps und Informationen, die Sie während Ihres Aufenthalts benötigen.

Auf einen Blick

Notrufnummern

Polizei und Rettungsdienst	Feuerwehr
112	994

Zeit
8 Stunden vor der GMT. Es gibt keine Sommerzeit; Sonnenauf- und -untergang sind das ganze Jahr über um 7 beziehungsweise 19 Uhr.

Leitungswasser
In Teilen Malaysias ist Leitungswasser sicher, vorsichtshalber sollte man aber immer Wasser aus Flaschen trinken.

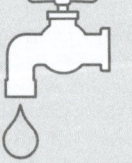

Websites und Apps

Tourism Malaysia
Die offizielle Tourismus-Website Malaysias mit nützlichen Infos und Veranstaltungshinweisen (www.malaysia.travel).

KL Foodie
Die Website präsentiert viele Vorschläge zum Essen und für Aktivitäten in Kuala Lumpur (www.klfoodie.com).

MyPenang
Das Tourismusamt von Penang bietet eine Liste von Veranstaltungen, Karten und Empfehlungen (www.mypenang.gov.my).

Persönliche Sicherheit

Malaysia ist ein relativ sicheres Reiseland, auch wenn Taschendiebstähle keine Seltenheit sind. Seien Sie vor allem in Tourismusgebieten wachsam. Hier gibt es eine spezielle Touristenpolizei, die zusätzlichen Schutz bietet. Taschendiebstahl durch Motorradfahrer ist ebenfalls ein Problem, vor allem in Kuala Lumpur. Halten Sie daher Ihre Taschen möglichst auf der Innenseite des Bürgersteigs. Wenn Ihnen etwas gestohlen wird, melden Sie den Diebstahl innerhalb von 24 Stunden bei der nächsten Polizeistation und nehmen Sie Ihren Reisepass mit. Wenn Sie einen Versicherungsanspruch geltend machen wollen, besorgen Sie sich eine Kopie des Berichts. Beim Verlust von Pass oder Personalausweis oder wenn Sie anderweitig in größeren Schwierigkeiten sind, wenden Sie sich an die **Botschaft** Ihres Heimatlandes.

Homosexualität ist in Malaysia illegal, und es gibt keine Antidiskriminierungsgesetze. Gesetze gegen gleichgeschlechtliche Beziehungen werden oft durchgesetzt, obwohl LGBTQ+ Reisende in Malaysia kaum Probleme haben dürften und Kuala Lumpur eine blühende Schwulenszene hat. In dem konservativen Land sollten Menschen jeden Geschlechts und jeder sexuellen Orientierung ihre Zuneigung nicht in der Öffentlichkeit zeigen. Weitere Informationen finden Sie auf der **Utopia**-Website.

Deutsche Botschaft
🏠 26. Stock, Menara Tan & Tan, 207 Jalan Tun Razak, 50400 Kuala Lumpur
📞 +60 3 2170-9666
🌐 kuala-lumpur.diplo.de

Österreichische Botschaft
🏠 Suite 10.1–2, Level 10, Wisma Goldhill, 67 Jalan Raja Chulan, 50200 Kuala Lumpur
📞 +60 3 2030-0400
🌐 aussenministerium.at/kualalumpur

Schweizer Botschaft
🏠 16 Pesiaran Madge, 55000 Kuala Lumpur
📞 +60 3 2148-0622
🌐 eda.admin.ch/kualalumpur

Utopia
🌐 utopia-asia.com

Gesundheit

Das Gesundheitssystem in Malaysia ist gut. In den meisten Regionen ist das Malariarisiko sehr gering, außer im Hinterland von Sabah und Sarawak.

In allen größeren Städten gibt es ein Krankenhaus sowie private Kliniken. Die meisten Ärzte sprechen Englisch. Privatkliniken, die speziell auf Ausländer und Touristen ausgerichtet sind, sind in der Regel teurer als lokale Einrichtungen. Es ist daher wichtig, vor der Reise eine umfassende Versicherung abzuschließen *(siehe S. 277)*. Auf dem Land kann es schwierig sein, medizinische Versorgung zu finden. Apotheken sind jedoch selbst in den kleinsten Städten gut bestückt.

Um Magenverstimmungen zu vermeiden, sollten Sie nur abgekochtes oder in Flaschen abgefülltes Wasser trinken und rohe Lebensmittel und Eis in Getränken vermeiden. Die Hitze kann leicht zu Dehydrierung und Sonnenbrand führen. Trinken Sie daher viel Wasser, halten Sie sich im Schatten auf und schützen Sie sich vor direkter Sonneneinstrahlung.

Rauchen, Alkohol und Drogen

Rauchen ist in geschlossenen, klimatisierten Räumen verboten. Etliche Restaurants bieten jedoch eine Terrasse oder einen Raucherbereich im Freien.

Das gesetzliche Mindestalter für Alkoholkonsum liegt bei 21 Jahren. Alkoholische Getränke sind im Allgemeinen erhältlich, aber die Preise können hoch sein; Hawker-Zentren und *kedai kopi* sind in der Regel am günstigsten. In muslimischen und vielen chinesischen Lokalen im Nordosten der Halbinsel wird kein Alkohol ausgeschenkt. Die gesetzliche Alkoholgrenze für Autofahrer liegt bei 50 mg pro 100 ml Blut.

Malaysia hat sehr strenge Drogengesetze. Der Besitz kann zu langen Gefängnisstrafen führen, auf Schmuggel steht die Todesstrafe.

Ausweispflicht

Es ist gesetzlich vorgeschrieben, dass man immer seinen Reisepass dabeihaben muss. Bei einer Kontrolle kann auch der Führerschein oder eine Kopie des Reisepasses ausreichen, aber es sind auch schon Touristen wegen eines fehlenden Passes festgenommen worden.

Etikette

Die Mehrheit der Bevölkerung ist konservativ. In der Regel gilt lautes Verhalten als unhöflich. Wenn man jemanden kennenlernt, schütteln Männer die Hand. In muslimischer Gesellschaft ist es unhöflich, jemanden mit der linken Hand oder am Kopf zu berühren.

Bevor man ein malaysisches Haus betritt, sollte man seine Schuhe ausziehen. Bedienen Sie sich niemals am Essen, ohne dass es Ihnen zuvor angeboten wurde, und essen Sie nicht mit der linken Hand. Öffentliche Zuneigungsbekundungen sind in Malaysia im Allgemeinen verpönt, Oben-ohne-Sonnenbaden und Nacktheit am Strand sind tabu.

Beim Besuch von Tempeln, Moscheen und anderen religiösen Stätten sowie in muslimischen Gegenden oder Häusern ist auf dezente Kleidung zu achten, bei der Arme und Beine bedeckt sind. Buddhistische und hinduistische Tempel stehen im Allgemeinen allen Besuchern offen, während Nicht-Muslimen der Zutritt zu Moscheen mancherorts untersagt sein kann.

Mobiltelefone und WLAN

Internationale Mobiltelefone haben in der Regel Empfang in Malaysia. Lokale Prepaid-SIM-Karten sind mit Reisepass in Telefongeschäften erhältlich. WLAN ist in größeren Städten allgegenwärtig, fast jedes Hotel und Café bietet eine kostenlose Verbindung an. In einigen Überlandbussen und Einkaufszentren gibt es ebenfalls kostenloses WLAN.

Post

Postämter gibt es in allen größeren Städten. Briefe und Pakete aus Malaysia brauchen in der Regel eine Woche, um ihr Ziel in Übersee zu erreichen. Von abgelegenen Orten in Sabah und Sarawak aus kann es einige Wochen dauern.

Steuern und Rückerstattungen

Das Tourist Refund Scheme (TRS) ermöglicht es Besuchern, eine Steuerrückerstattung für in zugelassenen Läden gekaufte Artikel zu beantragen. Die Gesamtausgaben müssen 300 RM übersteigen, und die Waren müssen innerhalb von drei Monaten vor der Abreise gekauft worden sein. Die Rückerstattung kann an den großen Flughäfen beantragt werden.

SINGAPUR
REISEPLANUNG

Mit den folgenden Informationen zu Planung, Einreise und Aufenthalt sind Sie optimal auf Ihre Reise nach Singapur vorbereitet.

Auf einen Blick

Währung
Singapur-Dollar (SGD)

Ausgaben pro Tag
- Sparsam: 200 S$
- Preisbewusst: 300 S$
- Luxus: 400 S$

- Mineralwasser: 3 S$
- Kaffee: 6 S$
- Bier: 12 S$
- Menü (2 Pers.): 120 S$

Klima
- 12 Stunden Tageslicht das ganze Jahr über.
- Die Temperaturen liegen das ganze Jahr über bei durchschnittlich 30° C.
- Die stärksten Niederschläge gibt es zwischen Dezember und Februar.

Strom
In Singapur werden Stecker vom Typ G verwendet – dreipolige Stecker. Die Standardspannung beträgt 230 Volt.

Einreise

EU-Bürger und Schweizer erhalten sowohl bei der Einreise in Singapur mit dem Reisepass (Mindestgültigkeit sechs Monate) eine Aufenthaltserlaubnis für 90 Tage. Jedes Kind benötigt ein eigenes Ausweisdokument. Längerfristige Aufenthalte sind nur mit entsprechender Aufenthaltsgenehmigung möglich. Weitere Informationen bietet die **Immigration & Checkpoints Authority** (ICA). In Singapur werden von jedem Besucher Fingerabdrücke genommen. Achtung: Eine Überschreitung der Aufenthaltsdauer wird hart bestraft.

Aktuelle Informationen zu den Einreisebestimmungen erhalten Sie bei der nächstgelegenen Botschaft von Singapur oder auf der Website des **Ministry of Foreign Affairs**.
Immigration & Checkpoints Authority
w ica.gov.sg
Ministry of Foreign Affairs
w mfa.gov.sg.

Sicherheitshinweise

Aufgrund unvorhersehbarer Entwicklungen kann es zu Änderungen und Einschränkungen kommen. Aktuelle Hinweise zur Einreise sowie Sicherheitshinweise finden Sie beim deutschen Auswärtigen Amt (www.auswaertiges-amt.de), beim österreichischen Bundesministerium für europäische und internationale Angelegenheiten (www.bmeia.gv.at) oder beim Eidgenössischen Departement für auswärtige Angelegenheiten der Schweiz (www.eda.admin.ch).

Zoll

Die Einfuhr von Devisen ist unbeschränkt möglich, aber ab einem Wert von 20 000 S$ anzumelden. Waffen, Munition, kugelsichere Kleidung und Handschellen, Feuerwerkskörper, Spielzeugwaffen, E-Zigaretten, Kaugummi, Produkte von geschützten Tieren und Pflanzen sowie pornografische Artikel dürfen nicht eingeführt werden. Weitergehende Informationen über die Zollbestimmungen bieten **Singapore Customs** (allgemeine Einfuhr von verbotenen und erlaubnispflichtigen

Waren) und die **Singapore Food Agency** (Nahrungsmittel).
Singapore Customs
🌐 customs.gov.sg
Singapore Food Agency
🌐 sfa.gov.sg

Versicherungen
Wir empfehlen den Abschluss einer umfassenden Versicherung, die Diebstahl, Verlust von Eigentum, medizinische Versorgung, Stornierungen und Verspätungen abdeckt. Die medizinische Versorgung in Singapur ist sehr teuer, daher ist es umso wichtiger, einen guten Versicherungsschutz zu haben.

Impfungen
Für Singapur sind keine Impfungen vorgeschrieben, aber es wird empfohlen, aktuelle Impfungen gegen Hepatitis A und B, Diphtherie, Tetanus und Typhus zu haben. Gelbfieberimpfungen sind erforderlich, wenn Sie aus einem Hochrisikoland anreisen.

Bezahlen
In Singapur wird mit dem Singapur-Dollar (S$) bezahlt. Der Brunei-Dollar gilt auch in Singapur. Kreditkarten werden weitgehend akzeptiert, Geldautomaten sind weitverbreitet, aber es lohnt sich, für die Hawker-Zentren immer etwas Bargeld dabeizuhaben.

Die Telefonnummer des Sperr-Notrufs bei Verlust einer Kredit- oder Debitkarte lautet: +49 116 116.

Servicegebühren sind in allen Preisen inbegriffen, aber ein kleines Trinkgeld ist erwünscht. In gehobenen Hotels sollten Sie den Portiers zwei bis fünf S$ und dem Housekeeping zwei S$ pro Tag geben. Taxipreise werden aufgerundet.

Hotels
In Singapur gibt es Unterkünften vom Superluxus- bis zum Boutique-Hotel. Die günstigsten befinden sich in Little India, Chinatown und Kampong Glam.

Da in Singapur das ganze Jahr über Veranstaltungen und Kongresse stattfinden, gibt es keine »Hochsaison«. Beachten Sie, dass die meisten Hotels ihre Preise je nach Auslastung anpassen. Die Hotelsteuern belaufen sich auf 17 Prozent.

Reisende mit besonderen Bedürfnissen
Singapur ist eines der am besten zugänglichen Reiseziele in Asien. Stufenlose Zugänge und Bordsteinrampen sind allgegenwärtig, die MRT und Busse sind rollstuhlgerecht und verfügen über Braille-Schilder und taktile Bodenindikatoren. Taxis bieten Platz für Rollstühle. Viele Hotels verfügen über barrierefreie Zimmer mit rollstuhlgerechten Duschen und Toiletten. Menschen mit besonderen Bedürfnissen und ihre Betreuer erhalten freien oder ermäßigten Eintritt in nationale Museen. Auf der Website des Singapore Tourism Board, **Visit Singapore**, finden Sie weitere Informationen.
Visit Singapore
🌐 visitsingapore.com

Sprache
Die Landessprache ist Malaiisch. Englisch, Mandarin und Tamil sind weitverbreitet. Singlish, eine umgangssprachliche Form des Englischen mit einem deutlichen Akzent, ist bei den jüngeren Generationen sehr beliebt.

Öffnungszeiten
Mittags Kleinere Läden machen eine Mittagspause zwischen 13 und 14 Uhr.
Samstag Banken schließen früher oder sind ganz geschlossen.
Sonntag Banken und einige Museen sind geschlossen.

Feiertage

1. Jan	Neujahrstag
Ende Jan – Anf. Feb	Chinesisches Neujahr
März/Apr	Karfreitag
Apr/Mai	Hari Raya Puasa
1. Mai	Tag der Arbeit
Mai/Juni	Vesak-Tag
Juni/Juli	Hari Raya Haji
9. Aug	Nationalfeiertag
31. Aug	Hari Merdeka
16. Sep	Malaysia Day
Okt/Nov	Deepavali
25. Dez	Weihnachten

IN SINGAPUR
UNTERWEGS

In Singapur kommt man dank eines erstklassigen öffentlichen Nahverkehrssystems einfach und gut von einem Ort zum anderen.

Auf einen Blick

ÖPNV-Ticketpreise

10 S$
Tagesticket MRT

15 S$
Bus von Singapur nach Kuala Lumpur

12 S$
Geteiltes Taxi von Singapur nach Johor Bahru

Expertentipp
Halten Sie den genauen Fahrpreis bereit, da Wechselgeld nicht immer verfügbar ist.

Tempolimits

Straßen in der Stadt
50 km/h

Schul- und Silver-Zonen
40 km/h

Schnellstraße
80 km/h

Anreise mit dem Flugzeug

Changi Airport ist ein wichtiges Drehkreuz, über das mehr als 100 Fluggesellschaften Singapur anfliegen und verlassen. Es gibt häufige Direktflüge zu großen europäischen Städten. Singapore Airlines ist die nationale Fluggesellschaft, und mehrere Billigfluggesellschaften wie Scoot, Jetstar und AirAsia bieten Billigflüge in die Region an.

Der oft als bester Flughafen der Welt gepriesene Changi verfügt über einen angeschlossenen Unterhaltungs- und Shoppingkomplex sowie den höchsten Indoor-Wasserfall der Welt (Rain Vortex), der in einem dschungelartigen Indoor-Garten in die Tiefe stürzt. Für Reisende mit Zwischenstopps und einer Wartezeit von mehr als 5,5 Stunden werden kostenlose Stadtführungen in englischer Sprache angeboten. Die Anmeldung erfolgt in den Transitbereichen der Terminals 2 und 3. Täglich gibt es mehrere Führungen, die jeweils 2,5 Stunden dauern.

Während die überwiegende Mehrheit der Fluggäste über den Flughafen Changi ein- und ausreist, gibt es einen weiteren zivilen Flughafen, Seletar, der die Strecke zwischen Singapur und den beiden malaysischen Flughäfen Kuala Lumpur Subang und Redang bedient. Seletar ist vor allem für Geschäftsreisende und Privatflüge gedacht.

Infos über den Transport von und zu den Flughäfen finden Sie in der Tabelle rechts.

Anreise auf dem Seeweg

Schiffsreisen bieten Besuchern, die einen längeren Urlaub verbringen, ein Gefühl für die geografische Vielfalt und den Reichtum von Singapur und seiner Umgebung. Die Fähren, die die indonesischen Riau-Inseln, insbesondere Batam und Bintan, bedienen, legen am **Singapore Cruise Centre** am Hafen und am Tanah Merah Ferry Terminal im Osten Singapurs an. HarbourFront verfügt über eine eigene MRT-Station (Mass Rapid Transit), während der Tanah Merah Ferry Terminal gut mit Bussen erreichbar ist.

Singapore Cruise Centre
w singaporecruise.com.sg

Vom Flughafen in die Stadt

Flughafen	Entfernung zur Stadt	Taxipreis	Verkehrsmittel	Fahrtdauer
Seletar	13 km	16 S$	Bus, MRT	1 Std.
Singapore Changi	14 km	25 S$	Zug, Bus	20 Min.

Züge

Zugreisende kommen im malaysischen Bahnhof Johor Bahru Sentral an und müssen dann umsteigen, um über den Damm zum Bahnhof Woodlands im Norden Singapurs zu gelangen. Von hier aus verkehren regelmäßig MRT-Züge, Busse und Taxis ins Stadtzentrum.

Ein luxuriöses Erlebnis bietet der opulente **Belmond** Eastern and Oriental Express, der von Februar bis Dezember ein- bis zweimal pro Monat zwischen Bangkok und Singapur verkehrt. Die längste durchgehende Bahnstrecke ermöglicht es Passagieren, auf der Schiene von Lagos in Portugal bis nach Singapur zu fahren. Ein laufendes Projekt ist das Pan-Asia Railway Network, das das weitverzweigte Eisenbahnnetz Südostasiens an strategischen Punkten verbinden wird. Aktuell kann man von Singapur nach Bangkok fahren, dort in einen Zug nach Vientiane in Laos umzusteigen und dann einen Anschlusszug auf der Strecke von Vientiane nach Kunming, China, nehmen.
Belmond
W belmond.com/trains/asia/eastern-and-oriental-express/

Fernbusse

Von Malaysia aus fahren Fernbusse zu verschiedenen Punkten in Singapur, je nachdem, welches Unternehmen sie betreibt. Die meisten Orte liegen recht zentral und sind an den öffentlichen Nahverkehr angeschlossen.

»Normale« Busse fahren von Johor Bahru in Malaysia zu den Terminals Woodlands oder Kranji im Norden Singapurs, von wo aus Busse oder die MRT in die Stadt fahren. Fahrgäste müssen aus dem Bus aussteigen, um den Kontrollpunkt zu passieren, und auf der singapurischen Seite in einen anderen Bus umsteigen. **SBS Transit** und **Causeway Link** bieten weitere Informationen.

Die Straßen in Singapur sind im Allgemeinen in einem sehr guten Zustand, und das Straßennetz ist sehr gut ausgebaut, sodass man sich leicht mit dem Bus fortbewegen kann. Es gibt von mehreren malaysischen Städten Verbindungen nach Singapur, darunter von Kuala Lumpur, Malakka, Penang und Ipoh. Ein Damm verbindet Johor Bahru an der Südspitze Malaysias mit Singapur.

Singapur hat viele Busbahnhöfe: Erkundigen Sie sich vorab, an welchem Sie einsteigen. Fernbusterminals liegen oft am Stadtrand, sodass Sie mit einem lokalen Bus oder Taxi dort hinfahren müssen. Fernbusse fahren in der Regel am frühen Morgen oder am Abend.

Fahrkarten sollte man einen Tag im Voraus reservieren, vor allem während der großen Feiertage. Tickets gibt es in den Büros der Busunternehmen an jedem Busbahnhof. Um sicher einen Platz zu haben, kann man Fahrkarten bis zu einem Monat im Voraus auf www.easybook.com und www.12go.asia für Busreisen verschiedener Anbieter zwischen Malaysia und Singapur buchen.

Die Abfahrtszeiten werden auf einem Schild vor dem Büro angezeigt. Die Fahrpreise sind angemessen und hängen vom Komfort des Busses ab.
Causeway Link
W causewaylink.com.my
SBS Transit
W sbstransit.com.sg

Öffentliche Verkehrsmittel

In Singapur unterwegs zu sein, ist relativ einfach, da es eine Vielzahl von Transportmöglichkeiten gibt. Die **LTA** (Land Transport Authority) betreibt das umfangreiche öffentliche Verkehrssystem in Singapur.

Fahrpläne, Ticketinformationen, Transportkarten, Informationen über Taxis und vieles mehr können auf der Website eingesehen werden.
LTA
W lta.gov.sg

Pässe

Prepaid-**EZ-Link**-Karten sind eine hervorragende Möglichkeit, das Verkehrssystem in Singapur zu nutzen. Sie sind an vielen MRT-Stationen oder in jedem 7-Eleven-Laden erhältlich und können in der MRT, LRT (oberirdische Stadtbahn), Bussen und Flussschiffen verwendet werden. Das Guthaben auf der Karte kann bei Abreise in einer Kartenverkaufsstelle zurückerstattet werden. Ein-, zwei- oder dreitägige Touristenpässe sind auch am Changi Airport, an MRT-Stationen oder auf der Website des **Singapore Tourist Pass** erhältlich. Damit können Sie unbegrenzt mit MRT, LRT und Bussen fahren.

EZ-Link
W ezlink.com.sg
Singapore Tourist Pass
W thesingaporetouristpass.com.sg

Metro

Singapurs MRT-Netz wird wegen seiner sauberen Waggons, des schnellen Service und der niedrigen Preise oft als die beste U-Bahn der Welt gepriesen. Das Netz besteht aus sechs Linien, die von etwa 5:30 Uhr bis Mitternacht verkehren. Es deckt das Zentrum ab und fährt auch zu die meisten Sehenswürdigkeiten in den Außenbezirken. Dank der Lagepläne und der klaren Beschilderung an jeder Haltestelle ist es sehr einfach zu benutzen.

Rauchen, Essen und Trinken sind in der MRT verboten; wer sich nicht daran hält, muss mit einem Bußgeld von 500 S$ rechnen.

Bus

Singapur verfügt über ein gutes Netz klimatisierter Busse, die auf der ganzen Insel verkehren. Die Fahrpreise variieren je nach Entfernung und sind ähnlich hoch wie bei der MRT. Die Routen sind komplizierter als die der MRT, daher sind Transport-Apps für die Planung sehr nützlich.

Es gibt zwei große Busunternehmen, **SBS Transit** und **SMRT**, die auch Zug- und Taxidienste anbieten. Wie bei der MRT ist es am einfachsten, den Fahrpreis mit der EZ-Link-Karte zu bezahlen, die beim Ein- und Aussteigen an einen Automaten gehalten werden muss. Wenn Sie bar bezahlen, werfen Sie den genauen Fahrpreis beim Einsteigen in die Box – Wechselgeld wird nicht herausgegeben.

SBS Transit
W sbstransit.com.sg
SMRT
W smrt.com.sg

Taxi

Taxis sind relativ preiswert, obwohl ein komplexes System von Zuschlägen die Preise erheblich erhöhen kann. Es ist daher ratsam, sich vorab im Hotel über den üblichen Preis für eine Fahrt zu informieren. In der Rushhour und bei Regen kann es schwierig sein, ein Taxi zu finden. Warten Sie an einem Taxistand oder nutzen Sie eine App, um ein Taxi zu buchen.

Viele Taxis haben Kartenautomaten, und die Fahrer halten sich fast immer an das Gesetz und benutzen das Taxameter. Die großen Taxiunternehmen sind leicht an der bunten Lackierung ihrer Autos zu erkennen. **ComfortDelGro**-Taxis sind in einem leuchtenden Blau oder Gelb gehalten, SMRT-Taxis in einem auffälligen Lindgrün und **Trans-Cab** in einem Feuerrot. Premier-Taxis sind silberfarben, die weniger bekannten **Prime Taxis** kupferfarben.

Alternativen zu etablierten Taxiunternehmen sind Taxi-Apps. Uber gibt es in Singapur nicht, aber **Grab** ist die lokale Alternative. Andere Taxi-Apps in Singapur sind **Ryde** und **Taxi Singapore**.

ComfortDelGro
W comfortdelgro.com
Grab
W grab.com
Prime Taxi
W primetaxi.com.sg
Ryde
W rydesharing.com
Taxi Singapore
W taxisingapore.com
Trans-Cab
W transcab.com.sg

Privattransport
Auto

Mietautos sind in Singapur teurer als in Malaysia. Auch für die Fahrt mit einem Mietwagen von Malaysia nach Singapur und umgekehrt werden Zuschläge erhoben. Angesichts der Größe der Insel und der effizienten öffentlichen Verkehrsmittel – ganz zu schweigen von der schwierigen Parkplatzsuche und den Straßennutzungsgebühren – entscheiden sich die meisten Reisenden gegen ein Auto. Wenn Sie doch ein Auto mieten müssen – internationale Agenturen wie **Sixt** und **Budget** sowie die lokale Firma **Ace Drive** haben Büros am Flughafen.

Um in Singapur ein Auto zu mieten, brauchen Sie einen Führerschein in englischer Sprache oder einen internationalen Führerschein. Die meisten Unternehmen verlangen außerdem, dass Sie zwischen 22 und 73 Jahre alt sind.

Ace Drive
W acedrive.sg
Budget
W budget.com
Sixt
W sixt.com.sg

Verkehrsregeln

In Singapur herrscht Linksverkehr. Das Anlegen der Sicherheitsgurte ist obligatorisch, die Höchstgeschwindigkeit in der Stadt beträgt 50 km/h. Es ist gesetzlich vorgeschrieben, die Scheinwerfer zwischen 19 und 7 Uhr einzuschalten. Wer wegen Alkohol am Steuer verurteilt wird, muss mit hohen Strafen rechnen. Die Blutalkoholgrenze liegt bei 0,8 Promille; all diese Gesetze werden, wie immer in Singapur, streng durchgesetzt.

Fahrrad fahren

Die Straßen im Zentrum von Singapur sind in der Regel stark befahren, und nur wenige haben Radwege. Im Allgemeinen wird das Radfahren auf den Autobahnen nicht empfohlen. Viele vorstädtische Parks und einige Gebiete wie Pulau Ubin und das Bukit Timah Nature Reserve sind durch das **Park Connector Network (PCN)** verbunden, und der East Coast Park ist von gemütlichen Radwegen durchzogen. Das Mieten eines Fahrrads auf Sentosa ist eine gute Alternative zum Bahnsystem der Insel. Die abwechslungsreiche Landschaft der Wege im Bukit Timah Nature Reserve bietet ein tolles Erlebnis, aber Sie müssen Ihr eigenes Fahrrad mitbringen, da es hier keine Verleihstellen gibt.

Der wichtigste Anbieter von Leihfahrrädern ist **SG Bike**, das an seinen Sammelstellen leicht am auffälligen schwarz-orangen Farbschema zu erkennen ist. Laden Sie die App herunter, erstellen Sie ein Konto, und schon können Sie ein Fahrrad einscannen und an einer anderen Abhol- oder Rückgabestelle abgeben. **The Bicycle Hut** verleiht Fahrräder in der Nähe der National Gallery.

Mehrmals im Jahr werden in bestimmten Bereichen des Stadtzentrums autofreie Sonntage ausgerufen, um die Menschen zu ermutigen, Singapur zu Fuß oder mit dem Fahrrad zu erkunden. Der in Entwicklung befindliche Tengah Park District im westlichen Teil Singapurs wird das erste autofreie Stadtgebiet des Landes sein, das speziell für Fußgänger und Radfahrer konzipiert wurde.

The Bicycle Hut
W the-bicycle-hut.myshopify.com
PCN
W nparks.gov.sg
SG Bike
W sgbike.com.sg

Boote

Eine Fahrt mit einem traditionellen *bumboat* auf dem Sungai Singapura oder um die südlichen Inseln ist eine ideale Möglichkeit, die Stadt zu erkunden. Mehrere Unternehmen organisieren diese Kreuzfahrten, darunter **Singapore River Cruise**, **Singapore River Explorer**, **Singapore Island Cruise & Ferry Services** und **Sindo Ferry**.

Die 40-minütige Singapore River Cruise ist die beliebteste und führt vorbei an Robertson Quay, Clarke Quay und Boat Quay hinaus in die Marina Bay. Auf den Booten wird die Fahrt von einem Tonband aus kommentiert. Sie können auch mit der EZ-Link-Karte mit dem »Flusstaxi« fahren. Diese Boote fahren von Montag bis Freitag zwischen 8 und 10 Uhr sowie zwischen 17 und 19 Uhr an verschiedenen Haltestellen entlang des Sungai Singapura.

Fähren und kleine Boote verbinden Singapur auch mit Tanjung Belungkor im Bundesstaat Johor in Malaysia.

Sindo Ferry
W sindoferry.com.sg
Singapore Island Cruise & Ferry Services
W islandcruise.com.sg
Singapore River Cruise
W rivercruise.com.sg
Singapore River Explorer
W visitors.sg/river-explorer

Zu Fuß

Singapur ist sehr fußgängerfreundlich und kompakt. Dennoch ist es ratsam, längere Spaziergänge sorgfältig zu planen, denn die Hitze und die Luftfeuchtigkeit in Singapur können selbst einen kurzen Spaziergang tagsüber zu einer strapaziösen Unternehmung machen: Legen Sie viele Pausen ein, nehmen Sie ausreichend Wasser mit und nutzen Sie die Klimaanlagen in den Einkaufszentren, wenn Sie sich abkühlen wollen. Nachts sind Spaziergänge angenehm und sicher, wenn die Straßen und Parks gut beleuchtet sind und es kühler ist.

Bei Rot über die Straße zu gehen, ist in Singapur eine Ordnungswidrigkeit, die mit einer Geldbuße von 50 S$ für Ersttäter geahndet wird. Bei wiederholten Verstößen steigt die Gebühr.

Organisierte Touren

Zahlreiche Unternehmen bieten in Singapur organisierte Touren an, darunter **RMG Tours**, **SH Tours** und die **Registered Tourist Guides Association of Singapore**. Sie führen in der Regel durch die Orchard Road, Little India und Chinatown, aber es werden auch spezielle Touren angeboten, die etwa zu Sehenswürdigkeiten aus dem Zweiten Weltkrieg führen.

Registered Tourist Guides Association of Singapore
☎ +65 6339-2114
RMG Tours
☎ +65 6220-1661
SH Tours
☎ +65 6734-9923

PRAKTISCHE HINWEISE
SINGAPUR

Mit ein wenig lokalem Know-how kommt man in Singapur sehr weit. Hier finden Sie alle wichtigen Tipps und Informationen, die Sie während Ihres Aufenthalts benötigen.

Auf einen Blick

Notrufnummern

Rettungsdienst und Feuerwehr

995

Polizei

999

Zeit
8 Stunden vor der GMT. Es gibt keine Sommerzeit; Sonnenauf- und -untergang sind das ganze Jahr über um 7 beziehungsweise 19 Uhr.

Leitungswasser
Das Leitungswasser in Singapur kann man im Allgemeinen trinken, außer auf Pulau Ubin.

Websites und Apps
Singapore Heritage Trails
Diese kostenlose App bietet Wanderrouten in Singapur (www.ssi.nus.edu.sg).
Visit Singapore
Die offizielle Tourismus-Website des Stadtstaats und die dazugehörige App sind eine wahre Fundgrube an Informationen über alles, was man sehen und tun kann (www.visitsingapore.com).

Persönliche Sicherheit

Singapur ist in eine sichere Stadt. Die Gesetze werden streng durchgesetzt, viele kleinere Vergehen mit einer Geldstrafe geahndet. Dennoch kann es zu Diebstählen kommen. Wenn Ihnen etwas gestohlen wird, erstatten Sie innerhalb von 24 Stunden Anzeige bei der Polizei. Wenn Sie einen Versicherungsanspruch geltend machen wollen, besorgen Sie sich eine Kopie des Berichts. Beim Verlust von Pass oder Personalausweis oder wenn Sie anderweitig in größeren Schwierigkeiten sind, wenden Sie sich an die **Botschaft** Ihres Heimatlandes.

Homosexualität ist in Singapur illegal, und es gibt keine Antidiskriminierungsgesetze. Ein mutmaßlicher Verstoß kann zu zwei Jahren Gefängnis führen. Obwohl sich viele LGBTQ+ Personen relativ sicher fühlen, werden sie in der weitgehend konservativen Gesellschaft Singapurs nicht unbedingt akzeptiert. Öffentliche Zurschaustellung von Zuneigung (unabhängig von der sexuellen Orientierung) kann für hochgezogene Augenbrauen sorgen. Die Einstellung der jungen Generation ist aufgeschlossener, und es gibt eine Reihe von LGBTQ+ Bars und Clubs mit einer lebendigen Szene in Chinatown, vor allem in und um die Neil Road. Weitere Informationen erhalten Sie bei der Organisation **Oogachaga**, die Unterstützung für die LGBTQ+ Gemeinschaft bietet.

Deutsche Botschaft
50 Raffles Place, 12-00 Singapore Land Tower, Singapore 048623
+65 6533-6002
singapur.diplo.de

Österreichische Botschaft
600 North Bridge Road, 24-06/0 Parkview Square, Singapore 188788
+65 6396-6350
bmeia.gv.at/oeb-singapur

Schweizer Botschaft
1 Swiss Club Link, Singapore 288162
+65 6468-5788
eda.admin.ch/singapore

Oogachaga
oogachaga.com

Gesundheit

Die Gesundheitsversorgung in Singapur ist eine der besten der Welt. Die zentralen Krankenhäuser haben alle 24 Stunden geöffnete Unfall- und Notfallabteilungen. Da medizinische Behandlungen in Singapur sehr teuer sind, sollte man vor der Reise eine umfassende Versicherung abschließen. Apotheken bieten Beratung bei kleineren Beschwerden. In den meisten Malls gibt es Guardian- und Watsons-Apotheken. Rezepte von Ärzten aus dem Ausland werden nicht akzeptiert.

Singapur ist frei von Malaria, aber Dengue-Fieber stellt noch ein Problem dar. Es gibt keinen Impfstoff dagegen, sodass die Verwendung von Mückenschutzmitteln ratsam ist.

Die größte Gefahr bei Reisen in die Tropen ist die Hitze, die leicht zu Dehydrierung und Sonnenbrand führen kann. Trinken Sie viel Wasser, halten Sie sich im Schatten auf und schützen Sie sich vor direkter Sonne.

Rauchen, Alkohol und Drogen

In den meisten öffentlichen Innenräumen ist Rauchen nicht erlaubt. Einige Lokale haben Raucherbereiche. Raucher müssen eine Geldstrafe von 200 S$ zahlen, wenn sie beim Rauchen an verbotenen Orten erwischt werden.

Das gesetzliche Mindestalter für Alkoholkonsum liegt bei 18 Jahren. Zwischen 22:30 und 7 Uhr ist es illegal, an öffentlichen Orten Alkohol zu trinken oder zu verkaufen. Wer in Restaurants und Bars alkoholische Getränke bestellt, muss sie bis 22:30 Uhr ausgetrunken haben.

Singapur hat einige der strengsten Drogengesetze der Welt. Auf den Besitz oder Konsum von Drogen steht eine Höchststrafe von zehn Jahren Haft, eine Geldstrafe von 20 000 S$ oder beides.

Ausweispflicht

Es ist nicht gesetzlich vorgeschrieben, einen Ausweis bei sich zu haben, aber es wird empfohlen, eine Kopie des Passes mitzuführen.

Etikette

Berühren Sie niemals den Kopf einer Person oder eines Kindes, da der Kopf in der buddhistischen Kultur als heilig gilt. Der Fuß wird als unrein angesehen. Er sollte nie dazu benutzt werden, auf jemanden zu zeigen, und man sollte niemals die Unterseite seiner Füße zeigen.

Beim Besuch von Tempeln, Moscheen und anderen religiösen Stätten sowie in muslimischen Gegenden oder Häusern ist auf eine dezente Kleidung zu achten, bei der Arme und Beine bedeckt sind. Buddhistische und hinduistische Tempel stehen im Allgemeinen Besuchern aller Glaubensrichtungen offen, in Moscheen kann Nicht-Muslimen der Zutritt mancherorts verboten sein.

Mobiltelefone und WLAN

Wenn Ihr GSM-Telefon für kostenloses internationales Roaming freigeschaltet ist, können Sie es in Singapur benutzen. Andernfalls lohnt es sich, eine lokale SIM-Karte zu kaufen. Es gibt drei lokale Anbieter: **M1**, **Singtel** und **StarHub**. Sie alle bieten Prepaid-SIM-Karten und Datentarife an, die an Kiosken, in Telefonläden, bei 7-Elevens und am Flughafen verkauft werden.

Internationale Hotels bieten Hochgeschwindigkeits-Internetzugang auf dem Zimmer an. In der Stadt gibt es kostenlose WLAN-Hotspots über das Wireless@SG-Netz, für das sich Nutzer registrieren müssen.

M1
W m1.com.sg
Singtel
W singtel.com
StarHub
W starhub.com

Post

Postämter gibt es in fast allen Gemeinden. **SingPost** bietet eine effiziente Bearbeitung von Briefen und Paketen in Postämtern und Kiosken an MRT-Stationen und in Malls.
SingPost
W singpost.com

Steuern und Rückerstattungen

Touristen, die in Tax-free-Läden einen Einkauf von mehr als 100 S$ tätigen, können eine Rückerstattung der achtprozentigen Mehrwertsteuer (Goods and Services Tax, GST) beantragen. Fragen Sie nach dem Kauf nach einem GST-Rückerstattungsformular. Legen Sie das Formular zusammen mit Ihrer Quittung und den gekauften Waren an den GST-Schaltern an Ihrem Abreiseort vor.

REGISTER

Fett gedruckte Seitenangaben verweisen auf Haupteinträge.

100 Cintra Street (George Town) **115**

A

Abenteuer **26f**
Abholzung 197
Abstecher (Singapur) 211, **262–273**
  Hotels 269
  Karte 263
Agnes Keith's House (Sandakan) 202
Alkohol
  Malaysia 283
  Singapur 291
Alor Setar **101**
Alsagoff Arab School (Singapur) 260
Ann Siang Hill (Singapur) **242**
Anreise
  mit dem Flugzeug (Malaysia) 278
  mit dem Flugzeug (Singapur) 286
  auf dem Landweg (Malaysia) 278
  auf dem Seeweg (Malaysia) 278
  auf dem Seeweg (Singapur) 286
Apps
  Malaysia 282
  Singapur 290
Aquaria KLCC (Kuala Lumpur) **76f**
Arab Street (Singapur) **252**, 261
Archäologische Stätten
  Lembah Bujang 85, **100**
  Lenggong Valley 54, **99**
  Niah Caves 176
  Sungai Jaong 169
Architektur 10, **234f**
  Five Foot Ways **115**
  Koloniale **235**
  Minangkabau **131**, 235
  Moderne **235**
  Straits-chinesische **234**
Armenian Church (Singapur) **236**
Arts House (Singapur) **231**
Asian Civilisations Museum (Singapur) **229**
Astana (Kuching) **162**
Aur 129
Ausweis
  Malaysia 283
  Singapur 291
Auto fahren
  Malaysia 281
  Singapur 288f

B

Baba-Nyonya Heritage Museum (Malakka) 122, **124f**
Badan Warisan (Kuala Lumpur) **78**
Bajau 34, 197, **204**
Bako National Park 27, **164f**
Bakungan Kecil 200
Balik Pulau **105**
Bandar Seri Begawan **178–180**
Bangau **149**
Bars
  Kuala Lumpur 72
  Nordwest-Halbinsel 114
  Sabah 193
  Sarawak 160
  Singapur 230
  Südhalbinsel 122
Batang Rajang **172**
Batek **138**
Batik 10, 38, 39, 112, 142
Batik Painting Museum (George Town) **112**
Batu Caves 12, 35, **94f**
Batu Ferringhi **106**
Batu Maung **104f**
Bavanggazo **198**, 199
Beaufort 194
Befestigungen
  Fort Atlingsburg (Kuala Selangor) 95
  Fort Canning (Singapur) 237
  Fort Cornwallis (George Town) 108
  Fort Emma (Sibu) 173
  Fort Margherita (Kuching) **162**
  Fort Sylvia (Kapit) 175
  Kellie's Castle **96**
  Porta de Santiago (Malakka) **121**
  Square Tower (Kuching) **161**
Behinderte Reisende
  Malaysia 277
  Singapur 285
Belaga 172, **173**
Bezahlen
  Ausgaben pro Tag (Malaysia) 276
  Ausgaben pro Tag (Singapur) 284
  Malaysia 277
  Singapur 285
Bintulu **175**
Boat Quay (Singapur) **243**
BOH (Best of Highlands) Tea Estate 89
Boote
  Malaysia 281
  Singapur 289
Bootsbau, Pulau Duyung **149**
Borneo
  Abenteuer 11, 26
  Erkundungstouren 20–25
  Indigene Küche 31
  Prähistorische Bewohner **176**
  siehe auch Sabah; Sarawak
Botschaften
  Malaysia 282
  Singapur 290
Britische Herrschaft 56f
Brooke, James 56, 155, 158, 162
Brooke, Vyner 175

Brunei **178–181**
  Erkundungstour 20f
  Karte 179
Buddha Tooth Relic Temple & Museum (Singapur) 12, **240**
Buddhismus 55
  Liegende Buddhas **102**
  in Singapur **253**
Bujang Valley 54
Bukit Indah 138
Bukit Nanas Forest Reserve (Kuala Lumpur) **78f**
Bukit Teresek 138
Bukit Timah Nature Reserve (Singapur) **268f**
Bus Malaysia 280
  Fernbusse 279
  Routenplaner 280
Bus Singapur 288
  Fernbusse 287

C

Cameron Highlands 27, 37, **88f**
Canopy Skywalk (Mulu National Park) 166
Carcosa Seri Negara (Kuala Lumpur) **70**
Central Market (Kuala Lumpur) **67**, 83
Centrepoint (Singapur) **254**, 259
Chan See Shu Yuen Temple (Kuala Lumpur) **68**
Changi Museum (Singapur) **271**
Chek Jawa Wetlands (Singapur) 28, **272**
Cheng Hoon Teng Temple (Malakka) **123**
Cheong Fatt Tze Mansion (George Town) **114f**
Cherating 28, **146f**
Chijmes (Singapur) **232**
Chinatown (Kuala Lumpur) 35, **68f**
Chinatown (Singapur) 35, **239–242**
  siehe auch Colonial Core und Chinatown
Chinatown Complex (Singapur) **241**
Chinatown Heritage Centre (Singapur) **239**
Chinesisches Neujahr 35
  Singapur **239**
Chola-Reich 214
Christ Church (Malakka) **120**
Clarke Quay (Singapur) **239**
Coliseum Cinema (Kuala Lumpur) 73
Colonial Core und Chinatown (Singapur) 210, **218–245**
  Bars 230
  Karte 220f
  Restaurants 225, 243
  Shopping 241
  Spaziergang 244f
Courthouse Complex (Kuching) **160**

D

Damai Beach **168**
Danum Valley **205**
Darul Hana Bridge (Kuching) **162**
Dayaks 155, 162, 175
Dayang 129
Desaru Beach **128**
Dhammikarama Temple (Pulau Tikus) **103**
Dhoby Ghaut (Singapur) **254f**
Drogen
  Malaysia 283
  Singapur 291

E

E & O Hotel (George Town) **114**
East Coast Park (Singapur) **270f**
East India Company 108, 215
Einreise
  Malaysia 276
  Singapur 284
Elefanten, Umgang mit **151**
Emerald Hill (Singapur) **255**
Empire Brunei **180**
Endau-Rompin National Park **145**
Entspannung **42f**
Erkundungstouren
  2 Wochen durch Malaysia und Singapur 22–25
  5 Tage in Singapur und auf der Südhalbinsel 16f
  10 Tage in Malaysia und auf den Perhentian-Inseln 18f
  10 Tage in Sarawak, Sabah und Brunei 20f
Erster Weltkrieg 56, 216
Esplanade Park (Singapur) **228f**, 245
Essen und trinken 10, **30f**
  Hawker-Zentren (Singapur) 10, 31, **240**, 242
  Ipoh-Küche 97
  Singapore Sling **232**
  Streetfood 30, 31, 77, 240
Etikette
  Malaysia 283
  Singapur 291

F

Fahrrad fahren
  Malaysia 281
  Singapur 289
Fairy Cave **171**
Farquhar, William 215
Feiertage
  Malaysia 277
  Singapur 285
Festival und Events **34f**
  Malaysia 33, **52f**, 169
  Singapur **212f**, 239, 251
Flora
  Gardens by the Bay, seltenste Pflanzen **222**
  Kinabalu National Park **187**
  Rafflesia **194**
  siehe auch Parks und Gärten
Flughäfen
  Vom Flughafen in die Stadt (Malaysia) 279
  Vom Flughafen in die Stadt (Singapur) 287
  Malaysia 278
  Singapur 286
Föderation Malaya 57, 135, 155, 183, 195, 216
Fort Canning Park (Singapur) **236f**
Fraser's Hill **94**
FRIM (Kepong) **80f**

G

Gadong Night Market (Bandar Seri Begawan) **179**
Galerien siehe Museen und Galerien
Gardens by the Bay (Singapur) **222–225**
Gawai Dayak (Sarawak) 33, 34
Gedung Kuning (Singapur) 260
Gedung Raja Abdullah (Klang) 80
Gelanggang Seni (Kota Bharu) **140**
Gemas 153
Genting Highlands **95**
George Town 10, 30, 35, **108–115**
  Karte 109
  Street-Art 10, 38, 109
Geschichte
  Malaysia **54–57**
  Singapur **214–217**
Gesundheit
  Malaysia 283
  Singapur 291
Golden Triangle (Kuala Lumpur) **78**
Gomantong Caves **202f**
Gombizau **197**, 198, 199
Good Shepherd, Cathedral of the (Singapur) **232f**
Goodwood Park Hotel (Singapur) **256f**
Gua Charas **144**
Gua Musang 153
Gulisan 200
Gunung Api 166
Gunung Jerai **100**
Gunung Kinabalu 13, 27, 37, 186f, **188**
Gunung Magdalena 205
Gunung Mulu 13, 166
Gunung Santubong 168, 169

H

Hainan Temple (George Town) **112**
Handeln 41
Handicrafts Village (Kota Bharu) **142**
Häuser, traditionelle malaiische **234**
Haw Par Villa (Singapur) **270**
Hawker-Zentren (Singapur) 10, 31, **240**, 242
Hinduismus 55
Höhlen
  Batu Caves 12, 35, **94f**
  Fairy Cave **171**
  Gomantong Caves **202f**
  Gua Charas **144**
  Lenggong Valley **99**
  Mulu National Park 27, 166f
  Niah Caves **176**
  Wind Cave 27, **171**
Hokkien-Gemeinschaft 226
Hotels
  Kuala Lumpur 65, 80
  Malaysia 277
  Nordwest-Halbinsel 89, 90, 95, 105, 108
  Ost- und Zentral-Halbinsel 139, 142, 145
  Sabah 195, 200, 205
  Sarawak 159, 172, 177
  Singapur 252, 269, 285
  Südhalbinsel 127, 133

I

Iban 32, 173, 175
Impfungen
  Malaysia 277
  Singapur 285
Indigene Völker
  Borneo **197**
  Kultur und Traditionen 13, **32f**
Industrie, Singapur **216**
Inseln **28f**
  siehe auch Pulau
ION Orchard (Singapur) 40, **254**, 258
Ipoh **97**
Irranun 199
Islam, Verbreitung **55**
Islamic Arts Museum (Kuala Lumpur) **62f**
Islamic Heritage Museum (Kuching) **158**
Istana Ampang (Tinggi) **131**
Istana Balai Besar (Kota Bharu) **140**
Istana Batu (Kota Bharu) **141**
Istana Budaya (Kuala Lumpur) 75
Istana Hulu (Kuala Kangsar) 98f
Istana Iskandariah (Kuala Kangsar) 98
Istana Jahar (Kota Bharu) **143**
Istana Kenangan (Kuala Kangsar) 98
Istana Kesultanan Melaka **121**
Istana Lama (Sri Menanti) **131**

J

Jalan Alor (Kuala Lumpur) **74**
Jalan Hang Jebat (Malakka) **123**
Jalan India (Kuching) **160f**
Jalan Petaling Market (Kuala Lumpur) 40, **69**
Jalan Tuanku Abdul Rahman (Kuala Lumpur) **72f**
Jalan Tun Tan Cheng Lock (Malakka) **122**, 124
Japan, Zweiter Weltkrieg 57, 96, 113, 152
  Pulau Labuan 195
  Sabah 192, 195, 202
  Sarawak 155, 158
  Singapur 216, 217, 228f, 233, 237, 271
Jerantut 153
Jewel Changi Airport (Singapur) **271**

Johor, Sultanat 215
Johor Bahru 117, **132f**
Jungle Railway 152, **153**
Jurong Bird Park (Singapur) 37, **269**

K

Kadazan-Dusun 33, 41, 196, 197, 205
Kampong Ayer (Bandar Seri Begawan) **179**
Kampong Glam 247, **260f**
Kampung Baru (Kuala Lumpur) **77**
Kanowit 172, 173
Kapit 172, 173, **175**
Kapitan China **66**
Karten
  Bandar Seri Begawan 179
  Brunei 179
  Busrouten (Malaysia) 280
  George Town 109
  Kota Bharu 141
  Kuala Lumpur 60f
  Kuching 159
  Malakka (Melaka) 121
  Malaysia 46f
  Malaysia und Singapur 14f
  Nordwest-Halbinsel 86f
  Ost- und Zentral-Halbinsel 136f
  Penang 86
  Pulau Langkawi 93
  Sabah 184f
  Sarawak 156f
  Singapur 204f
  Singapur: Abstecher 263
  Singapur: Colonial Core und Chinatown 220f
  Singapur: Little India und Orchard Road 248f
  Südhalbinsel 118f
Kathedralen *siehe* Kirchen und Kathedralen
Katzenstatuen (Kuching) **163**
Kautschuk 98, 135, 173, 183, 216
Kayan 172, 173
Kek Lok Si Temple (Air Itam) 35, **103**
Kelabit Highlands **177**
Kelantan 135, 140
Kenyah 172, 173
Khoo Kongsi Temple (George Town) **109**
Kilas Wetlands **193**
Kinabalu National Park **186–189**
Kinabatangan Wildlife Sanctuary **203**
Kinta Valley National Geopark **96**
Kirchen und Kathedralen
  Armenian Church (Singapur) **236**
  Cathedral of the Assumption (George Town) **113**
  Cathedral of the Good Shepherd (Singapur) **232f**
  Christ Church (Malakka) **120**
  St Andrew's Cathedral (Singapur) **232**
  St. George's Church (George Town) **113**
  St. Mary's Cathedral (Kuala Lumpur) 82
Klang **80**
KLCC Park (Kuala Lumpur) **76**
Klima, Singapur 284
Kolonialzeit 56f, 215–217
  Architektur **235**
Kompleks Budaya Kraf (Kuala Lumpur) **79**
Kopfjäger 32
Kota Belud **196**
Kota Bharu **140–143**
  Karte 141
Kota Kinabalu 40, **192**
Kuah 90, 91, **92**
Kuala Kangsar **98f**
Kuala Kedah **100**
Kuala Krai 153
Kuala Lipis 153
Kuala Lumpur 10, 48, **58–83**
  Bars 72
  Erkundungstouren 18f
  Hotels 65, 80
  Karte 60f
  Restaurants 69, 79
  Spaziergang 82f
Kuala Lumpur City Gallery **66f**, 83
Kuala Lumpur Railway Station **67**
Kuala Pilah **130**
Kuala Selangor **95**
  Sky Mirror 95
Kuala Terengganu **148**
Kuan Yin Temple (George Town) **112**
Kuantan **144**
Kuantan 188 144
Kubah National Park **170**
Kuching 155, **158–163**
  Karte 159
Kuching Waterfront **162f**
Kudat **198f**
Kukup **132**
Kunst 10, **38f**, 99, 168
  Street-Art in George Town 10, 38, 109
Kunsthandwerk **38f**
  Batik Painting Museum (George Town) **112**
  Handicraft Market (Kota Kinabalu) 192
  Handicrafts Village (Kota Bharu) **142**
  Kompleks Budaya Kraf (Kuala Lumpur) **79**
  Kompleks Kraf Langkawi (Teluk Datai) 92
  Kuala Kangsar **99**
  Ost- und Zentral-Halbinsel **147**
  Round Tower (Kuching) **159**
  Sabah **196**
  Sarawak **168**

L

Lambir Hills National Park **177**
Lamin Dana Cultural Boutique (Mukah) 174
Langkawi SkyLab **92**
Lau Pa Sat (Singapur) **242**
Lee Hsien Loong 217
Lee Kuan Yew 217
Leitungswasser
  Malaysia 282
  Singapur 290
Lembah Bujang 85, **100**
Lenggong Valley 54, **99**
Leong San See Temple (Singapur) **252f**
LGBTQ+
  Malaysia 282
  Singapur 290
Liebenswertes Malaysia und Singapur **10–13**
Light, Sir Francis 56, **113**
Lim Bo Seng Memorial (Singapur) 228, 245
Little India (George Town) **111**
Little India (Kuala Lumpur) **72**
Little India und Orchard Road (Singapur) 211, **246–261**
  Hotels 252
  Karte 248f
  Shopping 257
  Spaziergänge 258–261
Loagan Bunut National Park **174**
Longhouses **33**, **234**
  Iban **175**
  Rungus 198
Low's Peak (Gunung Kinabalu) **188**
Lundayeh 197

M

MacRitchie Reservoir (Singapur) 26
Magellan, Ferdinand 199
Mahathir, Mohamad 57
Mahsuri, Grab von (Pulau Langkawi) **93**
Malakka (Melaka) 38, **120–125**, 216
  Karte 121
  Sultanat 55, 56, 135, 215
Malaqa House (Malakka) 122
Malay College (Kuala Kangsar) 98
Malay Heritage Centre (Singapur) **253**, 260
Malaysia
  Festivals und Events **52f**
  Geschichte **54–57**
  Karten 14f, 46f
  Kuala Lumpur 10, 48, **58–83**
  Nordwest-Halbinsel 49, **84–115**
  Ost- und Zentral-Halbinsel 50, **134–153**
  Praktische Hinweise **282f**
  Reiseplanung **276f**
  Sabah 51, **182–205**
  Sarawak 50, **154–181**
  Südhalbinsel 49, **116–133**
  Unterwegs in Malaysia **278–281**
Malaysian Tourism Information Complex (Kuala Lumpur) **77**
Mandai Singapore Zoo 37, **268**, 269
Mari Mari Cultural Village (Inanam) 32, **197**
Marina Bay Sands (Singapur) 11, 42, **230**

Märkte 40
  Central Market (Kuala Lumpur) **67**, 83
  Chinatown Complex (Singapur) **241**
  Chow Kit Market (Kuala Lumpur) **74**
  Gadong Night Market (Bandar Seri Begawan) **179**
  Gaya Street Sunday Market (Kota Kinabalu) 40, 192
  Handicraft Market (Kota Kinabalu) 192
  Jalan Alor (Kuala Lumpur) **74**
  Jalan Petaling Market (Kuala Lumpur) 40, **69**
  Jonker Walk Night Market (Malakka) 30, 123
  Lau Pa Sat (Singapur) **242**
  Pasar Besar Siti Khadijah (Kota Bharu) **142f**
  Pasar Minggu (Kuala Lumpur) **77**
  Tamu Besar (Kota Belud) 34, 196
Masjid Kampung Kling (Malakka) **122**
Masjid Muhammadi (Kota Bharu) **141**
Masjid Sultan Omar Ali Saifuddin (Bandar Seri Begawan) **178**
Massage 43
Meditation 43
Melaka River Cruise 122
Melanau 34, 169, 173, 174, 175
Menara KL (Kuala Lumpur) **79**
Menschenrechte 57, 217
Merdeka Square (Kuala Lumpur) 82f
Mersing 129, **132**
Metro
  Malaysia 280
  Singapur 288
Minangkabau-Architektur **131**, **235**
Miri **176**
Mobiltelefone
  Malaysia 283
  Singapur 291
Moscheen (Masjid)
  Al Taqwa (Miri) 176
  Besuch 283, 291
  Hajjah Fatimah (Singapur) 261
  India (Kuala Lumpur) **72**
  Jamek (Kuala Lumpur) **65**, 83
  Kampung Kling (Malakka) **122**
  Kapitan Keling (George Town) **110**
  Melayu (George Town) **110**
  Muhammadi (Kota Bharu) 141
  Negara (Kuala Lumpur) **71**
  Negeri Sabah (Kota Kinabalu) 192
  Selat Melaka **120**
  Sultan (Singapur) **252**, 260
  Sultan Omar Ali Saifuddin (Bandar Seri Begawan) **178**
  Tengku Tengah Zaharah **148**
  Ubudiah (Kuala Kangsar) 98f
  Zahir (Alor Setar) 101
Motorräder (Malaysia) 281
Muar **128**
Mukah **174**
Mulu National Park 27, **166f**

Murut 32, 197
Museen und Galerien
  8 Heeren Street (Malakka) 122
  Arts House (Singapur) **231**
  Asian Civilisations Museum (Singapur) **229**
  Baba-Nyonya Heritage Museum (Malakka) 122, **124f**
  Badan Warisan (Kuala Lumpur) **78**
  Batik Painting Museum (George Town) **112**
  Battlebox (Singapur) 237
  Borneo Cultures Museum (Kuching) **161**
  Brooke Gallery (Kuching) 162
  Buddha Tooth Relic Temple & Museum (Singapur) 12, **240**
  Changi Museum (Singapur) **271**
  Chinatown Heritage Centre (Singapur) **239**
  Chinese History Museum (Kuching) 163
  Darul Ridzuan Museum (Ipoh) 97
  Forestry Museum (Gungung Jerai) 100
  Galeri Petronas (Kuala Lumpur) **76**
  Galeri Shah Alam (Shah Alam) 81
  Islamic Arts Museum (Kuala Lumpur) **62f**
  Islamic Heritage Museum (Kuching) **158**
  Kompleks Budaya Kraf (Kuala Lumpur) **79**
  Kuala Lumpur City Gallery **66f**, 83
  Lembah Bujang Archaeological Museum 100
  Malay Heritage Centre (Singapur) **253**, 260
  Mari Mari Cultural Village (Inanam) 32, **197**
  Marina Bay Sands Art Path **230**
  Maritime Museum (Malakka) **122**
  Museum JAKOA (Gombak) **95**
  Museum Sultan Azlan Shah (Shah Alam) 81
  National Gallery Singapore **231**, 244
  National Museum (Kuala Lumpur) 32, **70**
  National Museum of Singapore **237**
  National Textiles Museum (Kuala Lumpur) **64f**, 83
  National Visual Arts Gallery (Kuala Lumpur) **75**
  Penang Museum und Art Gallery (George Town) **113**
  Perak Museum (Taiping) 99
  Perak Royal Museum (Kuala Kangsar) 98
  Peranakan Museum (Singapur) **236**
  Petroleum Museum (Miri) 176
  Petrosains (Kuala Lumpur) 76

  Royal Regalia Museum (Bandar Seri Begawan) **180**
  Royal Sultan Abu Bakar Museum (Johor Bahru) 132f
  Sabah Museum (Kota Kinabalu) 32, **192**
  Science Centre Singapore **273**
  Sibu Civic Centre Heritage Museum 173
  Singapore Art Museum **228**
  Singapore Discovery Centre **273**
  State Museum (Alor Setar) 101
  State Museum (Seremban) 130, **131**
  Terengganu State Museum Complex (Losong) 148
  Textile Museum (Kuching) **158**
  Tham Siew Artist Gallery (Malakka) 122
  Tun Jugah Gallery (Kuching) **159**
Musik 33

N

National Gallery Singapore **231**, 244
National Museum (Kuala Lumpur) 32, **70**
National Museum of Singapore **237**
National Planetarium (Kuala Lumpur) 71
National Textiles Museum (Kuala Lumpur) **64f**, 83
National Visual Arts Gallery (Kuala Lumpur) **75**
Nationalparks
  Bako 27, **164f**
  Endau-Rompin **145**
  Gunung Gading **175**
  Kinabalu **186–189**
  Kinta Valley National Geopark **96**
  Kubah **170**
  Kuching Wetlands 168
  Lambir Hills **177**
  Loagan Bunut **174**
  Mulu 27, **166f**
  Niah Caves **176**
  Penang 107
  Similajau **174**
  Taman Negara 11, 27, 36, **138f**
  Tanjung Datu **170f**
  Tunku Abdul Rahman **193**
  Turtle Island (Pulau Penyu) **200f**
  Ulu Temburong **178**
Naturreservate
  Bukit Lagong Forest Reserve 80
  Bukit Nanas Forest Reserve (Kuala Lumpur) **78f**
  Bukit Timah Nature Reserve (Singapur) **268f**
  Chek Jawa Wetlands (Singapur) 28, **272**
  Danum Valley **205**
  Habitat (Penang) 104
  Kilas Wetlands **193**
  Kinabatangan Wildlife Sanctuary **203**

295

Naturreservate *(Fortsetzung)*
  Kuala Selangor Nature Park 95
  Pulau Payar Marine Park **93**
  Semenggoh Nature Reserve **171**
  Sugud Islands Marine Conservation Area 200
  Sungai Teroi Forest Recreation Park 100
  Sungei Buloh Wetland Reserve (Singapur) **271**
  Tabin Wildlife Reserve **203**
  Tambunan Rafflesia Forest Reserve 194
  Tasek Merimbun Heritage Park **181**
  Tawau Hills Park **205**
  Teraja Forest Reserve **181**
  Thomson Nature Park (Singapur) 26
Negeri Sembilan 117, 130, 131
Ngee Ann City (Singapur) **257**, 258
Niah Caves National Park **176**
Niederländische Herrschaft 56
Nordwest-Halbinsel 49, **84–115**
  Bars 114
  Erkundungstour 18f, 22–25
  Hotels 89, 90, 95, 105, 108
  Karte 86f
  Restaurants 101, 106, 110
Notrufnummern
  Malaysia 282
  Singapur 290

O

Old Parliament House (Singapur) 244
Omni-Theatre (Singapur) 273
»One Village, One Product« 197
Öffentliche Verkehrsmittel (Malaysia) 280
  Ticketpreise 278
Öffentliche Verkehrsmittel (Singapur) 287f
  Pässe 288
  Ticketpreise 286
Öffnungszeiten
  Malaysia 277
  Singapur 285
Orang Asli 32, 54, 94, 95, 138, 145
Orang Syam **100**, 152
Orang Ulu 155, 160, 169, 175
Orchard Road (Singapur)
  Spaziergang **258f**
  siehe auch Little India und Orchard Road
Ost- und Zentral-Halbinsel 50, **134–153**
  Erkundungstour 18f, 22–25
  Hotels 139, 142, 145
  Karte 136f
  Restaurants 142, 150
  Shopping 147

P

Padang (Singapur) **244f**
Pahang 135, 144, 146
Pangi 194
Pantai Cenang 91, **92**

Pantai Dasar Sabak **152**
Parks und Gärten
  East Coast Park (Singapur) **270f**
  Esplanade Park (Singapur) **228f**, 245
  Fort Canning Park (Singapur) **236f**
  FRIM (Kepong) **80**, 81
  Gardens by the Bay (Singapur) **222–225**
  Haw Par Villa (Singapur) 270
  KLCC Park (Kuala Lumpur) **76**
  Labuan Marine Park (Pulau Kuraman) 195
  Luagan Lalak Recreation Park **180f**
  Penang Botanical Gardens **104**
  Perdana Botanical Gardens (Kuala Lumpur) 42, **71**
  Petrajaya Wetland Park 81
  Royal Belum State Park 27, 36
  Sandakan Memorial Park 202
  Singapore Botanic Gardens **264f**
  Tasek Merimbun Heritage Park **181**
  Tawau Hills Park **205**
  Titiwangsa Lake Gardens (Kuala Lumpur) **74f**
  Tropical Spice Garden (Batu Ferringhi) 106
  Wasai Wong Kadir Recreational Park **181**
  siehe auch Nationalparks; Naturreservate
Pasar Minggu (Kuala Lumpur) 77
Pekan **146**
Penang 12, 56, **102–115**, 216
  Karte 86
Penang Botanical Gardens **104**
Penang Hill **104**
Penang National Park **107**
People's Action Party 216, 217
Perak 97, 98, 99
Perak-Mensch 54, 99
Peranakan, Kultur
  in Malakka 124
  in Penang **110**, 115
  in Singapur 236
Peranakan Museum (Singapur) **236**
Peranakan Place (Singapur) **255**, 259
Perdana Botanical Gardens (Kuala Lumpur) 42, **71**
Perhentian-Inseln 28, 29, **150f**
Pesta Kaamatan (Sabah) 33
Petronas Towers (Kuala Lumpur) 11, **74**, 235
Pinang Peranakan Mansion (George Town) **110**
Port Dickson 130
Porta de Santiago (Malakka) **121**
Portugiesische Herrschaft 56, 215
Post
  Malaysia 283
  Singapur 291
Prähistorie 54, 176
Ptolemäus 214

Pulau Besar 129
Pulau Dayang Bunting **93**
Pulau Duyung, Bootsbau **149**
Pulau Kapas **147**
Pulau Ketam **80**
Pulau Kukup 132
Pulau Kusu (Singapur) **270**
Pulau Labuan **195**
Pulau Langkawi 43, **90–93**
Pulau Lankayan **200**
Pulau Libaran 28
Pulau Pangkor **97**
Pulau Payar Marine Park **93**
Pulau Pemanggil 129
Pulau Penyu National Park *siehe* Turtle Island National Park
Pulau Perhentian Besar 150f
Pulau Perhentian Kecil 150f
Pulau Rawa 129
Pulau Redang **150**
Pulau Sipadan 11, 28, 29, **190f**
Pulau Susu 28, 151
Pulau Tenggol 29, **147**
Pulau Tioman 28, 29, **126f**, 129
Pulau Ubin (Singapur) 28, **272f**
Putrajaya **81**

R

Raffles, Sir Stamford
  Malaysia 115, 117
  Singapur 215, 219, 245
Raffles City (Singapur) **233**
Raffles Hotel (Singapur) 232, **233**, 235
Raffles Place (Singapur) **243**
Raffles Town Plan 215
Rainforest World Music Festival **169**
Rauchen
  Malaysia 283
  Singapur 291
Reise-Infos **276–291**
  Praktische Hinweise Malaysia 282f
  Praktische Hinweise Singapur 290f
  Reiseplanung Malaysia 276f
  Reiseplanung Singapur 284f
  Unterwegs in Malaysia 278–281
  Unterwegs in Singapur 286–289
Resorts World Sentosa 266
Restaurants
  Kuala Lumpur 69, 79
  Nordwest-Halbinsel 101, 106, 110
  Ost- und Zentral-Halbinsel 142, 150
  Sabah 199
  Sarawak 163
  Singapur 225, 243, 272
  Südhalbinsel 121, 133
Round Tower (Kuching) **159**
Royal Belum State Park 27, 36
Royal Regalia Museum (Bandar Seri Begawan) **180**
Royal Senegal Club (Kuala Lumpur) **64**, 82
Rumah Bundong (bei Kapit) 175
Rungus 33, 197, 198

S

Sabah **182–205**
 Bars 193
 Erkundungstouren 20f, 22–25
 Hotels 195, 200, 205
 Karte 184f
 Restaurants 199
Sabah Museum (Kota Kinabalu) 32, **192**
St Andrew's Cathedral (Singapur) 232
St. George's Church (George Town) **113**
St. Paul's Hill (Malakka) **121**
Sakya Muni Buddha Gaya (Singapur) **253**
Sandakan 199, **202**
Sang Nila Utama 214, 215
Santubong **168f**
Sarawak 50, **154–181**
 Bars 160
 Erkundungstouren 20f, 22–25
 Hotels 159, 172, 177
 Karte 156f
 Restaurants 163
Sarawak Cultural Village 33, **169**
Sarawak State Legislative Assembly Building (Kuching) **160**
Science Centre Singapore 273
Seenomaden, Bajau **204**
Selangor 80, 81, 95
Seligan 200
Sematan **171**
Semenggoh Nature Reserve **171**
Semporna **204**
Sentosa (Singapur) **266f**
Sepilok Orangutan Rehabilitation Centre 37, **201**
Serangoon Road (Singapur) 255
Seremban **130**, 131
Seribuat-Archipel **128f**
Shah Alam **81**
Shophouses 115
Shopping **40f**
 Ost- und Zentral-Halbinsel 147
 Singapur 241, 257
 siehe auch Kunsthandwerk; Märkte; Steuern und Rückerstattungen
Sibu 129, 172, **173**
Sicherheit
 Notrufnummern Malaysia 282
 Notrufnummern Singapur 290
 Persönliche Sicherheit Malaysia 282
 Persönliche Sicherheit Singapur 290
 Sicherheitshinweise Malaysia 276
 Sicherheitshinweise Singapur 284
Similajau National Park **174**
Singapore Art Museum **228**
Singapore Botanic Gardens **264f**
Singapore Cricket Club 244, 245
Singapore Discovery Centre **273**
Singapore Flyer **230f**
Singapore Sling **232**
Singapur 10, 12, **206–273**
 Abstecher 211, **262–273**
 Bars 230
 Colonial Core und Chinatown 210, **218–245**
 Erkundungstouren 16f, 22–25
 Festivals und Events **212f**
 Geschichte **214–217**
 Hotels 252, 269
 Karte 208f
 Kunst im öffentlichen Raum 39
 Little India und Orchard Road 211, **246–261**
 Praktische Hinweise 290f
 Reiseplanung 284f
 Restaurants 225, 243, 272
 Shopping 241, 257
 Spaziergänge 244f, 258–261
 Unterwegs in Singapur 286–289
Singapur, Vertrag von 215
Singapura, Königreich 214f
Sinsuron-Pass 194
Snake Temple (Bayan Lepas) **105**
Spas 43
Spaziergänge
 Kampong Glam (Singapur) **260f**
 Malaysia 281
 Merdeka Square (Kuala Lumpur) **82f**
 Orchard Road (Singapur) **258f**
 Padang (Singapur) **244f**
 Singapur 289
 Singapore Botanic Gardens 265
Sprache
 Malaiische Ausdrücke 276
 Malaysia 277
 Singapur 285
 Sprachführer 299–301
Square Tower (Kuching) **161**
Sri Maha Mariamman Temple (Kuala Lumpur) **68**
Sri Mariamman Temple (George Town) **111**
Sri Mariamman Temple (Singapur) **238**
Sri Menanti **130**
Tor 131
Sri Srinivasa Perumal Temple (Singapur) **250f**
Sri Thendayuthapani Temple (Singapur) **238**
Sri Veeramakaliamman Temple (Singapur) **254**
Srivijaya, Königreich 55, 214
Stadt in einem Garten (Singapur) 26, 217, **264**
Stadthuys (Malakka) **120**
State Museum (Seremban) 130, **131**
Steinzeit 54
Steuern und Rückerstattungen
 Malaysia 283
 Singapur 291
Straits-chinesische Architektur **234**
Straits Settlements 70, 108, 115, 216
Strände 12, **28**
Strom
 Malaysia 276
 Singapur 284
Südhalbinsel 49, **116–133**
 Bars 122
 Erkundungstouren 16f, 22–25
 Hotels 127, 133
 Karte 118f
 Restaurants 121, 133
Sultan Abdul Samad Building (Kuala Lumpur) **64**, 82
Sumangkap **197**, 198
Sungai Lembing **144**
Sungai Padas **194**
Sungai Santubong **168**
Sungei Buloh Wetland Reserve (Singapur) **271**
Supertree Grove (Gardens by the Bay) 222–225
Suria KLCC (Kuala Lumpur) 40, **76**
Swimmingpools, Dach 42
Sze Ya Temple (Kuala Lumpur) **66**

T

Tabin Wildlife Reserve **203**
Tai Chi 42
Taiping **99**
Taman Negara National Park 11, 27, 36, **138f**
Tambunan Rafflesia Information Centre **194**
Tanglin Mall (Singapur) **256**, 258
Tangs (Singapur) **256**
Tanjong Pagar Conservation Area (Singapur) **241**
Tanjung Datu National Park **170f**
Tanjung Simpang Mangayau **199**
Tanz 33
Tasek Merimbun Heritage Park **181**
Tasik Chini **145**
Tasik Dayang Bunting **93**
Tasik Kenyir **151**
Tauchen und schnorcheln 11, 29, 129
 Pulau Labuan 195
 Pulau Sipadan 11, 29, **190f**
Tawau **204f**
Taxi
 Malaysia 281
 Singapur 288
Telaga Tujuh Falls **92**
Telok Ayer Street (Singapur) **242f**
Teluk Bahang **106f**
Teluk Datai **92**
Tempel 12
 Besuch 283, 291
 Buddha Tooth Relic Temple & Museum (Singapur) 12, **240**
 Chan See Shu Yuen Temple (Kuala Lumpur) **68**
 Cheng Hoon Teng Temple (Malakka) **123**
 Dhammikarama Temple (Pulau Tikus) **103**
 Hainan Temple (George Town) **112**
 Kek Lok Si Temple (Air Itam) 35, **103**
 Khoo Kongsi Temple (George Town) **109**
 Kuan Yin Temple (George Town) **112**
 Leong San See Temple (Singapur) **252f**

Tempel *(Fortsetzung)*
  Sakya Muni Buddha Gaya (Singapur) **253**
  Snake Temple (Bayan Lepas) **105**
  Sri Kanthaswamy Hindu Temple (Kuala Pilah) 130
  Sri Maha Mariamman Temple (Kuala Lumpur) **68**
  Sri Mariamman Temple (George Town) **111**
  Sri Maraimman Temple (Singapur) **238**
  Sri Srinivasa Perumal Temple (Singapur) **250f**
  Sri Thendayuthapani Temple (Singapur) **238**
  Sri Veeramakaliamman Temple (Singapur) **254**
  Sze Ya Temple (Kuala Lumpur) **66**
  Thean Hou Temple (Kuala Lumpur) **73**
  Then Sze Koon (Seremban) 130
  Thian Hock Keng Temple (Singapur) **226f**
  Tua Pek Kong (Kuching) **161**
  Tua Pek Kong (Sibu) 173
  Wat Chayamangkalaram (Pulau Tikus) **102**
  Wat Machimmaram **152**
  Wat Phothivihan **152**
Temple Street (Singapur) **240f**
Tempolimits
  Malaysia 280
  Singapur 286
Tenom 194
Teraja Forest Reserve **181**
Terengganu 55, 135, 148
Textile Museum (Kuching) **158**
Textilien 41
  siehe auch Batik; Kunsthandwerk
Thaipusam-Festival **35**, 250, **251**
Thean Hou Temple (Kuala Lumpur) **73**
Themenparks
  Bukit Gambang Resort City (Kuantan) 144
  ESCAPE Penang (Teluk Bahang) 107
  Genting Highlands 95
  LEGOLAND® Malaysia (Johor Bahru) 133
  Sentosa 266f
  Taman Legenda (Kuah) 92
Thian Hock Keng Temple (Singapur) **226f**
Tiere 13, **36f**
  Aquaria KLCC (Kuala Lumpur) **76f**
  Bornean Sun Bear Conservation Centre 201
  Butterfly Park (Kuala Lumpur) 36, 71
  Dugongs **36**
  Entopia (Telik Bahang) 36, 107
  Gefährdete Meereslebewesen **29**
  Grüne Meeresschildkröte **146**, 147
  Jurong Bird Park (Singapur) 37, **269**
  Kenyir Elephant Conservation Village 151
  Kilas Wetlands **193**
  Kinabalu National Park **187**
  KL Bird Park 71
  Mandai Singapur Zoo 37, **268**, 269
  Matang Wildlife Centre 170, 171
  Meeresleben im Seribuat-Archipel **129**
  Min Fireflies Garden (Kota Bharu) **143**
  Nasenaffen **181**
  Nashornvögel **170**
  Orang-Utans **201**
  Pulau Tioman 126
  Semenggoh Nature Reserve **171**
  Sepilok Orangutan Rehabilitation Centre 37, **201**
  Singapurs Tiere **268**
  Sumatra-Nashorn **145**
  Underwater World (Pantai Cenang) 92
  siehe auch Nationalparks; Naturreservate
Tinggi 129, 131
Tip of Borneo **199**
Titiwangsa Lake Gardens (Kuala Lumpur) **74f**
Touren, organisierte (Singapur) 289
Transport
  Malaysia **278 – 281**
  Singapur **286 – 289**
Trekking *siehe* Wandern
Trinkgeld
  Malaysia 277
  Singapur 285
Tua Pek Kong (Kuching) **161**
Tumpat **152**, 153
Tun Jugah Gallery (Kuching) **159**
Tunku Abdul Rahman National Park **193**
Turtle Island National Park **200f**

U

Ulu Temburong National Park **178**

V

Vereenigde Oostindische Compagnie 121, 215
Verkehrsregeln
  Malaysia 280, 281
  Singapur 286, 289
Versicherungen
  Malaysia 277
  Singapur 285
Victoria Theatre and Concert Hall (Singapur) **229**, 244
Vogelbeobachtung 36, 81

W

Währung
  Malaysia 276
  Singapur 284
Wandern
  im Dschungel 11, 126
  Gunung Kinabalu **188**
  auf Inseln 29
  siehe auch Nationalparks; Spaziergänge
Wasai Wong Kadir Recreational Park **181**
Wasserfälle
  Asah Waterfall (Pulau Tioman) 29, 49, 126
  Gardens by the Bay (Singapur) 225
  Jewel Changi Airport (Singapur) 271
  Jurong Bird Park (Singapur) 269
  Kubah National Park 170
  Lambir Hills National Park 177
  Rainbow Waterfall (Sungai Lembing) 144f
  Tasik Kenyir 151
  Telaga Tujuh Falls **92**
  Wasai Wong Kadir Recreational Park 181
Wat Chayamangkalaram (Pulau Tikus) **102**
Wat Machimmaram **152**
Wat Phothivihan **152**
Websites
  Malaysia 282
  Singapur 290
Weiße Rajahs 56, 155, 162, 173, 175
Weld Quay Clan Jetties (George Town) **108f**
Wind Cave 27, **171**
Wildwasser-Rafting 194
Wirtschaft Malaysia 57
WLAN
  Malaysia 283
  Singapur 291
Wolkenkratzer 11, **235**
Workshops 39

Y

Yacob, Halimah 217
Yap Ah Loy 66

Z

Zeit
  Malaysia 282
  Singapur 290
Zheng He, Admiral 105
Zoll
  Malaysia 276f
  Singapur 284f
Züge
  Jungle Railway 152, **153**
  Malaysia 279, 280
  Penang Hill Railway 104
  Singapur 287
Zweiter Weltkrieg
  Malaysia 57, 152, 155, 192
  Pulau Labuan 195
  Sandakan 202
  Singapur 216, 237, 271

SPRACHFÜHRER MALAIISCH

Das Malaiische gehört zur austronesischen Sprachfamilie, die in mehreren Hundert Varianten im Indischen und Pazifischen Ozean verbreitet ist. Es ist die Landessprache von Malaysia, Brunei und Singapur und seit vielen Jahrhunderten die Sprache von Bildung, Wirtschaft und Diplomatie in der Region. Eine der ersten Schriften, eine Variante der *Jawi* genannten, perso-arabischen Schrift, diente der Verbreitung des Islam. Bis heute wird *Jawi* in Brunei benutzt. Überall sonst wurde es durch die lateinische Schriftsprache *Rumi* ersetzt, die erst dank eines Abkommens von Malaysia, Indonesien und Brunei vereinheitlicht wurde. Vor dem 19. Jahrhundert waren internationaler Handel und Länderbeziehungen nur auf Malaiisch denkbar, aber durch die starke Zuwanderung aus China und Indien konnten sich nach 1800 auch Chinesisch und Tamilisch in Malaysia durchsetzen. Heute wird in urbanen Regionen Englisch gesprochen. Gleichwohl kommt es bei den Einheimischen gut an, wenn Besucher sich bemühen, ein paar Brocken in der Landessprache zu sprechen. Der offizielle Name des Malaiischen ist Bahasa Melayu, wobei Bahasa »Sprache« heißt.

Malaiische Ausspracheregeln

Die malaiische Sprache kennt keine starken Betonungen. Die meisten Buchstaben werden ähnlich wie im Englischen ausgesprochen. Die Faustregel für Anfänger heißt: Betonung der vorletzten Silbe. Enthält diese Silbe jedoch ein stummes e, verschiebt sich die Betonung auf die letzte Silbe.

a	wie in V*a*ter
	oder kurz wie in F*a*ss
e	wie »e« in m*äh*en, wenn unbetont,
	oder wie in schn*e*ll, wenn betont
i	wie in Tax*i*
	oder in Br*i*lle
o	wie in m*o*rgen
	oder in St*o*pp
u	wie in g*u*t
ai	wie in *Ei*s
	oder als zwei separate Vokale auszusprechen
au	wie in H*au*s
	oder als zwei separate Vokale auszusprechen
c	vorn gesprochenes tsch wie in Ma*tsch*
j	vorn gesprochenes stimmhaftes dsch oder dj wie in engl. *Ju*ne
k	wie das deutsche »k« außer am Wortende, wo es zu einem Stoßlaut wird
ng	wie in Sä*ng*er
ngg	wie in engl. lo*ng*er
ny	nju wie in engl. *new*

Im Notfall

Hilfe!	Tolong!
Stopp!	Berhentilah!
Rufen Sie einen Arzt!	Panggil doktor!
Rufen Sie eine Ambulanz!	Panggil ambulans!
Polizei!	Polis!
Feuer!	Api!
Wo ist das nächste Telefon?	Di mana telefon yang terdekat?
Wo ist das nächste Krankenhaus?	Di mana hospital yang terdekat?
Ich habe mich verirrt!	Saya sesat!
Benötigen Sie Hilfe?	Awak perlukan pertolongan?
Man hat mich ausgeraubt!	Saya dirompak!
Geh weg!	Pergi!
Ich hatte einen Unfall.	Saya terlibat dalam kemalangan.

Nützliche Ausdrücke

Ja	Ya
Nein	Bukan/Tidak
Hallo	Helo
Auf Wiedersehen!	Selamat jalan
Entschuldigung!	Minta maaf
Bitte	Tolong/silahkan
Danke	Terima kasih
Bitte schön	Kembali
Guten Morgen	Selamat pagi
Guten Tag	Selamat petang
Guten Abend	Selamat malam
Gute Nacht	Selamat hari
Wie geht es?	Apa khabar?
Frau (Anrede)	Puan
Herr (Anrede)	Encik (Ci')
heute	hari Ini
morgen	esok
gestern	kelmarin
später	esok/nanti
jetzt	sekarang/segera
Was?	Apa?
Wann?	Bila?
Welche/r/s?	Yang mana?
Wer?	Siapa?
Warum?	Mengapa?

Nützliche Redewendungen

Sprechen Sie Englisch?	Apakah berbahasa Inggeris?
Ich spreche kein Malaiisch (Melayu).	Saya belum berbahasa Melayu.
Ich verstehe nicht.	Saya kurang faham.
Ich/wir möchte/n ...	Saya/kami mahu ...
Wie heißen Sie?	Siapakah nama?
Ich heiße ...	Nama saya ...
Wo ist ...?	Di mana ...?
Ist das nah?	Sudah dekat?
Ist das weit?	Masih jauh?
Könnten Sie langsamer fahren/gehen?	Minta perlahan sedikit?
Wie komme ich nach ...?	Untuk ke ... sebaiknya saya naik apa?
Haben Kinder Zutritt?	Adakah kanak-kanak dibenerkan masuk?
Ich mag ...	Saya suka ...
Ich mag ... nicht.	Saya tidak suka ...

Nützliche Wörter

Adresse	alamat
Vorsicht!	Awas!
schlecht	buruk
groß	besar
sauber	bersih
geschlossen	tutup
kalt	sejuk
schmutzig	kotor
Tür	pintu
leer	kosong
genug	cukup
Eingang	masuk

Ausgang	keluar
voll	penuh
gut	baik
heiß	panas
weniger	kurang
mehr	lebih
ziehen	dorong
drücken	tolak
offen	buka
schnell	cepat
langsam	perlahan
klein	kecil
Treppe	tangga

In der Bank

Ist hier ein Geldautomat?	Ada ATM?
Ich möchte Dollar/Euro in Malaysische Ringgit wechseln.	Saya mau tukar dollars/euro menjadi ringgit Malaysia.
Geld	wang/duit
wechseln	wang kecil
Geld wechseln	tukar wang
Wechselkurs	kadar pertukaran
Reiseschecks	cek kembara

Shopping

Haben Sie …?	Apakah ada …?
Könnte ich …?	Minta …?
Wie viel kostet das?	Berapa harganya?
Nehmen Sie Kreditkarten?	Credit card boleh?
Das ist zu teuer.	Ini terlalu mahal.
kaufen	beli
billig	murah
Kleidung	pakaian
teuer	mahal
Markt	pasar/tamu
Preis	harga
Verkauf	jualan (murah)
verkaufen	jual
Schuhe	kasut
Geschäft	kedai
Supermarkt	pasar raya

Natur und Sightseeing

Bucht	teluk
Strand	pantai
Kap/Landzunge	tanjung
Ort	kuala
Hügel	bukit
Information	penerangan
Insel	pulau
See	tasik
Moschee	masjid
Berg	gunung
Reisfeld	sawah
Palast	istana/astana
Park	taman
Fluss	sungai/batang
Platz	padang
Straße (Meerenge)	selat
Tempel/Schrein	kuil
Tourist	pejabat
Reisebüro	agensi pelancongan
Dorf	kampung

Farben

schwarz	hitam
blau	biru
grün	hijau
rot	merah
weiß	putih
gelb	kuning

Gesundheit

antiseptisch	antiseptik
Blutdruck	tekanan darah
Kondom	kondom
Verhütungsmittel	kontraseptif/pencegah hamil
Zahnarzt	dokter gigi
Durchfall	diarea/cirit-birit
Arzt	dokter
ohnmächtig werden	pingsan
Fieber	panas (badan)
hoch	tinggi
niedrig	rendah
Medizin	ubat
Schwester	perawat
Schmerz/krank	sakit
Schmerzmittel	ubat penghilang kesakitan
schwanger	hamil
Damenbinden	tuala wanita

Transport

Ich möchte einen Platz reservieren.	Saya mahu tempahkan tempat duduk.
Können Sie mir sagen, wann ich aussteigen muss?	Tolong beritahukan, bila sudah sampai?
Wie lange braucht man nach …?	Berapa lama untuk ke …?
Welcher Bus fährt nach …?	Bas mana yang ke …?
Wo kann ich bezahlen?	Di mana tempat membayar?
Ich brauche einen Mechaniker.	Kami memerlukan mekanik.
Ich habe eine Reifenpanne.	Tayarnya kempis.
Flugzeug	kapal terbang
Boot	perahu
Bus	bas
Bushaltestelle	stesen bas
Auto	kereta
Babysitz	tempat duduk bayi
Zoll	cukai
Radfahren	naik baisikal
Benzin	minyak/petrol
Rückfahrkarte	(perjalanan) pergi balik
Platz	bayi
Einzelfahrt	tiket sehala pergi balik
Taxi	teksi
Fahrplan	jadual waktu
Bahn	kereta api

Ortsangaben

hier	di sini
dort	di sana
in	(di) dalam
aus (Ort)	dari (mana)
links	kiri
rechts	kanan
geradeaus	jalan terus
vor	di hadapan
hinter	di belakang
an der Ecke	di simpang
nah	dekat
weit	juah
nach	ke
Norden	utara
Süden	selatan
Osten	timur
Westen	barat
Nordosten	timur laut
Nordwesten	barat laut
Südosten	tenggara
Südwesten	barat daya

Im Hotel

Ich habe reserviert.	Ada tempahan.
Haben Sie ein Zimmer?	Ada bilik?
Was kostet es pro Nacht?	Berapa semalam?
Ich möchte ein Doppel-/Einzelzimmer.	Saya minta bilik kelamin/bujang.
Saya/kami nak mendaftar keluar hari ini.	Saya/kami nak mendaftar keluar hari ini.
Doppelzimmer	kelamin
Einzelzimmer	bujang
Bett	katil/tempat tidur
Schlüssel	kunci
Licht	lampu
Bad	bilik mandi
Toilette	tandas
Seife	sabun
Handtuch	tuala
geöffnet	buka
geschlossen	tutup
Notausgang	pintu kesemasan

Im Restaurant

Einen Tisch, bitte.	Minta meja untuk.
Die Speisekarte, bitte.	Minta daftar makan.
Ich möchte bestellen.	Saya mau pesan sekarang.
Ich bin Vegetarier.	Saya vegetarian.
Ich esse kein …	Saya tidak makan …
Die Rechnung, bitte.	Minta bil.
Frühstück	makan pagi
Kinderspeisekarte	menu kanak-kanak
Abendessen	makan malam
Gabel	garpu
Glas	kaca mata
Hochstuhl	kerusi tinggi
Messer	pisau
Mittagessen	makan tengah hari
Fleisch	daging
Restaurant	restoran
Meeresfrüchte	makanan laut
Snack	makanan kecil
Löffel	senduk
Gemüse	sayur

Auf der Speisekarte

asam	sauer
ayam	Hühnchen
ayer panas	heißes Wasser
ayer sejuk	kaltes Wasser
ayer teh	Tee
buah-buahan	Obst
domba	Lamm
garam	Salz
gula	Zucker
ikan	Fisch
jus	Saft
kelapa	Kokosnuss
kopi	Kaffee
manis	süß
mee	Nudeln
merica	Pfeffer
minuman	Drink
nasi	gedämpfter Reis
pedas	scharf
pedih	bitter
sapi	Rindfleisch
susu	Milch
telur	Eier
udang	Garnele

Zeit und Tage

Uhr	jam
Minute	menit
Viertelstunde	suku
Sekunde	detik
Armbanduhr	jam tangan
Stunde	pukul
Tag	hari
Woche	minggu
Monat	bulan
Jahr	tahun
Morgen	pagi hari
(Vor-)Mittag	tengah hari
Mittag	siang hari
Nachmittag	sore hari
Abend/Nacht	malam hari
Wie viel Uhr ist es bitte?	Sudah pukul berapa?
11:19 Uhr vormittags	pukul sebelas lewat sembilan belas menit pagi
1 Uhr	pukul satu
13:15 Uhr	pukul satu lewat suku siang
15:45 Uhr	pukul empat kurang suku sore
18:30 Uhr	pukul enam setengah sore
21:31 Uhr abends/nachts	pukul sepuluh kurang dua puluh menit malam
Montag	hari Isnin
Dienstag	hari Selasa
Mittwoch	hari Arba
Donnerstag	hari Khamis
Freitag	hari Jumaat
Samstag	hari Sabtu
Sonntag	hari Ahad/ Minggu

Zahlen

1	satu
2	dua
3	tiga
4	empat
5	lima
6	enam
7	tujuh
8	delapan
9	sembilan
10	sepuluh
11	sebelas
12	dua belas
13	tiga belas
20	dua puluh
21	dua puluh satu
22	dua puluh dua
30	tiga puluh
40	empat puluh
50	lima puluh
60	enam puluh
70	tujuh puluh
80	delapan puluh
90	sembilan puluh
100	seratus
1000	seribu
2000	dua ribu
10 000	sepuluh ribu
20 000	dua puluh ribu
100 000	seratus ribu
200 000	dua ratus ribu

Ordnungszahlen

1.	pertama
2.	kedua
3.	ketiga
4.	keempat
5.	kelima
6.	keenam
7.	ketujuh
8.	kedelapan
9.	kesembilan
10.	kesepuluh
11.	kesebelas
12.	kedua belas
20.	kedua puluh
100.	keseratus
1000.	keseribu

DANKSAGUNG

Dorling Kindersley bedankt sich bei folgenden Personen für ihre Beiträge zur letzten Ausgabe: David Bowden, Ron Emmons, Andrew Forbes, Naiya Sivaraj, Richard Watkins, Nick White.

BILDNACHWEIS

Dorling Kindersley dankt folgenden Personen, Institutionen und Bildarchiven für die freundliche Genehmigung zur Reproduktion ihrer Fotografien:

o = oben; u = unten; m = Mitte; l = links; r = rechts

123RF.com: Burhanuddin Ali Asger 272–273u, Konstantin Kalishko 268ul, Sean Pavone 74–75u, Rumandawi 96o, Mohd Azri Suratmin 99or, Artorn Thongtukit 228u, Suzairi Zakaria 149ml.

4Corners: Paolo Giocoso 110ur.

Alamy Stock Photo: AA World Travel Library 238ul, ADS 26ol, Aflo Co. Ltd./Nippon News 212mro, agefotostock/Chua Wee Boo 34–35o, 97ul, 162ul, 168or, 169u, 171ol, 174o, agefotostock/Gonzalo Azumendi 236or, Marc Anderson 21ol, 170ur, 202–203u, 205ur, Art Collection 3 66ur, Art Kowalsky 254ul, Beaconstox 54mu, Best View Stock 237u, Tibor Bognar 144mro, Michele Burgess 33ur, Charles O. Cecil 68ul, Jaromír Chalabala 18–19o, 153mr, Calvin Chan 52ml, Danny Chan 66o, Fangxiang Chen 192–193u, David ChiaFF 28–29u, Hector Christiaen 243ul, Chronicle 216ol, Classic Image 214mlu, 215mlo, cn0ra 10–11u, Ian Dagnall 16o, 252o, Ian G. Dagnall 265u, Design Pics Inc/Axiom/David Kirkland 178ul, Sharkawi Che Din 53mru, dpa picture alliance/Kay Nietfeld 217mu, Derek Dryland 8mlo, 198o, EQRoy 242o, Fine Art Images/Heritage Images 215ol, GFC Collection 161u, Glasshouse Images/JT Vintage 214o, Granger – Historical Picture Archive 56ur, Steve Hamblin 251o, Gavin Hellier 227ol, DEGAS Jean-Pierre/Hemis.fr 82ul, Garcia Julien/Hemis.fr 166ul, Gardel Bertrand/Hemis.fr 149or, Hemis.fr/Ludovic Maisant 237ml, Nigel Hicks 191ul, Sean Hsu 239o, Images & Stories 204ul, Amril Izan Imran 52ml, Zairon Jacobs 245ur, Jordi Janssen 94ul, Madeleine Jettre 42ul, Jon Arnold Images Ltd/Alan Copson 126–127o, Jon Arnold Images Ltd/Michele Falzone 178–179o, Jon Arnold Images Ltd/Peter Adams 192om, Ciaran Kelly 70–71u, Jason Knott 56mr, Rainer Krack 241ol, Takatoshi Kurikawa 256ol, Nikolaus Lim 37mr, Christian Loader 11o, Stefano Politi Markovina 40–41u, Mauritius Images GmbH/Nico Stengert 29mlo, Angus McComiskey 160mro, Megapress 83ol, Stephen Belcher/Minden Pictures 145ul, Hugh Mitton 261mru, MJ Photography 250ul, Tuul und Bruno Morandi 255u, Luciano Mortula 123ur, Eric Nathan 105o, Nature Picture Library/Gavin Hellier 142–143o, Newscom/BJ Warnick 213or, North Wind Picture Archives 54o, R. M. Nunes 13o, John Oates 169or, Ozimages 186ur, Pacific Imagica 55mro, CPA Media Pte Ltd/Historische Bilder 56mu, 216mlu, 216–217o, 217mlu, Historische Bilder/CPA Media Pte Ltd 55ur, Marek Poplawski 114–115u, Ravindran John Smith 127mlu, Realy Easy Star/Tullio Valente 112u, Sergi Reboredo 138mlu, Matyas Rehak 123or, robertharding/Chris Mouyiaris 72ur, robertharding/Godong 226ul, robertharding/Julio Etchart 35mlo, robertharding/Richard Ashworth 167or, RooM the Agency/AlexGcs 12–13u, Peter Scholey 77u, Scubazoo 198–199u, Robbie Shone 166–167u, Kumar Sriskandan 22mru, Zi Yue Woo/Stockimo 89m, James Talalay 98mlu, 141u, 144o, 175ul, travel-bild-asia 254or, Travelscape Images 239ur, Leisa Tyler 146–147u, Genevieve Vallee 197or, Thant Zaw Wai 213mro, Rob Walls 102ul, WaterFrame_fur 129ur, Westend61 GmbH/David Santiago Garcia 150ul, Martin Westlake 43u, Chris Howes/Wild Places Photography 50mu, 154, 176ul, Wiskerke 62–63m, Noppasin Wongchum 230–231u, Matthew Woods 78–79u, Robert Wyatt 111ur, Xinhua/Then Chih Wey 212mlu, ZUMA Press, Inc./Chris Jung 53or.

Artsy Sip: 38ul.

Mit freundlicher Genehmigung des **Asian Civilisations Museum:** 229o.

AWL Images: Jordan Banks 4, Walter Bibikow 16ul, Stefano Politi Markovina 122–123u.

Baba-Nyonya Heritage Museum: 124ml.

Bornean Sun Bear Conservation Centre: 21or.

Borneo Ultra-Trail Marathon: 53ol.

Bridgeman Images: Lonsdale, James (1777–1839) 215or, Historische Bilder 55ol, 56ol, 56–57o.

British Library Board: 214mu.

Cheong Fatt Tze Mansion: 24mlo.

Depositphotos Inc: chrispictures 40–41o, JoPanuwatD 225m, mark52 222or, sepavone 210m, 218, Tanya66 52mro.

Dreamstime.com: A41cats 232ur, Pierre Aden 125, Anna Artamonova 172–173u, Norazamin Bin Ayob 148o, Simone Bortignon 68–69o, Richie Chan 113or, Cherylramalho 213mlu, Chingyunsong 12mlu, Wai Chung 224–225u, Dknamfon 16mru, Antonio Duque 19mlo, Eermakova 1, 73o, F11photo 67ur, Gahsoon 128ul, Grace5648 71or, 75ol, Haveseen 150–151u, Ng Zheng Hui 259ol,

Igorp1976 69mo, Kjersti Joergensen 200or, Katerynazakorko 39mu, Syed Mohd Badril Hisham Syed Abdul Khalid 131u, Pisit Khambubpha 120o, Kuba 36ul, Shariff Che\'Lah 53mro, Fabio Lamanna 170ul, Lcchew 104ul, Macbrian Mun 198mlo, Naruto4836 212mru, 256–257u, Suhaizy Md Noh 130or, Elena Odareeva 163ul, Paulwongkwan 186–187t, Marek Poplawski 211mu, 262, Rodrigolab 191mr, Rosnun 152u, Mohd Zaki Shamsudin 10mlu, Ravindran John Smith 8ml, 24ol, 27ml, 33mo, 54ur, 62ul, 65ol, 78ol, 80or, 92ul, 100ul, 101u, 143u, 177ol, 201o, Svetlana195 98–99u, Szefei 31ul, Tang90246 22ul, Marlon Trottmann 73mr, Lillian Tveit 55ol, Sergio Delle Vedove 236mlu, Cloud Yew 53mlo, Minyun Zhou 22mr, Xing Zhu 180o.

Festival of Fun: 213ol.

Gardens by the Bay: 225mro.

George Town Literary Festival: 34ul, 53mlu.

Getty Images: 500px/Bertrand Linet 13ur, 500px Prime/sk teh 81u, Brendan Smialowski/AFP 57mro, Roslan RAHMAN/AFP 37ul, Bettmann 217or, Goh Seng Chong/Bloomberg 63or, EyeEm/Yahya Ismail 28–29o, EyeEm/Zulkiffle Mohd Kassim 194–195o, Keystone-France/Gamma-Keystone 57or, Hulton Archive 215um, The Image Bank Unreleased/John Seaton Callahan 217mro, LightRocket/Leisa Tyler 114ol, MIXA 32ur, Moment/Alexander Spatari 12o, Moment/Artie Photography (Artie Ng) 94–95o, Moment/Beachmite Photography 180–181u, Moment/cescassawin 88–89o, Moment/photo by william cho 270–271u, Moment/Rizky Panuntun 19or, Moment/Yongrong Yu 6–7, Moment Open/Kampee Patisena 29mru, Moment Open/Zakies Photography 128–129o, Moment Unreleased/Beachmite Photography 27or, Moment Unreleased/Emad Aljumah 253ur, Moment Unreleased/John Seaton Callahan 244ul, 260mlu, Moment Unreleased/simonlong 111o, NurPhoto/Mohd Daud 57ur, Stockbyte Unreleased/Jon Hicks 76ol, Stone/Hugh Sitton 50ol, 134, Stone/Ignacio Palacios 212mr, Stone/John Harper 2–3, Stone/Peter Adams 51o, 182, Tetra images/Inti St Clair 44–45u, The Image Bank Unreleased/Izzet Keribar 227or, ullstein bild/Reinhard Dirscherl 200ul, ullstein bild Dtl. 216um, Photo12/Universal Images Group 57mlu.

Getty Images/iStock: 06photo 274–275, 49pauly 139mlo, 187ur, afby71 41mr, al_la 52mru, Alexey Pelikh 91or, alexmatamata 36–37o, AsianDream 91mro, atese 190–191o, blackdovfx 269ol, chaolik 158–159o, CharlieTong 224mro, 240–241u, Alex Cheong 78um, Cn0ra 41mo, 52mr, Adrian Copos 222ul, didoi 20or, 31mlo, Dino Geromella 165ol, dinozaver 102–103o, Drazen_18ol, efired 25or, FilippoBacci 11ur, FotoGraphik 271or, fotoVoyager 74ol, 258ul, Patrick_Gijsbers 165or, gracethang 38–39o, huafires 30u, Stephane_Jaquemet 153o, 273mru, JohnCrux 13mr, Alan Morris 139ol, ojogabonitoo 49o, 84, PixHound 232ol, R.M. Nunes 22o, robertcicchetti 52mlu, ronniechua 213mru, saiko3p 240ml, Sean3810 8–9u, Ravindran John Smith 194ul, taikrixel 234–235o, Travel Wild 138–139u, TravelPics 106or, undefined 89ur, WhitcombeRD 11mr, yusnizam 204o, Yuzu2020 24–25mo, zhnger 235or.

Jadi Batek: 39ur.

Johor National Park Corporation/TNJ Pulau Kukup: 132–133u.

Kechara Forest Retreat: 42–43o.

M1 Singapore Fringe Festival: Crispian Chan, mit Genehmigung von bluemouth inc 212mlo.

Mandarin Oriental, Singapore: 43ml.

Mulu National Park: Pinnacles (Mulu WH) 167mlo.

National Parks Board, Singapore: 264or.

Picfair.com: Stephane Bidouze, France 127ur, Mohdfirdaus 127mru, Nora Carol Sahinun 189, William Voon, Borneo 24–25o.

Resorts World Sentosa: 266–267u.

Robert Harding Picture Library: Christian Kober 16mr, Chris Mouyiaris 64–65u, Chris Mouyiaris 108o.

Shutterstock.com: 2p2play 31mru, Authentic travel 107u, Aznan 131mro, 131mr, Borneo Rimbawan 188um, Bakir bin Bujang 165mlo, DreamArchitect 20–21mo, 32–33o, Dreamer Company 160o, Em7 10mo, Becauz Gao 269or, H-AB Photography 90–91u, Izz Hazel 55mu, hkhtt hj 188ur, Ruslan Kalnitsky 8mlu, Laboo Studio 131mru, Leeyakorn06 18mro, Yusuf Madi 188mlu, nativeart 149u, Norman Ong 20ol, 162–163o, pac_aleks 35ur, Zaidi Razak 133ol, Tuah Roslan 140o, sean_31 26u, Eddie See 211ol, 246, Sylvia sooyoN 196–197u, Takashi Images 48m, 58, ThamKC 27mru, Peter Wollinga 164–165u, YusoffJalil 91ol.

Singapore International Festival of Arts: 212ml.

Singapore Tourism Board: 213ml.

SuperStock: Grenville Collins/Mary Evans Picture Library 215mu, Vidler, Steve 229mr.

Tropical Spice Garden: 30–31o.

Unsplash: M. Fildza Fadzil 49ul, 116, Coleen Rivas 222–223, Will Truettner/willy_teee 206–207.

Umschlag
Vorderseite und Buchrücken: **Dreamstime.com:** Sean Pavone
Rückseite: **Dreamstime.com:** Eermakova u; **Getty Images:** Moment/Yongrong Yu m; **Getty Images/iStock:** 06photo or, Sean3810 mlo.

Cover Extrakarte:
Dreamstime.com: Sean Pavone.

Alle anderen Bilder © Dorling Kindersley

www.dk-verlag.de

DK London (aktualisierte Neuauflage)

Mitwirkende Marco Ferrarese, Richard Lim, M. Astella Saw, Daniel Stables

Lektorat Georgina Dee, Alison McGill, Zoë Rutland, Dipika Dasgupta, Laure Gysemans, Nayan Keshan, Alex Pathe, Anuroop Sanwalia, Lucy Sara-Kelly, Rachel Thompson, Tanveer Zaidi. Beverly Smart, Shikha Kulkarni, Hollie Teague

Gestaltung und Bildredaktion Maxine Pedliham, Ben Hinks, Laura O'Brien, Stuti Tiwari, Van Le, Javana Boothe, Bandana Paul, Taiyaba Khatoon, Vagisha Pushp, Tanveer Zaidi, Sarah Snelling, Priyanka Thakur

Umschlag Jordan Lambley

Herstellung Jason Little, Manjit Sihra

Kartografie Casper Morris, Suresh Kumar

Illustrationen Chapel Design and Marketing Ltd, Arun Pottirayil, T. Gautam Trivedi

© 2008, 2023 Dorling Kindersley Ltd., London
A Penguin Random House Company

Zuerst erschienen 2008 in Großbritannien bei Dorling Kindersley Ltd., London

Für die deutsche Ausgabe © 2008, 2023 Dorling Kindersley Verlag GmbH, München
Ein Unternehmen der Penguin Random House Group

Aktualisierte Neuauflage 2023 / 2024

Alle Rechte vorbehalten. Reproduktion, Speicherung in Datenverarbeitungsanlagen, Wiedergabe auf elektronischen, fotomechanischen oder ähnlichen Wegen, Funk und Vortrag – auch auszugsweise – nur mit schriftlicher Genehmigung des Copyright-Inhabers.

Verlagsleitung Monika Schlitzer, DK Verlag
Programmleitung Heike Faßbender, DK Verlag
Redaktionsleitung Stefanie Franz, DK Verlag
Projektbetreuung Theresa Fleichaus, DK Verlag
Herstellungskoordination Antonia Wiesmeier, DK Verlag

Übersetzung Svenja Conrad, Bremen; Dr. Gabriele Rupp, Krailling
Redaktion Dr. Gabriele Rupp, Krailling
Schlussredaktion Philip Anton, Köln
Umschlaggestaltung Ute Berretz, München
Satz und Produktion DK Verlag, München
Druck Vivar Printing, Malaysia

ISBN 978-3-7342-0740-2

8 9 10 11   27 26 25 24 23

MIX
Papier | Fördert gute Waldnutzung
FSC® C018179
www.fsc.org

Dieser Reiseführer wird regelmäßig aktualisiert. Angaben wie Telefonnummern, Öffnungszeiten, Adressen, Preise und Fahrpläne können sich jedoch ändern. Der Verlag kann für fehlerhafte oder veraltete Angaben nicht haftbar gemacht werden. Für Hinweise, Verbesserungsvorschläge und Korrekturen ist der Verlag dankbar.
Bitte richten Sie Ihr Schreiben an:

Dorling Kindersley Verlag GmbH
Redaktion Reiseführer
Arnulfstraße 124 • 80636 München
reise@dk.com

Vis-à-Vis

Vis-à-Vis-Reiseführer

Nordamerika
Kanada
USA
Alaska
Chicago
Florida
Hawaii
Kalifornien
Las Vegas
Neuengland
New Orleans
New York
San Francisco
USA Nordwesten & Vancouver
USA Südwesten & Nationalparks
Washington, DC

Mittelamerika und Karibik
Costa Rica
Karibik
Kuba
Mexiko

Südamerika
Argentinien
Brasilien
Chile
Peru

Afrika
Ägypten
Marokko
Südafrika

Südeuropa
Italien
Apulien
Bologna & Emilia-Romagna
Florenz & Toskana
Gardasee
Ligurien
Mailand
Neapel
Rom
Sardinien
Sizilien
Südtirol
Umbrien
Venedig & Veneto

Spanien
Barcelona & Katalonien
Gran Canaria
Madrid
Mallorca
Nordspanien
Sevilla & Andalusien
Teneriffa

Portugal
Lissabon

Westeuropa
Irland
Dublin

Großbritannien
London
Schottland
Südengland

Niederlande
Amsterdam

Belgien & Luxemburg
Brüssel

Frankreich
Bretagne
Korsika
Loire-Tal
Paris
Provence & Côte d'Azur
Straßburg & Elsass
Südwestfrankreich

Nordeuropa
Dänemark
Kopenhagen

Schweden
Stockholm

Norwegen

Mitteleuropa
Deutschland
Berlin
Bodensee
Dresden
Hamburg
München & Südbayern

Österreich
Wien
Schweiz
Slowenien
Kroatien
Tschechien & Slowakei
Prag
Polen
Danzig & Ostpommern
Krakau
Baltikum
Budapest (Ungarn)

Osteuropa
Moskau
Sankt Petersburg

Südosteuropa
Griechenland Athen & Festland
Griechische Inseln
Kreta

Östliches Mittelmeer
Türkei
Istanbul
Zypern
Jerusalem (Israel)

Südasien
Indien
Delhi, Agra & Jaipur
Indiens Süden
Sri Lanka

Südostasien
Bali & Lombok
Kambodscha & Laos
Malaysia & Singapur
Myanmar
Thailand
Thailand – Strände & Inseln
Vietnam & Angkor

Ostasien
China
Beijing & Shanghai
Japan
Tokyo

Australasien
Australien
Neuseeland

#dkvisavis
www.dk-verlag.de

   /dkverlag